후대가 판단케 하라

조선실록의 수정과 개수

후대가 판단케 하라 —조선실록의 수정과 개수

초판 1쇄 인쇄 2018년 10월 24일
초판 1쇄 발행 2018년 10월 30일

지은이 오항녕
펴낸이 정순구
책임편집 조수정
기획편집 조원식 정윤경
마케팅 황주영

출력 블루엔
용지 한서지업사
인쇄 한영문화사
제본 한영제책사

펴낸곳 (주) 역사비평사
등록 제300-2007-139호 (2007.9.20)
주소 10497 : 경기도 고양시 덕양구 화중로 100(비전타워21) 506호
전화 02-741-6123~5
팩스 02-741-6126
홈페이지 www.yukbi.com
이메일 yukbi88@naver.com

ISBN 978-89-7696-296-6 03910

이 저서는 2009년 대한민국 교육부와 한국연구재단의 지원을 받아 수행된 연구임(NRF-2009-A00176)

후대가
판단케
하라

오항녕 지음

조선실록의 수정과 개수

景宗大王修正實錄
自庚子之十二月
至辛丑十二月

顯宗大王改修實錄
第一卷自己
亥五月至
己亥九月

肅宗大王實錄
補闕正誤
第一卷 第二

宣祖昭敬大王修正實錄

역사비평사

차례 _ 후대가 판단케 하라

추천사 기억에 대한 역사 - 인간(Homo Historicus)의 책무 _ 조광(국사편찬위원회 위원장)

책머리에 믿을 수 있는 기록의 자격   8

프롤로그: 역사와 기억의 충돌   12

제1부 사화史禍: 갈등 또는 극복 ─────────────

들어가는 글   22

1장 당대사에 내재한 긴장
1. 유지기의 진퇴양난   24
2. 조선 건국 초 실록 편찬이라는 과제   28

2장 조선 초기 실록 열람을 둘러싼 갈등
1. 편찬 주체 논쟁의 성과   33
2. 실록 열람에서 국왕 배제   36

3장 사초 관리와 실명제
1. 사초는 국서이다   41
2. 사초 실명제의 그늘   43

4장 조선 전기 사화史禍 극복의 경험
1. 사화 속에 선 사관들   50
2. 한림 이황의 체험   59

5장 조선 후기 기억투쟁과 실록 누설

    1. 혼정과 반정 **66**

    2. 『광해군일기』의 수정 시도 **77**

    3. 실록 누설의 조사와 처분 **85**

제2부 주묵사의 출발: 『선조수정실록』 ───────

들어가는 글 **98**

1장. 『선조실록』 편찬의 곡절

    1. 초유의 실록 수정을 보는 눈 **100**

    2. 불태우고 버린 사초, 찾은 기록 **104**

    3. 옥사에 밀린 실록 편찬 **110**

2장. 『선조실록』 수정 과정

    1. 일기 편찬과 실록 수정 **118**

    2. 수정의 범위와 방법론 **124**

    3. 『선조수정실록』의 완성 **137**

3장. 수정본의 체재와 범례

    1. 주묵사의 원용 **143**

    2. 수사강령과 범례 **148**

4장. 수정본 편찬의 두 방향

    1. 기사의 수정·보완 **159**

    2. 사론의 수정 **170**

제3부 『현종실록』과 『현종개수실록』 ─────────

들어가는 글   186

1장. 『현종실록』의 편찬과 개수

1. 『현종실록』의 편찬   188
2. 『현종실록』의 개수   205

2장. 『현종실록』과 『현종개수실록』의 비교

1. 찬수범례로 본 개수   227
2. 주요 현안에 대한 기록   304
3. 상이한 인물 평가   328

제4부 『숙종실록』의 편찬과 보궐정오 ─────────

들어가는 글   358

1장. 『숙종실록』의 편찬과 개수

1. 『숙종실록』의 편찬   360
2. 『숙종실록보궐정오』의 편찬   371

2장. 『숙종실록』과 『숙종실록보궐정오』의 비교

1. 숙종 초년에 대한 인식   388
2. 노소 분당과 외척 비판   398
3. 장희빈 처분과 세자 보호론   412
4. 병신처분과 정유독대   422

제5부 『경종실록』의 편찬과 수정

들어가는 글 436

1장. 『경종실록』의 편찬과 수정

  1. 『경종실록』의 편찬 438

  2. 『경종실록』의 수정 447

2장. 『경종실록』과 『경종수정실록』의 비교

  1. 왕세제 건저 461

  2. 김일경과 목호룡의 고변 467

  3. 복권과 출향의 갈림길 478

에필로그: 역사는 역사의 몫이 있나니 486

    참고문헌 492

    찾아보기 494

기억에 대한 역사 – 인간(Homo Historicus)의 책무

조광

고려대학교 한국사학과 명예교수, 국사편찬위원회 위원장

조선은 철학자들이 중심이 되어 건국한 나라였다. 그들이 지향하던 바는 개신유학의 일종인 성리학이었고, 이 가르침을 기반으로 조선에 대동세계大同世界를 건설하고, 삼대지치三代至治를 재현하고자 했다. 이 꿈을 가지고 있던 조선의 건국자들과 그 후계자들은 경사체용經史體用의 입장에서 경학의 이념을 현실 세계의 역사를 통해 실증해보고자 했다.

조선에서 경학과 함께 역사를 소중히 다룬 일은 소당연所當然한 사실이었다. 따라서 조선 사학의 발전은 이미 건국 초부터 예정되어 있었다. 조선의 사학자들은 역사를 경학처럼 경건하게 접했고, 실록을 중심으로 국사國史의 체제를 마련하고자 했다. 그 결과 태조로부터 철종에 이르기까지 25대 472년간의 역사를 연월일 순서에 따라 편년체로 기록한 실록이 탄생했다.

조선시대의 문치주의적 특성에 주목한 오항녕 교수는 문치 국가의 필수 요소로 언관과 경연, 사관을 깊이 있게 연구했다. 그리고 사관의 생산물인 실록을 파고들었다. 그는 학위논문을 준비하면서 '실록학實錄學'이라는 용어를 창안해냈다. 실록학은 실록의 모든 것에 대한 학문적 연구를 총칭하는 개념이다. 오늘날 『자치통감』에 대한 연구를 '통감학'이라 하고, 『홍루몽』에 대한 연구를 '홍학'이라 한다. 그렇다면 조선실록의 유구한 전통을 생각할 때 실록학이란 용어의 출현은 오히려 늦은 감이 있다.

이제 오항녕 교수는 실록학을 두 권의 책으로 서술해냈다. 그중 하나가 조선실록 그 자체를 총체적 연구 대상으로 삼은 『실록이란 무엇인가』이고, 또 다른 하나가 이 책이다. 『실록이란 무엇인가』는 실록 탄생의 배경과 실록 편찬의 원자료를 살펴보고 사관제도의 운영 및 그 변천 과정을 검토했다.

실록을 편찬하는 사관들은 술이부작述而不作과 직서직필直書直筆을 표방했다. 이는 실록의 편찬에 권력의 개입을 막기 위한 기본적 장치이기도 했다. 그러나 당대사의 기록에는 긴장을 내재한다. 실록의 수정이나 개수 또는 보궐정오 작업은 편찬을 둘러싼 대립과 긴장의 결과였다. 오항녕 교수는 이와 같은 보정 작업이 진행된 이유를 이 책에서 규명했다. 한편, 조선시대에는 수정실록을 편찬한 뒤 앞서 편찬했던 실록을 폐기하지 않고 동시에 보존하는 지혜를 발휘했다. 이렇게 그들은 역사의 사회적 기능과 역할 및 가치를 침해하려는 정치권력을 막아 조선의 문명을 지켜냈다.

오항녕 교수는 실록학의 이해를 다지기 위한 큰 걸음을 내딛었다. 그러나 실록학의 완전 정립을 위해서는 앞으로 걸어야 할 길이 멀다. 우리는 실록 중심의 국사 체계가 조선 후기에 이르러 무너진 이유를 좀 더 알고 싶고, 경사일체의 주장에 입각하여 서술되었을 실록의 구체적 진상에 대해서도 궁금하다. 이를 비롯한 많은 문제에 대해서 그는 아마 이미 해답을 가지고 있을 듯하다. 그러므로 실록학에 대한 연구는 현재진행형이어야 한다. 두 권의 책이 출간된 일을 거듭 축하하며, 그의 연구에 지속적인 기대를 갖는다.

2018년 10월.

믿을 수 있는 기록(實錄)의 자격

　누구나 한 번쯤 과거를 바꾸고 싶은 충동을 느끼지 않았을까. 사람이 늘 잘하고 사는 것만은 아니기 때문이다. 그래서 과거 바꾸기가 종종 영화의 소재가 되는지 모르겠다. 실제 과거를 바꿀 수 없지만, 과거의 기억을 담은 기록은 고칠 수 있다. 예전의 자기 일기를 고치고 싶은 마음을 가져본 사람이라면 동감하리라. 그런데 이 책에서는 일기를 고친 데 그치지 않고 수정 대상이 된 일기도 함께 남겨놓은 이상한 사람들, 희귀한 경험에 대해 이야기하려고 한다.

　조선의 실록 문화는 사화史禍나 수정(개수) 과정을 통해 역사-인간(Homo Historicus)에게 흥미로운 과제를 남겨주었다. 실록實錄이라는 한자어를 글자 그대로 풀면, '믿을 수 있는 기록(the Authentic Records, the Veritable Records)' 이다. '실록의 시대' 사람들은 그들이 겪은 경험에 대한 기록이 후세 사람들에게 믿을 만한 기록으로 인정받기를 원했다. 다시 말하면, 믿어주기를 바라는 기록을 남겼다. 그 여망 때문인지 실록은 현재의 역사학도들이 가장 많이

8 | 후대가 판단케 하라

이용하는 사료이다.

　그런데 의심의 눈을 거둘 수는 없다. 실록이 정말 그렇게 믿을 만한 기록일까? 학문이 질문에서, 또는 의심에서 출발하기 때문만은 아니다. 실수가 많은 인간이 남긴 기록을 다루는 역사학이기에 더욱 그렇다. 현재를 사는 우리만 의심한 것이 아니었다. 실록이 편찬되던 당대 사람들도 의심했다.

　그 의심은, 내가 어떻게 역사에 기록되었을까 하는 궁금증에서부터 어떤 행위를 기록했다는 이유만으로 살육이 일어나는 사화史禍에 이르기까지 다양한 양상과 갈등으로 표현되었다. 쓰는 사람, 옮겨 적는 사람, 보는 사람이 제각각 다를 때 기록은 변형될 수 있다. 기록은 자연스럽게 생산되는 경우도 있지만, 그 전달은 자연스럽지 않은 경우가 많다.

　조선시대에는 이미 편찬이 끝난 실록이 의심스럽다고 하여 다시 편찬한 사례가 네 차례 있었다. 이와 관련하여 두 가지만 말하고 싶다. 첫째, 기록의 수정을 의아해할 필요가 없다. 원래 앞서 만든 기록이 의심스러워서 다시 기록을 남기는 행위는 누구나 할 수 있다. 역사학도의 결벽증이 기록의 신뢰성을 결정하는 것은 아니다. 둘째, 기록을 수정한 다음에 앞서 만든 기록을 '함께 남긴다'는 판단은 누구나 할 수 있는 일이 아니다. 대개는 의심했던 앞의 기록을 없애버리고 싶은 욕망을 누르기 힘들다. 그럴 수 있는 힘과 실력 같은 여건이 받쳐줄 때는 더욱 그러하다.

　조선시대 사람들은 기존의 기록을 인멸하여 기억을 지울 수 있었음에도 불구하고 그렇게 하지 않았다. 그들이 남긴 실록을 필자가 신뢰하는 근거가 여기에 있다. 정확히 말하면, 이제야 실록에 대한 의심을 실증하기 시작한 셈이니 그동안은 실록을 남긴 조선시대인의 태도를 신뢰했다고 말해야겠다. 그 정도의 태도를 지닌 인간들이 남긴 문명의 성과라면 진지하게 읽어볼 만하지 않을까?

그러나 실록을 편찬한 사람들의 태도에 대한 신뢰가 실록 자체의 신뢰성을 보증해주지는 않는다. 그래서 실록의 신뢰성을 검토하기 시작했다. 역사학에서 말하는 사료비판이다. 사료비판은, 제대로 하지 못한다면 하나 마나한 일이 될 수도 있다. 더구나 실록이 얼마나 많은 기사記事를 담고 있는가? 이 한 권의 책으로 정리해낸다는 것은 한강에서 고작 물 한 바가지 떠내는 격이리라. 학문은 협업이라는 것, 앞으로 계속 쌓일 수십 수백의 저술 가운데 한 권이라는 생각으로 이 책을 세상에 내놓을 뿐이다.

다음은 이 책의 저본으로 삼은 논문 목록이다.

- 제1부 제1~4장 : 「조선전기 史禍의 양상과 그 성격」, 『한국사학보』 24, 2006.
- 제1부 제5장 : 「조선후기 실록 열람 논란」, 『한국사연구』 183, 2018.
- 제2부 일부 : 「『宣祖實錄』 修正攷」, 『한국사연구』 123, 2003.
- 제3부 일부 : 「『현종실록』의 편찬과 개수改修」, 『한국사학사학보』, 29, 2014.
- 제5부 일부 : 「『경종실록』의 편찬과 수정」, 『민족문화』 42, 2013.

그동안 책을 여럿 내면서 편집자나 출판사 전문가들에게 감사를 표한 적이 없었다. 이번에는 해야겠다. 2018년 무더위가 유례없이 지속되던 여름날, 저자의 원고 때문에 너무 고생했기 때문이다. 책임 편집을 맡은 조수정 편집장은 『사통史通』(2012년 刊)에 이어 이 책 『후대가 판단케 하라』를 편집·교정했다. 그것도 하필 『실록이란 무엇인가 ― 조선 문명의 일기』와 동시에 출간하는 바람에 두 권의 책을 책임져야 했다. 덩달아 역사비평사 출판 전문가들은 감각 없는 저자를 대신하여 책 제목과 부제까지 고심해야 했으니, 미안하고 고맙지 않을 수 없다.

학문의 엄격성이 삶의 희망과 별개의 문제라고 생각하지 않는다. 역사학도가 추구하는 사실에 대한 검증은 서로 다른 생각과 관점을 가진 인간과 삶에 대한 이해의 폭을 넓혀줄 것이라고 기대한다.

경험·기록·기억을 둘러싼 차이와 갈등은 자연스러운 일이다. 인간이 원래 서로 다르듯, 역사를 보는 눈도 다를 수밖에 없다. 역사학은 바로 이 지점에서 시작된다. 모든 관계의 출발은 서로 다른 인간이 만나서 시작하는 것과 마찬가지다. 역사를 공부하면서 왜 서로 다른 지점에 서게 되었는지를 이해하게 될 것이다. 서로 다른 인생을 함께 살 수 있으면 그만이지, 모두 똑같은 인생을 살려고 애쓸 필요는 없지 않은가.

역사와 정치를 뒤섞어버리는 시도는 그다지 드문 일이 아니다. 인간의 가치·이념·지향은 역사의 무대에서뿐만 아니라 정치의 무대에서도 조화를 이루든 경쟁을 하든 역동적으로 어울릴 것이기 때문이다. 그럼에도 불구하고 역사는 역사의 몫이, 정치는 정치의 몫이 있다. 조선실록의 수정과 개수의 경험은 조정에서 벌어지는 정치의 와중에 역사를 어떻게 지켜냈는지, 왜 그러했는지를 보여준다. 그것만으로 충분하다.

2018년 10월
오항녕

프롤로그

역사와 기억의 충돌

   과거의 흔적인 기록은 늘 듬성듬성 남아 있다. 시간의 흐름이라는 절대성 속으로 과거가 사라지기 때문이다. 때론 전쟁으로, 때론 자연재해로, 때론 무 엇을 남겨야 할지 몰라서, 때론 어떤 것을 남기기 싫어서, 때론 무관심으로, 과거는 손에 쥔 모래처럼 빠져나간다. 그래서 역사학은 사실과 해석, 역사와 기억의 긴장을 숙명처럼 안고 있다.[1] 이 책은 '실록의 시대'에 나타난 긴장과 갈등을 다룬다.

   조선 전기~중기에 일어난 사화士禍는 민본과 개혁을 지향하는 사림 세력 이 기득권층인 훈구 세력에게 탄압당한 사건이다. 무오사화戊午士禍·갑자사 화甲子士禍·기묘사화己卯士禍·을사사화乙巳士禍는 흔히 조선시대 4대 사화로

---

1 폴 벤느 지음, 김현경·이상길 옮김, 『역사를 어떻게 쓰는가』, 새물결, 2004. '제1부 역 사학의 대상. 3 사실도, 실측도도 아닌 줄거리들' 참고; 오항녕, 『호모 히스토리쿠스』, 개마고원, 2016. '3부. 기억, 기록, 그리고 시간의 존재' 참고.

일컫는다.[2] 첫 번째 사화는 연산군 4년(1498)에 일어난 무오사화이다. 『성종실록』을 편찬하는 과정에서, 김일손金馹孫의 사초史草에 김종직金宗直의 「조의제문弔義帝文(의제를 조문하는 글)」이 실려 있는 것을 본 편찬관 이극돈李克墩이 연산군에게 이 일을 일러바쳤다. 이극돈은 「조의제문」이 세조가 단종(당시에는 노산군魯山君)을 죽이고 왕위를 찬탈한 일을 풍자한 글이라며 김일손 등 사림을 탄압하도록 연산군을 부추겼다. 단종복위운동에 가담한 인물이 많았다는 이유로 세조 2년(1456)에 집현전이 폐지된 뒤 사림은 성종 때 가까스로 조정에 진출했는데, 연산군 때 이 일이 터지면서 '사림의 씨가 말랐다'는 말이 나올 정도로 축출되어 죽거나 귀양 갔다. 사초에 실린 「조의제문」이 무오사화의 발단이 되었기 때문에 '士禍' 대신 '史禍'라고 일컬어지기도 한다. 이 책에서는 이처럼 기록=역사로 인해 벌어지는 갈등을 살펴보려고 한다.

사초와 실록은 조정朝廷이라는 정치 현장, 공적 제도 속에서 작성되고 편찬되었다. 정치 현장에는 여러 양태의 조정과 화해가 있는 한편, 갈등과 대립도 있게 마련이다. 정치는 사회 구성원의 삶에 영향을 미치는 어떤 정책을

---

2 조선 후기에는 수양대군이 김종서金宗瑞 등을 살해한 계유정난癸酉靖難을 '계유사화癸酉士禍'로 규정한 것을 비롯하여 세조 2년(1456) 사육신이 단종을 복위시키려다가 죽임을 당한 '병자사화丙子士禍', 중종 16년(1521) 안당安瑭 등이 화를 당한 '신사사화辛巳士禍', 명종 2년(1547) 송인수宋麟壽 등이 화를 당한 '정미사화丁未士禍'까지 포함하여 조선 전기의 8대 사화로 보았다. 정호훈, 「『아아록我我錄』의 조선 정치사 서술과 인식 태도」, 『역사와 현실』 85, 2012, 67~69쪽. 조선시대 사화는 수양대군(세조)의 계유정난을 일으킨 데 공을 세운 정난공신靖難功臣부터 성종대 좌리공신佐理功臣까지 단종~성종대 다섯 차례에 걸친 공신 책봉으로 등장한 특권층(공신) 중심 정치를 배경으로 한다. 정두희, 「朝鮮 世祖-成宗朝의 功臣研究」, 『진단학보』 51, 1981; 김태영, 「朝鮮초기 世祖王權의 專制性에 대한 一考察」, 『한국사연구』 87, 1994. 이러한 공리적功利的·패권적覇權的 전제정치는 계유정난에서 선조의 즉위에 이르는 100여 년의 조선 정치사를 규정했다. 오항녕, 『조선의 힘』, 역사비평사, 2010, 291~299쪽.

기획·집행·관리하는 행위이고, 정책의 운영은 곧 권한 또는 권력을 수반한다. 또한 같은 사안에 대해 두 가지 정책을 동시에 추진하기 어려운 경우가 대부분이라 어느 하나의 정책을 선택할 수밖에 없다. 여기에 정책, 나아가 정책을 추진하는 권한의 배타성이 있다. 당연히 이러한 정책의 배타성은 그 정책을 추진하는 정치 세력의 배타성으로 이어진다. 좋지 않은 어감을 담고 있기는 하지만 '권력투쟁'이란 바로 이런 정책과 정치 영역의 본질적 측면이다. '역사투쟁', '기억투쟁'은 이 권력투쟁과 겹쳐 있다.

정치제도는 이러한 행위가 관례화됨으로써 탄생한다. 관례의 제도화에는 동의, 기각, 합의의 과정이 포함되게 마련이다. 설령 누군가에 의해 자의적으로 만들어졌더라도 제도는 늘 형식적이나마 그런 절차를 밟아 성립된다. 물론 대체로 그 자의성에 비례하여 해당 제도의 수명이 짧다는 사실을 역사는 보여주고 있다. 이렇게 제도는 그 제도를 둘러싼 사람들과 집단들의 견해나 이해가 다듬어지면서 현실 속에서 형성된다.

그러나 어떤 제도든지 그 제도가 성립되었다고 해서 곧 현실적으로 작동하지는 않는다. 즉, 그 제도를 성립시킨 직간접적인 주체들의 동의를 얻었다고 해서 실행까지 자동적으로 보장되지는 않는다. 모든 제도는 성립 과정과 마찬가지로 정착 과정에서도 긴장과 그 긴장의 해결 과정을 겪게 된다. 정착 과정이라 함은 그 제도를 만든 애초의 목적을 달성하기 위한 운영 과정이며, '제도의 현실화' 또는 '제도의 구현'이라고 표현할 수 있을 것이다.

제1부에서는 조선시대 정치 현장에서 벌어진 '당대사當代史'를 둘러싼 대립 및 조정의 추이와 성격을 제도의 현실화(또는 실현)라는 관점에서 다룬다. 먼저, 당대사 기록에 내재한 긴장을 살펴보는 데서 시작할 것이다. 당대사를 기록으로 남겨야 하는 필요성과 그 기록으로 인해 언제든지 발생할 수 있는

넓은 의미의 사화史禍는 조선시대 당대사 실록과 사관제도 및 기록 시스템의 역동성을 이해하는 데 일반적이면서도 필수적인 측면이다.

'당대사'란 '같은 시대 사람이나 사건에 대한 역사 기록'을 의미한다. 당대사는—늘 그렇지는 않지만—통상 직접적으로 해당 사건·인물과 관련된 사람들이 생존해 있는 시기의 역사 기록이며, 같은 세대의 경험을 담은 기록이라고 할 수 있다. 조선시대의 당대사로는 제일 먼저 실록을 꼽을 수 있다. 그러나 실록뿐 아니라 실록의 자료가 되는 사초 및 그 밖에 『승정원일기』 등도 당대사에 포함되기 때문에 개념의 포괄성을 고려하여 당대사란 표현을 쓰기로 하겠다. 다만, 아무래도 자료의 성격이나 중요성으로 보아 사초와 실록이 중심 논제가 될 것이다.

사화史禍는 당대사를 둘러싼 여러 가지 형태의 갈등을 의미한다. 당대사를 둘러싼 갈등이 극단화되어 일어난 사건이기 때문에 사화는 말 그대로 당하는 쪽에서는 재앙으로밖에 표현할 수 없는 비극적 상황이다. 하지만 이 책에서는 제도의 구현이라는 관점에서 볼 때 포착되는 여러 가지 갈등을 모두 포괄하는 의미에서 사화라는 용어를 사용할 것이다. 여기에는 각 주체 간의 미묘한 신경전이나 논쟁은 물론이고, 처벌 및 탄압이나 학살 같은 본래적 의미의 사화까지 모두 포함된다.

조선시대의 당대사는 사관제도의 산물이며, 결국 사화라는 현실적 사건은 바로 사관제도의 발달 및 정착 과정에서 빚어졌다. 이러한 자명한 사실 때문에 각각의 시대에 대한 기왕의 연구 속에서 이들 사화가 언급되기는 했지만, 지금 말하는 '제도의 구현'이라는 관점, 즉 사관제도의 정착 과정과 사화가 어떤 상관성을 가지고 일어났는지를 설명한 연구는 아직 제출되지 않았다. 그런 점에서 단순히 현재 다루고 있는 주제와 관련된 의미만이 아니라, 역사상을 좀 더 입체적으로 파악하는 정치제도 연구 방법론의 하나로서 이 책의 시각이 유용한 부분도 있다고 본다. 단, 제도의 성립과 구현 과정을 정치 세력으로 환원시키는 논리는 경계하고자 한다. 왜냐하면 제도는 제도로서의 자율적인 영역이 있기 때문이다.

그 같은 특징은 제도가 정착되어 관례가 되었을 때 한층 분명히 드러난다. 이를 미완의 실록 수정 시도였던 숙종대 『광해군일기』에 대한 기억투쟁에서 볼 수 있다. 인조반정 이후 실각한 대북大北 세력이 광해군대의 기억을 수정하려고 시도한 데서 출발했지만, 이 사건은 결국 실록(일기)의 누설 문제로 바뀌었으며, 관례에 따라 실록을 누설한 당사자들을 처벌하는 것으로 끝났다.

제2부에서는 『선조실록』의 편찬과 수정을 다룬다. 조선 초 『태조실록』이 세종대 후반에 수정된 일을 제외하고 『선조수정실록』 이전에는 이미 완성된 실록을 수정한 사례가 없다. 『태조실록』의 경우 조선 건국 당시 부족한 정보에 기초하여 편찬되었던 까닭에 개정 논의가 이루어질 수 있다는 특수한 상황을 감안하면, 『선조실록』의 수정은 조선시대 실록 편찬사에 처음 있는 일이라고 해도 과언이 아니다.

『선조수정실록』은 인조 원년(1623)에 처음 수정 논의가 제기되었지만 나라 안팎의 사정으로 계속 중단되다가 효종 8년(1657)에 이르러 편찬 사업이 끝났다. 그간 편찬 주체도 바뀌고, 수정 방향을 두고 논쟁이 벌어지기도 했다. 편찬 주체나 범례는 해당 실록의 「부록」과 현존하는 『선조실록수정청의궤』 및 기타 연대기 자료를 통해 확인할 수 있다.

우선, 단순하지만 『선조실록』과 『선조수정실록』의 기사를 연월일별로 비교하는 방법을 통해 자료의 특성을 파악했다. 기사와 사론의 수정에 대한 서술은 이런 비교 방법을 통해 도출된 결과이다. 이 비교 작업은 수정 편찬자들이 제시했던 범례를 준거로 삼아 접근했다. 오늘날 『선조실록』의 원본과 수정본이 공존하게 된 것은 '주묵사朱墨史'를 수정의 표본으로 삼았기 때문이다. 이는 실록을 다시 제작하는 데 드는 경비의 절약이라는 실용적인 목적과 함께 원문 기사와 수정 기사를 구별하기 위한 실무적인 편의성에서 비롯된 듯하다.

또한, 기사에 대한 실제 조사에서는 원본의 교정 및 보완의 특징을 살펴보았다.

제3부에서는 『현종실록』의 편찬과 개수를 다룬다. 『현종실록』은 조선 18대 국왕인 현종의 재위 기간(1659~1674) 역사를 기록했다. 국왕이 승하한 뒤 실록을 편찬하는 관례에 따라 숙종 원년(1675) 5월에 편찬을 시작하여 숙종 3년(1677) 9월에 편찬을 마쳤으니 대략 2년 5개월이 걸린 셈이다. 『현종실록』은 모두 22권이며, 5질을 간행하여 춘추관과 지방 4사고에 봉안했다.

그런데 숙종 6년(1680) 경신대출척으로 남인들이 실각한 뒤, 이미 간행된 『현종실록』의 기록이 부정확하고 왜곡되었다는 공론이 형성되기 시작했다. 현종 연간에 서인과 남인이 대립하는 정책과 사건이 여럿 있었으니 만큼 그를 둘러싼 이해와 관점의 차이가 낳은 결과였다. 이렇게 해서 편찬된 실록이 『현종개수실록』이다. 개수改修란 말에서 알 수 있듯이 『현종개수실록』은 『현종실록』을 다시 편찬한다는 기조로 수정 작업이 이루어졌다.

이 책에서는 『현종실록』과 『현종개수실록』의 차이점이 무엇인지 하나하나 검토했다. 먼저, 두 실록의 기사를 날짜별로 비교하면서 어떻게 개수가 이루어졌는지를 살펴보았는데, 이를 위해 조선 초기에 정리된 것으로 보이는 14개조의 실록찬수범례별로 두 실록을 비교하는 방법을 취했다. 다음으로, 두 실록에서 사실 기술이나 평가에 차이가 나는 주요 사건과 인물을 확인하고, 그 배경과 이유를 알아보았다.

제4부에서는 『숙종실록』과 『숙종실록보궐정오』를 다룬다. 『숙종실록』은 조선 제19대 국왕인 숙종의 재위 기간(1674~1720) 역사를 편년체로 기록했다. 『숙종실록』은 숙종이 승하하고 반년 후인 경종 즉위년(1720) 11월부터 편찬에 착수하여 영조 3년(1727)에 완성했다. 그러나 정미환국으로 노론이 파면된 뒤 소론이 정국을 이끌면서 『숙종실록』에 왜곡된 사실이 많다며 개수 논의가 이루어졌다.

『숙종실록』과 『숙종실록보궐정오』의 탄생은 학문의 연원 및 정치적 입장이 다른 노론과 소론의 갈등이 낳은 산물이다. 원래 실록을 개수하려고 했으나 『현종실록』의 개수에서 보듯이 결코 녹록한 일이 아니었다. 게다가 『숙종실록』은 워낙 분량이 많아 어려운 작업이었다. 이 때문에 빠진 기사를 보충하여 추가하고 잘못된 부분을 바로잡는다는 '보궐정오補闕正誤'를 편찬하는 것으로 결론이 났다.

『숙종실록보궐정오』는 영조 4년(1728) 3월에 편찬이 끝났다. 원본과 보궐정오본까지 합쳐 실록 편찬에 총 9년이 걸렸는데, 이는 숙종의 재위 연수가 47년이나 되어 기사의 분량이 많고, 편찬 도중에 노론과 소론 간의 정쟁으로 신임옥사와 정미환국이 일어나는 등 정국이 자주 바뀌고 편찬 책임자가 여러 번 바뀌었기 때문이다.

이 책에서는 『숙종실록』과 『숙종실록보궐정오』의 차이점이 무엇인지를 검토하고, 주요 사건이나 사안에 대해 서로 어떻게 다른 식으로 기록해놓았는지 파악하고자 했다. 특히, 정오正誤, 즉 잘못된 기록을 바로잡는다는 취지는 날짜를 바로잡는 일부터 적극적인 사론에 이르기까지 다양하고 풍부한 내용을 담고 있는데, 이를 중점적으로 살펴볼 것이다.

제5부에서는 『경종실록』의 편찬과 수정을 다룬다. 조선 후기에 있었던 네 차례의 실록 수정 중 마지막에 해당하는 『경종실록』의 수정, 즉 정조 초반에 이루어진 『경종수정실록』의 편찬이다. 그동안 학계에서 실록의 수정 자체가 연구 주제로 주목받지도 못했지만, 특히 『경종실록』의 수정은 『영조실록』 편찬과 함께 이루어진 까닭에 마치 곁다리인 듯 인식되었던 점도 그 의미를 살펴보는 일이 늦춰진 이유가 될 것이다.

제1부
사화史禍: 갈등 또는 극복

역사 기록, 특히 당대사 기록에는 본래적 긴장이 내재한다. 당대사를 기록으로 남겨야 하는 필요성과 그 기록으로 인해 언제든지 발생할 수 있는 넓은 의미의 사화史禍는 조선시대 사관제도의 역동성을 이해하는 데 일반적이면서도 필수적인 측면이다.

제1부에서는 다음의 내용을 차례로 검토할 것이다. 첫째, 조선 건국 초기에 사초 제출을 둘러싼 논의와 갈등이다. 말 그대로 사초를 제출하면서 벌어진 갈등인데, 사초를 작성한 자와 수납하는 자가 다르기 때문에 나타난 현상이다.

둘째, 건국한 뒤 조선이라는 나라의 기틀이 잡혀가던 태종대에 실록 편찬 시기를 둘러싼 논쟁을 살펴보았다. 편찬 시기와 편찬 주체를 놓고 벌어진 이 논쟁은 성리학의 수용이라는 사상사적 전환이 배경에 깔려 있다. 이 일은 제도의 형성과 구현이라는 두 측면에서 중대한 시사점을 남겼으며, 세종을 거쳐 문종대에 조선 나름의 실록 편찬 원칙이 확립되는 과정까지 해결해야 할 과제를 던져주기도 했다.

셋째, 실록 편찬이 제도적으로 가닥을 잡아가면서 자연스럽게 실록의 자료가 되는 사초의 관리 원칙도 확립되어갔는데, 이 과정에서 주목되는 사건

이 민수閔粹의 사옥史獄이다. 사초 실명제 이후 벌어진 민수의 옥사는 사관제도의 정착에 긍정적인 영향을 끼치며 마무리되었다.

넷째, '사화'라고 일컬어지는 사건의 실상과 의미를 살펴볼 것이다. 연산군대 무오사화, 그리고 명종대 을사사화의 여파로 벌어진 안명세安名世의 옥사는 모두 '士禍'이면서 '史禍'로서 두 사건에 깔린 함의는 근본적으로 같다. 즉, 당시까지 이룩해온 제도의 현실화를 일거에 무너뜨리는 방향으로 사건이 진행되고 확산되면서 당대사가 불러올 수 있는 극단적 참화를 초래했다.

다섯째, 잘 알려져 있지 않지만 조선 후기의 실록 수정 시도, 정확히 말하면 『광해군일기』에 대한 수정 시도를 사학사·정치사의 맥락에서 살펴보겠다. 『광해군일기』 수정은 미완에 그쳤지만, 오히려 그 뒤 실록의 변개와 누설 논란으로 이어졌다는 점에서 이를 둘러싼 논의와 처분에 주목할 만한 점이 있다.

1장 | 당대사에 내재한 긴장

1. 유지기의 진퇴양난

어떤 역사적 산물이 갖는 성격을 검토할 때 유용한 방법 중의 하나가 발생론적 접근이다. 그것이 역사 속에서 어느 정도 지속되었던 제도일 경우, 그 제도는 존속되는 동안 쭉 내재하고 있던 속성을 발현한다. 유의할 점은 시간의 흐름에 따라 그 제도는 변화한다는 사실이다. 당연히 내재적 속성도 변할 수 있다. 처음 발생한 과정을 추적하는 일만으로 역사적 사건을 이해할 수 없는 이유이다. 정확히 말하면, 일단 처음에 어떻게 발생했는지 뿐만 아니라 변화 과정까지 반드시 검토해야 한다는 뜻이다. 당대사當代史, 실록 편찬의 경우가 특히 여기에 해당한다.[1]

역사상 당대사를 둘러싼 긴장이 상시적으로 구조화된 것은 실록을 편찬

<hr />

[1] 오항녕, 『실록이란 무엇인가—조선 문명의 일기』, 역사비평사, 2018, '제1부 1장. 실록의 탄생' 참고.

하기 시작한 중국 당나라 태종 이후의 일이다. 이 시기의 실록 편찬은 특별한 의미를 지닌다. 즉, 관료제의 발달에 따라 관청 주도의 기록이 양산되었고, 그 결과 가문家門 중심의 사관제도가 관청 중심으로 변화했다.[2] 『사기史記』를 편찬한 사마담司馬談과 사마천司馬遷, 『한서漢書』를 편찬한 반표班彪와 반고班固처럼 부자지간이나 혹은 삼촌과 조카 등 친인척이 가업으로 사관직을 이어가며 역사서를 편찬해오던 전통이 변화한 것이다.

이 변화는 실록의 등장과 함께 이루어졌으며, 당대사를 둘러싼 전형적인 갈등 또는 긴장을 야기했다. 요컨대 당대사를 기록하고 관리하는 상설 관청이 설립되고, 정례적으로 실록을 편찬하게 됨에 따라 당대의 기록이 노출되었는데, 바로 이런 여건이 '사화史禍'의 모든 가능성을 담고 있었던 셈이다. 『측천무후실록則天武后實錄』 편찬에 참여했던 유지기劉知幾는 자신이 지은 『사통史通』이라는 역사학개론에서 이 문제를 다음과 같이 언급했다.

제가 생각건대, (당대사인 실록을 편찬하는 일을) 해서는 안 되는 이유가 다섯 가지 있습니다. …… 요즘 역사를 취급하는 관청은 모두 구중궁궐 깊은 곳에 두었으니, 이는 사람들이 보지 못하게 하려는 것입니다. 그 의미를 따져보면 대체로 다른 사람들과 만나는 일을 막아 부당한 청탁을 막고자 했기 때문일 것입니다. 그렇지만 오늘날 관청에서 편찬하는 사람은 숲처럼 많고, …… 한 글자라도 폄하하는 말이 있으면 말이 입에서 떨어지기가 무섭게 조정이나 민간에서 다 알고, 붓을 채 놓기도 전에 조정 관리들이 모

---

2 高柄翊, 「『史通』과 歷史批評의 理論」, 閔斗基 편, 『中國의 歷史認識(下)』, 창작과비평사, 1985; 오항녕, 「史官制度 成立史의 제문제」, 『태동고전연구』 14, 1997.(『한국 사관제도 성립사』, 일지사, 2009에 재수록)

두 읊조리고 다닐 정도입니다. …… 이것이 당대사를 편찬해서는 안 되는
세 번째 이유입니다.[3]

유지기는 당초 실록 편찬의 문제점을 다섯 가지로 요약했는데, 그중 위에
인용한 글, 즉 실록을 편찬해서는 안 되는 이유 가운데 세 번째로 든 것이 이
책의 논지와 관련하여 핵심적인 지적이다. 유지기가 소박하게 표현했지만,
사실 입과 귀가 많으면 당연히 듣고 말하는 것도 많아지므로 공동 편찬은 그
만큼 기록 누설의 가능성이 클 수밖에 없었다. 보고 듣지 못한다면 상관할
수도 없는 법이다. 그러면 다툴 이유도 없다. 실제로 한 왕조나 국가 단위로
간행되는 정사正史 편찬 과정에서 '사화史禍'가 벌어졌다는 기록은 많지 않다.
당대사가 아니기 때문이다.

문제는 오랜 세월이 지나서 편찬하는 것이 아니라 당대의 기록을 당대에
편찬하게 된 데 있다. 다시 말해 당대의 기록은, 그 기록에 실린 내용과 어떤
식으로든 이해관계가 걸린 사람들이 살아 있거나, 다시 이들과 직간접적인
관련이 있는 사람들이 살아 있는 상황에서 역사 기록으로 남기고 편찬된다
는 사실에서 문제가 발생하는 것이다.

그런데 편찬을 계기로 기록이 '드러난다'는 사실만이 유지기가 우려했
던 전부일까? 이 문제를 좀 더 구조적으로 들여다보면, 기록이 가업家業에 의
해서가 아니라 관청에서 관리에 의해 남게 된다는 점에 있다. 당대사는 크
게 기록과 편찬의 두 단계를 거쳐서 '역사'로 남게 되는데, 편찬 시기에 이르
면 기록자가 아닌 다른 사람이 편찬을 담당하게 될 가능성이 높다. 그렇다

---

3 유지기 지음, 오항녕 옮김, 「외편: 13. 이대로는 안 됩니다_忤時」, 『사통史通』, 역사비
평사 2012, 990쪽·993쪽.

면 편찬 단계에서 발생하는 갈등의 원인은 기록하는 주체와 편찬하는 주체가 다르기 때문이라고 설명할 수 있다. 편찬 시기로 보면 실록은 '재위 중 편찬' → '연호 단위 편찬' → '군주 재위 단위 편찬'이라는 진화 과정을 거쳐왔는데,[4] 시기가 내려올수록 기사와 편찬의 두 영역 주체가 서로 다를 가능성이 훨씬 커진다.

이에 더해, 군주 재위 단위로 편찬하게 되면서 실록의 기록에 직접적인 관련이 있는 선왕의 간섭을 배제했다고는 해도, 순장殉葬을 하지 않는 한 그 선왕대에 활동했던 살아 있는 인물들의 관련성까지 배제할 수는 없는 노릇이었다. 또한 왕조 체제에서는 사왕嗣王이 곧 선왕의 피붙이일 수밖에 없으므로, 실록 편찬에 선왕의 간섭이 없어졌다고 해서 당대사의 '직필直筆'이 보장되리라는 법도 없었다.

유지기가 지적한 문제점은 편찬 단계에서 발생하는 일이었다. 그러나 기록이 이루어지는 시점이나 편찬을 위해 아직 공개하지 않고 가지고 있을 때도 마찬가지 문제가 발생할 수 있다. 기록이나 기록자에 대한 외부의 견제와 탄압이 영향을 미쳤을 수도 있지만, 자발적인 자기 검열이나 눈치 보기가 원인일 수도 있다. 기록 단계의 이 같은 긴장이나 갈등은 당시에는 잘 드러나지 않는 것이 보통이다. 그럼에도 불구하고 그 상시성과 내재성 때문에 제도에 반영·정리되었다. 하지만 일단 이 긴장이 드러나게 되면 편찬 단계의 긴장보다 더욱 험한 상황을 연출하기도 했다.

당대사를 둘러싼 긴장은 우리가 상식적으로 있을 수 있다고 생각하는 것 이상으로 실록의 발생사와 함께 내재된 구조적 성격이었다. 이제 그 내재적

---

4 오항녕, 「實錄의 儀禮性에 대한 연구 ─慣例와 象徵性의 형성을 중심으로」, 『조선시대사학보』 26, 2003, 19~21쪽.

긴장이 조선 전기에 어떻게 현실적인 대립과 갈등으로 드러났는지를 기존 제도사 연구와 관련지어 살펴보자. 먼저, 조선 건국 초기에 당대사를 둘러싸고 발생했던 사건을 통해 그 양상을 구체적으로 살펴보겠다.

2. 조선 건국 초 실록 편찬이라는 과제

조선시대 들어와 당대사 기록으로 인해 갈등을 겪은 것은 건국 초『고려사』를 편찬하던 무렵이었다.[5] 정확히 말하면, 이때는 '고려국사高麗國史'를 편찬하던 무렵이다. '고려국사'는 이후 몇 차례 개수를 거쳐 오늘날 전해지는 『고려사』와『고려사절요』로 귀결되었다. 『고려사』는 정사正史이므로 편찬 대상인 왕조를 달리했지만, 고려 말의 우왕·창왕·공양왕대의 경우는 왕조만 달랐을 뿐 불과 몇 년 전의 사건이었으므로 당대사나 다름없었다.

실제로 이때『고려사』를 정사 편찬 체재인 기전체가 아니라 편년체로 편찬했는가 하면, '공민왕에서 공양왕까지의 실록'이라고 운운함으로써 정사와 당대사에 대한 이해가 혼동되고 있는 모습을 보였다.[6] 물론 이는 역사 편찬 체재에 대한 이해 부족이 근본 원인이겠지만, 동시에 당사자들에게는 고려나 조선이나 자신들이 살고 있는 시대이고, 그 시대의 역사 기록은 당연히 당대사로 생각했기에 나타난 현상이기도 했다.

---

5 『고려사』 편찬 및 개수 과정에 대해서는, 韓永愚, 『朝鮮前期史學史研究』, 서울대학교 출판부, 1981; 邊太燮, 『『高麗史』의 研究』, 삼영사, 1982; 吳恒寧, 「朝鮮初期 『高麗史』 改修에 관한 史學史的 검토」, 『태동고전연구』 16, 1999.

6 오항녕, 위의 논문, 10~12쪽.

『고려사』를 편찬하기 위해 한창 자료를 모으던 태조 2년(1393), 사헌부에서 이행李行을 탄핵한 일이 벌어졌다. 이행이 공양왕 때 지신사知申事로 있으면서 사관 수찬관史官修撰官을 당연직으로 겸직했는데, 그때의 사초史草에 신우辛禑와 신창辛昌을 태조가 죽였다고 기록했다는 이유였다. 이에 앞서 조준趙浚이 이행의 사초를 보다가, '윤소종尹紹宗이 이숭인李崇仁의 능력을 시기해서 조준에게 알려 이숭인을 해치려고 하였다'는 내용을 발견함으로써 논란이 일었다.[7] 이 일을 계기로 태조는 무진년(우왕 14년, 1388) 이후의 사초를 바치게 했고, '변안열邊安烈과 우禑·창昌 부자父子를 죽인 이가 태조이며, 그들은 모두 죄 없이 살해당했다'고 기록한 이행의 사초를 직접 보게 되었다. 결국 이행은 국문을 받기에 이르렀다.

이 사건은 왕조가 바뀐 상황에서 발생했다는 점에서 이후에 일어난 당대사를 둘러싼 갈등과 차이가 있다. 그러나 당대사 기록 자체가 정치 상황에 따라 언제든 쟁점이 될 수 있다는 학습 효과를 얻었다. 그뿐만 아니라 당대사에 내재된 긴장을 어떻게 처리할 것인가에 대한 문제의식을 갖게 만든 계기가 되었다. 물론 그 처리 방향이나 대응 방향은 아직 합의되지 못한 상태였다.

이행 사건의 여파는 여기서 그치지 않았던 듯하다. 태조 7년(1398)에 태조는 자신이 즉위한 임신년(1392) 이후의 사초를 바치라고 명했다. 누가 보아도 태조 2년에 발생했던 이행 사건과 떼놓고 생각하지 않을 수 없었다. 이때 태조는 왕이 당대의 역사 기록을 보지 못할 이유가 무엇이냐고 반문하면서 당 태종의 예를 들어 직접 사초를 보아야겠다고 고집했다. 나아가 군신君臣의

---

7 『태조실록』, 2년 1월 12일(무오).

의리를 꼬집어 말하면서 사고史庫를 열어 사초를 바치라고 윽박질렀다.[8]

태조의 명에 따라 감예문춘추관사監藝文春秋館事 조준 등이 임신년 이후의 사초를 바치려 하자, 사관 신개申槩 등이 이에 반대하는 상소를 올렸다. 신개 등은 당 태종의 사례를 들어 군주가 기록을 열람한 결과 사실대로 기록을 남기지 못하고 당시 실록에 숨긴 것이 많았던 폐해를 거론하고, 이제 나라를 창업한 군주로서 모범을 보일 것을 촉구했다.

> 창업한 군주는 자손들의 모범입니다. 전하께서 당대의 역사를 열람하시면 대를 이은 임금이 구실을 삼아 반드시 '우리 돌아가신 아버지(先考)께서 한 일이며 우리 돌아가신 할아버지(祖考)께서 한 일이다.' 하면서 서로 뒤를 따라하여 습관이 되고 나아가 당당한 일이라고 생각한다면, 사신 가운데 누가 감히 사실대로 기록하는 붓을 잡겠습니까? 사관이 사실대로 기록하는 필법이 없어져 아름다운 일과 나쁜 일을 보여서 권장하고 경계하는 뜻이 어둡게 된다면 한 시대의 임금과 신하가 무엇을 꺼리고 두려워해서 자기의 몸을 반성하겠습니까? 이렇게 되면 지금 역사를 열람하는 일은 자손들에게 좋은 계책을 전해주는 방법은 아닐 것입니다.[9]

신개의 말에 따르면, 태조는 을해년(태조 4년, 1395)에도 사초를 열람하려다가 그만둔 일이 있다. 이행의 기록이 떠올랐기 때문인지 태조는 지속적으로 사초 열람을 시도했다. 신개의 말은 송대宋代 범조우范祖禹가 『당감唐鑑』에서 실록을 열람한 당 태종을 비판했던 바로 그 내용이며, 성리학의 발달과

---

8 『태조실록』, 7년 윤5월 1일(병자).

9 『태조실록』, 7년 6월 12일(병진).

함께 강조된 역사 기록의 공정성 유지에 대한 상징적인 언명을 태조에게 상기시키는 것이었다.[10]

태조는 자신이 즉위하던 무렵의 사건이나 신하들과 나눈 대화는 사관도 모르기 때문에 빠진 사실을 보완해야 한다는 이유로 거듭 사초를 바치라고 명령했다. 명시적으로 내세운 이유야 그러했지만, 사실 태조는 앞서 이행이 우왕과 창왕을 자신이 죽였다고 기록해놓은 일을 생생하게 기억하고 있었다. 이는 태조 본인의 말을 통해서도 증명된다.

이 일이 왕조가 바뀌는 건국 전후의 시기에 발생했음을 감안하면 사안의 특수성을 인정할 수도 있다. 그러나 이 사건 역시 당대사 기록에 내재된 긴장, 즉 특수한 상황이 지나면 해소될 성격이 아니라 당대사 기록이 남는 한 항상적으로 나타날 수밖에 없는 문제이다.

이행의 사초로 빚어진 태조 연간의 사태를 좀 더 선명하게 이해하기 위해서는 이성계가 1388년(우왕 14) 5월 위화도 회군에 이어 정권을 장악한 뒤 이듬해 올라온 최견崔蠲의 상서上書를 고려해야 한다.[11] 최견의 상서 내용은 조선시대 사관제도의 출발점이라 해도 무방하다. 최견은 성리학적 소양을 갖추고 고려 말 제도 개혁에 동참했던 일련의 관료들 중 한 명인데, 이 상서에서 사한史翰 8명과 겸관兼官으로 하여금 사초를 작성하게 하자고 건의했다. 이 건의는 이후 조선 건국과 함께 예문춘추관의 요청으로 좀 더 일목요연하게

10 이에 대해서는, 吳恒寧, 「實錄의 儀禮性에 대한 연구─慣例와 象徵性의 형성을 중심으로」, 『조선시대사학보』 26, 2003, 11~12쪽; 오항녕, 「성리학 역사서의 형성과 구조」, 『한국실학연구』 6, 2003 참고.

11 『고려사』 권137 列傳50, 辛昌 1년 3월. 최견의 상서는 선행 연구에서 검토되었으므로 상론하지 않는다. 오항녕, 앞의 책, 2018, '제3부 1장. 사초와 시정기' 참고.

항목별로 제기되었고, 곧바로 태조의 허락을 얻었다.[12]

　그럼에도 불구하고 당대사의 기본 자료가 되는 사초의 안전한 관리에 대해서는 관행이나 합의가 이루어지지 않았다. 긍정적으로 볼 수 있는 점은, 고려시대의 사초는 왕조가 바뀌면서 정사 편찬을 위해 공개되었지만 태조가 즉위한 1392년 이후의 사초에 대해서는 보호하는 방향으로 논의가 모아지는 경향을 띠었다는 것이다. 사초에 대한 온전한 보호는 이로부터 반세기가 지난 시점에야 법규 형식으로 제도화되었다.

---

12 『태조실록』, 원년 9월 14일(임진).

2장 조선 초기 실록 열람을 둘러싼 갈등

1. 편찬 주체 논쟁의 성과

태조가 승하하고 이듬해 태종 9년(1409)에 벌어진 『태조실록』 편찬 논쟁은 당대사 편찬을 둘러싸고 일어났다는 점에서 사초의 안전한 관리와는 또 다른 차원의 문제를 제기했다. 이때의 논란은 실록 편찬 주체가 누구인지를 두고 설전이 오갔다. 영춘추관사領春秋館事 하륜河崙 등은 당대 일을 잘 아는 노성한 신하가 편찬을 주도해야 한다고 주장했고, 사관인 예문관 참외관들은 예전 역사 기록이 모두 3대가 지난 뒤에 편찬되었다는 이유로 고위 관료에 의한 실록 편찬을 반대했다.[13]

당초 하륜은 '장무사관掌務史官'에게 임신년(1392)부터 경진년(1400)까지 작성된 사관의 사초를 서울은 10월 보름까지, 외방은 11월 초하루까지 수납

---

13 『태종실록』, 9년 8월 28일(정묘).

하라고 지시했다. 『태조실록』과 『정종실록』을 함께 편찬하려는 생각이었다.[14]
그러나 기사관記事官들이 중심이 되어 『태조실록』 편찬을 반대하고 나서면서
하륜과 논쟁이 벌어졌다.

기사관들이 말하기를 "고사를 보면 실록은 모두 3대가 지난 뒤에 만들어
졌습니다. 고려시대에도 그러했습니다. 『태조실록』을 어찌 지금 편찬하려
고 합니까? ……" 하니 …… 하륜이 말하기를 "상소를 올리려거든 옛 법을
살펴보시오. 고사에도 마찬가지로 대를 이은 임금 때 편찬했소이다. ……"
  기사관들이 말하기를 "태조의 옛 신하가 태조의 실록을 편찬한다면 후
세의 의논이 어떻게 여기겠습니까?" 하니, 하륜이 얼굴색이 변하면서 말
하기를 "태조의 일을 한때의 사관이 어떻게 모두 기록할 수 있겠소? 그들
의 기록이 실상의 전부라 할 수는 없소. 또 노성한 신하가 살아 있을 때 본
말을 기록하여 실록을 완성하는 것이 옳은 일이오. 지금 대간도 사람의 죄
과를 꺼리지 않고 논하는데 하물며 서법을 통해 사람을 포폄하는 일이겠
는가. 옛사람이 말하기를 '문헌文獻'이라고 했는데, 문文은 곧 기록된 역사
이며, '헌獻'은 노성한 사람을 말함이오. 나는, 왜 안 된다는 것인지 모르겠
소." 하였다.[15]

  기사관, 곧 예문관 참외관과 하륜이 벌인 논쟁의 성격은 위 글에 생생하

---

14 그런데 이때 사초를 거두어들였던 『정종실록』은 『태조실록』과 함께 편찬되지 않고
    정종과 태종이 승하한 뒤인 세종 5년(1423)부터 편찬을 시작했다. 정종은 세종 1년
    (1419)에, 태종은 세종 4년(1422)에 승하했다. 이 의미에 대해서는 바로 뒤에 다시 논
    의하겠다. 오항녕, 앞의 책, 2018, '제2부 2장 의례와 상징체계'도 참고할 수 있음.
15 『태종실록』, 9년 8월 28일(정묘).

게 드러난다. 기사관들은 3대는 지나야 실록을 편찬할 수 있다고 했으며, 하류은 당시 상황을 잘 아는 노성한 신하가 살아 있을 때 편찬해야 그때의 사실을 온전히 기록으로 남길 수 있다고 팽팽히 맞섰다. 그런데 '원래 실록은 3대가 지나야 만들었으며, 고려시대에도 그러했다'는 참외관들의 논거는 사실이 아니다. 그 때문에 하류에게 핀잔을 듣고 말았다. 실록은 사군嗣君 때 편찬한다고 한 하류의 말은 정확하다. 그런데도 참외관들은 왜 하류 앞에서 이런 무리한 논거를 펼쳤을까?

참외관들은 하류 등 당대의 재상들이 『태조실록』 편찬에 참여하는 일 자체를 문제 삼았다. 참외관들은 태조의 신하가 『태조실록』을 편찬하면 곡필이 생기지 않겠느냐는 말을 하고 있었던 것이다. 그렇다면 『태조실록』의 편찬을 늦추어야 한다는 참외관들의 주장도 하나의 대안이기는 하지만, 핵심은 태조의 신하가 아닌 사람이 편찬해야 한다는 데 방점이 찍힌다. 결국 편찬자는 태조 때 관직에 나오지 않았던 자신들, 곧 예문관 참외관이어야 한다는 뜻이 된다.

하류과 춘추관 조직의 말단인 예문관 참외관들의 팽팽한 긴장은 계속 이어졌다. 송포宋襃의 상소가 올라오자 태종은 이 문제를 신중히 검토했다. 태종의 지시로 예조에서는 사마천司馬遷이 한 무제漢武帝의 기록을 『사기』에 포함한 일을 비롯하여 당唐·송宋·원元의 실록 편찬 관례를 조사한 뒤, 지금 『태조실록』을 편찬하는 것이 타당하다는 의견을 제시했다. 예조의 보고를 들은 태종은, '실록은 당대인의 손에서 편찬되는 것인데 참외관들이 무슨 근거로 반대하는지 모르겠다'며 의아해했다.[16]

그러나 예조 판서 이응李膺은 같은 시대의 사람이 실록을 편찬하면 누가

---

16 『태종실록』, 9년 9월 8일(정축).

갖추어 기록하여 목전의 화를 당하려 하겠느냐면서 참외관의 입장을 대변했다. 대간도 요순堯舜을 오늘의 모범으로 해야지 한漢·당唐 시대를 모범으로 해서는 안 된다며 편찬 중지를 청했으나 받아들여지지 않았다.[17] 마침내 곧바로 사초 수납이 시작되어 이듬해 태종 10년(1410)에 『태조실록』 편찬이 시작되었다.

이 사건은, 당대사인 실록 편찬은 3대가 지난 뒤에 하는 것이 관례라는 잘못된 논거에 입각하여 자신들의 주장을 폈던 예문관 참외관들의 완패로 끝났다. 편찬 시기를 둘러싸고 논쟁이 촉발되었지만, 결국 편찬 주체와 관련된 문제였다. 왜냐하면 여기서 말하는 '편찬 시기'란 궁극적으로 사초에 실린 역사적 사건과 관련된 사람들이 살아 있을 때 편찬할 것인가, 아니면 그들이 세상을 떴을 때 편찬할 것인가의 문제이기 때문이다. '3대'가 지나야만 실록을 편찬할 수 있다면서 참외관들이 무리한 근거를 끌어댔던 데는 관련자들이 살아 있을 때 사초가 편찬을 통해 공개되는 상황에 대한 불안감이 짙게 깔려 있었다. 당대사 편찬을 계기로 사초가 공개됨으로써 사초 작성 주체들에게 미칠지도 모를 모종의 피해는 바로 얼마 전인 태조대의 이행 사건을 통해서도 충분히 예견되는 일이었다. 반면, 그 불안감을 해소할 수 있는 제도적 장치는 여전히 마련되어 있지 못했기에 벌어진 논쟁이자 갈등이었다.

2. 실록 열람에서 국왕 배제

이러한 한계에도 불구하고 이 논쟁을 전후한 당대사 관련 사실은 중요한

---

17 위와 같음.

시사점을 제공한다. 『태조실록』 편찬과 함께 당연히 사초 수납이 이루어졌는데, 이때 함께 수납된 정종대의 사초는 편찬하지 않고 보관했다가 훗날 세종대에 태종이 승하한 뒤 『태종실록』과 함께 『정종실록』(『공정왕실록』)을 편찬할 때 이용되었다. 이러한 조치는 그간 일련의 갈등에서 드러난 사초 관리의 문제점이 어떤 해결 방향을 찾았음을 의미한다. 즉, 『태조실록』은 편찬하되 적어도 태종이 직접 관련되어 있고 또 정종이 살아 있는 정종대의 실록은 태종 승하 이후로 편찬을 늦춤으로써 사초의 노출로 비롯될 수 있는 갈등을 최소화하는 방향으로 해결했던 것이다. 요컨대, 적어도 국왕은 자신의 재위 기간 중의 기록, 즉 실록을 편찬하거나 사초를 보지 못하는 관례를 이 논쟁 과정에서 정리했다고 판단할 수 있다.

국왕과 당대사의 관계, 그중 실록 열람에 대해서는 더 검토할 사례가 있다. 첫째, 태종의 능인 헌릉獻陵 비문의 오서誤書에 대한 문제 제기로 인해 세종이 『태조실록』과 『정종실록』을 본 일이 있다. 헌릉 비문에 대해 신개가 상언한 내용은, 이른바 왕자의 난(태조 7년, 무인년, 1398) 때 태종이 '기미를 알고 대처했다(炳幾)'는 기록이 태종의 의도도 아니며 또한 사실도 아니었다는 지적이었다.[18] 이때 세종은 태종으로부터 무인년의 일과 관련해 들은 말이 있음을 밝히며 『태종실록』의 경우에는 자신이 볼 수 없지만 태조와 공정왕(정종) 실록은 볼 수 있다는 이유로 두 실록을 대내大內로 들여오게 했다. 그러나 세종은 실록을 도로 김돈金墩에게 내어주면서 제1차, 제2차 왕자의 난과 관련된 사건만 추려 올리게 했으므로 실제로는 보지 않았을 가능성이 크다. 이때만 해도 국왕의 실록 열람에 대한 원칙이 정리되지 않았던 듯하다. 하지만 이후로 이와 같은 실록 열람 사례를 찾아보기 어려운 것도 사실이다. 여

---

18 『세종실록』, 20년 9월 25일(병오).

러 상황을 고려하여 이 사건의 추이를 적극적으로 해석한다면, 이 과정을 거친 뒤부터 국왕이 실록을 상고할 때는 사관을 통해 확인하는 관례가 생겼다고 할 수 있을 것이다.

둘째, 세종은 태조의 잠저潛邸 시절에 관한 사적을 실록에서 보고 소략함을 지적한 일이 있다.[19] 그 때문에 태조 사적의 수정을 발의했는데, 이 사적은 실록에 실린 '지장誌狀(묘지문과 행장)'으로 짐작된다. 즉, 세종이 본 '실록'이란 『태종실록』에 실린 태조의 지장일 것이다. 『태조실록』과 『정종실록』에는 실록 뒤에 지장을 붙이지 않았기 때문이다. 또한 그것은 태종 9년(1409) 4월에 변계량卞季良이 지은 '건원릉 신도비명健元陵神道碑銘'으로 생각된다. 세종의 문제 제기는 신개 등의 주청으로 이어져, 『태조실록』·『정종실록』·『태종실록』을 개수하기에 이르렀다.[20] 이렇게 시작된 세 실록의 개수가 세종 27년(1445)에 완성되었을 때도 필사한 네 본本의 실록을 4사고史庫(춘추관 실록각, 충주·전주·성주의 사고)에 봉안했다는 기록만 있을 뿐, 세종이 다시 보았다는 기록은 없다.[21]

세종이 실록을 보았다는 혐의를 받는 또 하나의 사례가 있다. 세종 28년(1446)에 『태조실록』을 내전內殿에 들여오라고 명한 일이다. 이는 「용비어천가龍飛御天歌(용비시龍飛詩)」를 짓기 위해 사적을 참고하려고 들이라 명했던 것인데, 결국 그 명을 돌리고 어효첨魚孝瞻 등으로 하여금 실록을 초록抄錄하게 했다.[22]

---

19 『세종실록』, 24년 3월 2일(계해).
20 『세종실록』, 24년 9월 4일(신유).
21 『세종실록』, 27년 11월 19일(경인).
22 『세종실록』, 28년 11월 8일(임신).

위와 같은 몇 가지 사례는 실록 열람이나 상고와 관련하여 원칙이 성립되어가는 모습을 확인시켜준다. 앞서 세종 20년(1438)에도 세종은 헌릉 비문의 오서와 관련하여 『태종실록』을 의식적으로 열람 대상에서 제외했다. 그렇다면 이때 세종이 본 '실록'은 묘지문에 한정되었거나 『태종실록』에서 초출한 기록을 보았던 것으로 짐작된다. 왜냐하면 비문이나 지장은 나중에 '열성지장列聖誌狀'으로 따로 묶여 관리되었고, 실록과 달리 열람할 수 있었다. 또한 '열성지장'으로 묶이기 전이라도 충분히 참고할 수 있는 자료이기 때문이다.[23]

또 하나 고려해야 할 사실은 이 무렵 『치평요람治平要覽』을 편찬 중이었다는 점이다.[24] 『치평요람』은 우리나라와 중국의 역대 사적 중에서 정치의 귀감이 되는 사실을 엮은 책으로, 여기에 수록된 기사 범위 중 '국조國朝'가 있는데 아이러니하게도 그 국조에는 조선이 포함되지 않았다. 오히려 고려시대, 특히 고려 말의 상황이 비중 있게 다루어졌다. 당시의 이 같은 관심에서 보더라도 태조의 비문에 주의를 기울였던 것은 자연스런 일이었다.

이상에서 살펴보았듯이, 『태조실록』 편찬을 계기로 실록은 국왕 재위 단위로, 즉 국왕이 승하하면 편찬하는 관례대로 진행하는 합의가 이루어졌다. 동시에, 건국 이후 세종대까지는 우선 국왕이 실록 편찬에 간여하거나 열람하는 행위를 금지하는 방향으로 당대사를 관리함으로써 예측 가능한 갈등을

---

23 『열성지장통기列聖誌狀通紀』(한국학자료총서 33), 한국정신문화연구원, 2003. 환조桓祖부터 시작하여 태조의 행장, 신도비명, 지문 등이 모두 수집되어 있다. 당연한 일이겠지만, 이러한 기록은 따로 특별 관리되었다고 보는 편이 타당하다.

24 『세종실록』, 24년 12월 20일(병오). 『치평요람』의 편찬에 대해서는, 金慶洙, 「『治平要覽』에 대한 연구」, 『湖西史學』 21·22, 1994; 오항녕, 「조선 전기 『치평요람』 편찬 배경과 성격」, 『한국사학사학보』 13, 2006.

해소했다. 그렇지만 국왕 이외에도 여전히 당대사에 기록된 사안에 이해관계가 얽힌 사람들이 살아 있는 한 좀 더 근원적인 당대사 관리 원칙이 필요했다. 그것은 바로 사초 관리이다. 앞으로 3장과 4장에서는 사초 관리 원칙의 성립과 함께, 오히려 그 관리 원칙 때문에 발생한 사옥史獄을 통해 당대사를 둘러싼 긴장의 항시성은 물론 제도의 정착을 규정하는 요소들의 다양한 성격을 확인할 수 있을 것이다.

3장　사초 관리와 실명제

1. 사초는 국서國書이다

　왕조 교체라는 특수한 상황의 태조 초반에도 건국 이전, 즉 고려시대에 작성된 사초와 건국 이후에 작성된 사초를 달리 관리했음을 앞서 살펴보았다. 조선시대에 접어들어 실록의 자료가 되는 사초에 대해 해당 시기의 국왕이 생존해 있을 경우에는 노출시키지 않는 원칙을 세워나갔던 것이다. 직필을 보장해야 한다는 역사 기록 관리의 이상에 비추어 사초의 노출이 부당하다는 인식이 확산되기는 했지만, 이런 인식이 제도나 규정으로 나타나지는 않았던 것도 이 무렵의 한계로 지적할 수 있다. 즉, 사초의 관리와 관련해서는 아직 해결해야 할 문제가 남아 있었던 셈이다. 국왕은 그렇다 치고 당대에 살고 있는 사람들이 당대사 기록과 이런저런 관련을 맺고 있었을 터이고 편찬할 때도 참여하게 됨으로써 언제든 갈등을 불러올 가능성이 잠재되어 있었다.

　이런 문제를 해결하기 위해 마련된 것이 세종 31년(1449)의 사초 관리 원칙이었다. 애초 세종은 분실의 염려가 있으니 사관이 죽으면 바로 사초를 거두자고 했으나, 사관들은 태조 때 이행의 사례를 들어 당대 수납, 즉 사초의 기록에 해당되는 국왕이 살아 있을 때는 거두지 말 것을 청했다. 세종이 이를 받아들임으로써 사초의 수납 시점에 대한 원칙이 먼저 성립했다.[25] 그리고 이러한 논의 과정이 축적되면서 세종 31년에 다음과 같은 사초 관리 원칙 6조목이 성립했다.

춘추관에서 보고하였다.

"본관에 소장하는 사초는 모두 군신의 선악을 기록하여 후세에 내리는 것이므로 극히 중요하여 다른 문서에 비할 바가 아닙니다. 그러므로 (사초와 관련하여) 보호 대책이 엄하지 않을 수 없습니다.

① 만일 사관이 자신과 관계된 일이라 하여 꺼리거나, 친척이나 친구의 청탁을 듣거나 하여 흔적을 없애려고 사초첩(卷綜)을 전부 훔친 자는 '제서를 도둑질한 죄를 다스리는 형률(盜制書律)'을 적용하여 참하며,

② 글자를 도려내거나 문지르거나 먹으로 지운 자는 '제서를 폐기·손상한 죄를 다스리는 형률(棄毀制書律)'로 논하여 참하며,

③ 동료 관원으로서 알고도 고발하지 않은 자는 '제서를 폐기·손상한 죄를

---

25 『세종실록』, 6년 12월 1일(임인). "상이 또 이르기를 '이제부터 사관이 사망한 뒤에는 곧 사초를 수납시키자.' 하였다. 사관의 자손들이 여러 해를 지나면 (사초가) 유실될 염려가 있기 때문이었다. 변계량(卞季良)이 명령을 듣고 여러 사관에게 의논하니, 모두 말하기를 '안 됩니다. 지금 『태종실록』을 수찬하는 것도 오히려 너무 이르다고 생각되는데, 더구나 당대의 사초를 수납한단 말입니까? 이렇게 되면 나라 사람들이 이행을 거울삼아 반드시 직필하지 아니할 것입니다.' …… 뒤에 임금이 듣고, 사관이 사망하더라도 그 자손으로 부터 즉시 사초를 수납하지 말게 하였다." 이후 사초 관리 논의는, 오항녕, 『한국 사관제도 성립사』, 일지사, 2009, 316~326쪽 참조.

다스리는 형률'에 따라 한 등급을 낮추며,

④ 사초의 내용을 다른 사람에게 누설하는 자는 '근시관으로서 기밀한 중
대사를 누설한 죄'에 따라 참하며,

⑤ 위의 사항에 해당되었다가 비록 사면을 받더라도 정범은 고신告身(직첩)
을 박탈하여 영구히 서용하지 아니하되, 만일 범인이 죽었으면 추탈하
십시오.

⑥ 알고도 고발하지 않은 자와 누설한 자는 직첩만 회수하십시오.
이렇게 해서 사초의 관리를 엄하게 하십시오." 하니, 그대로 따랐다.[26]

이에 따라 사초는 국가의 가장 중요한 문서가 되었다. 이는 예문관 참외
관을 중심으로 사초 작성을 담당하는 기사사관記事史官의 영역과 지위가 공
고해지던 제도사의 추이와 일치한다.

2. 사초 실명제의 그늘

세종 때 사초 관리의 원칙을 세운 뒤 예종 때 이르러서는 사초 작성의 책
임 강화를 위해 사초를 거둘 때 이름을 적기로 했다.

이때 춘추관에서 『세조대왕실록』을 편수하면서 사초를 거두어들였는데,
혹자는 말하기를 "만약 사초에 작성자의 이름을 쓴다면 반드시 직필이 없
을 것입니다." 하였으나, 혹자가 말하기를 "사초에는 예로부터 이름을 썼

26 『세종실록』, 31년 3월 2일(임오).

으니, 지금 안 쓸 수가 없습니다." 하여, 마침내 이름을 쓰게 하였다.[27]

그런데 사초 관리의 엄격성과 책임성의 강조가 예기치 못한 사건을 불러 일으켰다. 『세조실록』을 편찬할 때 발생한 민수閔粹의 옥사이다. 이 사건은 『세조실록』을 편찬할 때 민수가 춘추관에 이미 제출했던 사초를 수정하면서 시작되었다. 세조대 대신들의 잘잘못을 많이 기록했다고 생각한 민수는 기사 관 강치성康致誠을 시켜 그 사초를 몰래 꺼내다가 지우고 고쳤다.[28]

사초는 사관이 근무하면서 그때그때 춘추관에 제출하는 관장사초館藏史草 외에 견문見聞 등까지 채록하여 집에 가지고 있다가 실록을 편찬할 때 제출 하는 가장사초家藏史草가 있다. 민수가 '제출한 사초'는 전자를 가리키는 것으 로 보인다. 즉, 춘추관에 보관하는 사초를 기사관에게 부탁하여 꺼내 와서 고 쳤다가 발생한 사건이었을 것이다.

그러나 상식적으로 추정하면 관장사초보다 가장사초에 공개하지 못할 일 이 더 많이 기록되었을 것이다. 민수의 사초 개서가 발생했을 때 한명회韓明 澮가 한 말은 이런 정황을 이해하는 데 도움이 된다.

> 한명회가 또 아뢰기를 "민수가 처음에, '신이 강효문康孝文과 더불어 불궤
> (반역)를 도모했다'고 썼다가 지웠는데, 지금 미납된 사초가 많은지라 신은
> 뒤에도 또한 이와 같은 자가 있을까 두렵습니다. 신은 춘추관에 근무하기
> 에 마땅치 않습니다." 하니, 전교하기를 "그 당시 세조의 전지는 매우 자상

---

27 『예종실록』, 원년 4월 24일(정축).

28 이후 가장사초家藏史草의 기명제에 대한 논란이 있었다. 『인종실록』, 원년 윤1월 18일 (신사), 예문관 봉교 민사도閔思道의 차자; 『인종실록』, 원년 2월 27일(경신). 가장사초 의 기명 여부는 좀 더 연구가 필요하다.

하여 내가 일기에 써두었으니, 경은 의심치 말라." 하였다.[29]

한명회가 말한 '미납된 사초'는 가장사초일 가능성이 높다. 그는 그 사초에 자신과 관련된 '의외의 기록'이 더 있을지 몰라서 걱정했던 것이다.

기사관 최철관崔哲寬은 민수가 지사知事 양성지梁誠之에 대한 사실을 고쳐 쓰는 것을 보고 양수사梁守泗와 이영은李永垠에게 알렸으며, 이에 조사해보니 6군데를 수정한 것으로 드러났다. 그 6군데는 〈표 1〉과 같은데, 양성지, 홍윤성洪允成, 윤사흔尹士昕, 신정申瀞·신면申㴐 형제, 김국광金國光, 신숙주申叔舟, 한명회韓明澮, 강효문康孝文 등 주로 세조대의 공신과 관련된 기사였다.

양성지는 세조가 '제갈량諸葛亮'이라고 부를 정도로 큰 신임을 받았고, 홍윤성은 계유정난癸酉靖難에 적극 참여하여 세조의 즉위에 공을 세움으로써 정난공신 2등, 좌익공신 3등에 봉해진 인물이다. 윤사흔은 세조비 정희왕후의 동생으로서 좌익원종공신 1등에 녹훈되었다. 신숙주는 집현전 학자 출신으로 세조의 즉위에 협력하여 고령군高靈君에 봉해졌고, 예종이 즉위한 뒤에는 세조의 유명遺命을 받은 원상院相으로 정치에 영향력을 행사하고 있었다. 민수가 고친 사초의 또 다른 주인공인 신정과 신면은 신숙주의 아들이다. 김국광은 세조의 원종공신 3등이자 이시애李施愛의 난을 평정한 적개공신 2등으로서 신숙주와 마찬가지로 당시 원상의 지위에 있었다. 세조가 자신의 '장량張良'이라고 일컬었던 한명회는 계유정난으로 정난공신 1등과 좌익공신 1등에 봉해졌으며, 역시 그때 원상으로 있었다. 강효문에 관한 기사는 민수의 사초 수정 사건에서 중요한 쟁점은 되지 못했지만, 그 또한 세조의 원종공신이었다.

---

29 『예종실록』, 예종 원년 4월 24일(정축).

<표 1> 민수가 수정한 사초의 내용

관련 인물	민수가 작성한 원래 사초	수정 내용
양성지	사헌부의 관원이 옥사를 다스리다가 모두 좌천되었다. 당초 부유한 상인 몇 사람이 있었는데 재물을 다투다가 송사를 일으키자 사헌부로 하여금 다스리게 했다. 임금이 직접 송사 내용을 물으니, 집의 이숭원 등이 잘못 대답하였으므로 바로 하옥시켰다가 잠시 후 용서하였다. 대사헌 양성지는 홀로 구차하게 용납되어 그 일에 관여되지 않고 그대로 재직하였다. 司憲府員, 以治獄, 皆左遷. 初有當商數人, 爭貨發訟, 下憲府按治. 上親問訟狀, 執義孝崇元等失對, 卽下獄, 尋赦之. 大司憲梁誠之獨以苟容不與其事, 仍在職.	'苟容구용'(구차하게 용납되어) 2글자를 삭제
홍윤성	인산군 홍윤성이 아버지 상중에 등용되어 함길도 절제사가 되었다. 그때 한 집에 이르러 잠을 잔 적이 있는데, 그 집 주인이 자기 딸을 간통했다고 고소했으므로 홍윤성을 하옥하고 조사하였다. 그 주인은 무고한 죄에 걸렸고, 결국 홍윤성이 그 여자를 데리고 살았다. 仁山君洪允成, ①居父喪起復, 爲咸吉道節制使. 其時嘗至一家宿, 其家人, 奸我處女, 發訴, 下允成獄, 推之. 其家人②坐誣訴, 竟爲允成所畜.	① '居거' 자부터 '時시' 자까지 삭제하고, 여기에 '乘醉승취'(술에 취해서) 2자를 추가 ②'坐좌' 자부터 '畜축' 자까지 삭제
윤사흔	윤사흔은 술주정을 부려서 취하기만 하면 용렬한 말로 남을 욕하였다. 尹士昕, 使酒, 醉則輒以庸言辱人.	'使사' 자를 제거하고, '嗜기'(좋아하다)로 고쳐 써넣음
신정 신면	전첨 신정이 등급을 뛰어넘으며 천거되어 예문관 직제학이 되었는데, 이때에 신정의 형 신면은 도승지로서 인사행정에 관한 일을 상주하였으며, 안상계를 전첨으로 삼았다. 典籤申瀞, 超遷爲藝文直提學, 時瀞兄㴑爲都承旨, 掌奏銓衡, 以安桑鷄爲典籤.	'時시' 자부터 '籤첨' 자까지 삭제

		① '無무' 자부터 '多다' 자까지 삭제 ② '스케일이 커서 사소한 것을 가지고 능력 있다고 생각하지 않았고, 오래 권좌에 있어 비방이 많았다(通偏不以屑屑爲賢, 久權多謗)'라고 수정
김국광	김국광은 성품에 절개가 없었으며 작은 예절에 매이지 않았고, 이름나기를 탐하였다. 金國光, 性①無介, 不拘小節, 貪名多.	
신숙주 한명회 강효문	이때에 이시애가 거짓으로 신숙주·한명회가 강효문과 더불어 도리에 어긋난 반역을 함께 도모하였다고 하였다. 時李施愛詐以申叔舟·韓明澮與康孝文, 同謀不軌.	뒤에 '不軌불궤' 2자를 지우고 '爲難위난' 2자로 고쳐 씀

* 출처: 『예종실록』, 원년 4월 24일(정축), 민수의 진술.

이 사건을 계속 조사한 결과 민수만 사초를 고쳐 쓴 것이 아니었다. 원숙강元叔康의 사초에도 '권람이 졸하였다(權擥卒)'고 쓴 아래에 '임금이 부처를 좋아하였다(上好佛)'는 내용과 '권람이 저택을 지었다(擥治第)'는 말이 있었는데, 그 말을 삭제하고 단지 '졸卒' 자만 남겨둔 것으로 나타났다.[30] 원숙강은 참형을 받았다.

이런 사태는 예견되어 있었다. 이 일이 발생하기 며칠 전인 예종 원년(1469) 4월 11일, 헌납 장계이張繼弛가 '사초는 국가의 일뿐 아니라 사대부의 선악과 득실도 모두 기록하는데 사초 작성자의 실명을 적어서 제출하게 한다면 직필을 하지 못할 것'이라고 문제를 제기했다.[31] 이를 계기로 두 가지

---

30 『예종실록』, 원년 4월 27일(경진).

31 『예종실록』, 원년 4월 11일(갑자).

문제가 파생했다. 하나는 이른바 사초 실명제라는 문제이고, 다른 하나는 역사 편찬을 비밀리에 하고 있는데 사국史局의 일이 어떻게 밖으로 새어나갔느냐는 문제였다.

사초 실명제는 이전에도 시행되고 있던 일이기에 논쟁의 여지가 없었다. 그러나 사국의 일이 누설된 것은 차원이 다르다. 장계이가 올린 논계가 춘추관에서 실록 편찬에 참여했던 정언 원숙강과 사간 조간曹幹의 발설에서 비롯되었다는 사실이 밝혀졌고, 이 때문에 원숙강 등은 의금부에 하옥되었다. 하지만 예종은 그들을 곧 풀어주면서 "죄가 없기 때문이 아니라 언로言路가 막힐까 걱정되어 용서한다."는 전교를 내렸다. 이런 예종의 조치는, 첫째, 양사兩司의 언론 활동을 고려했다는 면에서 바람직한 명령이었다. 둘째, 실록 편찬 중에 '수사修史' 과정이나 내용을 발설하지 않는 것이 관례가 되어가고 있음을 보여준다. 이 점은 4장에서 살펴볼 무오사화와 맥락이 닿는 조치이므로 주목된다.

예종은 원숙강을 의금부에서 방면해주되 춘추관에는 출사出仕하지 못하도록 명했다. 4월 11일에 이 사건이 있고 얼마 뒤인 4월 24일에 민수의 옥사가 일어났다. 결국 민수는 사초를 수정한 죄로 장杖 100대를 맞은 뒤 제주 관노로 내려갔고, 원숙강과 강치성 등은 사형을 당하는 등 사관들이 처벌을 받았다.[32] 민수의 처벌이 상대적으로 가벼웠던 이유는, 그가 외아들이라는 점을 예종이 배려했기 때문이었다.

사초에 서명하는 규칙은 『세종실록』을 편찬할 때 이미 적용된 바 있다. 그러므로 예종 때 새삼스럽게 사초 수정이라는 불미스러운 사태가 발생한

---

32 민족문화추진회 옮김, 『국역 연려실기술Ⅱ』, 「예종조 고사본말. 민수의 옥사」; 정두희, 『朝鮮初期 政治支配勢力 研究』, 일조각, 1983.

것은 따로 설명이 필요하다. 민수가 고친 사초에 기록되었던 사람들의 면모를 보면 그가 왜 사초를 고쳤는지 그 배경을 이해할 수 있다. 당시는 한명회 등이 익대공신翊戴功臣으로 봉해지면서 재등장하여 정치권력을 강화하던 무렵이고, 민수 등은 이미 춘추관에 제출한 사초 때문에 중압감을 느낀 나머지 이런 결과를 초래했을 것이다.

그렇다 하더라도 역사를 기록하고 관리하는 사관의 정체성을 망각한 직무 유기였으며, 예종의 입장에서 보면 '국사國史', 곧 사초를 마음대로 증감하는 일은 임금을 가볍게 여기고 대신을 두려워하는 처신이었다. 서명 여부를 떠나 사관은 직필을 남겨야 한다는 것이 이 옥사의 결론이었다. 다시 말하면, 오히려 사초에 서명하는 것이야말로 사관에게 직필의 권리가 있음을 인정하는 것이라는 방향으로 민수의 옥사가 정리된 셈이다. 이런 점에서 민수의 사옥은 세조~예종대의 정치 상황을 운위하기 이전에, 직필은 사관의 임무이자 권리임을 확인시켜주었다는 점에서 당대사를 둘러싼 긴장을 긍정적인 방향으로 처리했다고 할 것이다.

이 사건이 갖는 의의는 또 있다. 제도의 정착을 가로막는 장애가 반드시 권력의 간섭같이 제도 수행 주체의 외부에만 존재하지 않는다는 사실이다. 당대사를 관리하는 일련의 제도, 즉 사관제도의 핵심을 이루는 사관들이 정치 상황을 계산하거나 권력자들의 눈치를 볼 때 민수의 옥사 같은 사건이 발생할 수 있다. 민수의 옥사는 드러나기라도 했기에 우리가 알 수 있지만, 사관들이 의식하지 못하는 사이에 저지른 '자기 검열'은 사실을 왜곡하면서도 드러나지 않아서 역사의 진실을 미궁에 빠뜨리는 결과를 낳는다. 결국 민수의 옥사는 사관들의 자기 배반에 경종을 울린 사옥史獄이었다.

4장 조선 전기 사화史禍 극복의 경험

1. 사화 속에 선 사관들

1) 무오사화: 찬탈 권력의 만행

사관제도 안팎의 도전과 갈등에도 불구하고 비교적 긍정적인 방향으로 당대사 관리의 관례와 원칙이 제도화되어 정착해가던 중에 무오사화(연산군 4년, 1498)가 일어났다. 이 사건을 계기로 순방향으로 발전해가던 당대사 관리의 관례는 극도의 혼란을 겪게 되었다. 이러한 '혼란'은 단순히 제도의 '파탄'이라는 설명만으로 끝날 일이 아니다. 파탄의 당사자인 연산군이 설령 제도와 관례의 어떤 부분을 파탄 냈는지 의식하지 못했을지라도, 그것이 사관제도의 정착에 어떤 영향을 끼친 행위였는지에 대해 해석하고 정리할 필요가 있다.

무오사화는 사관의 자천제自薦制를 주된 경로로 삼아 등장하던 사림파와 노성한 대신이 중심이 된 훈구파의 대립이었다. 자천제는 고려 말에 사관 임

용제도로 정착되어 이조吏曹의 전선법銓選法이라는 관리 인사제도가 있음에
도 불구하고 사관이 자신의 후임을 선발하도록 했던 제도로서, 사관으로 하
여금 당대사 기록·관리라는 직무의 자율성과 독립성을 유지하게 하는 유력
한 기반이 되었다.[33] 신진 사림은 바로 이와 같은 배경에서 성장했는데, 연산
군대에 이르러 세조 이래 정치 기반을 다져온 훈구파와 사초라는 당대사 기
록이 계기가 되어 크게 대립했다. 사림 세력이 훈구 세력에게 정치적 탄압을
받았기에 보통 '士禍'라고 하지만, 무오사화의 경우 사초 때문에 벌어진 일이
기 때문에 '史禍'라고도 일컫는다.

무오사화는 연산군이라는 독특한 성장 배경과 정치 성향을 지닌 군주의
권력이 개입하면서 빚어진 난국으로서, 이후 또 다른 사화로 이어졌다. 연산
군 4년(1498), 실록 편찬 과정에서 김종직金宗直의 「조의제문弔義帝文(의제를 조
문하는 글)」이 실린 김일손金馹孫의 사초를 이극돈李克墩이 누설함으로써 무오
사화가 시작되었고, 이를 기화로 연산군의 생모인 폐비 윤씨尹氏 세력이 연산
군에 부화함으로써 갑자사화甲子士禍(연산군 10년, 1504)까지 이어졌던 것이다.
예종이 민수의 사옥 때 경고했던 실록청에서의 사초 유출이 연산군대에 이
르러 경고를 받기는커녕 정쟁의 수단으로 변질되었다. 이 사건은 문치주의의
근간으로 양반 관료제의 자정 능력을 유지하고 문화 수준을 높였던 사관제
도가 그것을 지켜나갈 주체의 능력이 결여된 경우에는 매우 취약한 제도라
는 사실을 일깨워주었다. 이는 곧 문치주의의 약점이기도 했다. 이념과 제도
를 유지할 주체의 형성을 고려해야 하는 이유가 여기에 있다.

---

33 吳恒寧, 「여말선초 사관 자천제의 성립과 운영」, 『역사와 현실』 30, 1998. 자천제는 영
조대에 붕당의 근원이라는 지탄을 받으면서 한림 권점제翰林圈點制를 도입할 때까지
300여 년 동안 이어졌다. 오항녕, 「조선후기 국사체계의 변동에 관한 시론」, 『역사와
현실』 52, 2004.

무오사화 이후 연산군대에 벌어진 당대사 자체 또는 당대사 관리자에 대한 폭압은 실록청의 일이 밖으로 새나가 밝혀지는 정도에 그치지 않았다. 연산군은 자신의 잘못을 지적하거나 비판했던 사람들을 시정기時政記에서 조사하여 제거했고, 자신의 잘못이 후세에 전해질까 꺼려하여 시정기의 기사를 삭제하고 심지어 시정기를 불태우기까지 했다. 이 때문에 해를 입을까봐 두려워한 신하들이 사관에게 부탁하여 자신들이 제출했던 상소문이나 계사를 없애버렸다.

갑자년(연산군 10년, 1504) 이후로 왕이 전에 일을 말한 사람들을 소급하여 죄주었는데, 국정이나 임금의 과실을 논하고 간언한 사람들을 죽이기도 하고 귀양도 보냈다. 그래도 오히려 빠진 사람이 있다 하여 시정기를 조사해서 죄주어 거의 다 제거하였다. 또 과오와 악이 후세에 전해질 것을 염려하여 춘추관에 명해서 자신의 허물을 언급한 기록이 시정기에 쓰여 있는 것이 있으면 모두 삭제하고 불태웠다. 그러고도 추가로 계속 조사하자 사람들이 모두 불안해하고 두려워했으므로 사관에게 부탁하여 모두 없애버렸다. 이 때문에, 상소로 논했거나 말로 간했던 내용이 많이 빠지고 생략되어 온전하지 못하였다. 사실은 비록 전달되지 못하였지만, 이로 인하여 화를 면한 사람이 많았으니 당시 하늘이 시킨 것이라고 생각하였다.[34]

세종 31년(1449)에 마련된 사초 관리 규정은 물론 예종대 민수의 사옥에서 확인된 직필에 대한 사관의 권리 역시 전면 부정되었다. 이어 연산군 11년(1505), 연산군은 시정기를 5년에 한 번 편찬하고 신하 된 입장에서 쓰지

---

34 『연산군일기』, 6년 5월 5일(무오).

말아야 할 일을 썼으면 치죄하라고 명을 내렸다.[35]

　이 명이 있고 나서 바로 이튿날 다시 전교를 내려 즉위 이후의 '일기日記'를 서둘러 수찬할 것과 겸춘추兼春秋를 지낸 사관들의 가장사초家藏史草를 모두 거두어들이라고 했다.[36] 전날 시정기를 5년에 한 번 편찬하라고 했지만, 사실 5년이든 10년이든 몇 년에 한 번 편찬하는가는 본질적인 사안이 아니었다. 연산군의 목적은 결국 자신이 즉위하고 있는 당대에 실록을 편찬하겠다는 뜻이었다. 이는 국왕이 승하한 뒤 실록을 편찬하던 관례와 정면으로 배치되는 조치였다. 설상가상으로 연산군 12년(1506)에는 전교를 통해 사관은 앞으로 가장사초를 쓰지 말 것을 명했다.[37]

　이 무렵 취해진 조치가 사관의 관서인 예문관을 혁파한 일이었는데,[38] 이는 세조 2년(1456) 집현전을 혁파하면서 시작된 문한관서文翰官署의 약화 과정에서 예문관을 겸직으로 운영했던 사실을 연상시킨다.[39] 예문관 혁파는 당대사를 기록하고 관리하는 주체인 사관들의 근거를 송두리째 뒤흔드는 처사였다. 그간 사관제도가 딛고 있던 전임 관직으로서의 안정성과 자천제를 통한 자율성이 일거에 무너져 내린 셈이었다. 당대사 관리 체계가 파탄에 이르게 된 것은 그나마 형성되었던 신진 세력이 무오사화를 계기로 도태된 데도 원인이 있다.

　연산군 12년(1506) 마침내 중종반정이 일어나면서 당대사 관리를 파탄으

35　『연산군일기』, 11년 7월 8일(신묘).

36　『연산군일기』, 11년 7월 9일(임진).

37　『연산군일기』, 12년 4월 19일(무진).

38　『연산군일기』, 11년 7월 9일(임진).

39　吳恒寧, 「세조대 '親講'의 역사적 성격」, 『朝鮮의 政治와 社會』, 집문당, 2002.

로 이끈 연산군이 축출되었다. 이로써 당대사 관리가 정상화될 수 있는 계기가 마련되었지만, 여전히 문제는 남아 있었다. 바로 '부정적 경험'이라고 할 수 있는 학습 효과이다. 즉, 다시 연산군대와 같은 피해를 입을까 두려워서 사초를 제출하지 않거나 사실대로 기록하지 않는 경향이 나타날 수 있다는 점이다. 앞서 '파탄'이란 용어를 사용했는데, 파탄은 제도 자체의 붕괴만 의미하지 않는다. 그것은 제도를 유지해나갈 사회적 합의에 대한 불신이 본질이다.

중종반정 이후, 당연한 결과이지만 『연산군일기』를 편찬하는 과정에서 이런 현상이 두드러지게 나타났다. 후환이 두려워, 서울의 경우 중종 2년(1507) 5월 그믐까지 제출해야 하는 사초를 기한이 지나도록 바치지 않았던 것이다. 결국 무오사화의 경험을 반성하고 예종 때 사국史局의 일을 누설했던 원숙강 등을 처벌했던 전례에 따라 사국의 일을 누설한 자는 변방에 종으로 보내고 그 자손은 금고禁錮하여 사면이 있어도 풀어주지 말도록 법을 정했다.[40]

이어서 사초를 누설하여 사화를 일으킨 이극돈의 죄를 다스리는 논의가 시작되었다. 실록청 방 당상관房堂上官으로서 사초를 누설하여 사화를 초래한 당사자의 처벌을 미룬다면 이후 당대사 관리의 원칙과 합의를 다시 확립할 수 없다는 것이 중론이었다.[41] 그리하여 무오사화 당시 추관推官을 맡았던 유자광柳子光에 대한 조사까지 이루어져서 사초 누설의 전모가 확인되었다.[42] 중종은 내내 이미 죽은 사람(이극돈은 5년 전인 1503년에 죽었다)에게 다시 벌을 주기 어렵다는 입장을 견지했지만, 해를 넘기면서 이극돈에 대한 처벌을 요

---

40 『중종실록』, 2년 6월 17일(기축).

41 『중종실록』, 2년 6월 28일(경자).

42 『중종실록』, 2년 7월 15일(기미).

구하는 주장은 계속되었다.[43] 결국 이극돈의 증작贈爵을 추탈한 데 이어 고신
告身 3등을 삭탈하는 벌을 주는 것으로[44] 사안이 마무리되었다.

2) 정미사화: 척족 세력의 탄압

중종·인종대에 상대적으로 당대사 관리가 안정되는 듯싶더니, 명종조에
들어오면서 또다시 '사화史禍'가 발생했다. 명종대의 사화는 『무정보감武定寶
鑑』을 편찬하기 위해 춘추관에서 시정기, 곧 사관의 사초를 찬집청撰集廳으
로 꺼내 오면서 시작되었다.[45] 명종 초반에는 명종의 생모이자 중종의 둘째
왕비인 문정왕후를 등에 업은 윤원형尹元衡 등의 소윤少尹이 윤임尹任 등 대
윤大尹을 몰아낸 을사사화(명종 즉위년, 1545)가 벌어진 뒤에도 정미년(명종 2년,
1547)의 양재역良才驛 벽서 사건, 이듬해인 무신년에 안명세安名世의 옥사가
줄줄이 이어졌다. 이제부터 살펴볼 사화史禍는 안명세의 옥사로부터 비롯된,
당대사를 둘러싼 또 한 차례의 참화이다.

사실, 『무정보감』 편찬을 이유로 춘추관에서 시정기를 꺼내 올 당시에도
이미 예문관 봉교 이문형李文馨 등의 강력한 항의가 있었다. 그들은, '당대의
역사 기록'은 예로부터 열람한 적이 없었으며 겸춘추라도 역사를 수찬하여

---

43 『중종실록』, 3년 6월 18일(갑신), 봉교奉敎 이희증李希曾의 계啓; 3년 6월 23일(기축),
   대간의 계사 등.

44 『중종실록』, 3년 7월 8일(갑진); 3년 8월 21일(병술).

45 『명종실록』, 2년 11월 26일(계묘).
   한편, 『명종실록』, 3년 3월 1일(병자) 기사에 따르면 명종 3년(1548) 3월 초하루에 을
   사년(1545) 8월과 9월분의 '일기'를 춘추관에서 내왔다고 했는데, 이것이 명종 2년 11
   월에 내온 '시정기'일 것이다.

보관한 다음에는 꺼내 보지 못한다고 강조했다. 또 『속무정보감續武定寶鑑』을 찬집하려면 시정기가 아니더라도 『승정원일기』나 죄인들의 추안推案이 있으므로 굳이 시정기를 꺼내 볼 이유가 없다는 것이었다. 이에 명종도 수긍하여 다시 시정기를 춘추관으로 돌려보냈다.

그러나 사관들의 문제 제기와 명종의 처분에도 불구하고, 이틀 뒤 『속무정보감』 찬집청 당상관이 일을 처리하는 원칙이 뒤바뀌었다고 보고하면서 사관들을 추고推考하고 다시 시정기를 옮길 수 있도록 청했다.[46] 이때 내간 시정기는 을사사화의 핵심 사안이 실린 을사년 8, 9, 10월분이었다. 시정기를 내간 저의는 명백했다.

을사년의 일은 이미 『승정원일기』에 자세히 기록되어 있는데 하필 시정기를 상고할 이유가 무엇인가? 당대의 역사 기록은 결코 꺼내 볼 수 없는 법인데도 반드시 꺼내 참고하겠다고 한 것은 간흉 이기李芑 등이 사관들이 써놓은 것을 보아서 사화史禍를 일으키려 한 것이었으니, 그 계략이 참혹하다. 사국史局의 관원들이 굳게 저항하여 윤허를 받았으니 그래도 사관 가운데 사람이 있었다고 하겠다. 그런데 찬집청에서 사관에 대한 추고까지 청하며 다시 가져갔으니 너무 심하다.[47]

아니나 다를까, 『무정보감』이 한창 편찬되던 이듬해 2월에 시정기를 둘러싸고 누가 위태롭다는 소문이 돌기 시작했다. 사간원에서는, 주서注書 이순효李純孝가 찬집청의 일을 추측하여 검열檢閱 이중경李重慶에게 '아무아무가 위

---

46 『명종실록』, 2년 11월 28일(을사).

47 위와 같음.

태롭다'고 말했다면서 이순효 등을 논핵했다.[48] 『명종실록』에는 안명세 등에 대한 조사 사실보다 늦은 2월 24일에 실려 있지만, 정황으로 보아 이미 시정기를 꺼내 간 뒤에 떠돌던 말로 보인다. 이런 상황에서 전·현직 사관은 모두 불안감을 느낄 수밖에 없었다.

전 주서 이순효가 이중경에게 "한지원韓智源과 조박趙璞은 시정기에 잘못 기록한 곳이 있으니, 지금 곧 사건이 터지면 반드시 화를 면치 못할 것이다." 하였다. 한지원이 당시 정언으로 있으면서 그 말을 듣고 사직하자, 사간원에서 이순효를 논박하여 파직시켰다. 그 사건이 터진 다음에는 이순효가 그런 말을 한 적이 없다고 굳이 숨겼다. 이중경 역시 해를 입을까 두려워하여 그 말을 못 들은 체하므로, 사간원이 이 때문에 그 역시 논박하여 체직시켰다.[49]

이렇게 시작된 사화는 을사년(명종 즉위년, 1545)과 병오년(명종 1년, 1546) 시정기에 기록된 사관들의 '주註', 즉 사평과 상황 설명으로 구성된 사론을 트집 잡아 사관들을 탄압했다. 이기李芑 등이 을사사화를 정당화하려고 사관을 대상으로 벌인 해코지였다.[50]

추관推官 영의정 윤인경尹仁鏡, 좌의정 이기 등은 을사년과 병오년의 시정기 중 을사사화를 부정적으로 기록한 17항 19조목을 추려서 보고했다. 그리고 날짜를 추적하여 해당 시정기를 작성한 안명세와 손홍적孫弘績을 의금부

---

48 『명종실록』, 3년 2월 24일(신미).

49 『명종실록』, 3년 2월 19일(병인).

50 『명종실록』, 3년 2월 12일(기미).

에서 국문했다. 안명세와 손홍적은 각 항목별로 기사를 작성한 의도에 대해 진술하는 모욕을 감수해야 했다. 역적 윤임을 옹호하고 '상上', 즉 명종을 욕보였다는 죄명으로 안명세는 당고개에서 참형을 당했다. 그리고 이들이 작성한 시정기는 수정되는 운명을 맞았는데,[51] 개정할 때는 을사년의 추안推案을 자료로 삼기로 했다.[52] 죄인에 대한 심문 기록인 추안은 원래 실록 편찬 자료 중 하나로서 문제될 바 아니다. 그러나 사초(시정기)의 기존 기록을 삭제하고 그 대신 이기 등이 주도한 을사사화의 심문 기록인 추안을 시정기 개정 자료로 삼았기 때문에 공정성을 상실한 일이었다.

연산군대와 비교하여 다행스러운 것은 시정기를 춘추관에서 꺼낼 때 예문관 사관들의 조직적인 반대로 다시 환수할 수 있었다는 점이다. (비록 이틀 뒤 시정기가 춘추관에서 다시 꺼내지는 수모를 당하기는 했지만) 이는 시정기, 즉 사초에 대한 그동안의 축적된 상식을 전해준다. 하지만 곧이어 시정기의 기사를 이유로 사관이 참형을 당한 일은, 여전히 제도에 합의하고 지지하는 역량이 약하면 역사는 비극적으로 반복된다는 사실을 여실히 보여주었다. 문정왕후가 세상을 뜬 명종 20년(1565) 이후 조정에 진출한 사람은 이전과 달리 당대사를 둘러싼 대립과 갈등을 전례前例와 상식, 제도를 통해 풀어나갈 역량을 갖추었다.

사화 사건이 일어난 명종 초반의 시기는 조선 나름의 당대사 관리 제도가 정착하는 마지막 진통기, 즉 전환기라고 할 만하다. 이후 당대사를 둘러싼 갈등은 실록의 개수改修라는 틀에서 벗어나지 않으며, 이는 조선조 내내 계속되

---

51 『명종실록』, 3년 11월 3일(갑술).
52 『명종실록』, 4년 정월 9일(경진).

었기 때문이다.[53] 대체로 『순조실록』을 편찬하기 이전까지, 조선왕조가 황혼에 접어들기 전까지는 위와 같은 사태가 벌어질 만큼의 사초(시정기)를 둘러싼 파행은 발견되지 않는다. 또한 실록을 다시 편찬하더라도 원래의 실록을 남겨놓는 '주묵사朱墨史'의 원칙에 따라 개수 또는 수정하는 관례를 지켰다. 이 책의 제2부부터 상세히 다룰 것이다.

2. 한림翰林 이황李滉의 체험

1) 기묘사림의 후예

을사사화 전후의 시대 상황은 퇴계退溪 이황李滉에게서 전형적인 면모를 살펴볼 수 있다. 이황이 긴 수학修學 시대를 마치고[54] 관직 생활을 시작한 것은 중종 29년(1534) 문과에 급제하고부터다. 수학 시대에 그에게 가장 큰 영향을 끼친 일은 아마도 기묘사화(중종 14년, 1519)일 것이다. 기묘사화는 성리학을 이념으로 삼은 사림의 시대적 한계를 보여주는 사건이자, 이념과 실천의 새로운 방향 모색을 요구했던 사건이었다. 한창 감수성이 예민하고 혈기 넘치는 19세의 나이로 이황은 기묘사화를 목도했고, 그로 말미암아 자신의 시대를 이해하는 관점을 규정했을 것이다.[55] 나중에 이황의 장인이 되는 권

---

53 오항녕, 「조선후기 실록 편찬 관례의 변화」, 『국사관논총』 105, 2004.

54 학자에 따라 이황의 생애를 '수학 시대(33세까지. 연산군 7년~중종 28년)', '출사 시대(49세까지. 중종 29년~명종 4년)', '강학 시대(50세 이후. 명종 5년~선조 3년)'의 세 시기로 구분하기도 한다. 정순목, 『退溪評傳』, 지식산업사, 1988, 36쪽.

55 『퇴계선생연보退溪先生年譜』 권1 『퇴계전서退溪全書』 27, 8쪽.

질權礩의 동생인 소옹疎翁 권전權礥이 기묘사림이었는데, 기묘사화 2년 뒤 권전은 안처겸安處謙의 옥사 때 곤장을 맞고 사망했다. 이황은 27세 때 첫째 부인 허씨를 여의고, 중종 25년(1530) 30세가 되던 해에 권씨를 맞이했다.

이황은 과거에 급제하던 해 4월에 예문관 검열에 임명되었다. 이황은 자신을 '이 한림李翰林'이라고 불러주기를 원했다고 한다.[56] 한림, 즉 사관이 이황의 첫 관직이기도 하겠지만 학자인 자신에게 가장 어울리는 관직이라고 생각했기 때문인지도 모른다.

그러나 첫 관직인 사관으로서의 출발은 순탄하지 않았다. 처삼촌인 권전이 안처겸의 옥사에 연루되어 죽고 장인도 그로 인해 유배를 갔다는 이유로, 사간원과 사헌부에서는 이황의 사관직 임명을 반대했다.[57] 여전히 기묘사림에 대한 논의가 기휘忌諱 대상인 상황에서 처가 쪽의 '흠결'은 이황에게도 바로 문제가 되기에 충분했다. 결국 이로 인해 이황을 추천했던 예문관 관원 전원이 파직되었고,[58] 이황은 얼마 후 승문원 부정자承文院副正字로 자리를 옮겼다.[59]

조선 초기부터 사관직은 4조祖에 흠이 있으면 임용되지 못했다. 하지만 이황의 경우에는 이런 일반적인 규정으로 이해하고 넘어가기에는 어려운 점이 있다. 앞서 설명했듯이 사관직은 자천제를 통한 사림의 입사로入仕路였고, 또 이황의 처삼촌인 권전이 기묘사림으로 죽임을 당했던 상황을 놓고 보면,

---

56 정순목, 앞의 책, 52쪽. 그러나 어디에 나온 자료인지는 명시하지 않았다. 저자가 작고 했기 때문에 확인하지 못했다.

57 『중중실록』, 29년 4월 20일(병진).

58 『중중실록』, 29년 4월 29일(을축).

59 『퇴계선생연보』 권1 『퇴계전서』 27, 8쪽.

이황을 사관으로 임명했다는 이유로 예문관 관원 모두가 파직된 사건은 기묘사림으로 상징되는 이념에 대한 통제이자, 그들의 전통이 이어지고 세력을 형성할 여지를 없애려는 정치적 배경이 깔려 있었다고 할 것이다.

중종 32년(1537)에 김안로金安老가 실각한 뒤 이황은 또 다른 경험을 하게 된다. 김안로의 실각으로 조광조趙光祖 계열의 인물들이 다시 임용되고 그에 따라 성리학의 정치 이념과 정책이 다시 수립되기 시작한 것이다.[60] 이후 중종 말에 이황은 홍문관 관원으로서 줄곧 춘추관을 겸직했다. 40세 때인 중종 35년(1540)에 홍문관 부교리로서 춘추관 기주관春秋館記注官을 겸했고, 독서당에서 사가독서賜暇讀書를 마친 뒤에도 다시 부교리(42세, 1542)로서 기주관을 겸직했으며, 44세 때는 홍문관 응교로서, 45세 때는 홍문관 전한으로서 춘추관 편수관을 겸직했다.

이황은 예문관에서는 관직을 수행하기도 전에 파직되었으므로 정식 사관으로서의 실제 활동을 할 수 없었지만, 춘추관 겸임사관으로 활동했던 흔적은 확인할 수 있다. 아들 이준李寯에게 집에 있는 을사년(인종 1년, 1545)과 병오년(명종 1년, 1546) 사초를 찾아오라고 시킨 일이 그것이다.[61] 이때 무슨 이유로 그가 사초를 모았는지, 또 이 일이 언제 있었는지는 확인되지 않는다. 사초는 아마 그가 홍문관에서 겸임사관을 지낼 때 작성되었을 것이다. 예문관에 이어, 비록 겸직이기는 하지만 홍문관 관원으로서 춘추관을 겸직한 경험은 이황이 사관제도에 대해 깊이 생각할 수 있는 계기를 마련해주었을 것

---

60 그중 대표적인 것이 천거제의 추진, 성균관의 강화, 서원 제도의 도입이다. 鄭萬祚, 『朝鮮時代書院研究』, 집문당, 1997, 23~24쪽.

61 이황, 「아들 준寯에게 보냄」, 『퇴계선생전서유집退溪先生全書遺集』(외편外篇) 권5 『퇴계전서』 19, 129쪽.

이다. 이러한 경험을 통해 이황은 당대 사관제도와 그 운영에 대해 본인 나름의 문제점을 진단하고 견해를 갖게 되었다.

2) 사관제도 개혁론

이황은 '이 한림'답게 기회 있을 때마다 사관제도에 대한 견해를 피력했다. 하번下番인 검열에게만 일을 맡기고 나머지 사관들은 게으름을 부리고 있으며, 직필을 한 기록이 상급자의 뜻에 맞지 않아 삭제당하기도 한다고 비판했다. 그래서 기록이 초라하고 시정기는 조보朝報와 다름없다고 혹평했다.[62] 이런 냉정한 평가는 선조 1년(1568) 그가 68세 되던 해에 실록찬집청 도청 당상관을 지낼 때의 경험을 말한 것으로 보인다.[63] 사관이 눈치 보지 않고 바른대로 기록을 남겨야 한다는 직필의 원칙과 기록의 비밀 유지에 대해 이황은 특별히 강조했다.[64]

선조 초반, 학봉鶴峯 김성일金誠一이 보낸 6조목의 문목問目에 대한 답변에서 당시 사관제도에 대한 이황의 포괄적인 이해를 살펴볼 수 있다. 김성일은 선조 원년(1568)에 급제하여 이듬해 사관인 검열(정9품)로 임용되었고 선조 5년(1572)에 봉교(정7품)가 되었다. 이황이 선조 3년(1570)에 세상을 떴고, 위 문목 중에 김성일이 춘추관 하급 관료라는 말이 있는 것을 고려하면, 아마 김성일이 검열에 임명된 지 얼마 안 되었을 때 그 패기로 자신의 개혁안을

---

62 『퇴계선생언행록退溪先生言行錄』 권4 『퇴계전서』 17, 190~191쪽.

63 『퇴계선생연보』 권2 『퇴계전서』 27, 79쪽.

64 이황, 「정자중鄭子中에게 보낸 편지」, 『퇴계선생전서유집』(외편) 권3 『퇴계전서』 19, 35쪽. 대윤에 대한 삭훈削勳 논의가 일어났을 때 정유일鄭惟一에게 해준 자문이다.

가지고 이황에게 질문을 했던 듯하다. 김성일과 이황이 의견을 주고받은 6조목의 핵심은 첫째, 사관의 부복俯伏, 둘째, 사론의 작성, 셋째, 안명세安名世 포상, 넷째 경연에서 사관의 발언권, 다섯째 검열檢閱에게 업무가 집중되는 부당함, 여섯째 사관의 구임久任이었다. 질문과 답변은 그 내용이 길기 때문에 요약했다.

① **질문** 사관은 임금의 거동을 기록한다. 지금은 부복하여 쳐다보지를 못하니 대체적인 말과 행동은 기록하지만 자세한 말과 기색은 전혀 기록하지 못한다.

답변 상이 즉위한 초기에는 머리를 들고 앉았다가 중간에 점차 부복하게 되었다. 고사故事를 신하 스스로가 무너뜨린 것이다.

② **질문** 사건을 있는 그대로 기록해야 하는데, 사관이 사람이나 사건에 대해 평가(포폄)를 한다. 어떻게 한 사람의 붓끝으로 판단할 수 있는가.

답변 원래 예전부터 평가는 해왔다. 단지 처음 들어온 사관에게 판단하게 해서 만세에 전할 공론이 되게 해서는 안 된다. 실록국實錄局의 사책史冊들은 평가는 없고 조보 같았다.

③ **질문** 안명세는 바른대로 기록했다가 순직하였으니 포증襃贈해야 할 듯하다.

답변 전에도 요청했지만 허락을 받지 못했다. 사관이 요청하는 것은 편치 않다.

④ **질문** 경연에서 사관은 입을 다물고 있는데, 임금을 가까이에서 모시면 의견을 아뢰고 싶다.

답변 경연에서 말하는 사람은 정해져 있다. 사관은 직분을 조심하고 직위에서 벗어나지 않는 것이 좋다.

⑤ **질문** 사관의 경우 아랫사람 1명에게 책임을 맡기기 때문에 국사國史를 불신하게 된다. 기록한 8명이 한곳에 모여 상의하여 고치면 어떤가?

답변 책임을 아랫사람에게 맡기는 것은 막대한 폐단이지만, 승진하여 그런 건의를 할 만한 위치가 된 뒤 당상관에게 보고하여 처리하라.

⑥ **질문** 옛날 사관은 오래 맡는 직책이었다. 한나라 반고나 사마천이 그렇다.

답변 재능 있는 사람을 선발한다는 것은 좋다. 그러나 오래 맡기자는 의견은 현대에는 시행할 수 없을 듯하다.[65]

김성일이 제기한 6조목에 대한 이황의 답변은 크게 두 가지 측면에서 정리할 수 있다. 첫째, 조선 전기 사관제도의 전개와 관련하여 일반론의 관점에서 살펴볼 수 있다. 다만 이황이 조선 전기 사관제도를 눈에 띄게 비판한 대목은 발견되지 않는다. 둘째, 사관제도의 운영이라는 프리즘을 통해 당대 현실을 바라보던 이황의 인식이다.

먼저, 사관의 부복은 조정의 관례를 따라야 했으므로 사관만 예외일 수 없었다(①). 경연에서 사관이 발언하는 것은 그 직무와 거리가 있었다(④). 물론 기타 의견 개진은 가능했다. 한편, 사관의 기록 검토 방식은 그 독립성으로 인해 집단 논의와 작성이 어려웠을 것이다(⑤). 그 때문에 검열에게 업무가 집중되는 경향이 있었다. 가업으로 전승해오던 역사가의 임무는 중국 당 태종 이후 관청과 관직이 등장하면서 오래 맡기가 어려워졌다(⑥).

명종대 이기가 일으켰던 시정기 삭제 사건의 피해자인 안명세를 기리는

---

65 이황, 「김사순金士純의 문목問目에 답함」, 『퇴계선생문집退溪先生文集』 권34 『퇴계전서』 8, 214~218쪽.

일에 대해 이황은 다소 미온적인 견해를 내놓는다(③). 이 부분은 논란의 여지가 있으나, 사관들의 문제를 스스로 제기하는 방식에 대해 주저했던 것으로 보이며, 당연히 안명세의 복권에 반대하는 것은 아니었다. 그의 조심스러운 태도 이면에는 사관의 직능에 대한 매우 강한 신념이 자리하고 있었다. 그것은 사관의 사론 작성에 대해 내보인 견해에서 알 수 있다(②). 사건을 있는 그대로 써야 하는 사관이 포폄을 한다는 일이 과연 합리적인가라는 김성일의 물음에, 이황은 사관의 사론 작성이 정당하다는 생각을 버리지 않는다. 단지, 처음 들어온 사관에게 판단(포폄)을 맡기는 것을 우려했고, 한 사람이 작성하기보다는 여럿이서 합리적인 방향으로 작성하는 쪽이 바람직하다고 여겼다. 나아가 이황은 자신이 실록청에서 겪었던 경험을 들어 명종대의 시정기에 사론이 부족한 사실까지 지적했다. 두 차례의 사화史禍에도 불구하고 이렇듯 당대사 작성과 관리의 주체인 사관의 역할을 분명히 했다는 점에서, 이황의 견해는 새로운 시대를 맞아 당대사, 곧 사초의 작성과 관리의 기본 방향을 다시 확인했다는 의의를 지닌다. 그뿐 아니라 조선 초기 이래 당대사를 둘러싼 갈등이 일단락되었다는 의미도 갖는다.

5장　조선 후기 기억투쟁과 실록 누설

1. 혼정昏政과 반정反正

1) 미완의 『광해군일기』

조선 전기에 안정된 사관제도와 실록 편찬의 관례는 조선 후기에 『선조실록』의 수정이라는 초유의 사태가 있었음에도 그대로 유지되었다. 조선 후기 네 차례의 실록 수정과 관련해서는 제2부~제5부에서 살펴볼 것이다.

그런데 실록 수정이 정치권에서 논의되었으나 실행에 옮겨지지 못한 사례가 하나 더 있다. 『광해군일기』에 대한 수정 논의이다. 여기에는 광해군의 폐위 이후 정치 세력의 재편 및 이질적 결합이 배경으로 깔려 있다. 『광해군일기』 수정 시도는 그동안 논의 자체가 잘 알려져 있지 않았다. 그러나 이와 연관된 인물의 발언으로 인해 실록의 왜곡·누설 논란이 벌어졌다. 실록에 잘못된 기록이 실려 있다는 소문과 더불어, 금기의 영역인 실록의 내용이 누설되었다면서 일어난 논란이었다. 조선 초기 이래 실록이 국사로서 지닌 위상과 그에 상응하는 관리 규례를 깬 행위에 대한 시비是非가 전개된 것이다.

조선실록 중 『광해군일기』만 필사본으로 남아 있다. 활자로 간행되지 못했기 때문이다. 『광해군일기』는 중초본(태백산본) 187개월분 187권 64책과 정초본(정족산본, 적상산본) 187권 39책 2본本이 편찬되었다.[66] 중초본은 초서로 쓰인 대본 위에 주묵朱墨이나 먹으로 산삭刪削·수정修正·보첨補添한 부분이 많고, 부전지附箋紙들이 붙어 있다. 정초본은 일부분(제1~5권 및 제6권과 제7권의 일부)만 인쇄되었고, 나머지는 해서체로 정서되어 있다.

인조 2년(1624)에 시작하여 인조 11년(1634)에 편찬이 중단된 『광해군일기』는 만약 완성되어 활자로 간행되었더라면 조선시대 실록 중 가장 오랜 편찬 기간 소요라는 기록을 남겼을 것이다. 10여 년 정도의 긴 시간이 걸린 데는 두 가지 이유가 있었다. 첫째, 인조 2년(1624)에 일어난 이괄李适의 난으로 사초와 시정기가 산일되어 편찬 자료 수집에 애를 먹었기 때문이다. 『광해군일기』는 관례대로 인조 1년(1623)에 편찬이 제기되었다.[67] 경연에서 이수광李睟光이 『선조실록』의 수정과 함께 '일기日記'의 편찬도 청한 것이다. 하지만 이괄의 난으로 흩어진 광해군대 시정기는 상금을 주면서까지 찾았으나 정작 모은 것은 전체의 10분의 1도 되지 않는다는 말이 나올 정도였으며,[68] 강화로 시정기를 옮길 임무를 맡았던 검열 김광현金光炫은 사헌부의 탄핵을 받고 파직되었다.[69] 둘째, 일기의 자료를 모으던 중 정묘호란이 일어난 것도 편찬

---

66 『광해군일기찬수청의궤光海君日記纂修廳儀軌』(奎14157) 갑술(인조 12년, 1634) 5월 17
     일; 임승표, 「『光海君日記』의 編纂經緯와 國譯過程」, 『민족문화』 18, 1995.
67 『인조실록』, 1년 8월 18일(병자).
68 『인조실록』, 2년 2월 22일(병자).
69 『인조실록』, 2년 3월 4일(무오).

을 늦추게 된 이유였다. 전란으로 인해 아예 편찬을 중지했기 때문이다.[70]

또한, 다른 실록과 달리 『광해군일기』가 간인되지 못한 데도 크게 두 가지 이유가 겹쳐 있었다. 그 하나는 광해군대의 재정 악화가 인조 초반의 경제적 곤란을 초래했기 때문이다. 반정 직후에 광해군대 15년 이상 지속되어 온 궁궐 공사를 즉시 중단했으나,[71] 그 토목공사는 단순히 궁궐 영건이라는 하나의 사건으로 끝나지 않고 국정 전반에 영향을 끼쳤다.

이런 까닭에 계해반정 이후 경제 상황의 수습이 급선무였다. 궁궐을 짓기 위해 설치했던 영건도감을 비롯하여 나례도감儺禮都監 등 난립해 있는 12개의 도감도 혁파했다. 백성의 고혈을 짜던 조도성책調度成冊(특별 세금 징수대장)을 소각하고,[72] 민간에 부과되었던 쌀과 포를 탕감해주었다.[73] 인조 즉위 후 이렇게 삭감한 양이 원곡元穀 11만 석이었다.[74] 공상지供上紙(왕실에 상납하는 종이)가 각 도에서 폐단이 된다는 말에, 대비전에 바치는 분량을 제외한 나머지는 모두 혁파하여 민생을 소생시키도록 했다.[75] 또, 광해군의 토목공사 때

---

70 『광해군일기찬수청의궤』(奎14157).

71 광해군대~인조대를 어떻게 평가하는지의 여부를 떠나, 대부분의 연구자는 광해군대의 궁궐 공사가 계해반정의 주요 이유였다는 데 의견을 같이한다. 장지연, 「광해군대 궁궐영건─인경궁과 경덕궁(경희궁)의 창건을 중심으로」, 『한국학보』 86, 1997; 홍순민, 『우리 궁궐 이야기』, 청년사, 1999, 73~79쪽 및 『홍순민의 한양 읽기: 궁궐(상)』, 눌와, 2017, 210~219쪽; 한명기, 『광해군─탁월한 외교정책을 펼친 군주』, 역사비평사, 2018(2판); 오항녕, 『조선의 힘』, 역사비평사, 2010; 노대환, 「광해군대의 궁궐 경영과 풍수지리설」, 『조선시대사학보』 63, 2012; 오항녕, 『광해군, 그 위험한 거울』, 너머북스, 2012.

72 『인조실록』, 원년 9월 17일(갑진).

73 『인조실록』, 원년 5월 11일(신축).

74 『인조실록』, 원년 9월 10일(정유).

75 『인조실록』, 원년 3월 23일(계축).

땅과 석재와 철물을 헌납하고 자급을 뛰어넘어 수령 및 동반東班의 실직實職을 차지한 자들과 종실로 봉군된 자들로 인해 관직이 혼탁해진 상황을 바로 잡고자 일일이 조사하여 그 무리를 도태시켰다.[76] 공신에게 주는 세곡稅穀도 일시 중지시켰다.[77]

다른 하나는 정묘호란 때문이었다. 가뜩이나 바닥에 떨어진 국가재정 상황이 정묘호란을 겪으면서 더욱 악화되었다. 정묘호란은 후금이 명나라와 전쟁을 치르면서 발생한 자신들의 물자 부족 문제를 해결하기 위해 일으킨 측면이 있었다. 당시 후금은 명나라와 무역이 중단되면서 생필품 부족에 시달렸다. 게다가 그즈음 만주 지역을 강타한 기근 때문에 굶어 죽는 사람이 속출했다. 이 위기를 탈출하기 위해 후금이 명나라를 대신하여 물자를 조달할수 있는 방안으로 생각해낸 것이 조선 침략이었다. 정묘호란 뒤 후금과 조선은 '형제' 관계를 맺었는데, 그 대가로 조선이 치른 경제적 손실은 매우 컸다.[78] 이렇듯 인조 초반 안팎으로부터 재정적 압박을 받으면서 물력 조달에 어려움을 겪었고, 이러한 상황은 『광해군일기』가 간인되지 못하는 이유로 작용했다.[79]

조선시대 실록 가운데 유일하게 간인되지 못한 채 중초본과 정초본으로 남은 『광해군일기』는 오늘날 우리에게 뜻하지 않은 결과를 남겨주었다. 정상적으로 편찬되었을 경우 세초될 운명인 중초본·정초본의 모습은 현존 『광해

---

76 『인조실록』, 원년 3월 25일(을묘).

77 『인조실록』, 2년 3월 27일(신사).

78 한명기, 『역사평설 병자호란 1』, 푸른역사, 2013, 279~290쪽; 남호현, 「朝淸關係의 초기 형성단계에서 '盟約'의 역할」, 『조선시대사학보』 78, 2016, 74~76쪽.

79 『인조실록』, 12년 1월 27일(갑인).

군일기』가 없이는 확인할 수 없다. 결과적으로 간인된 실록보다 상세한 내용의 기록이 남을 수 있었다. 이는 숙종대 『광해군일기』 수정 논의의 배경을 이해할 때 고려할 사항이 된다.

『광해군일기』의 편찬은 수정 논의와 그에 이은 열람 논란뿐 아니라 또 하나 고려해야 할 점이 있다. 그것은 바로 『광해군일기』가 애초 '수정'이라는 시각에서 편찬이 시작되었다는 점이다. 찬수청에서는 '광해군 초년 이후로는 사필史筆이 이이첨李爾瞻의 문객에게서 나왔으므로 더럽고 어지러운 정치를 모두 사실대로 바로 쓰지 않았기 때문에, 반정 초기에 사대부들 집에 소장된 일기 및 장소章疏·조보에서 주워 모으고 또 듣고 본 것에서 채취하여 찬수' 했음을 분명히 밝혔다.[80] 『선조실록』의 수정 논의가 제기되었을 때 공론의 호응을 받았던 것과 상반되는 『광해군일기』의 수정 및 열람 논란을 이해할 때 고려해야 할 부분이다.

2) 반정 이후 북인의 변신

『광해군일기』는 계해반정이라는 급격한 정치 변동을 겪은 뒤 편찬되었다. 광해군이 반정으로 폐위되었고, 삼창三昌으로 불린 유희분柳希奮(문창부원군)·이이첨李爾瞻(광창부원군)·박승종朴承宗(밀창부원군) 등의 인척이 몰락했으며, 유력 정치집단이던 대북大北은 정인홍鄭仁弘과 이이첨의 참형에서 드러나듯 학문적·정치적으로 퇴출되었다. 특히 폐정에 관여된 인물들은 반정 당일 또는 직후에 처형되었다. 이 외에도 폐조 때 인물들은 정형正刑·복주伏誅·위리안치圍籬安置·중도부처中途付處·삭탈관작削奪官爵·삭거사판削去仕版·파직을

80 『인조실록』, 11년 7월 11일(신축).

당한 경우가 많았고, 도망친 이들도 더러 있었다.[81]

북인의 퇴출을 포함한 재편에는 몇 가지 기준이 나타난다. 먼저, 퇴출된 북인 외에 광해군대 조정에서 쫓겨나 있다가 계해반정 뒤 등용된 인물이 있다. 그러나 이들의 경우에도 계축옥사나 폐모론廢母論에 대한 처신에 따라 나뉜다. 또, 테크노크라트로 남은 실무형 관료도 있다.

광해군대의 혼정을 비판하다가 귀양을 갔거나 조정을 떠났던 북인 인사들은 반정과 함께 등용되었다. 임숙영任叔英과 이수광李晬光이 대표적인 인물이다. 임숙영은 광해군 3년(1611)에 과거 시험의 책문에서 왕비 유씨 가문과 이이첨을 비판했다가 방목榜目에서 삭제되었는데,[82] 이항복李恒福과 이덕형李德馨의 청으로 가까스로 복과復科되었다.[83] 그러나 권필權韠이 임금을 무시한 시를 지었다며 국문을 받을 때 임숙영도 그 일에 연루되어 조정을 떠났다. 이후에도 이이첨에 대한 거침없는 비판으로 미움을 사서 외방으로 쫓겨나 은둔하다가[84] 반정 이후 홍문관 박사로 등용되었다.[85]

광해군 1년(1609) 이후 도승지·대사헌·부제학까지 지냈던 이수광은 계축옥사를 전후하여 시골 별장으로 내려가서 은거했다.[86] 이이첨과 함께 폐모론을 주장했으나 이이첨에게 무함을 당해 처형된 허균許筠이 이수광의 동서로서, 두 사람은 모두 김대섭金大涉의 사위이다. 심희수沈喜壽, 한백겸韓百謙·한

81 『연려실기술』 권23 「인조조 고사본말 계해년의 죄적罪籍」.

82 『광해군일기』, 3년 3월 17일(정사).

83 『광해군일기』, 3년 6월 10일(무인).

84 『광해군일기』, 13년 6월 18일(무자).

85 『인조실록』, 1년 8월 18일(병자).

86 『광해군일기』, 11년 11월 22일(신축).

홍일韓興ㅡ 부자와 가깝게 지냈으며 광해군대에 깨끗한 처신으로 명망을 얻었고, 이식李植·이정구李廷龜·장유張維 등 서인계 학자들과도 교유했다. 반정 이후 도승지에 등용된 그는 정구鄭逑·정경세鄭經世·이준李埈 등 영남 남인계 학자들과도 교유하면서 '북인계 남인'이 형성되는 기반을 마련한 핵심 인물이다.[87] 이수광의 아들인 이성구李聖求와 이민구李敏求, 김세렴金世濂, 이원진李元鎭, 윤선도尹善道 등은 그 후속 세대다. 윤휴尹鑴는 이민구에게서 배웠고, 김세렴은 김효원金孝元의 손자이자 허봉許篈의 외손자로서 반정 이후 북인계 남인과 영남 남인을 매개하는 역할을 했다.

이렇게 반정 이후 조정에 들어와서 서인·남인과 새로운 관계를 설정하는 북인계의 흐름이 있는 가운데, 다른 한편에는 아직 조정에 들어오지 못하는 인물들이 있었다. 이는 광해군대 계축옥사 및 폐모론 논의 때 취한 태도와 관련 있다. 폐모론에 참여한 자들은 반정 이후 일단 첫 번째 퇴출 대상이었으며, 계축옥사에 대한 태도 역시 혐의가 되었다.[88] 정엽鄭曄의 말은 이 시기의 공론을 대변한다.

서인西人이라고 해서 어찌 미진한 일이 없겠습니까? 다만 폐조 당시에 폐모론에 참여하지 않은 경우는 인정해야 할 것입니다. 유성룡柳成龍과 서로

---

87 한영우, 「李睟光의 學問과 思想」, 『한국문화』 13, 1992; 정호훈, 『朝鮮後期 政治思想 研究』, 혜안, 2004, 113~117쪽.

88 오수창의 조사에 따르면, 반정 후 처벌된 관원은 40%에 이르며, 인조대 등용된 인물 75명(25%) 중 계축옥사 때부터 폐모론이 있던 시기에 삼사와 이조에 참여했던 인물은 8명에 불과했다. 이는 폐모론 논의에 참석했는지의 여부가 반정 이후 등용의 중요한 기준이라는 점을 방증한다. 오수창, 「仁祖代 政治勢力의 動向」, 『한국사론』 13, 1985, 57~59쪽.

알던 사람일지라도 쓸 만한 선비가 있으면 써야 할 것이고, 유성룡·박근
원朴謹元과 교분이 두터웠더라도 사람됨이 쓸 만하면 스스로 새로워지도록
허용하여도 괜찮겠습니다. 그러나 이이첨에게 아첨하여 섬기던 무리는 결
코 조정에 같이 있게 할 수 없습니다.[89]

이는 기축옥사의 처리 과정을 말하면서 서인과 유성룡 등 남인 및 북인을
광범위하게 조제調齊하되 폐모론에 참여했거나 이이첨과 결탁한 인물은 절
대로 조정에 둘 수 없다는, 이른바 등용에 관한 가이드라인을 제시한 것이다.
이 경계를 보여주는 인물이 윤선도였다.

광해군 8년(1616), 윤선도는 당대 최고의 권신인 이이첨을 정면으로 비판
했다.[90] 윤선도의 상소는 북인 내에서도 정국 운영에 대한 위기의식이 팽배
했음을 보여준다. 그 일로 윤선도는 경원으로 귀양을 갔고, 다시 경상도 기장
(동래군)으로 옮겨졌다가 반정 이후 석방되었다.[91] 그는 계축옥사를 역옥으로
규정했지만 유배 가 있는 동안 폐모론에 참여하지 않았기 때문에 반정 이후
풀려날 수 있었다. 귀양에서 풀려난 윤선도는 절조를 세우고 이름이 드러난
선비 수십여 명에 뽑혔는데,[92] 실제로 관직에 나아가지는 않은 듯하다. 이후
인조 6년(1628)에 그는 봉림대군과 인평대군의 사부가 되었다.

광해군이 왕위에서 쫓겨난 뒤, 정치·학문 세력으로서의 북인은 '북인계
남인'이라고 불러야 할 정도로 위축되었다. 학계에서는 이들을 '영남 남인'

89 『인조실록』, 2년 8월 9일(신묘).
90 『광해군일기』, 8년 12월 21일(임자).
91 『국역 미수기언』 별집 권19 「해옹海翁 윤 참의尹參議의 비碑」.
92 『묵재일기黙齋日記』, 권1 「반정시사反正時事」.

과 구별하여 '기호 남인'으로 분류한다.[93] 이들은 '남인'이지만 광해군대를 전후하여 정치·학문적 경험이 달랐다. 그럼에도 불구하고 크게 두 차례에 걸쳐 남인으로 결속하는 계기가 있었다.

첫 번째는 성혼成渾과 이이李珥의 문묘종사文廟從祀 논의 때이다. 대북의 정인홍鄭仁弘이 스승 조식曺植을 존숭하면서 이황李滉과 이언적李彦迪을 변척했듯이, 영남 남인은 이이와 성혼의 문묘종사를 변척하면서 학문 연원과 정치 세력으로서의 기반을 재구성했다. 기실 이이와 성혼의 문하에서도 이황은 '선생先生'이었으며, 이이와 이황을 별개의 학파로 인식하는 태도는 거의 발견되지 않는다. 하지만 영남 남인들은 문묘종사 논의를 거치면서 이황의 주리主理에 대비되는 이이의 주기主氣 학문을 비판함으로써[94] 이황에 대한 사승

---

93 계해반정 이후 북인과 남인의 재편에 대해서는, 신병주, 「17세기 전반 북인관료의 사상―김신국, 남이공, 김세렴을 중심으로」, 『역사와 현실』 8, 1992; 고영진, 「17세기 후반 근기남인학자의 사상―윤휴·허목·허적을 중심으로」, 『역사와 현실』 13, 1994; 신병주, 「17세기 중후반 近畿南人 학자의 학풍」, 『한국문화』 19, 1997.

94 효종 1년(1650) 이이와 성혼의 문묘종사 논의가 전개될 때 경상도의 진사進士 유직柳稷 등 900여 인이 상소하여 "이이의 학學은 기氣 자만을 주장하여 기를 리理로 알았습니다. 이 때문에 리와 기를 같은 것으로 여겨서 다시 분별함이 없었으며, 심지어 마음이 바로 기이고 사단四端과 칠정七情이 모두 기에서 생긴 것이라고 하였습니다. 이러한 병통의 근본은 원래 도道와 기器를 변별하지 않은 육구연陸九淵의 견해에서 나온 것으로서, 그 폐해는 작용作用을 성性의 체體라고 한 석씨釋氏의 주장과 같습니다. …… 이이는 평소 이러한 점을 털끝만큼도 깨달음이 없이 흐릿하게 묵은 학문에 빠져 있다가 이황이 죽은 뒤에 그의 학문을 있는 힘을 다해 공격하였습니다. 이황의 말을 지적하여 리理를 해친 것이라 하는가 하면, 이황의 말은 성性을 모른 것이라고 하였으며, 심지어는 '주자가 참으로 리와 기가 호발互發하여 각기 상대해서 나오는 것이라고 하였다면 주자도 잘못한 것이니 어찌 주자라 하겠는가?' 하였으니, 편견과 착각으로 감히 전현前賢을 이토록 헐뜯을 수가 있습니까." 하였다. 『효종실록』, 1년 2월 22일(을사).

師承 관계를 전유했다.[95] 이런 흐름은 이현일李玄逸에 이르러 정식화되었다.[96]

두 번째는 두 차례의 예송 논쟁을 거치면서다. 효종이 승하한 뒤, 인조비인 자의대비의 상복과 관련된 전례 문제로 불거진 논쟁이 기해예송(1659)이다.[97] 송시열宋時烈은 사왕嗣王의 방식 중 하나인 '체이부정體而不正(몸을 받은 아들이지만 장자는 아님)'에 근거하여 기년복期年服(만 1년복)을 주장했다. 이는 효종의 왕위 정통성을 상복에 어떻게 정리하고 합리화하는가가 문제였으며, 참최복斬衰服(3년복)을 거듭 입을 경우에 생길 수 있는 정무의 공백을 피하려는 실제적인 문제 제기이기도 했다.[98] 정태화鄭太和·송시열이 기년복설을 주장한 반면, 허목許穆은 차장자설次長子說에 따라 삼년복을 주장했으며, 윤휴尹鑴는 신모설臣母說에 따라 삼년복을 주장했다. 이때는 정태화의 조정으로 국제國制에 따라 기년복으로 결론이 나면서 서인의 설이 채택된 셈이었다.

그런데 윤선도가 윤휴의 삼년복설을 지지하면서 기년복설이 효종의 정통

---

95 이런 일도 있었다. 경연 참찬관 유명천柳命天이 이황과 이이의 이기설理氣說에 관하여 "이황은 '기가 발하고 리가 따르는 것이다(氣發而理隨)' 했으니 맹자의 말과 서로 부합되고, 이이는 '리와 기가 함께 발한다(理氣互發)'했으니, 고자告子의 말에 가까운 것입니다."라고 했다. 이에 대해 사관은 "이황은 일찍이 '리가 발하되 기가 따르게 되고, 기가 발하되 리가 타는 것이라'는 말을 주장했고, 이이는 일찍이 '발하는 것은 기이고, 발하게 하는 것은 리다. 리와 기가 어찌 함께 발하는가? 하여 성혼과 수천 마디를 논변했다. 지금 유명천이 단지 이이를 공격하기에만 급급하여, 도리어 이황의 말을 이이의 말로 여기며 그만 고자의 말에 가까운 것이라고 함으로써 자신이 이황을 모욕되게 했음을 깨닫지 못하였다."라고 평했다. 『숙종실록』, 3년 5월 14일(기축).

96 이현일, 『갈암집葛庵集』「율곡이씨논사단칠정서변栗谷李氏論四端七情書辨」; 문석윤, 「葛庵李玄逸의 性理說」, 『민족문화』 29, 2006.

97 지두환, 「朝鮮後期 禮訟 硏究」, 『부대사학』 11, 1987; 이영춘, 「第一次禮訟과 尹善道의 禮論」, 『淸溪史學』 6, 1989.

98 오항녕, 「春秋大義와 禮訟의 기억─宋時烈과 魏伯珪」, 『태동고전연구』 27, 2011.

을 부정하는 설이라고 주장하자,[99] 예송 논쟁은 전례 논쟁에서 졸지에 민감한 정치 문제로 비화했다.[100] 이 논란은 윤선도가 삼수로 귀양을 감으로써 끝났지만,[101] 장차 사화士禍로 번질 가능성을 내포하고 있었다.

예송은 효종비인 인선왕대비 장씨張氏가 세상을 떴을 때 아직 살아 있는 대왕대비 조씨의 상복 논쟁으로 다시 점화되었다. 갑인예송甲寅禮訟(1674, 현종 15)이다. 몇 달간의 논의 끝에 현종은 송시열의 대공설大功說(9개월복)을 '사리에 당치도 않은 그릇된 설(不近理之悖說)'로 판정하고, 복제를 기년복으로 정했다. 현종의 판단은 이후 숙종 즉위와 함께 대공설에 대해 '예법을 그르친 이론, 잘못된 예법(誤禮)'이라는 비판으로 이어졌다.[102] 현종이 세상을 뜨기 불과 한 달 전에 일어난 변화였다. 갑인예송에는 현종의 장인인 김우명金佑明과 처사촌 김석주金錫胄가 서인이면서도 남인과 결탁했던 정국의 변동이 영향을 미쳤다. 그들은 효종비를 장자의 며느리로 보아 자의대비의 상복을 기년복으로 하는 남인의 설에 찬성했다. 한 달여 뒤 현종이 죽고 숙종이 즉위했다. 갑인예송은 당장 큰 정치적 변동을 가져오지는 않았다.

그런데 진주에 사는 유학幼學 곽세건郭世楗이 "사특한 논의에 빌붙은 김수흥金壽興도 귀양을 보냈는데, 사특한 논의를 창도한 송시열이 어찌 법 적용에서 빠진단 말입니까."라고 상소했다. 이는 현종의 지문誌文을 송시열에게 맡긴 데 대한 반발이었다. 여기서 영남 남인과 '북인계 남인'을 포함한 기호 남인이 예송을 통해 결속했음을 살펴볼 수 있다.

---

99 『현종실록』, 1년 4월 18일(임인).
100 오항녕, 「고산孤山 윤선도尹善道의 정치활동과 경세론經世論」, 『한국사학보』 46, 2012.
101 『현종실록』, 1년 4월 19일(계묘).
102 『현종개수실록』, 15년 7월 15일(정축).

숙종은 곽세건의 주장을 받아들여 현종의 묘지명에 그 사실을 기록하려 했으나 송시열은 이를 거부했다. 또한 그의 제자 이단하李端夏가 현종의 행장을 쓰면서 송시열의 기년설을 지지하는 내용을 서술하자[103] 숙종은 이단하에게 스승만 알고 임금을 모른다면서 파직하고 송시열을 덕원부로 귀양 보냈다.[104] 현상적으로 보면 예송에서 왕실 편을 든 것은 김우명·김석주 등 외척과 허적許積, 그리고 윤휴를 비롯한 '북인계 남인'이었다. 이들은 숙종대에도 '청남淸南'·'탁남濁南'이라는 용어에서 알 수 있듯이 '남인'으로 자청했다.

'북인 잔존 세력의 남인화'에는 삼복三福이라 불리는 종친의 역할이 컸다. 삼복은 복창군福昌君 이정李楨, 복평군福平君 이연李㮒, 복선군福善君 이남李柟 형제로, 인평대군의 아들이자 인조의 손자이다. 삼복의 외숙인 오정일吳挺一·오정위吳挺緯·오정창吳挺昌, 내종인 오시수吳始壽는 그즈음 재상의 자리에 있었다. 이를 발판으로 삼복은 '청남'인 허목, 윤휴, 이태서李泰瑞 등과 연계했다. 그들은 갑인예송 정국의 배후 또는 표면에서 주도적 역할을 했을 뿐 아니라, 숙종 6년(1680) 경신환국으로 남인이 실각할 때도 같은 운명을 겪었다.

2. 『광해군일기』의 수정 시도

1) 예송과 북인계 남인

『광해군일기』의 수정 관련 자료는 의외의 곳에서 발견된다. 숙종 6년

---

103 『숙종실록』, 즉위년 12월 18일(정미).
104 『숙종실록』, 1년 1월 13일(임신).

(1680) 경신환국 뒤 『현종실록』의 개수가 논의되기 시작했다. 7월 10일, 판교 정면鄭勔은 권대운權大運과 허적許積 등이 중심이 되어 『현종실록』을 편찬한 일을 두고, 송나라 때 왕안석王安石의 일기만을 참고하여 『신종실록』을 편찬한 일과 비교하며 실록 개수를 청했다. 그 가운데 다음과 같은 말이 있다.

> 광해군의 시정기는 인조조仁祖朝로 넘어와서부터 이미 수정되었습니다. 그런데 저들이 또 가져다가 고치자고 청하는 것은 또 무슨 뜻입니까? 그 마음이 어디에 있는지 참으로 짐작할 수 없습니다.[105]

정면은 『현종실록』의 개수와 함께, 예송에서 윤선도의 상소를 지지했던 조경趙絅을 현종 묘정廟庭에서 축출해야 한다는 두 가지를 주장했다. 정면의 상소는 『숙종실록』에 간략히 기록되어 있는 반면, 『현종대왕실록개수청의궤』에는 첫 부분에 거의 전재되어 있다. 이로 미루어 이 상소가 『현종실록』의 개수에서 차지하는 의미를 짐작할 수 있다.

『광해군일기』는 인조 2년(1624) 7월부터 인조 5년(1627) 1월까지의 1단계와 인조 10년(1632) 1월부터 인조 11년(1633) 12월까지의 2단계에 걸쳐 편찬되었다. 인조대의 실록 편찬 담당자들은 이이첨이 광해군 때 사관史官에 자신의 당파를 끌어넣어 사초(시정기)의 공정성을 훼손했다고 보고, 시정기를 '수정한다'는 관점에서 『광해군일기』의 편찬에 접근했다. '수정한다'는 관점은 『광해군일기』에 반정 이후의 사론을 추가하게 만들었다. 『광해군일기』가 간인되지 못한 채 중초본과 정초본으로 남았다는 사실은 결과적으로 반정 이후의 사론과는 별개로 광해군대 작성된 시정기(사초)를 풍부하게 살펴볼 수

---

105 『현종대왕실록개수청의궤』(장서각 2-3794), 경신년(숙종 6년, 1680) 7월 10일.

있다는 장점과 함께, 『광해군일기』가 아직 '미완'이라는 이중적 감정을 갖게 했다.

숙종 초반에 『광해군일기』의 수정 논의가 벌어졌다는 사실은 당시 누군가는 인조대에 편찬된 미완의 『광해군일기』에 불만을 가지고 있었다는 뜻이다. 폐위된 혼군昏君으로서 반정까지 초래한 광해군 때의 일기를 고치려고 했던 부류는 '기호 남인' 중 '북인에서 전향한 남인'이었다.

> 윤의제尹義濟가 적상산에 가서 국사國史에 윤효전尹孝全의 악행이 매우 자세히 기록되어 있음을 보고 돌아와 그 아비에게 말하니, 그 아비가 크게 놀라 연인漣人(허목)에게 부탁하여 개정하기를 계청하게 하려 한다고 하네. 이것은 한결같이 채경蔡京과 장돈章惇 때의 일과 같은데, 지금 한 사람도 감히 잘못이라고 말하는 이가 없을 것 같으니 통탄스럽기 그지없네. 어떻게 해야 진요옹陳了翁(진관陳瓘) 같은 정직한 이를 얻을 수 있겠는가.[106]

송시열이 민유중閔維重에게 보낸 이 편지는, 윤의제→윤휴→허목[107]으로 이어지는 『광해군일기』 수정 논의를 간결하게 보여준다. 정면의 상소 이전에 이미 몇몇 사람들을 중심으로 이러한 논의가 진행되고 있었던 셈이다.

---

106 『송자대전宋子大全』 권63 「민지숙閔持叔에게 답함 – 병진년(1676) 11월」. '丙辰'은 '丁巳'의 오류로 보인다. 윤의제가 사관으로 무주 적상산에 다녀온 것은 숙종 3년(1677, 정사년) 9월 26일부터 한 달간이었다.

107 허목은 정구鄭逑의 고제高弟로, 부인은 이원익李元翼의 손녀이다. 주로 서울·경기에 살았지만 젊은 시절 경상우도의 이제신李濟臣 등과 교유하며 북인 학파와 연계되어 있었다. 『미수기언眉叟記言』 「연보」, 「신도비명神道碑銘 병서幷序 (이익李瀷)」; 정옥자, 『朝鮮後期 知性史』, 일지사, 1991, 98~102쪽.

윤의제尹義濟는 윤휴의 아들이고, 윤효전尹孝全은 윤의제의 할아버지다.[108] 이 사안은 단순히 『광해군일기』의 수정 논의만 보여주지 않고 남인 내부의 이질적인 결합을 드러낸 일이기도 했다. 이 점을 이해하기 위해서는 당시 정국의 흐름 및 남인 간에 생긴 균열을 염두에 두어야 한다.

경신환국 이전, 허적은 체찰부體察府 설치 등 국정 운영을 둘러싸고 윤휴와 의견을 달리한 적이 많았다. 그중 하나의 사례를 보자. 윤휴가 오정창과 사적으로 교류하던 인물인 이서우李瑞雨를 홍문관에 추천했는데, 허적은 이에 대해 '대북大北의 자손을 갑자기 청요직淸要職에 등용할 수 없다'며 반대했다.[109] 이서우는 대북 이경환李慶桓의 아들이다. 이경환이 광해군 때 '흉악한 논의(凶論)', 즉 인목대비를 폐위시켜야 한다는 폐모론에 참여했다는 이유로 그의 아들 이서우는 공론에 용납되지 못하고 있었다. 하지만 윤휴·허목 등의 천거에 힘입어 이서우는 지평·정언 등 대간臺諫에 임명되었다. 당시 우의정 허목은, 이경환과 한마을에 살았는데 그가 폐모론에 참여하지 않았음을 알고 있다며 보증을 서고 나섰다.[110]

이는 계해반정 이후 잔존한 북인 세력의 일부가 갑인예송 이후 '남인'으로 결집하는 양상을 보여주면서, 동시에 남인 내부에서도 광해군대의 경험 차이로 인한 선명한 대립각이 있어 여전히 균열의 가능성으로 엄존했음을 보여준다. 갑인예송 뒤 실권을 장악한 남인들이 서인의 영수인 송시열에 대한 처벌의 강온에 따라 이른바 '청남'과 '탁남'으로 갈렸을 때, 강경파인 청남

---

108 윤휴의 집안 내력과 교류는, 『백호전서白湖全書』 부록 「행장」; 한우근, 「백호 윤휴 연구(一)」, 『역사학보』 15, 1961; 이선아, 「윤휴의 정치사상 연구」, 전북대학교 박사학위논문, 2001 참고.

109 『숙종실록』, 1년 10월 11일(을축); 6년 10월 2일(정해).

110 『숙종실록』, 1년 12월 15일(무진).

에 윤휴를 비롯하여 오정창·이무李袤·이수경李壽慶·이서우·이태서·정익鄭榏 등 북인 계열의 인물이 포함되었던 반면, 온건파인 탁남에는 북인 계열의 인물이 발견되지 않는 것은[111] 이러한 배경에 이유가 있다.

허적이 이서우를 청직에 둘 수 없다고 배척한 데서 알 수 있듯이, 반정 이후 퇴출·숙청 및 등용의 명분이자 기준인 폐모론은 계속 작동했다. 폐모론에 실제로 참여하지 않았든지, 아니면 폐모론에 참여했다는 혐의나 기억을 바꾸든지 해야 했다. 그러므로 『광해군일기』 수정 논의의 배경에서 북인, 특히 대북의 후손이나 대북과 밀접한 관계에 있던 이들이 광해군대 자신의 선조先祖가 남긴 행적에 민감했으리라 추정할 수 있고, 이런 맥락에서 윤의제의 발설로 인한 『광해군일기』의 수정 논의가 있었으리라 짐작된다.

2) 적상산사고로 포쇄하러 간 윤의제

윤의제는 윤휴의 장남이며, 숙종 1년(1675) 증광문과에 급제하여 가주서假注書로 겸춘추를 맡았고,[112] 2년 뒤 사관인 검열에 임용되었다.[113] 이후 정언·지평·교리·부수찬 등 청요직을 거쳤으나, 아버지 윤휴가 현종비이자 숙종의 어머니인 명성왕후에 대한 조관照管[114] 발언 및 체찰부 복설復設 과정에서 나타난 병권 장악 등의 사유로 숙종 6년(1680)에 사사되면서, 윤의제 역시 귀양

---

111 고영진, 앞의 논문, 1994, 164쪽, 〈표 1 : 청남과 탁남의 구성원〉.

112 『승정원일기』, 숙종 1년 12월 21일(갑술).

113 『숙종실록』, 3년 5월 11일(병술).

114 조관이란 '관리하다' '돌보다'라는 뜻인데, 윗사람에게 이 말을 쓸 때는 '함부로 못하도록 단속한다'는 의미가 된다. 이는 숙종의 어머니 명성왕후가 종친인 삼복의 비행을 언급하자, 윤휴가 숙종에게 명성왕후의 동정을 '조관'(관리, 단속)하라고 했던 말이다.

을 가 유배지에서 죽었다.

송시열의 편지에 따르면 윤의제가 무주의 적상산에 가서 『광해군일기』를 보았다고 했으므로, 윤의제는 사관의 임무를 띠고 실록을 포쇄하러 갔거나 봉안奉安하러 갔을 때 보았을 것이다. 실제로 포쇄를 겸하여 마침 완성된 『현종실록』을 봉안하러 다녀온 사실이 확인된다.[115] 적상산에 보관된 『광해군일기』는 중초본이 아닌 정초본이었으니, 윤의제는 그것을 통해 할아버지 윤효전의 기록을 보았을 것으로 추정된다.

윤효전은 초명이 윤효선尹孝先으로,[116] 선조 38년(1605) 문과에 급제했고, 수찬, 정언, 지평, 교리, 이조의 좌랑과 정랑, 집의 등 청요직을 거쳤다. 광해군 2년(1610)에 승지가 되고, 대사성·대사간을 지냈는데, 담양 군수로 있을 때 군도사郡都事 김시양金時讓 함께 시험을 관장하던 중 시제試題가 저촉된 일로 파직되기도 했다. 임해군의 옥사에서 세운 공로로 익사공신翼社功臣에 들었는데, 광해군이 원손의 강학관으로 보양輔養의 공로를 추가해준 봉작이었다. 김제남金悌男을 죽이고 영창대군을 귀양 보낸 계축옥사 때 대사헌으로 추국청에 참여했으며 이이첨과 결탁한 인물로 알려진다. 광해군 6년(1614) 공홍도公洪道(충청도) 관찰사를 지냈고, 계축옥사와 이듬해 영창대군이 죽은 '갑인옥사'의 공으로 자급이 더해졌으며,[117] 광해군 9년(1617) 경주 부윤으로 나갔다가 광해군 11년(1619)에 죽었다.[118]

---

115 『승정원일기』, 숙종 3년 9월 26일, 10월 26일. 윤의제는 동지춘추관사 오시복吳始復과 함께 한 달 동안 무주 적상산사고에 다녀왔다.

116 광해군 5년(1613) 어간에 이름을 윤효선에서 윤효전으로 바꾸었다. 따라서 『광해군일기』에서 그를 검색할 때는 두 이름을 다 찾아야 한다.

117 『광해군일기』, 7년 12월 29일(신미).

118 『광해군일기』, 9년 2월 25일(경신); 11년 2월 20일(갑술). 윤휴는 윤효전이 경주 부윤

『광해군일기』에 실려 있는 윤효전의 기록은 대부분 관력을 비롯한 사실을 적은 것이고, 윤의제가 수정하고 싶어 했으리라 짐작되는 기록은 사평 두 군데가 전부이다. 윤효전이 대사헌에 임명되었을 때의 사론과 죽었을 때의 졸기이다. 중초본과 정초본에 모두 실려 있다.

① 윤효전은 바로 윤효선이다. 유효선柳孝先의 이름을 피하여 이름을 고쳤다. 〈일찍이 유학儒學으로 이름이 났는데, 과거에 급제하자〉[119] 유영경柳永慶과 기자헌奇自獻에게 빌붙었고, 또 유희분·박승종과 친하였기 때문에, 비록 조정이 바뀌었어도 여전히 벼슬이 영예로웠다. 이때에 이르러 유희분·박승종의 권세가 점차로 가벼워지고 이이첨이 대규모 옥사를 통해 총애를 얻은 것을 보고는 마음이 기울어 은밀히 그의 논의를 따랐다. 일찍이 백관의 계사를 초안하면서 내용을 너무나 참혹하고 각박하게 쓰자, 대신이 그의 계사를 사용하지 않았다. 상이 이 말을 듣고는, 대사헌의 맨 끝에 의망되었는데도 낙점하여 제수하였다. 그러자 윤효전이 드디어 역적을 토벌하는 일을 스스로 자임하여 법을 적용하려고 힘쓰자 사람들이 대부분 침을 뱉고 욕하였다.[120]

② 윤효전이 졸하였다. 윤효전은 겉으로는 유자儒者같이 행동했지만 속으로는 음모와 술수가 있는 자였다. 임해군의 옥사에 유희분이 시키는 대로만 하여 제일 먼저 상소하더니 마침내 원훈元勳의 반열에 들었다. 이

으로 부임하던 해인 1617년에 태어났다.

119 〈 〉로 표시한 구절은 중초본에 있지만 정초본에는 빠졌다.

120 『광해군일기』, 5년 6월 4일(신묘).

로부터 자신의 뜻을 굽히고 남의 뜻만을 따름으로써 다시는 사대부로 자처하지 않았다. 일찍이 호남의 수령이 되었을 때 도사 김시양과 함께 시사試事를 관장했는데, 시제가 시휘時諱를 범하여 함께 잡혀 들어가게 되었다. 윤효전이 잘못을 김시양에게 돌리고 자기만 빠져나갔으므로 김시양은 어떻게 될지 모를 위태로운 상황에 처했다가 간신히 유배만 되었다. 윤효전은 대성臺省을 두루 거쳤고, 〈또 이이첨에게 붙었다가는 다시 배반하였는데〉[121] 그의 마음가짐과 처신이 대개 이와 같았다.[122]

윤효전은 당초 소북小北인 유영경柳永慶·기자헌奇自獻과 가까웠고, 후대에도 소북으로 알려져 있다.[123] 그가 경주 부윤으로 나간 까닭은 광해군의 난정亂政으로 인해 세도世道를 바로잡기 어려움을 알고서 부모를 모시겠다는 구실로 외직을 청한 데 따른 결과라고 한다.[124] 실제로 조정에서 한창 진행되던 폐모론에 그가 참여한 흔적은 보이지 않는다. 하긴 폐모론에 참여했다면 그의 아들인 윤휴가 징소徵召를 받거나 손자인 윤의제가 사관이라는 청직을 맡

---

121 〈 〉로 표시한 구절은 구절은 중초본에 없었는데 정초본에 추가되었다.

122 『광해군일기』, 11년 2월 20일(갑술).

123 『숙종실록』, 2년 7월 8일(무자). "윤휴의 집은 대대로 본래 소북이었는데, 처음에는 송시열과 도의道義로 서로 허여하였고, 크게 민정중閔鼎重 등으로부터 추대되어 찬양받았으며, 효종의 측석에서 융성한 예우를 받기에 이르렀는데도 결국 나오지 아니하니, 헛된 명예가 날로 높았다."

124 『백호집白湖集』 부록 「연보」. 정구鄭逑는 윤휴에게 두괴斗魁라는 자를 지어 주었다고 한다. 정구는 광해군 초반 대사헌을 맡았으나 임해군 처벌에 소극적이었다는 이유로 배척당했다. 계축옥사 때도 광해군과 이이첨의 옥사 처리를 비판했다. 『광해군일기』, 즉위년 3월 26일(계축)·27일(갑인)·29일(을묘); 『한강집寒岡集』 권2 「계축차자癸丑箚子」. 윤휴가 정구와의 인연을 강조한 것도 광해군대 윤효전의 처신에 대한 보증의 일환이었을 것이다.

을 수 없었을 것이다. 그러나 이이첨과 함께 계축옥사를 주도했다는 혐의는 명분으로 보나 입지로 보아 좋을 게 없었다. 이이첨과 친했다는 기록, 게다가 계축옥사 때 대사헌을 지낸 까닭에 『광해군일기』에 실려 있는 윤효전에 대한 사론史論은 윤휴 집안으로서는 결코 남겨두고 싶은 기억이 아닐 것이다.

윤의제가 적상산에서 실록을 포쇄하고 난 뒤 얼마 안 되어 곧바로 경신환국이 일어나, 그에게서 시작된 『광해군일기』 수정 시도는 결과를 보지 못했다. 이 일은 두 가지 측면에서 의미를 갖는다. 첫째, 갑인예송으로 힘을 얻은 남인 사이에서 '북인계 남인'의 명예 회복을 위한 노력이라는 점, 둘째, 여전히 남은 과거의 혐의에서 벗어나기 위한 안간힘이다. 그런데 몇 년 뒤 이 일은 전혀 다른 방향으로 비화했다.

3. 실록 누설의 조사와 처분

1) 수정에서 누설로 옮겨 간 논점

윤의제는 사관직을 떠난 뒤에도 홍문관과 양사에 있으면서 경연과 조정의 언론을 주도했다. 그러나 허적의 서자 허견許堅의 옥사에 이어, 윤휴가 명성왕후에 대한 조관照管 발언을 한 일이 추후 문제가 되어 귀양 가자 윤의제는 졸지에 '죄인의 아들'이 되어 간관諫官의 직임에서 체차되었다.[125] 윤휴가 체찰부를 설치하려 한 일도 병권을 장악하려는 시도로 해석되었고, 그에 더

---

125 『숙종실록』, 6년 4월 4일(계해). 4월 8일에 윤의제가 충청도 관찰사로 임명된 기록이 보이는데, 이는 착오인 듯하다.

해 이태서가 허견과 연계된 정황이 드러남으로써 결국 윤휴는 사사되는 죄 안罪案에 올랐다.[126] 그의 아들 윤의제도 형제들과 함께 의금부에 잡혀와 추국을 받은 뒤 함경도 단천에 유배되었다.[127]

이로부터 10년 뒤, 윤의제의 포쇄에서 비롯된 실록 수정에 대한 논란이 엉뚱한 데서 다시 한 번 불거졌다. 기사환국으로 인현왕후가 폐위되고, 송시열·김수항金壽恒·박태보朴泰輔 등 서인 노·소론 신료들이 대거 사사되거나 귀양 간 뒤인 숙종 15년(1689) 10월, 안동 유생 노이익盧以益이 다음과 같이 상소했다.

> 인조대왕께서 위로는 천의天意에 순응하고 아래로는 인심을 살피시어 우리 효묘孝廟를 돌보시고 세자의 자리에 올려서 사랑하셨음은 참으로 청천백일처럼 조금도 가림이 없었으니, 어찌 그 사이에 사사로운 뜻이 있었겠습니까? 그런데도 당시 붓을 쥔 자가 '뇌물로 저위儲位를 도모하였다'는 말로써 우리 효묘를 속이고, 백대百代에 전해질 역사에까지 실었으니, 이것이 무슨 말입니까?
>
> 정사년(숙종 3년, 1677) 사이에 고 찬성 윤휴의 아들 윤의제가 검열로 실록을 포쇄하다가 이런 말이 있음을 보고 돌아와서 그 아비에게 비밀히 말하였는데, 윤의제가 역사에 관계된 일을 극히 비밀로 한다는 것을 어찌 알지 못하겠습니까? 다만 바야흐로 방례邦禮를 바로잡자, 또 이 거짓됨을 보고는 충분忠憤에 격동되어 끝까지 숨길 수 없었으므로 차차 누설되어 알지 못하는 사람이 없게 되었습니다.

126 『숙종실록』, 6년 5월 15일(계묘).
127 『승정원일기』, 숙종 6년 5월 21일(기유)·22일(경술).

그런데 저 남은 간특한 무리가 그 말이 하루아침에 주상께 알려져서 토죄討罪의 법이 단지 오례誤禮에 그칠 뿐만이 아니라고 두려워하여 드디어 백 가지 꾀를 빚어내어 몰래 법으로 중상하여, 윤휴를 죽이고 윤의제를 귀양 보내어 그 말을 없애고 그 자취를 덮었으니, 차마 이루 말할 수 있겠습니까? 무오년(숙종 4년, 1678) 영남 유생이 송시열에게 죄주기를 청할 때 신이 이 말을 상소 가운데 넣으려고 하였으나, 많은 선비가 전해 들은 말이라는 이유로 빼버렸습니다.[128]

환국이 일어난 상황에서 윤휴와 윤의제를 신원하는 상소였다. 여기서 확인할 점은 쟁점이 바뀌었다는 것이다. 노이익은 '실록'을 보고 숨길 수 없었다는 윤의제의 말을 인용했지만, 그가 지목한 실록의 왜곡은 『광해군일기』를 두고 한 말이 아니었다. 당초 윤휴를 비롯한 '북인계 남인'의 일부가 주장한 것은 『광해군일기』의 수정이었지만, 노이익은 『인조실록』 또는 『효종실록』의 어느 부분이 왜곡되었다는 말이었다.

노이익이 말한 '뇌물로 저위를 도모하였다(以賂圖儲位)'는 말은 현재 『인조실록』이나 『효종실록』에는 보이지 않는다. 노이익의 주장은, 윤의제가 실록을 포쇄하던 중에 효종의 즉위에 대해 부당하게 쓴 사실을 보고 그 아비인 윤휴에게 말함으로써 실록 편찬자들이 효종을 속였다는 사실이 알려졌다는 것이다. 그 일을 덮으려고 윤휴와 윤의제를 죽였다는 것이 요지이다. 당연히 그가 말하는 '주범'은 '송시열' 등을 가리키며, 갑인예송에서 판명된 '잘못된 예법(誤禮)'에 더하여 '역사 왜곡' 및 '역심逆心'의 죄를 송시열 등에게 물어야 한다는 것이었다. 숙종은 차마 말할 수 없는 말을 실록에 써서 성조聖祖를 무

---

128 『숙종실록』, 15년 10월 10일(계유).

욕誣辱했다며 곧장 춘추관으로 하여금 품처하게 했다.

그러나 노이익의 상소는 바로 비판에 직면했다. 좌의정 목내선睦來善과 우의정 김덕원金德遠은 실록을 편찬할 때 그런 말을 기록할 리 없다면서 단지 시골 유생이 전해 들은 말로 국사國史를 고열考閱하는 것은 안 된다고 반대했다. 또한 다음과 같이 말하면서 영의정 권대운權大運도 자신들과 같은 생각을 갖고 있다고 덧붙였다.

> 역사의 기록은 매우 비밀히 하여 비록 부자父子처럼 친한 사이라 하더라도 서로 전하는 일을 허락하지 않는 것이 국법입니다. 윤의제가 그 아비에게 전한 말이 노이익의 상소대로라면 마땅히 이를 물어보아야 할 것이나, 윤의제와 윤휴는 모두 이미 죽었습니다. 윤의제의 동생 윤하제尹夏濟가 지금 사적仕籍에 있고 그 얘기를 분명 참여해 들었을 터이니, 윤하제를 불러 힐문하는 것이 마땅하겠습니다.[129]

실록의 왜곡을 지적한 노이익의 논점이 실록의 누설 쪽으로 옮아가는 형국이 되었다. 승정원에서 장원 별검掌院別檢 윤하제尹夏濟를 불러다가 노이익이 올린 상소 내용을 확인했더니, 그는 다음과 같이 답했다.

> 신의 형 윤의제가 사관이 되어 실록을 포쇄하고 돌아와서 아버지에게 사사로이 말하는 즈음에 사책史冊 가운데 임금을 속였다는 말이 있다고 대개 말하였으나, 그것이 엄중한 비밀이므로 일찍이 상세히 언급하지 못하였습니다. 부자 형제 사이라 하더라도 감히 묻지 않았고, 또한 감히 말하지 않

---

129 『숙종실록』, 15년 10월 11일(갑술).

았으니, 진실로 문자文字 내용이 어떤 것인지를 알지 못하였습니다. 제가 보기에는 신의 형 생각에 분개하여 한 번 진달하려고 하였으나 망설이고 머뭇거리며 시일을 끌다가 갑자기 참화를 입어 유배 중에 죽었으니, 신이 만약 밝게 들은 바가 있다면 성상의 물으심 아래에서 어찌 감히 진달하지 아니하겠습니까?[130]

숙종은 윤하제의 말이 놀랍다면서 사관으로 하여금 실록을 상고하여 보고하라고 명했다. 하지만 윤하제의 말은 모호한 데가 있었다. 정확히 어떤 실록인지, 무슨 내용인지 확인할 방법이 없었던 것이다. 그러자 검열 심중량沈仲良은 부자처럼 지극히 친한 사이라도 국사의 일은 전하여 말하지 못하는 것이 국법에 정해져 있다며, 실록 누설의 문제를 정면으로 제기했다.

2) 실록의 상고와 누설자 처분

영의정 권대운도 '노이익의 말을 확인하기 위해 실록을 상고하라'는 명을 거두어달라고 청했고, 숙종은 마지못해 허락했다. 그렇지만 삼사三司와 1품 이상에게 물어서 실록 상고 여부를 판단하자는 목내선의 중재안에 따라, 석 달 뒤 대신大臣·육경六卿 및 2품 이상, 삼사의 신하들을 명초命招하여 빈청에서 의논하게 했다.[131] 조정의 의견은 반반으로 나뉘었다.

병조 판서 민암閔黯, 형조 판서 윤이제尹以濟, 호조 판서 오시복吳始復 등은 분명하지 않은 일로 실록을 상고하는 데 반대했고, 공조 판서 오정위吳挺

130 『숙종실록』, 15년 10월 12일(을해).
131 『숙종실록』, 15년 10월 12일(을해); 16년 1월 9일(신축).

緯, 이조 판서 유명천柳命天, 우참찬 민종도閔宗道 등은 '성조聖祖'에 관계된 일이라면 그냥 덮어둘 수 없다면서 상고에 찬성했다. 마침내 숙종은 춘추관에서 날을 잡아 상고하라고 전교했다. 몇 달 뒤 권대운 등이 춘추관에서 『인조실록』과 『효종실록』을 상고했으나 '임금을 속인 기록'은 발견되지 않았다. 결국 근거 없는 말을 꺼낸 윤의제와 노이익은 처벌을 받아야 했다. 이미 사망한 윤의제는 관작을 추탈했고 노이익은 정배했다.[132]

여기서 끝나지 않았다. 전적典籍 박권朴權은 노이익의 죄가 귀양에 그쳐서는 안 된다며 죽여야 한다고 상소했다. 윤의제는 역사에 대한 사안이 지엄함을 알 것이고, 설사 전한 말이 진실이라도 누설한 죄를 면키 어려운데 없는 말을 지어냈으니, 그 죄를 물어야 한다고 주장했다.[133] 증언했던 윤하제도 이 규정에서 예외가 아니었다. 숙종은 박권이 분란을 일으켰다면서 이산으로 귀양 보냈지만, 사간원은 노이익을 잡아와 국문하라고 청하고 나섰다.[134]

박권의 말대로 실록의 기록을 누설하는 것은 이미 국법으로 금지되어 있었다. 사초 누설 금지 규정이 세종조에 만들어졌고,[135] 연산군대의 무오사화를 겪은 뒤부터는 실록을 편찬하는 과정에서 기록을 누설해도 마찬가지 처벌을 받았다.[136] 또한 편찬을 완료하여 간행된 실록을 궤짝에 넣어 담는 봉과

---

132 『숙종실록』, 16년 4월 14일(을해).

133 『숙종실록』, 16년 4월 17일(무인).

134 『숙종실록』, 16년 4월 22일(계미). 이식李植의 손자 이여李畬가 박권의 묘표를 쓴 것으로 미루어 박권은 서인계 인물로 보인다. 『수곡집睡谷集』 권12 「이조판서박공묘표吏曹判書朴公墓表」. 이여는 박권의 묘표에서 '효묘실록孝廟實錄'에 '부도不道'한 말이 적혔기 때문에 사달이 났다고 했다.

135 『세종실록』, 31년 3월 2일(임오).

136 『중종실록』, 2년 6월 28일(경자).

封裏 과정에서도 들춰 보지 못하게 했고, 포쇄 때도 사관 외에는 참석하지 못하게 했다.[137] 목내선은 거듭 실록의 비밀을 누설한 죄가 크다는 점을 강조하고, 법조문을 엄격히 세워 중률로 다스릴 것을 청하여 숙종의 허락을 얻었다.

한편, 실록을 조사하는 과정에서 '봉림대군이 돌아왔다'는 글 아래의 두 줄을 잇달아 칼로 베어낸 곳이 발견되어 논의가 가라앉지 않았다. '궐내의 비사秘史'라고 한 말로 미루어, 해당 실록은 앞서 노이익의 발언을 상고하기 위해 꺼내 본 춘추관 사고본일 것이다. 유명현柳命賢은 초본을 세 번 교정한 뒤에 정본正本이 인쇄에 들어간다면서, 두어 글자는 몰라도 두 줄을 고칠 리는 없다고 의문을 표시했다. 이후 삭제된 실록에 대한 조사가 이어졌다.

지춘추관사 민암閔黯, 봉교 민진형閔震炯 등이 강화 정족산에서 가서 실록을 조사해보니, 노이익이 말한 '무필誣筆'은 없고 칼로 40자를 베어낸 부분은 다른 곳에 둔 것과 같았다. '다른 곳에 둔 것'이란 춘추관 사고본을 말한다. 40자는 『인조실록』 제46권 을유년(인조 23년, 1645) 제33장張 제5항行이었다.

'봉림대군이 돌아왔다. 이때 세자가 아직 정하여지지 않았는데, 대군이 평소 좋은 명성이 있었으므로 임금이 자못 생각을 두었다고 한다. 그러므로 숙배할 때에 금중 사람들이 서로 다투어 바라보았다. 사간원에서 계하기를 근래(鳳林大君還. 時國本未定, 而大君素有令聞, 上頗屬意云. 故肅拜之際, 禁中人皆爭覩之, 諫院啓曰近來)'라고 한 40자이다.[138]

현존 태백산본은 이 삭제 부분이 남아 있어 확인이 가능하다. 춘추관과

---

137 『한원고사翰苑故事』(규장각 古5122 3A).

138 『숙종실록』, 16년 8월 6일(갑자).

정족산사고본 『인조실록』에서 이 부분을 깎아낸 것은 특별한 이유가 있어서가 아니라, 명백한 오류였기 때문으로 보인다. 인조 3년(1625) 소현세자가 14세 때 이미 세자로 책봉되어 있는 상황이었다. 즉, 인조 23년(1645) 당시 '국본(세자)이 정해지지 않은' 것은 사실이 아니었다. 따라서 『인조실록』의 왜곡 논란은 더 이상 확대되지 않았다.

그럼에도 불구하고 실록의 누설과 왜곡 논란이 일어나던 와중이기 때문에 그냥 넘어갈 수 없었다. 숙종은 "앞으로 실록 가운데서 자획字畫·편방偏旁 및 한두 자 외에는 일체 고치지 말라는 뜻으로 영구히 정식定式하여 후일의 폐단을 막으라."고 명했다.[139]

실록 누설로 관작이 추탈되었던 윤의제는 이듬해인 숙종 17년(1691) 복관되었지만, 갑술환국(숙종 20년, 1694) 이후 불씨는 또 살아났다. 사헌부에서는 실록에 대한 허위 사실을 전파하고 실록을 누설한 노이익의 죄를 다시 추문했다.[140] 조사 결과 노이익은, 윤의제가 포쇄했던 때부터 '성조를 무함한 말'이 원근에 퍼졌으므로 용인 유생 조수선趙守善이 이에 대해 상소했으며, 윤하제와 윤융제尹隆濟를 만났을 때도 그에 관한 일을 분명히 들었기 때문에 자신이 상소한 것이라고 진술했다. 한편 윤하제는 '서인에게 피해를 줄 일'이라며 노이익이 상소하겠다는 말을 했다고 진술했으며, 윤융제의 말도 같았다. 윤하제의 아들 윤상흥尹相興도 잡혀와 심문을 받았다. 의금부의 보고는 다음과 같았다.

대질심문한 것 이외에 단지 노이익이 올린 상소와 윤하제가 승정원에서

---

139 『숙종실록』, 16년 4월 23일(갑신).

140 『숙종실록』, 20년 12월 24일(정사).

답변한 것에 대해서만 논한다면, 비사秘史(실록)에 없는 말을 만들어내어 은밀히 일망타진할 계책을 도발하여 마침내 성조聖祖를 속이려고 했다는 것으로 돌리려 했음은 노이익의 죄상이고, '제 형이 항시 분개하여 한 번 진달하려는 성심誠心이 있었다'고 했다가 이제 와서 반대로 '말의 근거가 형에게서 나왔다는 것은 원래 알지 못하는 것이다'라고 하여, 앞뒤 말이 틀린 것은 윤하제의 죄상입니다.[141]

영의정 남구만南九萬은 실록을 상고하게 함으로써 일망타진하려는 계책을 꾸민 자로 앞서는 유자광柳子光이 있었고 뒤에는 노이익이 있다며, 유자광을 육시했으니 노이익도 육시를 면할 수 없다고 말했다. 또한 윤의제는 논하지 말되 노이익은 범죄의 수괴이고, 윤하제는 그 다음의 율律로 처리해야 한다고 주장했다.[142] 우의정 윤지완尹趾完도 같은 의견이었다. 노이익은 결안結案에 따라 처형되었고, 윤하제는 변방에 유배를 갔다.[143]

당초 『광해군일기』 수정 논의의 제기와 결말은, '북인계 남인'으로라도 잔존하려고 했던 북인계의 정치 세력화 노력이 조선 정치계에서 거의 좌절되었음을 의미한다.

『광해군일기』 수정이 무위로 돌아간 뒤에도 윤의제는 실록의 왜곡 또

<hr />

141 『숙종실록』, 20년 12월 24일(정사).

142 『약천집藥泉集』 권8 「대죄待罪하는 한편, 겸하여 죄인들에 대한 형률을 의논하고 의금부의 당상관을 변통할 것을 아뢴 차자 – 12월 23일」. 같은 의견이 좌의정 박세채朴世采에게 보낸 편지에도 보인다. 『약천집』 권31 「박 좌상朴左相에게 답함 – 12월」.

143 『숙종실록』, 21년 1월 17일(기묘); 『성재유고醒齋遺稿』 책6 「판의금부사 때의 계사判義禁時啓辭」.

는 누설이라는 사안으로 다시 역사에 호출되었다. 10여 년이 지나 기사환국으로 남인이 조정의 주류를 이룬 상황에서 안동 유생 노이익의 상소에 의해 '실록 왜곡', 즉 실록에 '효종의 즉위와 관련된 왜곡'이 있다는 주장이 제기되었던 것이다. 실록에 대한 상고 여부를 놓고 조정의 공론이 반반으로 나뉜 가운데 『인조실록』과 『효종실록』에 실제로 그런 내용이 있는지 조사하는 과정을 거쳤다. 노이익의 주장은 근거 없음이 밝혀졌다. 윤의제는 이미 죽은 뒤였으므로 별다른 조처가 취해지지 않았지만, 노이익은 결국 처형되었으며 윤의제의 동생 윤하제는 귀양을 갔다.

이 사건은 기사환국 이후와 갑술환국 이후 처리의 방향에 약간 차이가 있다. 기사환국 이후 남인의 주도 아래서는 공론이 갈리는 가운데, '효종을 속였다'는 부분에 대해 숙종이 실록의 조사를 명했다. 그러나 갑술환국 이후 서인 소론이 주도하는 시기에 이 사건의 재조사가 이루어졌을 때는, '효종을 속였다'는 낭설을 지어내어 사화를 꾀한 죄가 추가되어 노이익과 윤하제에 대한 처벌이 강화되었다. 이는 해당 사안으로 인해 타격을 입을 정치 세력에 대한 영향이 달랐기 때문에 당연한 일이었다.

하지만 공통된 점이 있었다. 기사환국 이후 노이익이 처음 상소했을 때 조정의 주된 여론은 이런 일로 실록을 조사하면 안 된다는 것이었다. 이는 사안이 생길 때마다 실록을 열어 보고 수정하는 일이 발생할 폐단을 막으려는 조선 전기 이래의 관례를 확인하는 것이었다. 노이익의 상소가 근거 없음이 밝혀진 뒤에는 실록의 기록을 직접 수정하는 것을 금지하는 숙종의 전교로 이런 기조가 다시 확인되었다. 서인이 주류가 된 갑술환국 이후에도 마찬가지였다. 윤의제의 말을 근거로 상소를 올렸던 노이익은 사관의 말을 옮긴 데다, 없는 말을 만들어서 사류를 죄로 얽으려 했기 때문에 중죄를 면치 못했다.

과거의 기록에 대한 불만은 누구나 가질 수 있다. 지우거나 고친다고 지나간 과거가 바뀌지는 않지만, 적어도 후세에 다르게 기억될 수 있기 때문일 것이다. 또한 기억은 관련 주체에 대한 정체성을 형성시키기 때문일 것이다. 이 보편적인 주제를 숙종대 『광해군일기』의 수정 시도와 『인조실록』·『효종실록』의 누설 논란 과정에서 살펴보았다. 정치적·학문적 배경이 서로 다른 집단이기에 겪는 기억에 대한 이질적 대응이나 판단과 함께, 역사에 대한 사회의 관례와 원칙을 유지하는 공통의 합의가 공존하는 시대상을 드러낸 사건이었다.

제2부
주묵사의 출발: 『선조수정실록』

『선조실록』의 수정은 이미 편찬된 실록을 다시 수정하여 편찬했던 조선 시대 초유의 사건이었다. 그런 만큼 이 사건은 뒤에 이어진 실록의 개수 및 수정 논의와 방향에서 기준이 되는 역할을 했다. 이렇듯 『선조실록』의 수정 이 지니고 있는 의미가 적지 않은데, 아직 학계에서는 두 실록(『선조실록』과 『선조수정실록』)의 사실과 논점에 크게 주목하지 않는 편이다. 이 주제에 대한 논의가 시급한 이유이다.

광해군대 대북大北 정권의 전제專制는 임진왜란과 정유재란이 쓸고 간 조 선에서의 전후戰後 회복을 위한 노력을 무산시켰다. 민생의 안정, 국가재정의 확보, 정치 세력의 통합, 국제 정세에 대한 능동적 대응 등 산적한 현안이 국 정에서 소외되었다. 이런 가운데 『선조실록』이 편찬되었기 때문에, 편찬 당 시부터 이미 세간에서는 공정성에 의구심이 퍼져나갔다.

『선조실록』의 한계는 정치 세력의 '의도성' 때문만은 아니었다. 무엇보다 임진왜란 때 손실된 사초가 실록의 무결성無缺性을 해친 첫 번째 이유였다. 네 군데 사고史庫 중 임진왜란을 거치면서 전주사고본 실록만 온전할 수 있 었던 데서 알 수 있듯이 역사 기록 역시 전란의 피해에서 예외가 아니었다. 살기 바쁜 시기에 사관들은 사초를 태우거나 버리고 달아나기도 했다.

　인조반정 이후 대제학 이식李植이 주관한 『선조실록』 수정은 사실의 보완
과 사론의 수정이라는 두 방향에서 이루어졌다. 선조 초반 경연의 논의와 쟁
점, 전란 중 조정 외의 민간 실상 및 의병 활동, 이순신의 수군 활약 등과 같
은 사실이 보완되었다. 과도한 비난으로 점철되었던 인물평도 바로잡았다.
특히 수정한 뒤 주묵사朱墨史의 전례에 따라 원본과 수정본을 함께 남김으로
써 '수정의 정당성'을 후대 사람들이 판단할 수 있도록 했다. 이는 이후 세
번에 걸친 실록의 개수와 수정의 대원칙이 되었다.

1장 『선조실록』 편찬의 곡절

1. 초유의 실록 수정을 보는 눈

조선 후기에 들어 조선 사회는 여러 면에서 변화를 겪게 되는데,『선조실록』의 수정도 그런 변화 가운데 하나이다. 조선 초 세종대 후반에 태조·정종·태종의 실록이 수정되었던 일을 제외하고『선조수정실록』이전에는 이미 완성된 실록을 수정한 사례가 없다. 『태조실록』·『정종실록』·『태종실록』의 경우, 태조의 묘지명과 행장을 중심으로 수정이 이루어졌고 또한 조선 건국 당시 부족한 정보에 기초하여 편찬된 상황에서 개정 논의가 있었다는 점을 감안하면,『선조실록』의 수정은 조선시대 실록 편찬사에 처음 있는 일이라고 해도 지나친 말이 아니다.

그렇다면『선조실록』은 왜 수정했던 것일까? 광해군대에『선조실록』이 편찬된 뒤 인조반정이 일어났으니 그 반정 세력이『선조실록』을 수정했던 것일까? 그런데『선조수정실록』을 편찬하고도 왜『선조실록』은 그대로 남겨두었을까? 이제부터 이런 의문을 하나하나씩 풀어나가자.

『선조수정실록』의 편찬은 식민지 시대부터 주목을 받아 수정 사업에 대한 주요 사실이 밝혀졌지만 '선조 이래 격렬한 당쟁의 결과'라는 해석에 그쳤으며,[1] 이후 지금까지도 『선조실록』과 『선조수정실록』에 대한 연구는 해제 이상의 논고가 제출되지 않았다.[2] 또한 『선조수정실록』의 편찬이 계해반정癸亥反正을 합리화하기 위한 사업이라는 설명 역시 문제의식에서 보면 식민지 시대의 그것에서 크게 벗어나 있지 않다.

두 실록을 형식과 내용의 측면에서 비교하여 '수정·보완'이라는 작업의 성격과 몇몇 내용적 특징을 서술한 최근의 연구조차 중요한 사실의 오류는 차치한다 해도 다시 당쟁론적 해석으로 환원하고 마는 답보를 면치 못했다.[3] 이 시기에 대해 상당한 수준의 실증과 이해가 축적되었음을 고려하면 무척 의아한 일이다. 실록이나 역사가 정치성을 띠는 것은 당연하거니와, 그렇다고 단지 그것만으로는 설명되지 않는 일이 실록 편찬이다. 이에 다음과 같은 문제의식과 서술을 통해 『선조실록』 수정의 실제와 의미를 검토하고자 한다.

1 瀨野馬熊, 「李朝宣祖修正實錄と顯宗改修實錄に就いて」, 1932.(『瀨野馬熊遺稿』, 1936에 재수록) 세노 우마쿠마瀨野馬熊는 총독부 주도로 1923년에 만들어진 관변학회인 조선사학회(1925년에 조선사편찬위원회는 이들을 주축으로 조선사편수회로 개편)에서 『조선사강좌朝鮮史講座』 편찬에 참여했다. 趙東杰, 『現代韓國史學史』, 나남출판, 1998, 269~270쪽.

2 申奭鎬, 「宣祖實錄凡例」, 국사편찬위원회, 1957; 강대걸, 「국역 선조실록 해제」. 1993. 최근에는 『선조실록』 의궤에 대한 해제가 추가되었다. 韓明基, 「解題」, 『宣祖大王修正廳儀軌』, 규장각, 2000; 오항녕, 「順治十四年丁酉九月日宣祖大王實錄修正廳儀軌」, 『藏書閣所藏儀軌解題』, 한국정신문화연구원, 2002.

3 배동수, 「宣祖實錄 修正編纂의 政治史的 意味」, 『정정』 13, 2000. 여러 가능성에도 불구하고 배동수가 세노 우마쿠마의 결론으로 자신의 결론을 대체한 것은 매우 아쉬움이 남는다(78쪽 및 각주 57). 『선조대왕수정청의궤』나 『택당집澤堂集』 같은 자료를 활용하지 못한 한계도 있겠지만, 근본적으로는 역사적 사실에 대한 해석의 여러 차원을 단순화한 결과로 보인다.

『선조실록』에 대한 수정은 인조 원년(1623)에 처음 논의가 제기되었지만, 나라 안팎의 상황이 여의치 않아 몇 번을 중단했다가 효종 8년(1657)에 이르러서야 완료했다. 수정 작업이 이루어지는 동안 편찬 주체가 바뀌기도 했으며, 수정 방향을 두고 논쟁이 벌어지기도 했다. 편찬 주체나 범례는 해당 실록의 「부록」과 현존하는 『선조실록수정청의궤』 및 기타 연대기 자료를 통해 확인할 수 있다. 『선조실록』의 수정 과정에서 벌어진 논쟁은 실록 편찬과 관련된 연원이 깊은 논제가 다시 고개를 내민 문제이기에 주목을 끈다. 이때의 논쟁은 그 자체로 실록사의 맥락에서, 그리고 편찬 논의 당사자들이 수정 사업을 바라보는 시각을 확인하기 위해 검토할 가치가 있다.

다음으로, 낮은 수준이기는 하지만 사료비판의 관점에서 두 실록에 접근하고자 한다. 많은 학자가 『선조실록』(『선종소경대왕실록宣宗昭敬大王實錄』)과 『선조수정실록』(『선조소경대왕수정실록宣祖昭敬大王修正實錄』)[4]을 사료로 활용하면서도 실제로 그 둘이 서로 다른 사료라는 점을 고려하지 않거나, 크게 주의를 기울이지 않고 활용해온 것이 사실이다. 이 점을 의식하고 있는 학자들 역시 개인적 경험에 한해 주의를 기울이는 정도에서 그칠 뿐 이 문제를 드러내어 체계적으로 논의할 만한 가치가 있는, 즉 역사 연구를 위한 기초 작업으로까지 여기지는 않은 듯하다. 16년 동안이나 선조 25년(1592) 4월에서 선조 26년 10월까지의 실록을 중심으로 국내외 관련 사료를 섭렵하며 비판적으로 검토한 '조선왕조실록강독회'조차 『선조실록』과 『선조수정실록』의 기사 구성 차이에는 주목하지 않았다.[5] 그렇지만 '사료의 성격이 무엇인가' 하는 점은 늘

---

4 광해군 8년(1616)에 '선종宣宗'의 묘호를 '선조宣祖'로 하였다. 『광해군일기』, 8년 8월 4일(임인).

5 대표적인 예로는 기타시마 만지北島万次의 글에서 확인할 수 있다. 北島万次, 「壬辰倭

자신의 연구를 사료로 증명해야 하는 역사학자에게는 기초에 속하는 일이다.[6] 따라서 역사학자의 피할 수 없는 조사 작업이 사료비판이다.

필자가 시도하는 사료비판이 비록 때늦은 감은 있지만, 우선 단순하나마 『선조실록』과 『선조수정실록』의 기사를 연월일별로 비교하는 방법을 통해 자료의 특성을 파악했다. 기사와 사론의 수정에 대한 서술은 이런 비교 방법을 통해 도출된 결과이다. 이 비교 작업은 수정 편찬자들이 제시했던 범례를 준거로 삼아 접근했다. 인조대 수정 작업을 총괄·주도한 인물인 이식李植의 『택당집澤堂集』 간여본刊餘本(문집을 편찬하고 남은 필사본)에서 『선조실록』의 수정에 이용된 참고자료와 범례에 관한 몇 가지 정보를 얻었다.[7] 『택당집』 간여본의 원제목은 『택당선생유고간여澤堂先生遺稿刊餘』(규장각, 古 3428-67Aa-v.1-9)이며, 이하 『간여본』이라 칭한다.

이어서 『선조수정실록』의 범례를 범주화하고, 동서분당·기축옥사·임진왜란 등 당대의 주요 사건 기사군記事群을 범례의 범주와 연관 지어 그 주요 기사들이 어떻게 보완되었는지를 조사했다. 또 인물과 사건에 대한 사론은 어떻게 수정되었는지 비교·검토했다.

『선조실록』의 수정은 조선시대 실록 편찬사에 처음 있는 수정 작업이라는 점에서 그 의미를 여러 각도로 생각해볼 수 있다. 조선 후기에는 『선조실록』 외에도 몇 차례 개수 또는 수정 작업이 더 이루어졌으므로 이에 대한 연

亂研究와 『朝鮮王朝實錄』」, 『민족문화』 17, 한국고전번역원, 1994.

6 실록 기사의 구성과 성격에 대한 문제의식을 담아 제출된 연구 성과는, 韓㳓劤, 「朝鮮前期 史官과 實錄編纂에 관한 연구」, 『震檀學報』 66, 1988; 金慶洙, 『朝鮮時代의 史官 研究』, 국학자료원, 1998 등을 들 수 있다.

7 오항녕, 「역사가 이식」, 『문헌과 해석』 20, 2002. 간여본을 포함한 『택당집』의 판본과 목록에 대해서는, 김문식, 「이식의 문집, 『택당집』」, 『문헌과 해석』 20, 2002 참고.

구를 종합해야 가능한 일반론이 있을 것이고, 또 그래야만 『선조실록』의 수정'이라는 하나의 사안이 갖는 그 나름의 의미도 있을 것이다. 어느 경우든 앞으로 제시하는 몇몇 단서를 통해 『선조실록』의 수정은 물론, 나아가 조선 후기 실록 수정에 대해서도 이해가 깊어지는 계기가 되었으면 한다.

2. 불태우고 버린 사초, 찾은 기록

광해군대에 편찬된 『선조실록』은 인조가 즉위한 계해반정(1623) 후 곧바로 수정 의견이 제기되었다. 인조 원년 8월, 경연 석상에서 특진관 이수광李睟光·이정구李廷龜·임숙영任叔英 등은 『선조실록』이 '적신賊臣'의 손에 의해 편찬되었으며, 애초 이항복李恒福이 총재관이 되어 제학 신흠申欽 등과 찬수하다가 계축옥사(광해군 5년, 1613) 때 쫓겨난 뒤로 이이첨李爾瞻 등이 초고를 산삭하고 자신들에게 불리한 사료를 없앴다고 주장했다.[8] 『선조대왕실록수정청의궤』(이하 『수정청의궤』로 약칭)에 '지난번 경연에서도 제기되었다'고 한 인조의 말로 미루어 이미 발의가 있었던 것으로 보인다. 대북大北 정권의 전제專制가 강화되던 광해군 후반에 편찬된 『선조실록』에 대해서는 이러저러한 경로로 그 공정성에 의문을 제기하는 여론이 진즉 형성되어 있었고, 결국 반정을 계기로 표출되었던 셈이다. 이를 좀 더 자세히 들여다보자.

---

8 『인조실록』, 원년 8월 18일(병자); 『선조대왕실록수정청의궤』(규장각 14155, 장서각 2-3722) 계해 8월 18일. 이러한 논의의 배경이 되는 선조·광해군대의 정치 상황에 대해서는, 오항녕, 『광해군, 그 위험한 거울』, 너머북스, 2012; 구덕회, 「宣祖代 後半 (1594~1608) 政治體制의 재편과 政局의 動向」, 『韓國史論』 20, 1988 참고.

선왕조의 실록은 졸곡 뒤에 곧바로 사국史局을 설치하여 편찬해내야 되는데, 평시의 사책史冊이 모조리 없어져서 남은 것이 없으므로 망연해 근거할 만한 것이 없으니 지극히 민망스럽고 걱정됩니다. 그러나 막중한 일을 도저히 그만둘 수 없으니 담당 관청에게 당상 낭청을 차출하도록 하여, 혹은 사대부가 듣고 본 것을 수집하고 혹은 개인이 수장한 일기를 모으기도 해서 여러 방면으로 헤아리고 조절해 편리하게 거행하는 것이 합당하겠습니다.[9]

광해군 즉위년(1608) 9월, 춘추관에서 올린 보고이다. 관례대로, 졸곡卒哭이 끝나고 국왕이 평상의 정무를 보기 시작할 무렵 실록 편찬을 거행해야 한다는 의견이 올라왔다. 그런데 춘추관은 사책史冊이 모조리 없어져서 걱정이니 여기저기서 사료를 수집해야 한다고 말한다. 무슨 일일까? 바로 임진왜란 때문이었다.

선조 25년(1592) 4월, 왜란이 일어나자 선조는 피란을 떠났다. 선조와 조정 대신들이 빠져나간 뒤 궁궐을 태운 이들이 백성이 아니라 왜군이었음이 논증된 바 있지만,[10] 장예원掌隷院과 형조刑曹가 왜군의 한양 침략 이전에 아직 불타지 않았던 것도 사실이다. 어가가 떠난 뒤 이즈음 궁성에 난 불로 홍문관에 간직해둔 서적, 춘추관의 각조실록各朝實錄, 다른 창고에 보관된 전조前朝의 사초(『고려사高麗史』를 수찬할 때의 초고), 『승정원일기』가 모두 남김없이 타버렸다. 또한 내외 창고와 각 관서에 보관된 것도 모조리 도둑질 당하고

---

9 『광해군일기』(중초본. 이하 같음), 즉위년 9월 17일(신축).

10 홍순민, 『홍순민의 한양 읽기: 궁궐(상)』, 눌와, 2017, '제3장. 궁궐의 역사' 중 '임진왜란, 궁궐을 삼키다'.

불탔다.[11] 그런데 불에 탔을 뿐 아니라 태우기도 했다. 그것도 심지어 사관들에 의해서다.

한양을 버리고 파천하는 와중에 역사 기록들이 손상되었다. 사관이나 승정원 주서도 도망쳤기 때문이다. 사관 조존세趙存世와 김선여金善餘, 주서 임취정任就正과 박정현朴鼎賢 등이다. 이들은 좌우左右 사관으로서 처음부터 선종을 호종하며 침문寢門을 떠나지 않았으므로 선조가 자식처럼 대우했다. 하지만 선조가 요동으로 건너갈 것을 의논하여 결정하자 사관들은 몰래 도망치기로 의견을 모으고는 먼저 사초책史草冊을 구덩이에 넣고 불을 지른 뒤 어둠을 타고 도망했다.[12]

선조가 길에서 자주 돌아보며 사관은 어디 있느냐고 물었는데 모두 보지 못했다고 대답하니, 선조는 "김선여가 탄 말이 허약하더니, 그 때문에 걸어서 오느라 뒤처졌는가?"라고 물었다고 한다. 그에 대한 믿음을 버리지 않았던 것이다. 새벽이 되어서야 그들이 도망했음을 알고는 선조도 말씨와 낯빛이 참담해졌다. 같이 가던 신하들은 모두 격분하면서 "뒷날 상이 환국還國하시면 이 무리가 어떻게 살아나겠는가."라며 비판했다. 나중에 확인된 바에 따르면, 네 사람은 각각 영남과 호남으로 가서 가족을 찾았는데 고을 관아에서 먹을 것을 구할 때면 "상이 물러가라고 허락하였기 때문에 왔다."고 핑계댔다고 한다.

결국 이들은 선조 25년 6월 29일 사간원의 요청에 따라 사판仕版(관원 명단)에서 삭제당했다. 그러나 어찌 된 일인지 선조 32년(1599)에 조존세와 김

---

11 『선조수정실록』, 25년 4월 14일(계묘).

12 『선조수정실록』, 25년 6월 1일(기축).

선여는 다시 각각 대교와 검열로 복직하여 사관의 직무를 맡는다.[13] 그 사이에 어떤 사정이 있었던 것 같지만 정확히 알 수는 없다.

왜란이 평정된 뒤 임진년(선조 25년, 1592)의 사초를 행재소行在所에서 옮겨 왔으나 정리하지 못한 채 세월만 흘러서 좀먹고 못 쓰게 된 것이 많아 장차 없어질 상황이었다. 춘추관에서 조존세 등으로 하여금 정리를 시키자고 청했는데, 선조는 이렇게 말했다.

> 조존세·김선여 등은 사초를 버리고 도망간 자들이니, 다시 이런 무리에게 역사의 수찬을 맡겨 국사를 욕되게 할 수는 없다. 예로부터 어찌 도망한 사람이 역사를 수찬하는 일이 있었던가?[14]

위와 같은 선조의 판단은 이의를 제기할 수 없는 것이었다. 또, 같은 해에 중국 사신으로 보낼 서장관書狀官의 첫 번째 후보(首望)에 오른 박정현朴鼎賢 역시 사초를 불태우고 도망친 일 때문에 선조로부터 퇴짜를 맞았다.[15] 임진 왜란 당시 봉교였던 기자헌奇自獻이 '순안에서 버려진 장계초狀啓草 같은 것 서너 장을 태운 것'이라고 변론하며 4명이 사초를 태웠다는 일은 애매하다고 상소를 올렸지만, '사관이 사초를 불태우고 도망갔다'는 사실을 덮을 수는 없었다.[16]

왜란 때 사초를 불태운 4명의 사관은 우연히 모두 당대 문장가로 유명한

---

13 『선조실록』, 32년 6월 24일(신축).

14 『선조실록』, 34년 7월 2일(정유).

15 『선조실록』, 34년 4월 1일(무진).

16 『선조실록』, 34년 5월 13일(경술).

영의정 이산해李山海의 제자이자 명망 있는 집안의 출신이었다. 김선여는 김
첨경金添慶의 아들로 문망文望이 높았으며, 임취정은 임국로任國老의 아들이
고, 박정현은 박계현朴啓賢의 사촌 아우이며, 조존세는 조사수趙士秀의 손자
로, 모두 집안 대대로 벼슬한 가문이었다. 김선여는 그나마 벼슬하는 것을 수
치스럽게 여기고 살다가 일찍 죽었지만, 조존세와 임취정 등은 광해군 때 귀
척貴戚(임금의 인척)이라는 이유로 등용되어 대관大官에 올랐다.[17]

조존세는 광해군이 영창대군을 강화에 유배할 때 그 호송을 맡은 의금부
당상관이기도 했다.[18] 계축옥사(광해군 5년, 1613)의 핵심 인물로 지목된 영창
대군을 압송했다는 것은 곧 광해군의 신임을 받았음을 의미한다. 그는 성균
관 대사성까지 지냈다. 임취정 또한 광해군의 신임을 얻어 승지·대사헌을 지
냈다. 당초 이이첨의 세력에 기댔는데, 그의 형 임수정任守正의 첩 소생인 딸
이 후궁으로 들어가 내명부의 소용昭容 첩지를 받은 뒤로는 광해군의 총애가
날로 높아져 이이첨과 대등한 세력이 되기도 했다.[19] 박정현은 광해군 8년
(1616)에 강원도 관찰사까지 지냈다.[20]

광해군 때 『선조실록』을 편찬하는 일은 사초의 부재로 애초부터 난관이
예상된 사업이었다. 임해군 옥사, 중국 사신의 방문 등으로 시일을 끌다가 1
년이 지난 뒤 춘추관에서 다시 계啓를 올렸다. 지난해 9월에 올렸던 보고와
거의 같은 내용이다.

17 『선조수정실록』, 25년 6월 1일(기축).
18 『광해군일기』, 5년 8월 2일(정해).
19 『광해군일기』, 5년 9월 25일(경진).
20 『광해군일기』, 8년 4월 2일(신축).

선왕조의 실록은 졸곡 후에 국을 설치해 찬출해야 하는데, 평시의 사책 중에 하나도 남아 있는 게 없어 전혀 근거할 바가 없으니 매우 걱정스럽습니다. 막중한 일을 그만두어서는 안 되니 담당 관청으로 하여금 당상과 낭청을 차출하게 하고, 혹 사대부가 보고 들은 바를 모으기도 하고, 혹은 사사로이 간직하고 있는 일기를 거두어들이기도 하는 등 여러 방면으로 헤아려 형편에 따라 거행해야 마땅합니다.[21]

부족한 사초를 보강하는 일은 먼저 개인 일기를 활용하기로 했다. 고故 지사知事 유희춘柳希春, 고 참판 이정형李廷馨이 기록한 개인 일기가 다행히 춘추관에 보관되어 있었다. 유희춘은 『미암일기眉巖日記』로 잘 알려진 학자 관료인데, 선조 때 삼경三經(시경·서경·주역)을 언해한 경력도 있기에 춘추관에서 그의 일기를 간직하고 있었던 듯하다.

그러나 그마저도 간략하기 짝이 없었다. 실록청에서 행장行狀(선조의 행장으로 추정)을 지을 때 그 일기를 확인했는데, 이정형의 일기는 조보朝報에 나온 내용 가운데 일부만 기록되어 있으며 15~16년 전에 기록한 것이 단지 1권뿐이고, 유희춘의 일기는 1년에 한두 달의 사건만 기록하고 다른 달의 사건은 전혀 기록하지 않았으므로 너무나 소략하여 1만 분의 1도 고증할 수 없었다.[22] 그래서 우선 임진년 이후의 사초를 가지고 한편으로는 먼저 그 사초를 수정하고, 다른 한편으로는 여러모로 자료를 수집하기로 했다. 이에 따라 고 감사 배삼익裵三益의 집에 보관된 왜란 이전의 연도별 조보, 고 판서 이기李墍와 고 첨지 이수준李壽俊의 집에 보관된 왜란 이전의 조보, 고 참의 유조

---

21 『광해군일기』, 1년 7월 13일(임진).

22 『광해군일기』, 1년 10월 5일(계축).

인柳祖訒의 집에 보관된 행조일기行朝日記(임진년 의주로 파천했을 때 조정의 일기)를 가족에게 연락해서 올려 보내라고 했다. 요즘으로 치면 전직 관료들이 보관하고 있는 관보든 일기든 다 수집했던 셈이다.

이 밖에도 여염의 사대부 집에 가장일록家藏日錄이 있는지의 여부를 알아보아서 가져오게 했다. 사관이나 겸춘추를 지낸 적이 있는 사람은 집에 남겨둔 사초가 있을 수도 있기 때문이다. 가지고 있으면서도 즉시 내주지 않는 자에게는 사실이 드러나는 대로 치죄하게 하며, 고증할 만한 긴요한 문서에 대해서는 온 지방에 알려 사서인士庶人을 막론하고 스스로 바치는 자에게 특별히 상을 주도록 했다.

3. 옥사에 밀린 실록 편찬

어렵게 시작한 실록 편찬도 원활히 진행되지 못했다. 이 무렵의 실록 편찬 상황은 옆에서 보기에도 민망했던 모양이다. 광해군 2년(1610) 3월 사헌부 지평 이명李溟은 다음과 같은 계를 올렸다.

> 선조先朝의 실록을 편찬하는 것은 그 일이 막중하므로 1, 2개월 안에 완성할 수도 없으며 한두 사람이 첨삭할 수 있는 일도 아닙니다. 반드시 모두 모여 앉아 밤낮으로 게을리하지 않고, 잘 헤아려서 첨삭을 가한 뒤에야 거의 지연되거나 누락되는 걱정이 없을 것입니다. 지금 실록청에 당상관 10명과 낭청 12명을 두었으니 적은 관원이 아니고, 지난해 11월부터 일을 시작하여 금일에 이르렀으니 짧은 세월이 아닌데, 실록청을 설치한 후로 3방房을 통틀어 일제히 모인 적이 없었고, 한 달에 준례로 모이는 것도 몇 번

없었습니다.[23]

실록청이 체계적으로 작동하지도 않고 근무도 불성실하다는 말이다. 이러다보니 출근하는 날에도 1방房의 상하 관원 각 한 명이 서로 마주보고 앉아 의논하지도 않고 그대로 두거나, 삭제한 뒤 임의로 붓을 갖다 대는 통에 편찬이 언제 끝날 지 기약이 없을 뿐만 아니라 편찬 원칙에도 어긋난다는 지적이었다. 그래서 일단 출결단자出缺單子를 써서 근무 상황부터 점검하기로 했다.

편찬 전반을 관리하는 총책임자가 총재관인데 통상 정승이 맡고, 춘추관에서는 영춘추관사領春秋館事나 감춘추관사監春秋館事의 직책을 갖는다. 그러나 실제로 편찬을 지휘하는 일은 대개 예조 판서나 대제학이 맡는다. 이들은 춘추관 직제로는 지춘추관사知春秋館事이다. 조선시대에는 대제학이 예조 판서를 겸임하는 경우가 많았고, 지춘추관사는 그때그때마다 학문, 특히 역사에 대한 식견을 인정받은 인물이 선임되었다.

『선조실록』을 편찬할 때 대제학은 예조 판서 이정구李廷龜였는데, 실록청 도청都廳에서 이루어지는 총괄 및 조정 과정에서 업무에 과부하가 걸렸던 모양이다.

신이 문형文衡(대제학)의 직분을 갖고 도청 당상에 차임되었습니다만, 대개 문장을 윤색하여 한 시대의 완전한 사서史書를 만드는 일은 졸렬한 신이 감당할 수 있는 것이 아니었습니다. …… 그러나 근래 조정에 중대한 예禮가 계속되는 바람에 신의 본직에 일이 많아져서 여가를 낼 겨를이 없고,

23 『광해군일기』, 2년 3월 3일(기묘).

또 각 방의 찬수가 끝나야 일을 시작할 수 있기 때문에 신이 그 사이에서 감히 손을 댈 수 없습니다. …… 더구나 세 방에서 찬수한 것이 많은 양의 권질卷帙인지라 한 사람이 겸직으로 담당하기에는 힘과 정신이 따라가지 못하고 질병과 사고를 면키 어려울 것입니다.[24]

이정구의 요청에 따라 그와 함께 감수를 맡을 인물을 뽑았는데, 그때 부총재관으로 정해진 이가 제학提學 신흠申欽이다. 이정구와 신흠, 두 학자는 조선시대 문장으로 이름을 날린 4대가로 꼽힌다. 4대가란 이 두 학자에, 계곡溪谷 장유張維와 택당澤堂 이식李植을 더해 부르는 호칭이다.

광해군 원년(1609) 10월 일실된 사료를 모아 처음 실록 편찬을 시작할 때의 총재관은 백사白沙 이항복李恒福이었다. 이정구는 광해군 3년(1611) 11월에 대제학이 되었으며, 그의 건의로 신흠이 합류했으니 실록 편찬의 진용은 이항복–이정구–신흠이라는 당대 최고의 학자이자 관료로 짜인 것이다. 함께 일해본 경험을 갖고 있어서인지 이정구는 훗날 이항복을 "그가 관직에 오른 지 40년, (조정에는) 누구 한 사람 당색에 물들지 않은 사람이 없을 정도였지만 오직 그만은 초연히 중립을 지켜 공평하게 처세하였기 때문에 아무도 그에게서 당색이란 찾아볼 수 없을 것이며, 또한 그의 문장은 이러한 기품에서 이루어졌으니 뛰어날 수밖에 없지 않겠는가!"라고 평가했다.

그러나 이항복은 광해군 5년(1613) 김제남金悌男의 옥사에 연루되어 인재 천거를 잘못했다는 이유로 좌의정에서 한직인 중추부로 옮겨졌다. 광해군 9년(1617)에는 인목대비를 서궁西宮에 유폐하는 데 반대했다가 이듬해 관작이 삭탈되고 함경도 북청으로 유배되어 그곳에서 세상을 떴다. 이정구와 신흠

---

24 『광해군일기』, 2년 7월 20일(계해).

역시, 영창대군을 옹립하려 했다는 박응서朴應犀 등의 역모 사건과 그에 이어진 김제남의 옥사에 연루되어 파직되었다. 그 후 이정구는 광해군 13년(1621) 외교문서를 담당할 전문가가 조정에 없었기에 그 일을 맡을 사람으로 다시 등용되었고, 신흠은 파직된 뒤 광해군 9년 1월에 춘천으로 유배당했다가 광해군 13년에 사면되고 1623년 계해반정으로 인조가 즉위하자 중용되었다. 이항복-이정구-신흠으로 이루어졌던 실록 편찬 진용을 대체한 이는 이이첨이었다. 그는 김제남 옥사가 벌어지던 와중인 광해군 5년 8월에 예조 판서 겸 대제학을 맡아 실록 편찬을 주도했다.

다시 광해군 2년(1610)으로 돌아가보자. 실록청에서는 편찬 자료를 일실하고 불타 없어진 임진왜란 이전보다야 그래도 근거 자료가 남아 있는 임진왜란 이후를 먼저 편찬하는 것이 낫겠다고 판단하여 일을 진행했는데, 광해군도 그 진척 상황에 관심을 기울였다. 그러나 왜란 이후의 사실을 편찬하는 일도 순탄하게 진행되지는 못했다. 이정구는 "3개 방으로 나누어서 하고 있는데, 신과 신흠이 교정하며 찬수하는 것은 중초中草입니다. 그런데 신 역시 일이 많은 탓에 날마다 임무를 수행하지 못하고 있으므로 찬수한 것이 겨우 임진(1592)과 계사년(1593) 당시의 일에 머무르고 있습니다."라고 상황을 보고했다.[25]

해가 바뀌어도 상황은 크게 달라지지 않았다. 이듬해인 광해군 3년(1611) 3월에 사헌부가 나섰다. 사헌부에서는 실록청을 설치한 지 벌써 2년이 지났는데 공역功役은 막막하고 그냥 둔다면 10년이 지나더라도 결코 일의 완성을 기약할 수 없을 것이라고 걱정했다. 실록청도 운영 개선안을 제출했다. 날짜별로 책임량을 정하고 편찬 실적에 따른 점수를 매겨 고과에 반영한다는 것

---

25 『광해군일기』, 2년 11월 6일(정미).

이 골자였다.[26]

하지만 원래 실록청 관원은 겸임이기 때문에 실록청에 임명되었더라도 본청의 직무가 우선일 수밖에 없었다. 본청의 인사에 따라 관직 변동이 생기면 실록청을 제쳐두고 본청을 따르게 마련이었다. 실록청의 인사를 본인이 어떻게 받아들였는지는 간단히 말할 수 없는 문제이다. 다만 실록청에 임명되는 것은 묘표墓表나 묘지명墓誌銘에 꼭 기록하는 영광이면서, 다른 한편으로는 매우 힘들고 피곤한 일이라는 인식 때문에 겸춘추 직무를 회피하고 싶어 하는 이중적 태도를 조정 관리들이 가지고 있었던 듯하다.

당시 실록 편찬이 지지부진했던 이유는 크게 두 가지였다. 첫째, 임진왜란으로 인한 자료의 유실, 둘째, 편찬에 참여한 관료들의 불성실이다. 사실 두 번째 요인은 어느 시대나 다 있는 일이라는 점에서 광해군대에 특별히 실록 편찬이 늦어진 이유가 될 수 없다. 그러나 광해군대 계속되던 옥사와 연관이 있다면 특수한 이유로 꼽힐 만하다.

광해군도 실록 편찬의 관례와 의미를 모르지 않았기에 지속적인 관심을 표시했다. 광해군 3년(1611) 9월, 광해군은 "실록청이 내가 동궁東宮에 있을 때의 일기를 가져다가 아울러 찬차撰次에 넣는다고 하는데, 임진년 이후의 기사는 소루하고 잘못된 데가 많을 것이니 대신과 총재관이 십분 상세히 살펴 믿을 만한 것만 뽑아서 쓰도록 하고 와전됨이 없도록 하라."며 실록이 제대로 편찬될 수 있도록 마음을 썼다.[27]

왕조시대 선왕에 대한 기록을 남기는 실록 편찬은 기록 관리라는 1차 실용성 외에, 후대 선례가 될 수도 있는 행위를 스스로 수행함으로써 정통성을

---

26 『광해군일기』, 3년 3월 24일(갑자).

27 『광해군일기』, 3년 9월 28일(갑자).

갖는 상징성, 즉 2차 실용성의 의미도 컸다. 실록 편찬이 지지부진한 상황은 국왕으로서도 그리 탐탁하게 여겨지지는 않았을 터였다. 마냥 늘어지는 편찬 때문에, 광해군은 "실록을 편집하는 데 허송세월만 하는 것이 실로 심하여 그 일이 언제 끝날 지 기한이 없으니 대신은 특별히 더욱 엄하게 독책해서 속히 완료하도록 하라."고 다그쳤다. 답답하기는 실록청도 마찬가지였다.

> 실록청에서 아뢰기를 "실록청을 설치한 지 7년이 지났는데 아직 한 장도 인출하지 못하고 있으니 사체事體의 미안함이 이보다 더 심할 수 없습니다. 앞서의 규례에는 각방의 당상 9명(員), 낭청 18명 외에 또 대제학과 다른 1명이 도청이 되고, 낭청 3명이 총재관과 협동하여 최종 검토하여 인쇄하였다고 하는데, 오늘은 실록을 고출考出(전거가 필요할 때 뽑아서 열람)할 때 오직 동지춘추 남이공南以恭과 박건朴楗만이 와서 참여하였습니다. 전 대제학 이정구가 계청하여 도청 3명을 더 내기로 윤허를 받았으나 감당할 사람이 없습니다. 대제학으로 하여금 예전에 올라왔던 계사를 상고하여 빠른 기일 내에 완료하도록 하는 것이 어떻겠습니까?" 하니, 상이 따랐다.[28]

일이 이렇게 더뎌진 데는 계속된 옥사의 영향이 컸다. 계축옥사를 기점으로 서인과 남인은 조정에서 찾아보기 어려웠다. 실록청에서 말한 '전 대제학 이정구'도 이미 조정을 떠난 사람이었다. 실록청의 보고를 받고 광해군이 '따랐다(從之)'고 했지만, 따르고 말고 할 것도 없는 상황이었다. 광해군이 할 수 있는 일이란 재촉하는 일뿐이었다. 광해군 7년(1615) 8월에도 "실록청과 찬집청의 일이 어느 해에 끝나겠는가? 살펴서 아뢰라. 그리고 별도로 감독하여

---

28 『광해군일기』, 7년 1월 19일(병인).

속히 끝내라고 양 청兩廳에 말하라." 하였다.[29]

광해군 8년(1616) 11월 드디어 『선조실록』이 완성되었다. 선조宣祖의 묘호는 원래 '선종宣宗'이었다. 그러나 광해군 8년 5월, 명나라 『대명회전大明會典』에 '태조 이성계가 이인임李仁任의 자손'이라는 기록을 바로잡은 종계변무宗系辨誣의 공을 세우고 임진왜란을 극복했다는 공적을 높이 평가하여 '선종'에서 '선조'로 묘호를 바꾸었다. 이에 따라 실록의 명칭도 '선조대왕실록'이어야 하지만, 그해 11월에 편찬된 실록에는 '선종대왕실록'으로 되어 있다. 이는 아마 이미 활자로 인쇄했기 때문에 어쩔 수 없이 수정하지 않고 놔둔 듯하다. 다시 찍으려면 비용도 만만찮았기 때문이다.

『선조실록』은 편찬뿐 아니라 봉안도 늦어졌다. 편찬이 끝난 광해군 8년부터 조정에서는 서궁에 유폐되어 있는 인목대비의 폐위론이 전개되었다. 인목대비의 친정아버지인 김제남에 대한 추형追刑, 즉 부관참시도 있었다.[30] 이렇게 혼란한 정세 속에 봉안·세초 기일 역시 자꾸 늦어질 수밖에 없었다. 그로부터 2년이 지난 뒤까지 실록은 봉안되지 못했다.

> 실록청이 아뢰기를 "…… 각 사고史庫에 미처 나누어 보관하지 못한 선조
> 先朝 실록들이 현재 본청에 봉안 중이고, 세초 문서 역시 그대로 보관하면
> 서 지금까지 처리하지 못하였습니다. 찬집청이 한쪽 구석에 설치되어 있
> 는 것만도 구차스러운 일인데 비사秘史가 소장된 곳에 군대를 거느리는 대
> 장을 함께 있도록 할 수는 없습니다. ……" 하였다.[31]

---

29 『광해군일기』, 7년 8월 13일(정해).

30 『광해군일기』, 8년 8월 18일(병진).

31 『광해군일기』, 10년 4월 2일(신묘).

광해군 10년(1618) 4월까지도 『선조실록』은 봉안되지 못했고 세초 또한 하지 못했다. 세초는 다음 달인 5월에 한 것으로 보인다. 이어 7월에 이르러서야 지방 4사고에 봉안되었다. 조선실록 중 가장 오랜 편찬 기간이 걸렸다.

그런데 『선조실록』은 편찬에 오랜 시간이 소요되었다는 점보다는 실록의 내용과 공정성 시비가 끊이지 않아 문제가 되었다. 그것은 『선조실록』을 수정해야 한다는 논의로 이어졌다. 도대체 무슨 문제 때문에 수정 논의가 불거졌을까?

2장 『선조실록』 수정 과정

1. 일기 편찬과 실록 수정

『선조실록』이 편찬된 뒤 광해군 때는 그 내용의 공정성에 대한 의문이 잠복해 있었을 뿐이고, 드러났다고 해도 바로잡을 의지도 경황도 없었다. 『선조실록』에 대한 수정 논의가 본격적으로 진행된 것은 계해반정으로 정권이 바뀐 뒤의 일이다. 조선시대 최초의 실록 수정이었다.

실록이 수정된 초유의 일이기 때문에 『선조실록』의 수정은 무엇보다 인상이 좋지 않다. 손을 댄 실록이라는 것이다. 더욱이 길게 보면 조선이 식민지로 귀결되었다는 역사적 현실과 함께, 일제강점기 이후 광해군에 대한 긍정적 평가와 인조반정에 대한 부정적 평가가 맞물리면서 『선조실록』의 수정은 '선조宣祖 이래 격렬한 당쟁의 결과'라는 그다지 생산적이지 못한 논의에 그쳤다.

앞서 서술했듯이 『선조실록』의 수정 논의는 인조 원년(1623)에 처음 제기되었다. 그러나 이괄의 난(인조 2년, 1624), 정묘호란(인조 5년, 1627)에 이은 병자호란(인조 14~15년, 1636~1637) 등 나라 안팎의 사정으로 계속 중단되다가 효종 8년(1657)에 이르러 마무리되었다. 인조 원년 8월 주강晝講을 하는 자리에서 특진관 이수광·이정구·임숙영 등이 『선조실록』은 '역적(賊臣)'의 손에 의해 편찬된 까닭에 부끄럽고 욕됨이 심해서 고쳐 찬술해야 하며, 또한 애초에는 총재관 이항복과 제학 신흠 등이 함께 찬수하다가 계축옥사(광해군 5년, 1613) 때 이들이 쫓겨난 뒤로 이이첨 등이 정권을 잡고는 초고를 산삭하고 자신들에게 불리한 사료를 없앴다고 주장했다.

이수광은 당색으로 치면 북인이었으나 광해군의 난정亂政 시기에 낙향해 있다가 반정 후 조정에 들어온 경우다. 임숙영도 귀양을 갔다가 반정 후 조정에 들어왔다. 이정구는 『선조실록』 편찬관으로 참여했다가 김제남 옥사에 연루되어 파직되었는데, 이후 외교문서 전문가로서 다시 등용되었다.

흥미로운 점은 『선조실록』 수정 발의자인 이정구와 이수광 모두 『선조실록』 편찬에 참여했다는 사실이다. 이정구는 지사知事, 이수광은 동지사同知事로 『선조실록』 권221 「부록」의 '편수관 명단'에 실려 있다. 편수관 명단은 편찬 도중에 파직되었거나 자리를 옮겼어도 전후의 모든 관원을 기록해놓았기 때문에 이들의 이름도 올라 있는 것이다. 『선조실록』 편찬에 참여했던 인물들이 그 수정을 주장했다는 사실은 범상하게 넘길 의제가 아니다. 여기에는 8년에 걸친 『선조실록』 편찬 과정에 깊은 정치사적 단절이 개입했음을 입증한다.

『선조실록』 편찬은 광해군 5년(1613) 이전에 이항복·이정구·신흠을 중심으로 편찬 자료 수집 및 중초中草 작업이 이루어졌고, 이후에는 기자헌을 중심으로 등록 및 인출 작업이 진행되었다. 인정반정 이후 경연관들의 문제 제기는 바로 등록 및 인출 과정에서 벌어진 역사 왜곡에 대한 비판이었다.

이정구 등이 수정 논의를 꺼내고 이틀 뒤에 좌의정 윤방尹昉은 선조 지문

誌文의 실례를 들어 『선조실록』을 수정해야 할 이유를 구체적으로 제시했다.

> 좌의정 윤방이 말하기를 "『선조실록』을 찬수할 때 이산해李山海가 총재관
> 이 되어 선조先朝를 무함한 부분이 많습니다. 심지어 임진왜란 이후로 상
> 이 게을러져서 국정을 오로지 세자에게 맡겼다고까지 하였습니다. 또 지
> 문誌文은 곧 산해가 지은 것인데 자손도 다 기록하지 않았으니 다시 짓지
> 않을 수 없습니다." 하니, 상이 이르기를 "지문은 나도 보았는데 난처하였
> 다." 하였다.[32]

이산해가 '지문'에 선조의 자손에 대해 적지 않은 것은 사실이다. 『선조실
록』「부록」에 그 '지문'이 실려 있으므로 쉽게 확인할 수 있다. 선조가 선위
의사를 표시했을 때, '200년 기업基業을 멸망케 하였으니 선위는 올바른 판
단'이라는 사신史臣의 평도 확인할 수 있는데,[33] 윤방의 말 가운데 나오는 '선
조가 게을러져서 양위하려 했다'는 기록은 확인되지 않는다. 한편 이산해는
광해군 원년(1609)에 죽었으므로 『선조실록』 편찬에 실제로 간여한 바가 없
지만, 초기에 편찬관으로 임명되었던 것 같다.

『선조실록』에 대해 '사실이 왜곡된 역사(誣史)'라는 공감대가 형성되면서
수정 논의는 해를 넘겨서도 계속되었다. 서성徐渻은 국가 경비 고갈로 사정
이 어렵더라도 시급히 실록수정청을 설치하자고 건의하여 인조의 허락을 받
았지만, 여전히 추진하지는 못했다.[34] 수정 작업에 곧바로 착수할 수 없었던

---

32 『인조실록』, 1년 8월 20일(무인).
33 『선조실록』, 26년 9월 7일(무오); 11월 10일(경신).
34 『수정청의궤』, 갑자년(인조 2년, 1624) 정월 14일.

것은 대체로 내외의 정세가 그리 녹록지 않았던 데서 먼저 그 이유를 찾을 수 있다.

서성의 건의가 있고 나서 며칠 지나지 않아 이괄의 반란이 일어났기 때문에[35] 더 이상 수정 논의나 편찬 사업을 계속할 수 없었던 것이다. 인조 초반에 일어난 이괄의 난은 반정 세력 내부의 갈등이 종식되지 않았음을 의미하며, 동시에 반정에 대한 지지 기반의 확대가 여전히 반정 세력의 중요한 과제였음을 의미한다.[36] 나아가 계해반정에 대해 '찬탈'이라는 의구심을 갖고 있던 명나라와 걸린 현안은 반정 세력에게는 모든 정치력을 동원해야 할 사안이었다.[37]

그렇다고 이미 조선시대 왕위 계승의 정통성을 구성하는 관례가 된 실록 편찬을 도외시할 수는 없었다. 이괄의 난이 수습되어가자 춘추관에서는 광해군대의 역사 편찬을 제안했고,[38] 이에 따라 『광해군일기』의 편찬에 착수한 것이 『선조실록』 수정이 늦어진 또 하나의 이유이다.

춘추관에서는 노산군·연산군의 전례에 따라 실록청에 총재관·도청 및 각 당상·낭청을 두어 『광해군일기』를 편찬하자고 건의하여 인조의 승낙을 얻었다. 그러나 이렇게 시작한 『광해군일기』 편찬 사업도 이괄의 난 와중에 서울이 이괄에게 점령되었을 때 편찬 자료를 거의 분실함으로써 원활히 진행하기 어려웠다. 게다가 어렵사리 132개월분의 중초본中草本을 만들고 나

---

35 『인조실록』, 2년 1월 24일(기묘).

36 오수창, 「仁祖代 政治勢力의 동향」, 『韓國史論』 13, 1986; 오항녕, 「17세기 전반 서인산림의 사상—김장생·김상헌을 중심으로」, 『역사와 현실』 8, 1992, 29~33쪽.

37 한명기, 『임진왜란과 한중관계』, 역사비평사, 1999, '제3부 제2장. 인조반정 승인을 둘러싼 명과의 갈등'.

38 『인조실록』, 2년 6월 29일(신해).

머지 54개월분은 난초亂草 상태에 있었는데, 정묘호란을 당했다.[39] 그 때문에 찬수청을 철수해야 했으며, 이후 손을 놓다시피 하다가 시작한 지 10년 가까운 세월이 걸려서도 활자로 인출하지 못하고 중초본과 정초본만 작성한 채 중단되었다. 『광해군일기』는 그 상태로 현재까지 전하고 있는 것이다.[40]

한편, 『선조실록』의 수정보다 『광해군일기』를 먼저 편찬하게 된 이유는 좀 더 설명이 필요하다. 앞서 살펴보았듯이 반정 초기 조정에 참여한 학자나 관료들이 『선조실록』의 수정을 요구하면서, 동시에 광해군 시대의 '일기'에 대해서도 '개찬改纂', 즉 수정을 제기했기 때문이다.[41] 그들은 광해군대의 시정기가 거칠고 왜곡되었으며,[42] 광해군 초년 이후의 사필史筆은 모두 이이첨의 문객이 작성한 것이라고 생각했다.[43] 그러므로 『광해군일기』의 편찬은 통상의 실록 편찬이 아닌 '시정기의 수정'이라는 인식에서 출발했다.

이와 같은 인식은 당시 분위기를 통해 짐작할 수 있다. 이이첨은 평소 광해군과 사적으로 편지를 주고받았고, 초본은 밀실의 벽 사이에 감추어놓았다. 이이첨이 몰락한 뒤 도성의 백성들이 그의 집을 헐어내다가 그 초본 서찰을 발견했다. 이를 사관 임숙영이 수집했는데 다른 관직으로 전임되는 바람에 검열 나만갑羅萬甲에게 찬수청에 전하도록 했다.[44] 이는 반정 이후 광해

---

39 『인조실록』, 11년 9월 2일(신묘).

40 林承豹, 「국역 광해군일기 해제」, 민족문화추진회, 1993.

41 『인조실록』, 원년 8월 18일(병자). 이수광이 말하기를 "선조조의 실록은 적신의 손에 의해 편찬되어 부끄럽고 욕됨이 심하니 당연히 고쳐 찬술하도록 해야 합니다. 폐조의 일기도 속히 편찬해야 합니다." 하였다.

42 『인조실록』, 2년 6월 29일(신해).

43 『인조실록』, 11년 7월 11일(신축).

44 『인조실록』, 11년 8월 10일(기사).

군대의 사초나 기록의 수집에 대한 당시의 관심을 보여준다.

거기에 더하여 실록이라는 당대사 편찬의 관례도 편찬(수정)의 선후를 결정하는 데 큰 영향을 미쳤을 것이다. 춘추관에서 '광해군일기'의 편찬을 건의했을 때 『노산군일기』과 『연산군일기』의 편찬 사례를 근거로 든 적이 있는데, 이는 폐주 재위 시대의 역사를 폐주의 생존 여부와 상관없이 그 재위 기간을 단위로 편찬하여 당대사 편찬의 관례를 유지하자는 취지가 바탕에 깔려 있었다.

선위 또는 반정으로 정권이 바뀌었을 때는 선왕의 졸곡이 끝나고 편찬을 시작하는 통상의 경우와 다르다. 폐위된 왕이 살아 있기 때문이다. 그래서 『노산군일기』(숙종 때 『단종실록』으로 격상)의 경우, 단종이 상왕으로 물러나며 수양대군에게 선위하는 형식으로 왕위 계승이 이어졌으나, 성삼문成三問 등의 '상왕복위운동'이 일어나면서 당시 상왕으로 있던 단종은 노산군으로 강봉되어 영월로 유배를 갔고, 그리하여 독립된 조정으로 인정받지 못한 채 세조 사후에 『세조실록』과 함께 편찬되었다. 또한 『연산군일기』의 경우에는, 1506년 9월 중종반정이 일어나고 두 달 뒤인 11월에 연산군이 죽었기 때문에 『연산군일기』를 편찬하는 데 아무런 논란이 일어나지 않았다. 그러나 편찬 시점에 대한 논란의 여지는 잠재해 있었다고 볼 수 있다.

『광해군일기』는 달랐다. 광해군은 반정 뒤 강화도 옆 교동도에 유배되었다가 다시 제주로 귀양을 갔다. 거기서 20년 가까이 유배되어 있다가 인조 19년(1641) 7월 1일에 죽었으므로 일기 편찬 기간 동안 살아 있었다. 그러므로 춘추관의 건의에서 중요한 점은 폐위된 왕이기 때문에 생존 여부를 막론하고 실록 편찬 관례를 따라야 한다는 것이다.

인조 초기의 당대사 수정 논의는 이렇게 매우 특수한 환경 속에서 제기되었다. 폐조 시대에 편찬된 실록(『선조실록』)의 수정과 폐조대 일기(『광해군일기』)의 편찬이라는 두 가지 국사 편찬의 문제가 동시에 제기된 것은 전무후무한 일이었다. 이때 『선조실록』을 먼저 수정하느냐 『광해군일기』를 먼저 편찬하느냐는 시간적 선후 관계에 따라 결정될 사안이 아니라 당대사 편찬 관례와 반정 세력의 현실적 긴박성에 따라 결정될 문제였고, 그에 따라 지금까지 살펴보았듯이 후자를 먼저 편찬하기로 가닥을 잡은 듯하다.

『광해군일기』를 먼저 편찬하기로 한 뒤에도 『선조실록』의 수정을 촉구하는 의논은 계속되었다.[45] 그러나 이어지는 병자호란과 국정 수습이 급하다보니 인조 19년(1641)에 이르러 이식李植의 상차上箚에 따라 논의를 다시 시작하기에 이르렀다. 이때의 논의는 『선조실록』 수정을 재개하자는 발의로 시작되었다.

2. 수정의 범위와 방법론

1) 이식의 상소

『선조실록』의 수정은 인조 19년 2월에 올린 대제학 이식의 상소로 다시 논의가 시작되었다. 수정의 이유는 '사실이 왜곡된 역사(誣史)'를 바로잡는 것이라는 점에서 기왕의 공론과 다를 바 없지만, 이미 선조 승하(1608) 후 30년 이상의 세월이 지난 데다 인조 원년(1623) 발의 이후로도 20년 가까운 세월이 흘렀기에 사료 인멸의 우려도 있고, 사실을 아는 당대인들이 하나둘 세상을 뜸으로써 더 이상 수정을 미룰 수 없다는 공감대가 형성되었던 것 같다. 그

---

45 『승정원일기』, 인조 6년 8월 26일(계유), 동양위東陽尉 신익성申翊聖의 차자箚子.

래서 논의는 수정 당위론의 반복이 아닌 『선조실록』의 수정 방법을 중심으로 이루어졌고, 그에 따라 본격적인 수정 작업이 가능해졌다. 먼저, 이식의 상소를 검토해보자.[46]

역사란 한 시대 제도와 문화(典章)이자 만세토록 귀감이 되는 것으로, 이는 하늘이 내려준 질서가 깃들고 민심과 사론이 걸려 있습니다. 그러므로 나라에 역사가 없으면 나라가 아니며, 역사가 공정하지 못하면 역사가 아닙니다.

먼저 역사를 정의하고, 역사가 공정해야 함을 천명했다.

예전에 중국 송나라 고종이 남쪽으로 피난할 때, 아직 임시 수도가 정해지지도 않았고 전쟁과 화친이 결정되지도 않아서 무척 어려운 상황이었는데도 원우태후가 앞장서서 국사를 고쳐 편찬하여 선인후宣仁后에 대한 무함을 판별할 것을 청하였습니다. 고종은 곧바로 사관 범충范沖에게 명하여 이전 역사를 그대로 수정하게 하였으니, 이를 주묵사朱墨史라고 부릅니다.[47] 이를 두고 당시 대학자인 장식張栻은 '혼란을 없애고 바른 길로 돌아

---

46 『인조실록』에는 이식의 상소가 올라온 날짜가 19년 2월 12일로, 『수정청의궤』에는 15일로 되어 있다. 아마 『수정청의궤』가 상소에 따른 후속 논의를 함께 게재하면서 생긴 차이로 보인다. 이때 올린 상소는 『선조수정실록』, 「부록」에 채유후蔡裕後의 후기後記와 함께 실려 있다. 『택당집』 별집 권4에는 「신사년 봄, 역사를 수정하여 무함을 판별할 것을 청하는 차자(辛巳春請修史辨誣箚)」로 수록되어 있다.

47 『송사宋史』 권435, 「범충전范沖傳」. 범충의 아버지인 범조우范祖禹가 『신종실록』과 『철종실록』을 중수重修하다가 왕안석의 사위 채변蔡卞의 무함으로 유배를 가서 죽었다. 범충은 아버지가 완성하지 못한 두 실록의 수정을 이어받아 수행했다.

가는 근본적 조치'라고 평하였으니, 이것이 나라에서 뒤로 미룰 일이 아니
라는 점은 분명합니다.

이 전거는 유명하기도 하고 강력한 역사적 논증이므로 찬찬히 살펴볼
필요가 있다. 송나라 고종(재위 : 1127~1162)은 금나라의 침략을 받고 굴욕적
인 화의를 한 뒤 남쪽으로 내려간 남송 시대의 황제이다. 선인후宣仁后는 송
나라 영종英宗(재위 : 1063~1067)의 비로, 성은 고씨高氏이다. 신종神宗(재위 :
1067~1085)에 이어 철종哲宗(재위 : 1085~1100)이 열 살의 어린 나이로 즉위하
자 조모 선인태후가 섭정을 했다. 정권을 장악한 선인태후는 왕안석王安石 파
를 물리치고 사마광司馬光 등을 등용했는데, 이때의 정치를 철종의 연호 '원
우元祐'(1086~1094)에서 따와 '원우지치元祐之治'라고 일컫는다. 세상 사람들은
그녀를 '여인 요순堯舜'이라 칭찬했다고 한다.[48] 원우元祐 8년(철종 8년, 1093)에
세상을 떴다.

선인후 고씨가 죽고 2년 뒤 장돈章惇·채변蔡卞·형서邢恕 등이 그녀를 헐
뜯었으나 황태후(철종비 원우태후)와 태비(신종비)가 변론하여 일이 그쳤다. 나
중에 고종은 장돈 등의 죄를 밝히고 선인후의 집안을 높이 평가했다.

송 고종 때 등용된 범충范沖은 『신종실록』을 수정하면서 기록의 차이
를 설명한 『고이考異』를 저술했는데, 그에 따르면 원문은 검은 글씨로, 뺄 것
은 노란 글씨로, 새로 삽입한 것은 붉은 글씨로 썼다고 한다. 세간에서는 이
를 '주묵사朱墨史'라고 불렀다. 주묵사는 기사의 거취去取를 분명히 표시함으
로써 나중에 역사서를 볼 사람들에게 객관적인 자료와 근거를 보여주는 방
법이자 태도였다. 이 주묵사가 바로 조선 후기 실록의 수정과 개수의 모범이

---

48 『송사』, 권242 「열전」 1, 후비 상后妃 上 영종선인성렬고황후英宗宣仁聖烈高皇后.

되었다.

장식張栻은 자가 경우敬夫 또는 흠부欽夫이고 호는 남헌南軒이다. 주자보다 세 살 아래로, 주자가 34세 되던 때 교류를 시작했다. 호남학湖南學을 배운 장식과 주자의 교류는 장식이 죽을 때까지 계속되었다. 장식은 호남학의 거장 호굉胡宏을 통해 그의 형인 호인胡寅의 『독사관견讀史管見』을 알게 된 듯한데, 이를 주자에게도 알려주어 『자치통감강목資治通鑑綱目』의 편찬에 영향을 미쳤다. 장식의 아버지인 장준張浚이 호인과 절친한 학우였으므로 장식은 호인에게서 『독사관견』에 대해 직접 들었는지도 모른다. 아무튼 주자의 호남역사학 수용은 장식을 통해 이루어진 것으로 보인다. 그런 장식이 주묵사 방식의 실록 수정을 정당한 것으로 평가했다고 이식이 강조한 것이다.

…… 그러나 불행하게도 폐조(광해군)가 끼어들고 사특한 무리들이 왕명을 맘대로 하면서, 기자헌에게 총재관을 맡기고 이이첨·박건 등에게 찬수를 전담하게 하여 이전 기록을 몰래 삭제하고 허무맹랑한 내용을 덧붙였으니, 옳고 그름, 실제와 명분이 한결같이 뒤바뀌고 말았습니다. 그리하여 이이첨의 편을 드는 대여섯 명에 대해서는 거짓을 좋게 꾸며 성현에 비교하는 한편, 이 외에 다른 명신名臣, 훌륭한 재상(碩輔), 도학을 공부하는 학자 및 평소에 눈을 흘기며 대립하는 인물들에 대해서는 분풀이하듯 말하고 추악하게 매도하여 모두 좋지 않은 인물인 궁기窮奇와 도올檮杌의 죄명을 덧칠하였습니다.

선조 말년 기사에 써놓은 유영경과 정인홍의 사건에 대해서는 함부로 밝은 해와 달을 더럽게 오염시키고 크고 바른 하늘과 땅을 가리려고 한 짓이니, 장돈章惇과 채변蔡卞이 선인후宣仁后를 무함한 일과 마찬가지의 간사한 행실로, 신하로서 차마 입 밖에 낼 수 없는 일들입니다. 사고史庫에 소

장되어 있는 기록은 외부 사람들이 두루 살펴볼 수 없지만, 전후에 걸쳐
실록을 상고할 때 사신史臣들이 눈으로 본 것과 서로 알려준 것에 따르면
숨길 수 없는 일이니, 이는 역사가에 다시없는 천고의 큰 변고입니다.

광해군대 편찬된 『선조실록』의 왜곡을 지적한 말이다. 여기에는 중요한
언명이 보인다. 바로 '몇몇 인물(이이첨에게 잘 보인 5~6명)에 대해서는 거짓으
로 좋게 기술하고, 자신들이 싫어하는 다른 명신이나 학자에 대해서는 매도
했다'는 것이다. 이 점은 꼭 기억해야 한다. 『선조실록』 수정의 주된 방향 중
하나를 가리키기 때문이다.

궁기窮奇는 요임금 시대 네 명의 흉인(四凶) 가운데 하나인 공공共工으로,
행동이 끝 간 데를 모르고 기이한 것을 선호하여 붙여진 이름이다.[49] 서북 지
역에 사는 괴수로서 착한 사람을 해치고 나쁜 사람을 좋아한다고도 한다.[50]
도올檮杌 또한 흉악한 짐승의 이름이며,[51] 우리에게는 춘추시대 초楚나라의
역사서 이름으로도 잘 알려져 있다. 잘못한 일을 기록하여 경계한다는 뜻으
로 이 짐승의 이름을 갖다 쓰기도 한다.[52]

'유영경柳永慶과 정인홍鄭仁弘 사건'이란, 선조 40년(1607) 유영경이 세자
를 해치려 한다며 정인홍이 상소를 올렸다가 그 일로 귀양 간 일을 말한다.
이와 같은 일들은 실록을 상고하기 위해 사고史庫를 다녀온 사관들의 눈과
귀를 통해 전해졌던 듯싶다.

49 『춘추좌씨전春秋左氏傳』, 문공文公 18년.

50 『산해경山海經』 「서산경西山經」.

51 『춘추좌씨전』, 문공 18년.

52 『맹자孟子』 「이루 하離婁下」, 집주集注.

돌아보면, 계해반정 초에 경연관 이수광·임숙영이 곧바로 수정할 것을 청하자 성상께서도 동의하셨습니다. 이듬해 봄에 상신相臣 윤방尹昉과 재신宰臣 서성徐渻 등이 계속 청하자 성상께서 모두 윤허하시면서 서둘러 거행하라고 하셨습니다.

성상께서 이 일을 중히 여긴 뜻은 더할 나위 없는데, 나라에 사건이 많고 담당 관리들이 비용을 아까워한 나머지 『광해군일기』도 일을 하다 말다 하다가 이제야 겨우 마쳤고, 관각館閣의 대소 신료들도 당장 급한 일에 얽매여 문화에 대한 일(文事)에 경황이 없는 나머지 우물쭈물하다가 잊은 채 오늘에 이르렀습니다.

그런데 매번 변란을 겪을 때마다 사고에 남아 있는 기록뿐 아니라 야록野錄이나 집에 전해지는 책들도 매몰되어 거의 없어지고, 당시 사실을 잘 아는 노성한 신하들도 이제 세상을 떠났거나 병들어 흩어져서 조정에 남아 있는 자는 한두 사람도 안 됩니다. 몇 년만 지나면 신과 같은 이들도 차츰 관 속에 들어갈 터이니, 결국 눈과 귀로 보고 들은 사실이 다른 시대의 것이 되어버리고 끝내 더럽혀진 역사가 세상에 유행하고 말 것입니다.

실록 수정이 발의되어 인조도 승낙했음에도 불구하고 그동안 거의 진척이 없었다는 말이다. '『광해군일기』를 마쳤다'는 말은 간행했다는 뜻이 아니라 중초본·정초본 상태로나마 가까스로 모양을 갖췄음을 가리킨다.

'나라는 멸망할 수 있어도 역사는 없어지게 할 수 없다'는 말은 고금의 지론인데,[53] 지금은 나라가 망하지 않으면서도 역사가 먼저 망한 격이고,

---

53 역사 기록이 왕조나 국가의 존망을 넘어서는 의미를 갖는다는 관념은 일찍부터 발달

나아가 그릇된 붓끝이 성대하고 아름다운 것을 더럽히기까지 하였습니다. 천년 뒤에도 영원히 씻길 희망이 없으니, 어찌 이 땅의 신하로서 죽을 때까지 끝없는 고통이 아니겠습니까? ……

지금 국력은 바닥나고 현실은 불안정한 상황에서 구본舊本을 수정하는 거사는 참으로 착수하기 어렵습니다만, 해볼 만한 방법이 있습니다. 지금 야언이나 집안의 기록들이 모두 흩어져 없어지지는 않았으니, 문학과 고사를 널리 아는 신하에게 위임하여 당상관과 당하관 서너 명에게 모두 실직實職으로 춘추관 관직을 겸하여 맡기되 특히 대신 한 명에게 그 일을 이끌게 하며, 한가한 곳에 사국史局을 열고 사고史庫를 설치하는 것입니다. 담당 관청으로 하여금 필요한 종이와 붓을 지급하도록 하고, 산원算員(호족에 속하여 회계 업무를 담당하던 하급 관리)을 정하여 매일 작업량을 계산하게 함으로써 비용을 낭비하지 않게 하십시오. 여러 관청의 남는 서리를 뽑아 교대로 정원을 채워서 심부름이나 숙직에 대비시키고, 따로 인건비를 더하지 않도록 해야 합니다. 이 일은 비밀스럽게 써서 보존해야 하는 사필史筆에 비할 바가 못 되므로, 글을 베끼는 작업은 서리들 중에서 글씨를 잘 쓰는 사람을 뽑아 나누어 맡기면 따로 비용이 들지 않을 것입니다.

'나라는 망할 수 있어도 역사는 멸할 수 없다'는 원칙을 거듭 강조하고,

했다. 정확히 그 시원은 알 수 없으나 아래의 글을 참고할 수 있다. 송렴宋濂(명明) 찬撰, 『문헌집文獻集』 권9(四庫全書 集部 別集類) 「送呂仲善使北平采史序」. "아! 전해오는 말에 '나라는 멸망할 수 있어도 역사는 멸실할 수 없다.'고 한다. 그렇다면 나라가 망한 뒤에 유독 역사가 없어져서는 안 된다고 말하는 것은 무슨 까닭인가? 이는 앞 시대 왕들의 치란의 기미, 흥쇠의 이유, 득실의 성과가 모두 후대 왕들의 본보기와 경계가 되기 때문이니, 역사를 멸실할 수 있겠는가?"

국가재정이 부족한 상황에서 실천 가능한 방안을 제시하고 있다. 이른바 소규모 태스크포스task force 방식의 집중 수정이었다.

편집 범례에 관해서는, 우선 사대부의 집에 소장되어 있는 기록을 찾아내고, 지방의 경우에 도사都事가 춘추관직을 겸하여 민간을 두루 방문하여 모아서 올려 보내도록 하며, 그런 뒤에 대신의 결재를 거쳐 시비와 명실에 어긋나지 않는 것을 뽑아 하나로 분류해야 합니다. 또한 명신이나 훌륭한 학자의 비문과 지문, 행장과 전기를 모아서 사마광의 「백관표百官表」나 주자의 『명신언행록名臣言行錄』을 대략 본받아 일관된 원칙에 따라 분류합니다. 그러면, 수집하는 동안 시간은 걸리겠지만 산정하는 작업은 몇 개월 지나지 않아도 확정할 수 있을 것입니다. 한편, 선조先朝의 명신과 대학자의 문집 중에서 전장典章(제도와 문화)과 관련된 것은 선왕 때부터 당시의 저술들을 사고에 같이 보관했던 전례에 따라 모두 함께 전해지도록 한다면 한 시대의 문화와 법(典刑)을 후대에 증거로 남길 수 있을 것입니다.

「백관표」는 사마광이 신종 때 지어 바친 「국조백관공경표國朝百官公卿表」를 말한다.[54] 「공경백관표公卿百官表」라고도 한다. 원래 '백관표'란 전한前漢시대의 직관표職官表에서 유래하며, 후대의 백관지百官志가 이와 같다고 보면 된다.[55] 사마광의 「백관표」는 「역년도歷年圖」와 함께 『계고록稽古錄』을 구성하고 있다.[56] 『명신언행론』이란 주자가 쓴 『송명신언행록宋名臣言行錄』을 가리키

---

54 사마광司馬光, 『계고록稽古錄』 권20(四庫全書 史部 編年類).

55 『동관한기東觀漢記』 권4(四庫全書 史部 別史類) 「연표年表·백관표百官表」.

56 사마광, 앞과 같은 책, 「進稽古錄表」; 宋衍申, 『司馬光傳』, 北京出版社, 1990, 404쪽. 나

는데, 송나라에서 널리 이름난 훌륭한 신하들의 언행을 모아 엮은 책이다.[57] 『명신언행록』은 현재 여러 종이 전해오는데, 주자가 편찬한 것은 전집·후집이다.[58]

한편, 이식이 수정 책임자로서 자료를 모으던 중 안방준安邦俊에게 보낸 편지에는 『선조실록』 수정에 임하는 자신의 생각을 다음과 같이 밝혀놓았다.

> 우리 집안은 몇 대에 걸쳐 쇠퇴의 길을 걸어왔는데, 동인과 서인으로 당파가 갈린 뒤로는 더욱 부형父兄 중에 현달한 이가 나오지 않았습니다. 제가 어렸을 적에 여강驪江 고을에 살았는데, 그 고을에는 당론이라는 것이 있지 않았고, 그저 익히 들은 것이라고는 거리에 전해지는 이야기뿐이었습니다. 또한 아버지와 장인이 벼슬하지 않았을 때 동쪽 동네에 살았으므로 김효원金孝元의 동료들과 알고 지냈던 반면, 저는 심씨沈氏(심의겸沈義謙)의 사위가 되었으니 이른바 서인 집안입니다. 하지만 그동안 시비에 대해서 논한 내용들을 들어보면 시골 마을의 민간에 전해진 이야기와 실로 큰 차이가 없었습니다.
>
> 그러다가 제가 과거에 급제하여 조정에 몸담게 되자, 사람들이 어느 당파에 소속되지 않으면 세상에서 행세하지 못한다고 일러주었습니다. 그때

중에 채유학蔡幼學은 이 「백관표」의 속편을 썼다고 한다. 『송사』 권436 「열전」 193, 유림4 蔡幼學.

57 『송명신언행록』(四庫全書 史部 傳記類) 「송명신언행록전집원서宋名臣言行錄前集原序」.

58 『사고전서총목四庫全書總目』 권57 「명신언행록名臣言行錄」. 「명신언행록」은 주자가 『자치통감강목』을 편찬하고 바로 다음에 편찬했다. 아마도 『깅목』을 편찬힐 때부터 연속 선상에서 작업했던 것 같다. 주자의 나이 43세인 건도乾道 8년(1172)이었다. 왕무횡王懋竑 찬撰, 『주자연보朱子年譜』 권1(四庫全書 史部 傳記類).

처음으로 조야朝野의 한두 기록과 이름 있는 공경公卿의 행적에 대한 시말을 구해서 살펴보았더니, 사정邪正이 서로 엇갈리고 흑백이 뒤바뀌어서 어느 것이 옳고 어느 것이 그른지 알 수 없었습니다.

40세 이후로 비로소 청반淸班에 들어가 직접 당인黨人들과 이야기하며 좌우로 맞추어보니 언론의 편파와 교유의 구별 등도 귀부鬼簿(죽은 사람들에 대한 기록)에서 본 것과 크게 달랐습니다. 이를 통해서 스스로 깨닫게 된 것은 곧 당론에 힘쓰거나 당인을 가까이하는 사람은 모두 훌륭한 덕을 갖춘 군자가 아니라는 사실이었습니다. 그들의 뒤를 따라다니다가 일에 말려들기도 하고 혹은 억울하게 지목당하는 일도 있기는 하였지만, 이때부터 사실 제 마음속으로는 당심을 가지지 않았습니다.

지금 선대의 실록을 보면 조정의 당론보다도 한층 더 험악해서 하늘과 땅처럼 현격하게 사실을 왜곡하고 있습니다. 이는 대체로 당목黨目에 들어있는 간신 중에서도 가장 못할 짓이 없었던 자가 자기의 더러운 냄새를 후세에 길이 남기게 될 것을 마음속으로 깨달은 나머지 감히 실록을 작성하는 과정에서 은밀히 영향력을 행사하였기 때문입니다.[59]

조정에 들어오고 나서야 당색을 가져야 한다고 충고하는 사람들의 말을 직접 피부로 느꼈다는 말이다. 이식은 광해군 2년(1610) 문과에 급제하여 관직에 나왔으니 그 무렵의 일을 말하는 듯하다. '40세 이후'라는 말은, 폐모론 이후 칩거해 있다가 광해군 15년(1623) 계해반정 이후 천거되어 인조 조정의 관직에 다시 나온 무렵을 가리킨다. 그즈음 그는 이조 좌랑으로 관직에 나왔으며, 이후 홍문관 수찬으로 자리를 옮긴 뒤 주로 홍문관에 계속 있었으므로

---

59 『택당집澤堂集』별집別集 권18 「안우산에게(與安牛山)」(한국문집총간 88).

'청반에 들어갔다'고 말한 것이다. '실록을 작성하는 과정에서 은밀히 영향력을 행사하였다'고 지칭한 인물은 이이첨과 정인홍 등으로 추정된다.

이식은 감수성이 예민하면서도 사려 깊은 사람에게서 흔히 보이는 균형 감각을 가지고 있었던 듯하다. 그는 문장 실력도 뛰어났다. 이런 점들이, 서인 주도의 반정이라지만 여러 당파의 생각이 엇갈리고 서인 내에서도 공신과 학자 출신의 생각이 달랐던 시기에 그에게 실록 수정이라는 중대사를 맡겨도 된다는 공론으로 모아졌을 것이다.

2) 수정의 방법론

이식의 상소와 『수정청의궤』에 수록된 논의를 종합해보면, 실록 수정에 대한 방법론을 둘러싸고 몇 가지 논란이 있었던 것으로 보인다. 그것은 편찬 주체와 사국史局의 구성에 관한 논쟁이었지만 『선조실록』 수정의 성격에 대한 인식의 차이까지 내포했다.

인조 19년(1641) 2월에 올린 이식의 상소를 계기로 조정의 의견을 모아보니, 이성구李聖求와 심열沈悅은 형편을 고려하여 수정을 미루자고 했으나 최명길崔鳴吉의 의견은 달랐다.

> 사마광이 명을 받고 『자치통감』을 편찬할 때도 관청에서 필기구와 종이를
> 공급하고 그의 집에서 찬술하도록 허락하였지, 따로 편찬 관청을 설치하고
> 관원을 배치했다는 말은 듣지 못하였습니다.[60] 그처럼 한 사람이 수천 년

---

60 정확히 말하면, 사마광이 황제의 명을 받고 『자치통감』 편찬을 시작한 것은 아니었다. 그의 나이 40세 무렵인 인종仁宗 가우嘉祐 연간(1056~1063)부터 「역년도」 등을 편찬

의 사적을 정밀하게 편집하여 영원히 다시 간행되지 못할 믿을 만한 역사
서를 이룰 수 있었는데, 하물며 40년간의 사실인 데다 듣고 본 것도 멀지
않고 기록이 여전히 남아 있는 일이야 더 말해 무엇하겠습니까?

　이식은 견문이 넓고 풍부하여 마침 당대 문형文衡(대제학)의 직임을 담당
하고 있으니, 지금 이 일을 이식에게 전담하게 하면 충분히 해낼 것이며
많은 사람이 있어야 할 이유가 없습니다. 아마 집에서 찬집하도록 하면 관
원이나 인건비를 덜 수 있을 것이고, 한 사람이 전담하면 일을 미룸으로써
늦어질 걱정도 없을 것이며, 담당 관청의 얼마 안 되는 종이와 필기구 비
용만 지불하고도 일을 마칠 수 있을 것입니다.[61]

　최명길의 의견은, 사마광이 『자치통감』을 편찬했던 때와 같이 이식에게
수정을 전담하게 하고 그의 집에 사국을 설치하자는 것이었다. 인조는 최명
길의 의견에 따라 『선조실록』의 수정 작업을 시작하도록 지시했다.

　그러나 최명길의 제안에 이식은 이의를 제기했다.[62] 첫째, 조선의 역사 편
찬은 사가私家에서 사사로이 논의하여 결정하는 법이 없고, 둘째 사마광의
『통감』은 '이전 시대의 역사(前代史)'일 뿐이므로 당대사인 실록의 수정과는
다르다고 강조했다. 이식의 반론은 두 가지로, 자신의 집에서 편찬할 때 과연

하기 시작했고, 간행이 끝나자 그것을 영종英宗에게 올렸다. 이후 사마광은 영종의 지
원을 받아 편찬 사업을 계속 해나갔고, 나중에는 신종의 지원까지 받았다. 그 결과물
이 바로 『자치통감』이다. 신승하, 『중국사학사』, 고려대학교 출판부, 2000, 173쪽. 그러
므로 원문의 '司馬光奉勅撰'은 조심해서 읽어야 할 구절이다.

61　『수정청의궤』, 신사년(인조 19년, 1641) 2월 15일, 이식의 차자에 대한 최명길의 의견.

62　『수정청의궤』, 신사년 3월 18일, 행 의흥위 호군行義興衛護軍 이식의 상소. 『인조실록』
에는 19년 4월 6일(신해)에 수록되어 있다.

체계적인 인력 동원이 원활하겠느냐는 것이 그 하나이고, 다른 하나는 실록은 그렇게 개인의 집에서 편찬해서는 안 된다는 것이었다.

이식의 반론에 따라 다시 이루어진 수의收議에서 최명길은 한유韓愈가 『순종실록』 5권을 편찬한 것이나 영호슈狐가 『현종실록』 100권과 『대종실록』 30권을 찬수했던 사례를 들어 기존의 견해를 고수했다.[63] 게다가 최명길이 내세운 논리는 실록의 수정 작업이 "여항閭巷의 보고 들은 것을 모은 뒤 그것으로 역사 기록에서 빠졌거나 소략한 부분을 보완하는 것으로서, 편찬을 완료한다는 것도 야사와 소설 중에 조금 내용을 갖춘 것에 불과할 뿐 …… 역사(실록—인용자) 편찬 관례와는 자연히 다른 것으로 이식이 기피할 일이 아니"라는 데로 이어졌다.[64] 하지만 그의 이런 판단은 사실의 측면과 명분의 측면에서 오류를 범하고 있었다.

우선 '국사'를 사가私家에서 편찬하는 것은 명분이 약했다. 또한 사실의 측면에서 볼 때 그가 범한 오류는 한유가 실록 편찬을 '전담'했다고 생각한 것이다. 즉, 관청에서 하든 사가에서 하든 한 사람이 책임지고 편찬하는 관례가 있었다는 말인데, 그렇게 따지면 여기에서 벗어난 사례는 찾을 수 없다. 어느 역사 편찬이든 책임관은 있게 마련이기 때문이다. 또, 전담 책임 편찬의 성격도 개인의 학식에 의존한 책임 편찬이라는 데서 차츰 관청(예컨대 실록청) 중심으로 이루어지는 공동 편찬의 지휘라는 의미로 변해온 것이 역사적 사실이다. 실제로 고려에서 조선으로 넘어오면서 그런 사관제도 운영의 변화가 확연했다.[65]

---

63 『수정청의궤』, 신사년 3월 18일, 행 의흥위 호군 이식의 상소에 대한 최명길의 의견.

64 위와 같음.

65 오항녕, 『한국 사관제도 성립사』, 일지사, 2009, 192~208쪽.

이식은 곧바로 재반론을 폈다. 조선의 역사 편찬은 춘추관이 주관하되 실록의 경우에는 궁성 밖에 있는 관청에 실록청을 설치하여 여러 관원의 출입을 편하게 하는 것이 전례였다. 앞 시대의 사신史臣들도 모두 관청에 근무하면서 일을 보았다. 집에서 사사롭게 저술한다면, 그것은 야사이지 국사가 아니라고 못 박았다. 그뿐 아니라 이식은 당론에 따라 수정 작업이 좌지우지된다는 비난을 예상했는지, 수정 작업이 공론의 지지를 얻고 인정을 받기 위해서는 조정의 신하들이 논의를 통하여 필삭하는 공적 구조가 필요함을 역설했다.[66]

그의 견해는 춘추관의 계에서 다시 언명되었고, 인조는 이식의 제안과 구상대로 수정 작업이 진행되도록 승인했다. 빈 관사를 이용해 관원들이 회의를 하며 산정刪定할 수 있도록 편의를 제공했으며, 팔도의 감사監司에게 유시하여 사관을 지낸 적이 있는 사람들의 사초와 야사를 고을별로 수집해서 올려 보내도록 했다.[67]

3. 『선조수정실록』의 완성

이듬해(인조 20년) 예조 참판 이식은 영의정 최명길, 이조 판서 이현영李顯英, 행 호군 이경증李景曾, 대사헌 서경우徐景雨, 대사간 이후원李厚源 등과 함께 청으로 압송되었다가[68] 인조 21년(1643) 귀국하여 『선조실록』의 수정 책

---

66 『수정청의궤』, 신사년 4월 16일, 이조 참판 이식의 상소.
67 『인조실록』, 19년 5월 7일(신사).
68 『인조실록』, 20년 10월 13일(경술).

임을 다시 맡았다. 이식은 검열 심세정沈世鼎과 함께 적상산성에 가서 『선조실록』 중 잘못된 곳을 기록하여 따로 『실록등초實錄謄抄』 1책을 만든 뒤 이를 춘추관에 보내 실록을 편수할 때 상고할 수 있도록 했다.[69] 인조 22년(1644) 2월, 이런 예비 작업이 끝나고 수정청을 창덕궁의 병조 건물에 두었는데, 당시 승문원 숙직실로 사용하던 곳으로 비변사에서도 가까워 춘추관 당상관들이 왕래하면서 감독하기에 편했기 때문이었다.[70] 이렇게 전적典籍을 모으고 실록을 등초하면서 부족한 편찬 인원을 보강하는 등 수정 작업을 지속하여[71] 상당한 성과를 거두었다. 선조 시대 병신년(선조 29년, 1596)까지는 이미 이식의 손으로 개수 작업이 대체로 마무리되었다.[72]

그러나 이후의 수정 작업은 순조롭지 않았다. 이식은 한창 실록 수정이 진행되는 인조 24년(1646) 1월에 예전 이조 판서로 있을 때의 인사 문제로 파직을 당했고, 정홍명鄭弘溟이 대제학이 되었다. 그해 7월 이식은 다시 대제학에 제수되었으나 이번에는 문과 별시의 초시 1소所와 2소의 논제에 역적모의의 기미가 있다고 하여 파방罷榜되는 사태가 벌어졌다. 문제를 출제한 그는 이 일로 관직을 삭탈당하고 문외출송門外黜送되었다.[73] 소현세자빈인 강빈姜嬪의 사사賜死에 이은 정국의 경색이었다.[74] 강빈 옥사에 대한 여론이 호의

---

69 『인조실록』, 21년 7월 13일(갑진).

70 『수정청의궤』, 갑신년(인조 22년, 1644) 2월 29일.

71 『인조실록』, 22년 8월 23일(무인).

72 『효종실록』, 8년 1월 20일(계해), 채유후의 계; 한편, 이식이 수정한 부분은 갑오년(선조 27년, 1594)에서 그쳤다는 기사도 있다. 『인조실록』, 25년 8월 3일(신미), 조경趙絅의 말.

73 『인조실록』, 25년 6월 13일(임오), 이식의 졸기.

74 吳恒寧, 「朝鮮 孝宗代 政局의 變動과 그 性格」, 『태동고전연구』 9, 1993, 13~16쪽.

적이지 않았는데, 결국 이에 대한 인조의 불만이 이식의 파직으로 이어진 꼴이었다. 척화파斥和派 신하들에 대한 인조의 반감은 컸다. 특히 역관譯官 정명수鄭命壽가 제3사第三使로 왔을 때는 이식을 칙사의 관반館伴으로 차출하는 것이 옳지 못하다면서 다른 사람으로 바꾸려 했으므로, 당시 인조가 이식을 싫어한다는 말도 있었다.[75]

인조대 말기는 이 일로 내내 뒤숭숭했다. 이식은 인조 25년(1647) 6월 세상을 떴다. 이식이 죽고 얼마 뒤 8월에 인조는 조경趙絅에게 실록 수정을 맡기면서 일을 계속하려 했지만,[76] 이후 별다른 기록이 나타나지 않는다. 『수정청의궤』는 이때의 상황을 이렇게 기록했다. "병술년(인조 24년, 1646) 이전에 총재관과 당상들 중에서 어떤 이는 세상을 떴고, 어떤 이는 정승이 되기도 하였다. 오직 대제학 이식이 있어서 편찬 작업을 계속하다가, 병술년 9월에 이르러 이식이 죄를 입자 그 상태로 편찬 작업은 중지되었다."[77]

효종이 즉위한 뒤에도 『선조실록』 수정에 대한 논의는 계속되었다.[78] 이때도 인조대 실록을 먼저 편찬할 것인지 『선조실록』을 먼저 수정할 것인지를 놓고 고심하다가,[79] 『인조실록』을 우선 편찬하기로 함으로써 『선조실록』 수정은 뒤로 미루어졌다. 인조 초년에 『광해군일기』를 먼저 편찬하기로 했던 이유와 똑같은 근거에서 『선조실록』 수정 작업보다 『인조실록』 편찬을 선행했을 것이다. 결국 『선조실록』 수정 작업은 『인조실록』을 완전히 끝내고 효

---

75 『인조실록』, 23년 11월 27일(을해).

76 『인조실록』, 25년 8월 3일(신미).

77 『수정청의궤』는 내용상 인조대 기록과 효종대 기록의 두 단계로 나뉜다. 인조대 수정 사업에 대한 기록의 말미에 작업이 미완에 그친 이 설명이 달려 있다.

78 『승정원일기』, 효종 즉위년 10월 18일(계묘); 효종 원년 1월 18일(임신).

79 『승정원일기』, 효종 원년 6월 3일(을유), 이경여李敬輿의 말.

종 4년(1653) 이후에야 추진할 수 있었다.[80]

사료로만 보면 효종 5년(1654)에 실록찬수청이 설치되었고, 또 실제로 활동도 했던 것 같다.[81] 그러나 이때 수정 작업을 마무리 짓지 못했는데, 이는 계속된 흉년과 효종 5년 김홍욱金弘郁이 구언응지상소求言應旨上疏에서 소현세자빈의 신원을 언급했다는 이유로 장살당한 뒤 급속히 얼어붙은 정국의 변화와 관련이 있다. 즉, 흉년으로 인해 경비 조달이 어려웠고, 언로를 막아 공론 정치를 부정한 효종의 독단에 신료들이 반발하면서 정국의 경색을 가져왔으며, 양병론에 근거를 둔 효종의 국방 정책이 난관에 봉착하여 새로운 전환을 모색해야 하는 시점이었다.[82]

결국 효종 7년(1656) 2월 김수항金壽恒의 상소를 계기로 노비 추쇄와 군사정책의 방향을 수정하고, 이듬해 7월에는 효종이 경색된 정국을 풀기 위해 송준길宋浚吉과 허목許穆 등을 조정에 다시 불러들이는 등 공론 정치의 회복을 천명하면서 수정 작업도 재개될 수 있었다. 그리하여 실록찬수청이라는 명칭이 『광해군일기』를 편찬할 때 사용했던 이름이라 하여 실록수정청으로 명칭을 바꾸고,[83] 강화도의 실록을 가져다가 참고문헌으로 삼아 수정을 시작하는 한편,[84] 응행사목應行事目을 정하여 효종으로부터 결재를 받았다.[85]

80　『효종실록』, 4년 6월 26일(경신).

81　『승정원일기』, 효종 5년 5월 25일(갑인), 특진관 채유후의 계; 26일(을묘) 찬집청의 계.

82　吳恒寧, 앞의 논문, 1993, 32~38쪽. 김홍욱을 장살한 일은 정두경鄭斗卿의 상소를 필두로 당색에 상관없이 효종의 국정 운영을 비판하는 계기가 되었다. 경색된 정국은 효종 10년(1659) 김홍욱을 복작復爵함으로써 해소되었다.

83　『효종실록』, 8년 1월 12일(을묘), 찬수청의 계.

84　『효종실록』, 8년 1월 20일(계해); 『승정원일기』, 효종 8년 2월 17일(경인), 김육의 말.

85　『수정청의궤』, 정유년(효종 8년, 1657) 1월 12일, 찬수청 단자.

앞서 보았듯이 이미 이식의 책임 아래 수정 작업은 상당한 진척을 이루어 놓은 상태였으며, 중국의 칙사가 왔을 때 잠시 지연되고 수정청이 자리를 옮긴 일을 제외하고는 특별한 방해 요인이 없었으므로, 이때의 수정 작업은 무난하게 진행되었다. 강화도에서 가져온 실록 중 빠진 부분(32개월 분량)은 적상산사고에서 등출하여 참고했다.[86] 당시 실록 등출을 위해 문관文官과 음관蔭官을 가리지 않고 호서·호남의 도사都事와 고을 수령, 찰방 중에서 글씨를 잘 쓰는 사람을 선발하여 참여시켰는데, 비밀스러운 역사 기록을 베끼는 중대한 일에 음관을 포함시켰다고 비판하는 여론이 있었다.

여러 우여곡절을 겪은 끝에 장황粧潢을 마친 실록 수정본은 모두 8책이었으며, 다섯 곳의 사고에 두기 위하여 모두 40책을 간행했다.[87] 이 가운데 이식이 편찬한 30년분이 6권이고, 이번에 수찬한 11년분이 2권이었다.[88] 이를 춘추관에 봉안하는 동시에, 실록수정의궤청을 두어 『수정청의궤』를 작성하게 했다.[89]

그런데 당시 시정기의 처리를 놓고 잠시 논란이 벌어졌다. 시정기는 어떤 가공을 거친 편찬물이라기보다 사초나 문서를 '편철해놓은(filing)' 묶음에 가깝다. 다시 말해, 춘추관에 보관하는 사초를 비롯하여 승정원 등 각 관청에서 보내오는 중요한 문서를 잘 정리하여 모아둔 문서철을 가리킨다고 보는 편이 정확하다. 물론 이들도 세초의 대상이지만, 이때는 선조의 전교를 근거

---

86 『효종실록』, 8년 3월 17일(경신).

87 『수정청의궤』, 정유년 8월 28일.

88 『효종실록』, 8년 10월 5일(갑술).

89 『수정청의궤』, 정유년 9월 6일.

로 불태우기로 결정했다가[90] 다시 세초하기로 최종 결론을 냈다. 세초를 마친 뒤 세초연을 벌임으로써[91] 오랜 기간의 수정 작업이 마무리되었고, 그 결과물인 『선조수정실록』이 봉안되었다.

---

90 『효종실록』, 8년 9월 21일(경신).

91 『효종실록』, 8년 9월 30일(기사).

3장 수정본의 체재와 범례

1. 주묵사의 원용

『선조실록』의 수정은 조선시대에서 처음 있는 일이었다. 상식적으로 볼 때, 수정 작업이란 원본과 수정본 사이에 어떤 변화를 발생시키기 마련이다. 예를 들어, 수정을 했으면 수정본만 남기고 원본을 폐기하든지, 원본에 수정을 하든지, 『선조실록』과 『선조수정실록』의 경우처럼 원본과 수정본을 모두 남기든지, 이 가운데 선택을 해야 하는 상황을 만든다.

이식의 상소에서 살펴보았듯이, 실록 수정의 전례로 처음 언급한 것은 중국 송나라의 '주묵사朱墨史'였다. '주묵사'는 사관 범충范沖이 『신종실록』을 수정하면서 『고이考異』를 저술할 때 원문은 검은 글씨로, 뺄 것은 노란 글씨로, 새로 삽입한 것은 붉은 글씨로 썼던 데서 유래한다.

> 역대에 역사를 수찬하는 자는 모두 당시의 기거주起居注에 근거하고 간혹
> 여러 사서의 기록을 간추려 채록하며 자신이 직접 보고 기록한 것을 추가

하였다. 그래도 여전히 어긋나고 잘못된 곳이 많았기 때문에 『자치통감강목』에도 『고증考證』·『집람集覽』·『집람정오集覽正誤』 같은 해설이 있었던 것이다. 만약 그중에 사사로이 좋아하고 미워하거나, 공정하지 못하게 시비를 논하거나, 심지어 굽은 것을 곧다고 하고 바른 것을 사악하다고 하거나, 현자들을 무함하거나 한 시대를 오염시킨 부분에 대해서는 바로잡지 않을 수 없었으니, 송나라 범충의 역사서가 바로 그것이다. ……

우리 동방의 문헌이 많았지만 제가諸家의 기록이 대부분 전후의 변란에 일실되었다. 그러나 정유년(선조 30년, 1597) 이전은 그래도 남은 것이 있었고 이식이 편수한 것은 꽤나 상세히 갖춘 듯하다. 그 이하는 연대가 조금 멀고 서적 또한 적은데, '사실이 왜곡된 역사(誣史)' 중 특히 근거가 없는 것에 대해서는 약간의 남은 기록과 사람들이 보고 들었던 사실만을 가지고 이를 증명하고 변별하여 결론적으로 '실록을 살펴보건대'라는 형식으로 범례를 삼았다. 그 나머지 여러 신하들이 무고와 모욕을 당한 데 대해서는 일일이 거론하여 말끔히 씻어내지는 못하였으나, 그 사람의 처음과 끝을 살피면 그의 옳고 그름을 판정할 수 있을 것이니, 보는 사람이 자세히 살필 일이다.[92]

채유후蔡裕後는 정사正邪가 바뀐 『선조실록』은 주묵사의 예에 따라 바로잡되 신본新本과 구본舊本, 즉 『선조실록』과 『선조수정실록』을 모두 보존하겠다고 했는데, 그 결과는 오늘날 우리가 보는 바와 같다. 또한 '실록을 살펴보건대(按實錄)'라는 범례는 『선조수정실록』에서 『선조실록』의 원래 기사를 비판할 때 대조하는 방식을 말한다. 이를테면 다음과 같다.

---

92 『선조수정실록』 「부록」, 채유후의 후기.

한준겸韓浚謙을 경상도 관찰사로 삼았다.

사신은 논한다. …… 한준겸은 겉으로는 관대하고 후덕한 듯하나 안으
로는 실로 음험하여 몇몇 군소배와 결탁하여 심복을 삼고 왜적과의 화의
에 찬성하고 사류를 배척하였으니, 나라를 그르친 죄가 역시 유성룡 다음
이다.[93]

위는 『선조실록』의 기사이다. 한준겸韓浚謙에 대한 혹평을 『선조수정실
록』에서는 다음과 같은 형식으로 처리했다.

한준겸을 경상도 관찰사로 삼았다.

『선조실록』을 상고하면 "한준겸은 겉으로는 관대하고 후덕한 듯하나 안
으로는 실로 음험하여 몇몇 군소배와 결탁하여 심복을 삼고 왜적과의 화
의에 찬성하고 사류를 배척하였으니, 나라를 그르친 죄가 역시 유성룡 다
음이다." 하였다. 한준겸은 매우 침착하고 도량이 있어 세상에서 모두 위
인이라고 칭하였는데, 이제 음험하다고 지목한 것은 무엇 때문인가? 한준
겸이 오랫동안 외직에 나가 있었고 조정에 있었던 기간이 적었으니 '군소
배와 심복을 맺어 왜적과의 화의를 돕고 사류를 배척했다'고 한 것은 너무
나 모함해 얽은 것이다. 『선조실록』 중 이처럼 상반되는 말이 매우 많으니,
어찌 말할 것이 있겠는가?[94]

이러한 주묵사 방식의 수정이 의미하는 바가 무엇인지 되새겨보자.

---

93 『선조실록』, 32년 2월 16일(병인).

94 『선조수정실록』, 32년 2월 1일(신해).

첫째, 실용적인 측면에서 이해할 수 있다. 당시 실록 편찬에 상당한 예산이 투여되었으리라 짐작되는 만큼, 또 이미 세초된 사료에 해당하는 자료를 모으는 일도 쉽지 않았던 만큼, 이왕 편찬된 『선조실록』을 폐기하고 새로이 『선조수정실록』을 또다시 만든다는 것은 효율적이지 않았다. 수정해야 할 기록도 당연히 있지만, 단순한 사실을 적은 기사 등 그대로 두어도 될 기록도 상당량에 이르기 때문이다.

이 같은 수정 방향은 『선조수정실록』의 기본 구성이 '기사 보완 – 사론 수정'의 체재로 이루어진 데서도 확인할 수 있다. 그러므로 '원문은 검은 글씨, 뺄 것은 노란 글씨, 새로 삽입한 것은 붉은 글씨'와 같은 주묵사 형식을 기계적으로 채택하지는 않았지만, 수정 작업에 적용된 기본 원칙은 동일했다.

둘째, 주묵사 방식의 수정이 갖는 또 다른 의미는 역사를 남기는 태도와 관련이 있다. 이 점은 '수정의 규모'에 대한 논의에서 실마리를 찾을 수 있다. 이식은 『선조실록』과 다른 관점이나 사실을 제공하는 사료를 함께 보관해두는 것도 주묵사의 교훈이라고 밝힌 적이 있는데, 이 방식만으로 부족하다는 생각도 했던 것 같다.[95] 이식이 처음 『선조실록』의 수정에 관심을 갖게 된 계기는 이정구를 통해서였다.

> 신이 갑자년(인조 2년, 1624) 봄에, 고故 상신相臣 이정구를 직접 만났는데, 그때 그가 어떤 일기 하나를 꺼내 주면서 자신이 이것을 한 부 베껴서 사고史庫에 보관해두고 싶은 생각이 든다고 하기에, 신은 그 일기뿐 아니라 다른 일기도 있으면 같이 수장하는 것이 좋겠다고 하였습니다. 결국 그렇게 하지는 못했지만, 신이 이 문제에 관심을 갖게 된 것은 돌아간 재상과의

---

95 『수정청의궤』, 신사년(인조 19년, 1641) 2월 15일, 대제학 이식의 차자.

그 대화를 통해서였습니다.[96]

이정구는 광해군대 폐모론에 참여하지 않아 잠시 관직을 떠난 적이 있지만 출중한 외교 관료의 능력을 인정받아 다시 등용되었다. 『선조실록』 편찬에도 참여했었고, 계해반정 이후에는 그 수정의 필요성을 맨 먼저 제기했다.

수정 방안으로 중국 송나라 『변무록辨誣錄』처럼 한 권의 책을 편찬하는 방법도 제시된 바 있었다.[97] 범충의 주묵사가 『신종실록』 수정에 이용된 방식이라면, 『철종실록』을 편찬할 때는 따로 『변무록』을 남긴 사례였다. 그러나 기사별로 검토하면서 수정해야 한다는 의견이 제기됨에 따라 『변무록』 같이 별도의 책을 내는 방안은 기각되었다.[98] 이식은 이 방안이 잘못된 기록의 모독을 씻어내고 선조의 부끄러운 욕을 철저히 벗길 방도는 아니며, 원본을 열람하여 사안마다 바로 고치는 방식만 못하다고 판단했다. 그래서 기사별로 검토하고 수정본을 편찬하기로 했으며, 이에 따라 이식이 적상산성에 내려가 수정해야 될 대목을 조사한 『실록등초』를 작성해왔던 것이다.

이렇게 『선조수정실록』은 주묵사의 원리가 기사별 검토 수정이라는 수정 작업의 규모에 적용된 결과인데, 그 기본 정신은 '한 시대의 전형典刑을 후대에 증거로 남기는 것', 즉 원문 기사와 수정 기사를 구별함으로써 '보는 사람'들이 그 사실에 대한 객관성과 시비를 판단하게 하는 데 있었다. 이식이 수정 작업을 수행할 '공적 구조'를 강조한 것과 똑같은 맥락이었다. 사실 주묵

---

96 『수정청의궤』, 임오년(인조 20년, 1642), 5월 19일, 행 호분위 사직行虎賁衛司直 이식의 상소.

97 『송사』 권437 「열전」 194, 유림5 범충范冲.

98 『수정청의궤』, 신사년 2월 15일, 대제학 이식의 차자에 대한 수의收議.

사는 고친 기사와 원래 기사를 구분하는 편리한 방법 이상이 아니었을지도 모른다. 그러나 중요한 점은 그런 '편의성'을 실무 당사자의 편의성이 아니라, '역사를 수정하는 태도'라는 사회적 의미로 받아들였다는 데 있다. 그런 면에서 『선조실록』의 수정에 주묵사를 본보기로 채택한 의미는, 성리학적 역사 인식 일반에 담긴 '최종 심판은 후대 사람의 몫'이라는, 곧 후대 사람들의 눈을 현재화하는 역사관'을[99] 당대사인 실록의 수정에 적용하여 자신들의 수정 행위까지도 객관화시킨 데 있다.

2. 수사강령修史綱領과 범례

『선조실록』 수정의 전범과 원리, 규모가 정해지면서 수정을 위한 사료가 수집되기 시작했다. 광해군 10년(1618), 『선조실록』을 편찬한 뒤 관례에 따라 사초 등을 세초했기 때문에 막상 수정할 때는 통상적으로 실록을 편찬하던 자료를 활용할 수 없었다. 다시 말해 수정 작업을 하기 위해서는 별도로 자료를 수집해야 했다. 수정에 이용된 자료는 크게 두 범주로 나눌 수 있는데, 하나는 조정에 남아 있는 기록으로 『승정원일기』나 조보朝報, 사고에 보관된 실록이며, 다른 하나는 민간에 남아 있는 관련 자료였다.

처음 『선조실록』 수정을 발의하던 무렵에 이정구는 『승정원일기』와 무진년(선조 원년, 1568)부터 무자년(선조 21년, 1588)까지의 조보가 남아 있으므로 이를 수정의 참고자료로 삼자는 의견을 제시했다.[100] 그러나 본격적으로 수

---

99 吳恒寧, 「性理學的 歷史觀의 성립: 超越에서 現實로」, 『조선시대사학보』 9, 1999.

100 『인조실록』, 1년 8월 18일(병자).

정 작업이 시작될 때는 『승정원일기』를 참고하지 못했는데, 이는 이정구가 발의할 당시 남아 있던 『승정원일기』가 인조 2년(1624) 이괄의 난에 소실되었기 때문이다. 조보는 부분적으로 이용되었다. 전라도 관찰사에게 "도내 광주에 사는 고故 정대학의 집에 보관되어 있는 병신년(선조 29년, 1596)·정유년(1597)·무술년(1598)·기해년(1599)·경자년(1600)·신축년(1601)·임인년(1602)년의 조보를 열람한 뒤에 돌려보낼 조건으로 올려 보내라."고 관문을 보낸 기록이 확인된다.[101]

수정의 대상인 『선조실록』도 조사했다. 수정 작업이 본격적으로 진행되던 무렵 이식은 적상산성에 가서 『선조실록』 중 잘못된 곳을 찾아 기록하여 따로 한 책을 만든 뒤, 이를 춘추관에 보내 수정실록을 편찬할 때 상고할 수 있도록 했다. 이것이 『간여본』에서 이식이 언급한 『실록등초』로 짐작되는데, 정묘년(선조 즉위년, 1567)부터 무신년(선조 41년, 1608)까지, 즉 선조 재위 기간을 포괄했다. 이식이 미처 등초하지 못했던 선조 30년(1597) 이후의 기록은 효종 8년(1657) 2차 수정 때 등초했다.[102]

민간의 문집 등으로 흩어져 있는 자료에 대해서는 이식의 『간여본』에 기재된 목록을 통해 쉽게 확인할 수 있다. 『간여본』에 실려 있는 수사강령修史綱領이 수정에 필요한 수집 대상 자료의 목록이었다. 강령綱領, 잡기雜記, 소장疏章, 비碑·지誌·행장行狀으로 분류된 수사강령은 실록의 수정에 참고한 기초 자료가 무엇인지를 한눈에 보여준다. 효종대에 진행된 『선조실록』 2차 수정 때는 수집 대상 자료가 더 확대되었을 가능성이 있지만, 확인되지 않는다.

---

101 『수정청의궤』「이문질移文秩」, 정유년(효종 8년, 1657) 1월 27일, 전남 감사에게 보낸 관문.

102 『효종실록』, 8년 3월 17일(경신).

수사강령에 분류된 강령, 잡기, 소장, 비·지·행장은 자료의 배치와 기사 보완 및 사론 수정의 기본 줄기를 이루고, 수정범례와도 상관이 있다. 『간여본』에는 '고사촬요考事撮要'와 '잡기'가 강령의 하위 분류 기준처럼 되어 있어 혼선을 일으키는데, '고사촬요'는 분류 기준이라기보다 중앙 조정의 행사 등을 수록한 전래의 서적으로 보는 편이 옳다. 분류 기준으로 '고사촬요'라는 항목을 설정하는 것이 어색하기 때문이다. 또한 수정범례에 "먼저 강령에 실린 것을 기록한 뒤, 잡기와 비·지·행장의 차례대로 기록하였다."라고 한 점으로 미루어 잡기가 강령의 하위 분류가 아님을 확인할 수 있다.

강령은 연대별로 수정실록의 줄기를 잡을 수 있는 자료로 구성되었으며, 그 밖에 편찬에 참고한 기록류가 있는데, 수집된 자료 목록은 〈표 2〉와 같다. 〈표 2〉에 제시한 자료 외에 147여 명의 비·지·행장 목록도 『간여본』에 실려 있다. 다만 '장 비張 碑', '신 장申 狀'처럼 성姓인 듯 보이는 표기로 간략히 적혀 있기 때문에 따로 조사를 하여 누가 쓴 누구의 비·지·행장인지 확인 과정을 거쳐야 한다.

수사강령 가운데 '강령'은 수정의 줄기를 잡기 위해 선별된 자료로 보인다. 조정의 주요 행사를 기록한 『고사촬요』와 이식이 『선조실록』에서 베껴온 『실록등초』가 뼈대가 되었을 것이다. 여기에다 선조 전반기의 조정 상황을 보여주는 이이李珥의 『석담일기石潭日記』(『경연일기』), 김우옹金宇顒의 『동강강의東崗講義』, 안방준安邦俊의 『혼정편록混定編錄』이 추가되었다. 그뿐 아니라 이준경李浚慶, 이황李滉, 이이, 기대승奇大升, 이원익李元翼, 이항복李恒福, 신흠申欽의 연보와 행장도 자료로 이용되었다.

유성룡柳成龍의 『징비록懲毖錄』과 신흠의 『현옹왜지玄翁倭志』는 임진왜란 기사를 보완하는 데 필요했을 것이며, 『해동야언海東野言』은 사회 전반의 상황을 민간 차원에서 보여주는 자료였을 것이다. 또한 효종 8년(1657) 9월 13

〈표 2〉 수사강령-'강령'

자료명	비고
고사촬요考事撮要	조정의 행사·절차 등을 요약하여 수록한 책. 명종 때 어숙권魚叔權이 저술하고 선조 때 허봉許篈이 증보했으며, 박희현朴希賢이 속찬續纂했는데, 인조 때 최명길崔鳴吉이 수정 증보.
실록등초實錄謄抄	선조 즉위년(1567)~선조 41년(1608). 이식이 『선조실록』 중 수정해야 할 대목을 적상산사고에서 베껴온 등초에 효종 8년(1657) 수정 때 추가.
석담야사石潭野史	이이李珥의 『석담일기石潭日記』(경연일기)로 보임. 선조 14년(1581) 이전.
계사록癸巳錄	분명치 않음. 선조 24년(1591) 이전.
퇴계연보退溪年譜	이황李滉. 선조 3년(1570) 이전.
고봉행장연보高峯行狀年譜	기대승奇大升. 선조 5년(1572) 이전.
동강강의東崗講義	김우옹金宇顒의 『경연강의經筵講義』. 선조 6년(1573)~선조 18년(1585).
율곡행장연보栗谷行狀年譜	이이. 선조 17년(1584) 이전.
이충정행장李忠正行狀	이준경李浚慶. 선조 5년(1572) 이전.
징비록懲毖錄	유성룡柳成龍. 선조 19년(1586)~선조 32년(1599).
해동야언海東野言	분명치 않음. 선조 21년(1588)~선조 32년(1599).
조가야사趙家野史	조경남趙慶南의 『난중잡록亂中雜錄』과 『속잡록續雜錄』으로 추정. 선조 15년(1582)~선조 40년(1607).
현옹왜지玄翁倭志	신흠申欽. 선조 20년(1587)~선조 32년(1599).
혼정록混定錄	안방준安邦俊 또는 윤선거尹宣擧의 『혼정편록混定編錄』으로 보임. 선조 8년(1575)~선조 35년(1602).
소재소주蘇齋疏註	노수신盧守愼. 선조 원년(1568)~선조 22년(1589).
현옹연보玄翁年譜	신흠申欽
완평가사完平家史	이원익李元翼. 선조 25년(1592)~선조 41년(1608).
오성연보鰲城年譜	이항복李恒福

일 전라 감사에게 보낸 "실록을 수정할 때 사용했던 도내 남원에 시는 유학
幼學 조경남趙慶男이 낸 『난중잡록亂中雜錄』4책과 『속잡록續雜錄』4책을 돌려
주기 위하여 내려보내니, 관문이 도착하는 대로 조경남에게 돌려준 다음 보
고하라."는 관문이 있는데,[103] 『난중잡록』은 수사강령에 나오는 『조가야사趙
家野史』와 같은 책으로 보이며, 이 역시 제목으로 보아 민간의 실상을 보여주
는 자료일 것이다.

수사강령 '소장疏章'

퇴계退溪(이황), 율곡栗谷(이이), 서애西厓(유성룡), 오성鰲城(이항복), 월사月沙(이
정구), 우계牛溪(성혼), 한음漢陰(이덕형), 동고東皐(이준경), 연형延平(이귀), 중봉重
峯(조헌), 학봉鶴峯(김성일)【심 정승 댁에서 가져옴(沈相宅來)】, 이충정李忠正(이준
경),[104] 소재蘇齋(노수신盧守愼), 만취晚翠(오억령吳億齡), 박생 상소책(朴生疏冊), 정
서리 상소책(鄭吏疏冊), 양홍주의 상소(梁弘澍疏), 우복 집안의 상소(愚伏家書疏,
정경세鄭經世), 정교의 상소(鄭嶠書疏), 전유형의 상소(全有亨疏), 완평完平(이원익)

'박생 상소책', '정 서리 상소책', '정교의 상소'는 정확히 알 수 없다. 양홍
주의 상소는 『선조수정실록』36년(1603) 5월 1일에 수록되어 있다. 전유형의
상소는 『선조실록』에 자세히 나온다.[105] 『선조수정실록』에 전유형의 또 다른
상소가 실려 있는데, 아마 선조 36년 1월 1일에 실린 상소를 말하는 듯하다.

---

103 『수정청의궤』 「이문질移文秩」, 정유년(효종 8년, 1657) 9월 13일.

104 이 시기 시호가 '충정공'이면 이준경인데, 앞에 이미 '동고東皐'를 적시하고 있으므로
뭔가 착오가 있는 듯하다.

105 『선조실록』, 26년 윤11월 21일(신축).

〈표 3〉 수사강령-'잡기'

자료명	비고
임당연보林塘年譜	정유길鄭惟吉 연보. 선조 21년(1588) 이전.
정기록正氣錄	고유후高由厚 편. 고경명高敬命 부자父子의 사실 기록.
기축옥기己丑獄記	황혁黃赫 또는 '대동야승大東野乘'의 『기축록己丑錄』(?)
항의신편抗義新編	안방준安邦俊의 『중봉선생항의신편重峯先生抗義新編』. 선조 20년(1587)~선조 25년(1592)
한산기사閑山記事	(?) 선조 25년(1592)~선조 32년(1599).
호남의록湖南義錄	선조 25년(1592)~선조 30년(1597).
삼원록三寃錄	선조 25년(1592) 이후.
진주기사晉州記事	선조 26년(1593).
해사록海槎錄	김성일金誠一(?) 선조 23년(1590).
동사일기東槎日記	황신黃愼. 선조 28년(1595).
관북기사關北紀事	
동사문견東事聞見	선조 35년(1602).
조망록弔亡錄	선조 25년(1592) 이후.
금계장초錦溪藏草	불명不明. 선조 25년(1592).
등과록登科錄	
정부안政府案	
서당안書堂案	
최대용잡기崔大容雜記	최대용崔大容
어우야담於于野談	유몽인柳夢寅
현승玄繩	송익필宋翼弼
주자동지鑄字洞志	권희權僖(?)
제가문집諸家文集	문집에 포함된 여러 기록(잡기雜記)
완평일기完平日錄	이원익李元翼
우복룡일기禹伏龍日記	우복룡禹伏龍
해동야언초海東野言抄	이이李珥―홍씨 집안에서 온 것(洪家來)

붕당의 폐단을 지적한 이 상소는 『선조실록』에 상소했다는 사실만 나오지만, 『선조수정실록』에는 상소의 내용을 간략하나마 수록하고 별도로 15조로 진술했음을 밝히고 있다.

자료 수집과 함께 당연히 편찬의 기준인 범례를 확정해야 했을 것이다. 『선조수정실록』「부록」에는 수정범례 10조가 전하는데, 이는 이식의 『간여본』에 실린 '선조대왕실록수정범례'와 몇 글자만 다를 뿐 같은 것으로 보아도 무방하다. 다음은 『선조수정실록』의 수정범례이다. 논의가 편리하도록 일련번호를 매겼다.

① 『선조실록』은 명예를 훼손하고 진실을 잃은 기사가 근거도 없이 잡다할 뿐 아니라, 대개의 인명·지명·관직명 등 대체로 누구나 쉽게 알 수 있는 국사가 뒤섞이고 어긋나 있다. 또 치란의 기미와 관련된 명신의 주소奏疏가 모두 기록되어 있지 않다. 이제 잘못된 부분을 제대로 빼고 고치지는 못하더라도 큰 사건의 경우에는 사건의 본말과 곡절 및 명신의 주소를 그때그때 편집하여 기록하였다.

② 『선조실록』은 임진년(선조 25년, 1592) 이전에는 날짜별 기사가 없고 월별 기사나 연별 기사만 있다가 임진년 이후에 들어와서야 날짜별 기사가 있다. 지금 야사에서 채집한 자료로는 날짜별로 기록할 수 없기에 단지 월별로 기록하였으며, 해당 달도 분명하지 않을 경우에는 그해의 끝에 써넣었다.【혹, 날짜를 상고할 수 있는 것은 그대로 두었다.】

③ 먼저 강령에 실린 사실을 기록한 다음, 잡기와 비碑·지誌·행장의 차례로 기록하였다.【행장류는 그 사람의 사적에 그치지 않고 국사를 기록하거나 다른 사람의 득실을 기록한 것을 모두 자세히 채록하였다.】

④ 야사류는 글이 거칠고 잡다하므로 이번에 줄여서 문장을 만들고, 지장

류誌狀類는 훌륭한 일이나 추한 일이 지나치게 수식되어 있으므로 한결같이 공론에 입각하여 간략히 사실을 기록하며, 원문대로만 기록하지 않았다.

⑤ 야사를 이름난 사람이 썼다 해도 사실이 아니면 없앴고, 아무리 형편없는 사람이 쓴 것이라도 사실을 기록한 것이면 취하였다.

⑥ 여러 기록에서 많은 사실을 취하였는데, 한 사건에 대하여 기록에 차이가 날 경우에는 내용을 합쳐 간략하게 줄여 썼다. 서술한 것 중에 뜻이 일관되지 않거나 그 곡절이 밝혀지지 않은 경우에는 어쩔 수 없이 보완하고 수정한 기사도 간혹 있다. 그러나 이는 이미 확인된 사실이거나 여러 사람이 인정한 논의로, 모두 그 내력에 근거하여 기록하였다.

⑦-A 야사는 시비가 온전하지 못하므로 모두 연별로 고르게 배열하지 못하였고, 장지류狀誌類는 기리기만 하고 낮춘 것은 없어서 기사로 끼워넣기가 어려웠다. 이렇게 보면 이 『선조수정실록』이 인물의 평가에 긍정적인 부분이 많고 부정적인 부분이 적어 완전치 못한 듯하기는 하나 그래도 야사와 장지류에 비하면 낫다고 할 것이다.

⑦-B 『선조실록』을 편찬할 때 간흉이 총괄하여 관장하면서 사실을 줄이고 덧붙이기를 모두 자기 마음대로 하였다. 그들은 세상 사람들로부터 외면을 당하여 무리가 매우 적었고 조정에 들어찬 앞뒤 사람들을 모두 원수로 삼았다. 그 때문에 그들이 포창한 인물은 자기 자신 및 자기와 친밀한 몇 사람에 불과하였고, 그들이 비방한 사람들은 모두 선조대先朝代에 신임을 받던 명신들이었다. 이는 결과적으로 그 명신들만 모함을 받은 데 그치는 문제가 아니라 번성했던 시대의 청명한 미덕을 더럽게 물들인 것이라 하겠다. 따라서 이들에 대해 『선조수정실록』에서 아무리 높이 평가한다고 하더라도 지나친 일은 아닐 것이다. 공론에 입각

하여 시비를 처리하는 과정에서 볼 만한 내용은 『선조실록』에 갖추어져 있다. 그러나 간흉들 스스로 자신을 포창하고 꾸민 부분에 대해서는 부득이 역사를 기록하는 예에 의하여 얼마간의 공의를 붙여두었다.

⑧ 명신의 주소 중 한때의 시비와 관계가 깊거나 후세의 귀감이 되는 것들은 전체를 싣기도 하고 일부분을 뽑아 싣기도 하였는데, 세상의 교화와 관련성이 깊은 것에 중점을 두었다.

⑨ 『선조실록』에 기록된 것 중 대사大事의 본말이 자세히 갖추어진 것과 명신의 계차소장啓箚疏章이 모두 기록되어 있는 것에 대해서는 이번 『선조수정실록』에 싣지 않고, 단지 그 대략만 남겨두어 사건의 개요를 알게 하였다.

⑩ 『선조수정실록』을 완성한 뒤 『선조실록』 중에 사실을 속이고 잘못 편찬한 실상 및 이제 수정·보완(修補)하는 뜻을 차례로 언급하고 얼마간의 사론을 지어 그 말미에 붙임으로써 뒷날 고찰에 대비하고자 하였다.

수정범례에 따른 기사의 '수보修補', 즉 사론을 포함한 기사의 수정과 보완은 4장에서 좀 더 상세히 살펴볼 것이다. 여기서는 위의 수정범례 10조를 검토하여 수정에 대한 이해를 넓혀보기로 한다.

①은 총론 격이다. 『선조실록』에 허위와 오류가 있음을 지적하고, 중요한 국면의 상소가 누락되었음을 말하고 있다. 이에 수정을 통해 진실과 사실의 오류를 바로잡되, 모든 사실을 다 수정하지는 못하지만 큰 사건의 경우는 가능한 한 바로잡겠다는 뜻을 밝혔다.[106] 수사강령 '소장疏章'이 이 작업에 활용

---

106 수정범례 ⑦-B는 총론에 포함될 수 있는 여지가 있지만, 『선조수정실록』 편찬 담당자들은 ⑦-B를 따로 빼서 하나의 범주로 두어도 큰 문제가 없다고 판단했던 것 같다.

되었을 것이다.

②에서는 편년 방법에 대해 언급했다. 실록은 편년체 당대사이므로 연(재위년)·월·일(간지)순으로 기사를 편재하는 것이 상례인데,『선조수정실록』은 날짜별 기사를 작성할 수 있는 원자료인 사초 등이 이미 세초되었기 때문에 남아 있지 않았다. 무엇보다 날짜별로 작성할 필요성이 적은 야사에서 기록을 채집한 까닭에 날짜 파악이 가능한 기사에 대해서는 해당 날짜를 기입했지만, 그렇지 못한 경우에는 월별로 작성했다. 그래서, 간혹 교정을 소홀히한 탓인지『선조수정실록』에는 날짜가 적힌 경우도 있지만 대개 초하루(朔日)만 표시하고 기사를 한데 묶어놓았다.

자료 이용의 우선순위는 앞서도 살펴보았듯이 수사강령의 순위, 즉 강령에 해당하는 기록을 먼저 수록한 다음, 잡기와 비·지·행장의 순으로 사실을 채택했음을 말해준다(③). 취사의 원칙은 자료의 성격에 따라 다시 두 방향으로 나뉜다. 하나는 야사류의 취사 원칙인데, 비·지·행장 등의 기록이 칭찬에 치우친 것을 경계하는 한편(④, ⑦-A), 지은이의 명성에 따라 기록의 가치가 결정되지 않도록 유의했다(⑤). 또, 여러 야사 간에 기록이 불일치할 경우의처리 방향도 정했다(⑥). 취사 원칙의 다른 하나는 야사가 아닌 정부 공식 기록의 경우, 이미『선조실록』에 기재된 기사와 중복되지 않도록 하되 주요 사실에 대해서는『선조수정실록』을 통해서도 확인할 수 있도록 개요를 기록했다(⑨).

시비에 관련된 기사의 수록 원칙은 아마도 수정 담당자들이 가장 주의를 기울인 대목이었을 것이다. 우선 명신의 주소奏疏 중 사실의 확인이나 판단에 도움이 될 것은 모두 수록했다(⑧).『선조실록』편찬자들이 왜곡이나 오류를 범한 곳에는 그 왜곡과 오류의 실상에 대한 공론과 그것을 수정·보완하는의미 및 별도의 사론을 추가했는데, 이는 수정 작업이 설득력을 갖도록 하려는 편찬 담당자들의 뜻으로 생각된다.

수정범례에서 정리한 몇 가지 원칙이 어떻게 『선조수정실록』에 반영되었는지를 살펴보아야 좀 더 구체적인 수정 작업의 실체에 접근할 수 있을 것이다. 수정범례 중 총론·편년·자료의 순위는 수정 작업에 앞서 결정되는 일이므로 실제로 주목해야 할 대목은 자료의 취사와 시비 관련 기사이다. 자료의 취사는 결국 기사의 보완에 해당되는 일이고, 시비 관련 기사는 사론의 형식을 띠고 기재되었으므로 4장의 서술도 그렇게 구분하겠다.

4장 수정본 편찬의 두 방향

1. 기사의 수정·보완

『선조실록』(광해본)과 『선조수정실록』(효종본)을 날짜별로 비교하면 수정의 몇 가지 취지를 파악할 만한 단서를 확인할 수 있다. 또한 3장에서 살펴본 수정 전거 문헌과 수정범례를 염두에 두고 그 특징을 살펴보면 대체로 수정의 방향을 가늠할 수 있다.

두 실록의 분량을 보면 광해본이 221권, 효종본이 42권으로 크게 차이 난다. 그 이유는 앞서 살펴본 대로 효종본이 광해본의 기사 가운데 중복된 내용은 피하고 빠진 사실이나 왜곡되었다고 판단한 사론만 수정한 결과이다. 기사의 보완이라는 점에서 보면 광해본에 없는 달의 기사가 효종본에 수록되어 있는 경우가 눈에 띄는데, 선조 3년 1·2·3·9·10·11월 및 5년 1·윤2·3·4월, 그리고 12년 1·2·8·9·10·11월 등이다. 또 홍담洪曇(광해본, 13년 6월 7일→효종본, 9년 9월 1일)과 성운成運(광해본, 13년 6월 7일→효종본, 12년 5월 1일)의 졸기에서 보듯 광해본의 오류를 바로잡은 사례도 있다.

수정에 참고한 전거 문헌의 영향을 바로 확인할 수 있는 사례도 있다. 첫째, 선조 초년부터 경연 기사가 보완된 사례를 볼 수 있다. 『선조수정실록』의 즉위년 10월 5일(병술), 원년 4월 1일(정묘), 2년 윤6월 1일(계묘) 등이다. 이는 수사강령에서 밝혔듯이 이황·기대승·김우옹·이이 등의 『경연일기』와 연보를 참고한 결과일 것이다. 또, 유희춘(10년 5월 1일, 졸기)·성혼成渾(14년 4월 1일, 16년 7월 1일, 23년 4월 1일 등)·유성룡(14년 12월 1일, 27년 4월 1일 등)·이이(15년 9월 1일, 16년 4월 1일 등)·조헌趙憲(19년 10월 1일, 20년 12월 1일, 22년 4월 1일 등)· 이귀李貴(20년 3월 1일, 35년 윤2월 1일 등) 등의 상소나 차자가 대폭 증보된 것도 효종본의 특징이다.

광해본과 효종본의 기사를 비교하다보면 경연 기사뿐 아니라 몇몇 사건을 중심으로 보완이 이루어졌다는 점도 발견할 수 있다. 선조대 주요 사건인 동서분당·기축옥사·임진왜란에 대한 기사이다.

윤원형尹元衡의 집에 드나들었다는 김효원金孝元의 행적에 대한 심의겸沈義謙의 비판, 그리고 이에 이어 심의겸의 동생 심충겸沈忠謙은 척신戚臣이므로 이조 낭관에 임명될 수 없다는 김효원의 비판이 이어지면서 시작된 대립이 끝내 붕당의 분립으로 나타난 사건이 선조 8년(1575)의 동서분당이다.[107] 청론淸論의 대립이 사류士類의 분당分黨으로 이어진 이 사건에 대해 광해본은 심의겸과 김효원의 외직外職 보임 기사 등으로 간단히 언급하는 데 그친 반면(8년 10월 24일, 9년 3월 3일), 효종본에서는 선조 8년(1575) 7월부터 이듬해 2월에 이르기까지 그 전모를 상세히 기록했다. 그리고 김효원을 지지하는 허엽許曄 및 허엽을 비판하는 정철鄭澈·신응시辛應時 등에 대해 이이와 김우옹이 갖고 있던 우려, 그리고 그들 사이에서 펼친 조정 노력과 전후 배경도 상

---

107 이정철, 「선조대 '동서분당' 전개의 초기 양상: 이이를 중심으로」, 『민족문화』 43, 2014.

세히 기록했다(8년 7월 1일, 8년 9월 1일 등).

이는 『선조실록』이 한창 수정되던 시기인 인조 후반과 효종 연간에 남인과 서인이 공조를 이루며 국정을 운영한 현실의 반영이기도 하며, 사림이 정치의 주역으로 등장한 상황에서 해결해야 할 폐정 개혁 등의 시국관에 기초하고 있었다는 지적과도[108] 일치한다. 즉, 수정 당시 사림의 붕당관과 정치적 역학 관계가 동서분당의 해결 방향을 이이의 입론에서 찾았다고 볼 수 있다. 또한, 동시에 향후 붕당정치가 그런 방향으로 전개되기를 바라는 사림의 희망이기도 했을 것이다.

선조 22년(1589), 정여립鄭汝立이 모반했다는 고변으로 시작된 기축옥사는 3년을 끌면서 당시 정세 변화는 물론 후대에도 뜨거운 논란을 불러일으킨 사건이다. 광해본과 효종본 모두 정여립의 모반에 대해서는 사실로 받아들이고 있다.[109] 그러나 문제는 옥사獄事가 진행되면서 정개청鄭介淸·최영경崔永慶 등 동인, 그중에서도 조식曺植의 문인이 연루되었고, 그 죄가 분명치 않은 상황에서 옥사獄死하는 일이 발생했다는 데 있다.

광해본에는 특히 정철이 추국청의 책임관인 위관委官으로 옥사를 주관하면서 동인을 대거 연루시켰다고 보는 기사가 많다. 옥사를 정철이 조작 또는 확대했다는 비난이 그것이다.[110] 이는 붕당 간의 첨예한 대립으로 이어지게 마련이다. 광해본은 바로 이러한 대립의 연장선상에서 기록되었다. 정여

---

108 鄭萬祚, 「조선조 '당쟁'의 정치이론」, 이성무 등 저, 『조선후기 당쟁의 종합적 검토』, 인문과학학술토론회, 한국정신문화연구원, 1991.

109 오항녕, 『유성룡인가 정철인가』, 너머북스, 2015, 208~227쪽.

110 『선조실록』, 30년 4월 11일(신미), 성균관 유생 최희남崔喜男 등의 상소.

립 모반 사건이 확대되는 계기가 된 호남 생원 양천회梁千會의 상소,[111] 이발 李潑·이길李洁·백유양白惟讓이 사건에 개입했다는 증거가 된 낙안 교생 선홍복宣弘福의 집에서 나온 편지도 정철의 사주로 기록되어 있다.[112]

반면 효종본은 사건의 전개를 중심으로 기록하고 있다. 기사의 균형성을 고려했는지 항간의 소문에 대한 반론은 이항복의 기축기사己丑記事를 상고한 뒤 정철이 최영경을 구원하고자 한 일 등을 인용하여(30년 4월 1일) 세상에 도는 풍설이나 광해본의 기록이 정확하지 않다는 반증을 제시했다.

수정 담당자들도 기축옥사의 기록이 부족한 데다 서로 기억이 엇갈리는 점을 놓고 고심했다. 기축옥사는 수정 시점에서 볼 때 이미 30년 이상, 길게는 50년 이상 지난 사건이었기 때문이다. 이런 고심을 엿볼 수 있는 편지를 하나 검토해보겠다. ①~③은 기축옥사에 대한 의문이고 ④~⑥은 임진왜란 중 전투와 김덕령金德齡에 대한 의문인데, 같은 편지에 있는 내용이므로 함께 제시한다.

① 정여립의 일과 관련하여 정사正史에서는 혐의를 두고 조작해낸 사건이라는 식으로 서술하고 있습니다. 또 당시의 현상賢相도 사실이 아니라 했다고 하는가 하면, 그 괴수에 대해서도 의문시하는 기록을 전하면서 두 가지의 설을 지어내고 있습니다. 지금 그 역모에 대한 전모를 밝혀낼 수 없는 상황에서 사람들 사이에 전해지는 이야기를 들어보면 또 사실과 거리가 먼 것이 많습니다. 이 때문에 그 일에 대한 기록을 얻고 싶습니다.

---

111 『선조실록』, 22년 10월 28일(임인).

112 『선조실록』, 22년 12월 12일(을유).

② 역적 정여립의 글을 보면 "상소를 올려 율곡을 변호하려 하였지만, 성상에게 버림받아 지방에 나가게 되었기 때문에 지체하였다."는 내용이 나옵니다. 그가 그전에 무슨 일로 선조宣祖에게 잘못 보였습니까?

③ 이발의 노모와 그 손자가 국문을 받다가 죽은 일에 대해 정사에서는 무시해버리고 기록하지 않았는데, 이것은 대개 위관委官이 꺼렸기 때문이라고 하겠습니다. 그러나 그 옥사獄事를 쓰지 않으면 중봉重峯(조헌)에 대한 사실도 같이 드러낼 수가 없습니다. 모르겠습니다마는, 그 노모의 성씨는 무엇입니까? 그리고 그때 나이가 이미 일흔이 넘었습니까? 당시에 구속되어 심문받은 것이 경인년(선조 23년, 1590) 정월 같다고도 하는데, 그 말이 맞습니까?

④ 서애西厓(유성룡)의 『징비록』을 보면, 진주성이 함락된 것은 전적으로 창의사 김천일金千鎰의 실책 때문이라 하였고, 또 그가 죽을 때 통곡하면서 마치 죽음을 두려워하는 모습이었다고 기록되어 있습니다. 이것은 도대체 어떻게 된 일입니까? 정사에서는 극구 칭찬하고 있건만 외사外史에는 이런 식으로 기록되어 있으니, 참으로 괴이한 일입니다.

⑤ 이치梨峙와 웅치熊峙 두 곳 중에서 어느 곳이 권율權慄과 이복남李福男이 싸운 곳입니까? 그리고 황진黃進은 어느 곳에서 싸웠습니까? 왜인이 웅치에서 큰 승리를 거두었다느니 하면서 지껄이고 있는데, 이 일이 지금까지도 밝혀지지 않고 있으니 참으로 탄식할 일입니다.

⑥ 김덕령金德齡은 충성스럽고 용맹한 지사라고 생각되는데, 그가 공을 세운 일에 대해서는 잘 알려져 있지 않습니다. 그런데 전조前朝 때부터 흔히 말하기를 "그는 화의和議로 인해 저지되는 바람에 자신의 뜻을 펴지 못하였고, 또 시기하는 자들의 모함을 받아 그지없이 원통한 죽음을 당하고 말았다. 그래서 이로부터는 의병이 일어나지 않았는데, 정유년(선

조 30년, 1597)의 변란을 당했을 때 호남에서 의병으로 응하는 자가 없었
던 것도 바로 이 때문이었다." 하였습니다. 그런가 하면, 어떤 이는 "그
가 어리석게도 경거망동하였으니, 억울하게 죽은 것도 바로 그가 자초
한 일이다."라고 비평하기도 합니다. 하지만 이것이 어찌 세도世道와 관
계없는 일이라고 할 수 있겠습니까? 이 사람에 대해서는 처음부터 끝까
지 알아볼 수 있는 기록이 전혀 남아 있지 않은데, 실록을 보아도 반신
반의하는 상태로 그냥 방치해두고 있습니다.[113]

『선조실록』을 수정하는 과정에서 위와 같은 조사나 문의가 상당히 있었
으리라 추측되지만, 현재 남아 있는 자료는 그다지 많지 않다. 안방준에게 보
낸 이식의 편지를 통해 부족한 자료의 수집 상황을 대략 추정하고 상상할 뿐
이다.

광해본에는 기축옥사에 대한 기록이 엉성하고, 특히 선조 23년(1590)과
24년의 기록이 많이 빠져 있다. 게다가 이발의 노모와 관련된 사건은 남인,
북인, 서인 모두에게 민감한 사안이기 때문에 실록을 편찬할 때 가장 먼저
기록하는 것이 상식에 가깝다. 사초가 부족했다는 것만으로는 기축옥사에 대
한 광해본의 기사가 성긴 이유를 설명할 수 없다. 이이첨이 중심이 되어 편
찬한 『선조실록』의 수정 책임을 맡은 이식도 이런 점이 의문스러웠던 듯하
다. 이런 검토 결과는 수정본에 반영되었다.

옥사가 일어나던 처음에는 상(선조)이 수십일 동안 친국하였고, 그 후에는
혹 정국庭鞫(궁궐 안에서 하는 추국)하면서 대신이 아울러 참여하였으며, 최후

---

113 『택당집澤堂集』 별집別集 권18 「안 우산에게(與安牛山)」(한국문집총간 88).

에는 삼성 교좌三省交坐로 추국하면서 대신 한 사람이 추국을 감독하였다. 경인년(선조 23년, 1590) 5월 이전에는 정철이 감독하였고 그 후에는 유성룡·이양원李陽元 등이 대신하였다. 이해에는 이발의 형제 외에는 갇힌 사람이 없었다.

기축년(선조 22년, 1589) 10월부터 이때(선조 24년, 1591)에 이르기까지 20개월 사이에 죽은 자가 수백 명이나 되었는데, 조정 신하 중 이름난 관원으로 죽은 자가 10여 명이었으며【이발李潑·이길李洁·백유양白惟讓·유덕수柳德粹·조대중曺大中·유몽정柳夢井·김빙金憑은 장형으로 죽었고, 윤기신尹起莘·정개청鄭介淸은 장형을 받고 유배되던 도중 길에서 죽었으며, 최영경崔永慶은 옥에서 병으로 죽었다.】연좌되어 유배된 자가 수백 명이었다. 조정 신하 가운데 귀양 간 자로는 정언신鄭彦信·김우옹金宇顒·홍종록洪宗祿 등이었으며, 파직되어 쫓겨난 자도 수십 명이었다. 이들은 모두 옥사가 일어난 초기에 결정된 자들이다.

경인년 봄에 옥사가 끝난 뒤, 종묘의 제사 그릇을 훔쳐 간 옥사가 일어났으며, 그 후에도 계속해서 밀고하는 자가 있어 다시 정국과 삼성추국이 있었다. 3년이 지나서야 옥사가 그쳤는데, 이 때문에 인심이 원망하였다.

역변이 일어난 후에 윤자신尹自新이 전주 부윤이 되어 온 고을의 선비들을 모아놓고 묻기를 "이 가운데 반드시 역적과 절친한데도 모면한 자가 있을 것이다. 각자 고하도록 하라." 하였다. 그러자 모든 사람이 감히 말하지 못하였는데, 어떤 양반이 '남천의 물고기, 북산의 꿩(南川魚北山雉)'이라는 내용의 글을 올렸다. 이에 윤자신이 조사하니, 진술하기를 "남천의 물고기라 한 것은 남면에 사는 아무개의 어렸을 때 이름이 어룡魚龍이며, 북산의 꿩이라 한 것은 북촌에 사는 아무개의 자字가 자화子華인데 꿩은 화충華蟲이므로 그렇게 말한 것이다." 하였다. 이렇듯 서로 끌어들임으로써 역적과 가까이 지냈던 자들이 모두 죄를 벗어나지 못하고 죽음을 당하거나 귀양을 갔다. 이 때문에 전주 사람들이 가장 많이 죽었다.[114]

이식은 이발의 노모와 어린아이가 추국청에서 사망한 시기를 신묘년(선조 24년, 1591)으로 보는 것 같고, 필자도 제반 사료를 검토해볼 때 1591년이 사실에 가깝다고 판단한다.[115]

이 주제와 관련하여 당시 위관이 누구인지, 즉 정철인지, 유성룡 또는 이양원인지는 중요한 문제가 아니다. 기축옥사는 의금부가 단독으로 진행한 추국이 아니었다. 국왕의 친국으로 열렸거나 위관이 있는 추국청에서 이루어졌고, 적어도 삼성추국三省推鞫으로 진행되었다. 친국은 국왕이 몸소 죄인을 심문한다는 점에서 위관이 주관하는 통상의 정국廷鞫(궐정闕廷 추국)과 차이가 있다. 삼성추국은 친국보다 규모가 조금 작다. 의금부는 주관 관청이므로 자연히 포함되었다.[116]

일반적으로 추국의 절차는 고변 → 심문 → 진술 → 형신刑訊 → 재심문 → 자백 → 결안結案(진술서) → 조율照律(관련 법규 적용) → 처형으로 이루어지며,[117] 추국청 심문 문서를 포함한 추국 상황은 수시로 국왕에게 보고된다. 기축옥사는 처음에 친국으로 시작하여 정국, 삼성추국으로 이어졌다. 쉽게 말해 기축옥사는 전 과정에 걸쳐 정승과 양사가 참여했으며, 국왕의 재가를

114 『선조수정실록』, 24년 5월 1일(을축).

115 오항녕, 앞의 책, 너머북스, 2015, 227~228쪽.

116 김영석, 「義禁府의 조직과 추국에 관한 연구」, 서울대학교 법학박사학위논문, 2013, 306~307쪽. 조선 초기에는 형조와 양사(사헌부·사간원)를 아울러 삼성三省이라고 불렀다가 성종 이후에 양사와 의금부로 바뀌었다.

117 김우철, 「조선후기 추국 운영 및 결안의 변화」, 『민족문화』 35, 2010, 211쪽.

받아가면서 이루어진 옥사였다.

정철이 술김에 유성룡에게 '왜 이발의 노모와 어린아이를 살리지 못하고 죽게 두었느냐'고 했다지만, 그 일은 유성룡이 할 수 있는 일이기도 하면서, 동시에 그럴 수 없는 추국청의 조건도 있었다. 일부 북인들은 정철이 기축옥사를 조작했다는 듯이 말하지만, 여러 정파가 함께 참여하는 추국청의 경우에는 누구 혼자 조작하는 일이 불가능에 가깝다. 이같이 구조와 의지가 결합된 문제를 이양원인가, 유성룡인가, 정철인가, 또는 동인인가, 서인인가 하는 정치 세력의 '의지와 욕망'의 문제로만 환원하면 쉽게 당쟁론에 빠져버리고 만다. 광해본 『선조실록』이 그러했으며, 식민사관을 퍼뜨린 일제 관변 사학자들이 그러했다. 만일 지금도 이런 방식의 접근을 계속한다면 옛날의 그들보다 나을 것이 없는 셈이다.

한편, 효종본은 이이의 10만 양병론을 포함하여 시폐 개정을 논한 상소문을 수록하는 등(15년 9월 1일) 임진왜란 관련 기사도 광해본과 다른 몇 가지 특징을 보여준다. 수정본은 조정(행재소)보다는 민간이나 지역 상황에 대한 기록을 보완했다. 임진왜란으로 파천할 때 궁궐이 불타고 인민들이 장예원과 형조를 불태운 일(25년 4월 14일)과 왜적이 서울 사람들을 학살한 사건(26년 1월 1일) 등을 기록하여 민심과 민정을 전해주었다. 또한 경기 지역에 굶주려 죽는 사람이 급증하고(26년 2월 1일), 각 도에 흉년이 든 데다(26년 3월 1일) 각 도의 산성 수축으로 인민들의 부역이 곱절로 늘어나서(29년 3월 1일) 어려워진 민생에 대한 기사를 보완했다. 이 시기 민간의 상황은 광해본에서도 상세히 기록해놓았기 때문에[118] 효종본의 특징이랄 것까지는 없다고 하더라도 침략

---

118 전란으로 인한 민간의 고충과 사회상은 『선조실록』을 통해서도 두루 파악할 수 있다. 한명기, 앞의 책, 1999, '제1부 제3장. 1. 명군 주둔에 따른 민폐와 사회상' 참고.

전쟁의 참상을 소상히 남기려는 자료 선택의 방향을 가늠할 수 있다.

이런 수정 편찬 방향은 왜적에 대항하는 의병 활동에 대한 기사 보완으로 이어졌다. 곽재우郭再祐·고경명高敬命·정인홍鄭仁弘·손인갑孫仁甲·김천일金千鎰(25년 6월 1일, 26년 6월 1일), 조헌趙憲·영규靈圭·유종개柳宗介(25년 8월 1일), 이광李洸·윤국형尹國馨의 백의종군(25월 8일 1일), 김덕령金德齡(26년 12월 1일), 의병장 이산겸李山謙이 무고로 하옥된 일(27년 1월 1일) 등이 그에 해당한다. 광해본에 비해 효종본에 보강된 의병 활동에 대한 기사에는 야사로 추정되는 『호남의록湖南義錄』과 안방준의 『항의신편抗義新編』 등의 자료가 이용되었다. 여기서 수정 담당자들이 의병 활동에 관심을 가진 점에 주목할 필요가 있다.

임진왜란 초기에 관군은 연패를 거듭했고, 선조는 서울을 떠나 의주까지 파천하는 지경에 이르렀다. 명군明軍이 군사력에서 일익을 담당했던 측면이 분명 있지만, 전세는 조선의 의병 활동과 수군의 승전을 통해 결정적으로 변화했다. 지역사회(향촌)에서 지역민의 지지를 얻음으로써 가능했던 의병 활동은 곧 사림들이 향약과 서원을 통해 지역사회에 대한 지도력을 확보했기 때문에 힘을 발휘할 수 있었다.[119]

임진왜란 당시 의병과 조정이 심심찮게 대립한 사실은 실록에 그대로 드러난다. 의병장 곽재우가 도주했던 감사監司 김수金睟를 처단하려고 한 일뿐만 아니라,[120] 군공을 세운 의병장에 대한 시상의 배제에 이르기까지 여러 군

---

119 李泰鎭, 『朝鮮儒教社會史論』, 지식산업사, 1989, '제12장. 壬辰倭亂 극복의 사회적 動力'; 鄭萬祚, 『朝鮮時代書院研究』, 집문당, 1997, 179~186쪽.

120 『선조실록』, 25년 6월 28일(병진); 『선조수정실록』, 25년 6월 1일(기축).

데서 그 갈등을 확인할 수 있다.[121] 그렇다면 효종본에 의병들의 활동 자료를 보완한 것은 임진왜란 극복의 원동력을 의병에 둔 수정 담당자들의 인식이 반영되었다고 볼 수 있을 것이다.

광해본에 체계적인 의병 관련 기록이 없는 것은 행재소 중심의 기록에 의존했기 때문이라고 생각된다. 그렇기에 행재소를 오고간 문서를 중심으로 국내 동향이 파악되게 마련이었고, 대중국對中國 관계 기사를 중심으로 기술되었다. 효종본에는 명군의 소극적 전술(26년 2월 1일), 중국 사신의 이간질(26년 윤11월 1일) 등 비판적인 기사가 보완되어 있다.

해전에서 거둔 승리로 임진왜란의 전세를 바꾼 이순신李舜臣에 대한 기록도 효종본에서 보완한 기사에 속한다. 제목으로 미루어 『한산기사閑山記事』가 출처인 듯한데, 이순신의 승전(25년 6월 1일, 25년 8월 1일), 이순신과 원균元均의 틈이 생긴 이유(25년 6월 1일, 26년 8월 1일) 등이 상세히 수록되어 있고, 당시 조정이 원균의 편을 들었으며(27년 12월 1일) 그로 인해 이순신이 하옥되고(광해본 30년 2월 4일·6일, 효종본 30년 2월 1일), 원균은 이순신이 구축한 수군 제도를 변경하여 패배했다는(광해본 30년 7월 22일, 효종본 30년 7월 1일) 기사 등 수군 운영의 상황을 알려주고 있다.

전체 분량으로 보면 광해본 대비 효종본이 1/5에 불과하지만, 이렇듯 『선조수정실록』(효종본)은 선조 시대의 중요한 사건과 관련하여 필요한 기사를 추가하고 보완하는 방향으로 편찬되었다. 다음에 살펴볼 사론의 수정은 효종본의 또 다른 목표를 여실히 보여준다.

---

121 한명기, 앞의 책, 1999, 78~81쪽.

2. 사론의 수정

선조 30년(1597) 이후부터 『선조실록』의 사론과 대비되는 다른 방향의 사론이 『선조수정실록』에 나타나기 시작한다. 이식이 선조 29년(1596)분까지 수정을 마쳤다고 했으므로, 이 수정 사론은 효종 8년(1657)의 2차 수정에 참여한 편찬자들이 작성한 것으로 짐작된다. 그런데 이식이 정리해놓은 '선조대왕실록수정범례'에 이미 사론에 관해 언급되어 있기 때문에 실제로 누가 수정 사론을 달았는지는 판단하기 어렵다.

> 이 기록의 수정을 마친 마무리에 『선조실록』의 무함과 왜곡, 허위와 오류의 실상을 하나하나 거론하고 오늘날 수정·보완하는 의의를 겸하여 한 편의 사론을 작성한 뒤 그 기사 끝에 첨부하여 뒷날의 고찰에 대비한다.[122]

어느 경우이든 사론은 그 특성으로 보아 당대 인물에 대한 평가가 가장 핵심적인 문제이기 때문에 편찬자들이 최대한 주의를 기울인 부분임이 틀림없다. 수정 담당자들이 『선조실록』(광해본)에서 왜곡이 가장 심하다고 파악한 부분도 사론이었다. 이이첨을 비롯한 편찬자들이 자신들을 포함하여 몇몇 사람에 대해서는 왜곡하여 치켜세우고, 그 밖의 사람들은 깎아내리면서 근거 없이 비난했다는 것이다. 이제부터 광해본과 효종본의 사론을 비교해보자. 광해본에서 폄훼했던 인물을 『선조수정실록』(효종본)에서 다르게 평가한 사례이다.

---

122 이식, 『간여본』, 「선조대왕실록수정범례」.

● **유성룡**柳成龍

광해본》 왜와 강화講和를 주장하였고, 부모님을 뵈러 가서는 술을 마셨다.

효종본》 전란을 수습하려는 노력은 당시에도 세간의 인정을 받았고, 학행과 효우로 주변의 칭찬이 자자하였다. 또한 부친을 극진히 간병했던 사람이다. 유성룡이 퇴계 이황의 제자로 안동의 도산서원에서 공부할 때, 퇴계가 유성룡을 두고 "이 청년은 하늘이 내린 사람이다"라며 칭찬하기도 했다. 그가 죽자 서울의 백성 1,000여 명이 그가 살던 옛 집터에 모여 통곡을 했다고 한다.

● **한준겸**韓浚謙

광해본》 겉은 관대했지만 속은 음험했다. 사류를 공격했고 유성룡 다음으로 나라를 망친 죄인이다.

효종본》 당시에 위인이라며 칭송이 자자한 사람이었고, 선조가 죽으면서 뒷일을 부탁한 유교 칠신遺敎七臣 중 한 명이다.

● **이덕형**李德馨

광해본》 젊은 시절 재능으로 이름을 날리기도 했으나, 임진왜란을 당하여 파천했을 때 군소배들과 어울려 예절을 상실하였고, 또 유성룡과 함께 일하였는데 모든 일들이 보탬은 없고 해만 있었다. 일찍이 통진通津 쌀 100석을 자기의 고을 농사農舍로 공공연히 싣고 갔다.

효종본》 청렴한 인재라는 중망重望으로 일세의 추중을 받았으며 나라가 뒤집어지는 때를 맞아 나라를 위해 집을 잊었는데, 어찌 공공 곡식을 훔칠 리가 있겠는가? 이덕형과 이항복은 모두 어진 재상으로 세상에서 기대하는 것이 컸기 때문에 기자헌과 이이첨의 무리가 무척이나 시기하여 반드시 그들을 모함할 계략을 꾸미려 했다. 그러나 적당한 구실을 찾지 못하자 마침내 근거도 없는 얼토당토않은 사실을 가지고 마음대로 비방하고 욕하면서 사책史冊에 기록한 것이다.

세세한 부분에서 약간 다를 수는 있지만, 위 인물들에 대한 세간의 평가나 이후 역사적 평가가 『선조수정실록』과 큰 차이가 없다는 점에서 『선조실록』의 평가는 매우 혹독한 편이다. 다음은 『선조실록』 편찬을 책임졌던 이이첨에 대한 평가이다.

● **이이첨**李爾瞻

광해본》 천성이 영특하고 기개가 있었으며 간쟁하는 기품이 있었다. 이이첨은 바른 사람이다. 문예에 능했는데 그 문장이 웅장하고 화려했으며, 위인이 단정하고 명민하여 조행과 언어가 분명하였다. 친상親喪을 당해서는 6년 동안 죽을 먹으면서 연명하고 염장鹽醬과 과채果菜를 먹지 않았으며, 그 수심 띤 안색과 슬피 곡읍하는 모습은 우매한 백성도 모두 감동하는 바였다. 급기야 벼슬길에 오르니 조정에 우뚝 서서 바른말과 강직한 논박이 맨 먼저 정승 유성룡에게 미치므로 죽지 않은 권간權奸의 간담이 모두 서늘해졌다. 어버이 섬김을 효로 하고 임금 섬김을 충으로 하는 것 중 그 하나도 오히려 쉽게 얻을 수 없는데, 하물며 이를 모두 겸한 자임에랴. 그러므로 당세에 제일가는 사람이라 한다.

효종본》 간사하고 악독한 성품으로 일찍이 사헌부·사간원에 들어가 오직 공격하고 해치는 것을 능사로 삼았다. 혼조昏朝에 이르러서는 위험한 말로 임금을 놀라게 하고 미혹시켜 여러 차례 큰 옥사를 일으켰으니 영창대군이 제 명에 죽지 못한 것은 실로 이 역적에게서 말미암은 것이며, 옥사

를 조작하여 죄를 얽어 무함함이 모후에 미치도록 해서 유폐시키고 곤욕
을 치르도록 함으로써 불측한 지경에 이를 뻔하였으니, 어찌 충·효 두 자
를 이런 역적에게 붙일 수 있겠는가? 또 자신이 대제학이 되어 실제로 『선
조실록』 편찬을 전담하였는데, 자기를 높이는 말이 이처럼 낭자하니 정말
꺼리는 바가 없는 소인이라 하겠다.

두 실록에서 인물에 대한 사론의 차이를 조사해보니, 광해본에 실린 인물
중 나중에 효종본에서 재평가된 이가 40명이었다. 광해본 수정에 적용된 주
묵사의 원칙, 즉 원본과 수정본을 둘 다 남겨 어떤 기사를 어떻게 수정했는
지 쉽게 알 수 있게 하고, 그 판단을 후세 사람들의 몫으로 두는 원칙 덕분에
지금 우리는 그 차이를 확인할 수 있고 장차 연구의 토대로 삼을 수 있다. 효
종본에서 재평가된 인물 40명을 광해본과 효종본의 기사를 대비하여 〈표 4〉
로 작성했다.

〈표 4〉 『선조실록』과 『선조수정실록』의 사론에 나타난 인물평

인물	『선조실록』 (광해본)	『선조수정실록』 (효종본)
유성룡柳成龍 (남인)	30년 10월 16일 : 왜와 강화講和 주장, 근친覲親 중 음주	30년 12월 1일 : 전란 수습. 학행과 효우孝友로 널리 알려졌다. 부친을 지극히 간병
	36년 10월 7일 : 국정을 바로잡지도 못했고, 실효도 없었음. 김우옹의 "대신다운 국량도 풍채도 없다."는 평이 옳음.	36년 10월 1일 : 임진년의 공이 큼. 나라 걱정을 집안일처럼 했음. 김우옹과는 교우가 긴밀했으므로, 광해본에 실린 평은 믿을 수 없는 말임.
황신黃愼 (서인)	30년 4월 1일 : 정철에 아첨. 마음이 편벽, 재주가 볼 것이 없음.	30년 12월 1일 : 성혼을 위한 직언으로 죄를 입어도 동요하지 않음.

이이첨李爾瞻 (대북)	30년 10월 17일 : 영특하고 기개가 있음. 간쟁하는 풍도.	30년 12월 1일 : 간신의 괴수로 실록청에서 자신을 칭찬
	32년 9월 20일 : 바른 사람. 문예에 능함. 엄숙 단정, 명민한 행동과 분명한 언어. 친상 때 6년간 죽을 먹음. 위언危言과 당론으로 유성룡 등을 비판. 당대 제일가는 사람.	32년 9월 1일 : 간사·악독. 사헌부에서 공격하여 해치는 일을 능사로 삼음. 광해군대에 수차례 옥사 조작. 대제학으로 실록 편찬을 담당하여 자기 칭송을 꺼리지 않은 소인.
윤두수尹斗壽 (서인)	31년 3월 1일 : 홍문록弘文錄 결정 때 아들 윤훤尹暄을 위해 개입. 염치없는 비부鄙夫.	31년 3월 1일 : 홍문록 결정 당시에 윤두수는 탄핵 중이었음. 사신史臣이 날조에 급급하여 사실을 살피지 못함.
	32년 2월 8일 : 경박·무례·탐욕·교활. 나라의 도적, 사림의 해충.	32년 2월 1일 : 조광조 복권운동, 권신權臣 이양李樑의 모함. 이황·조식과 학문 교류. 붓을 잡았다고 마음대로 헐뜯고 욕하면 안 된다.
	33년 1월 29일 : 탐오·음흉·교활·표독. 기축옥사에서 정철과 함께 사류를 살해.	
	35년 2월 12일 : 최영경의 옥사를 주도했는데, 당로자當路者가 윤두수를 구제.	35년 윤2월 24일 : 최영경 논의 엿새 뒤에 출사出仕했으므로 유배를 주도하지 않았음. 이때 당로자는 정인홍과 기자헌인데, 이들이 윤두수를 구원했다는 것은 당치 않음.
조정립趙正立 (남인)	31년 5월 8일 : 간사·용렬. 정경세鄭經世를 상전으로 섬겨 청현직淸顯職에 오름. 사람들을 모함하고 질투. 사람들이 그를 비루하게 여김.	31년 5월 1일 : 돈후·청렴·정직하여 당시에 인정을 받음.
김의원金義元 (남인)	31년 5월 8일 : 재주로 이름남. 거상居喪에 불참. 소인배들과 결탁, 유성룡의 세력을 이룸. 홍문관에서 유성룡 구제 노력.	31년 5월 1일 : 비방을 당한 것은 의견이 다른 사람에게서 모함을 받은 것.
이심李愖 (남인?)	31년 5월 8일 : 탐욕·간사·아첨. 조정립의 당여.	31년 5월 1일 : 아첨하거나 간사한 인물인지는 자세하지 않지만, 탐욕스럽고 비루하다는 말은 있음

성혼成渾 (서인)	31년 6월 7일 : 은사隱士의 명성이 있었으나, 공명功名에 빠짐. 최영경 죽음도 방치. 당시 정철과 악행을 저질러 모두 미워함.	31년 6월 1일 : 선조가 의주로 파천하던 당시 이홍로李弘老의 모함으로 내내 출사 안 함. 당시 학행으로 칭송.
허성許筬 (북인)	31년 4월 15일 : 이호민李好閔·김홍미金弘微 무리에 붙음. 서인과 합하려 하고, 윤두수에 아첨.	31년 12월 21일 : 허성의 문벌과 위망位望이 김홍미 등보다 높기 때문에 그들 무리에 붙었다는 말은 그름. 동·서당이 분리되었던 탓에 협력하거나 아첨하는 것이 불가능
김수金睟 (남인)	31년 4월 15일 : 자기 당黨을 심고, 권세를 전횡하고 시기·훼방함.	31년 12월 21일 : 평소 겸손하고 우아함. 당론이 일어날 때 수졸守拙하다는 평가.
이덕형李德馨 (남인)	31년 4월 26일 : 임진왜란으로 파천때 예禮를 잃음. 무능. 쌀 100석 횡령.	31년 12월 21일 : 전란으로 상중에 기복起服한 것은 비난 대상이 아님. 일세에 청렴하다는 중망.
	39년 1월 22일 : 아비가 문화현령文化縣令으로 있을 때 고신첩告身帖 100여 장을 몰래 내다 팔아 소 수백 마리를 사들임. 반복 변절.	39년 1월 1일 : 이덕형에 대해 모함할 방법을 찾지 못하자 마음대로 사책史冊에 기록한 것임.
한준겸韓浚謙	32년 2월 16일 : 겉은 관대하지만 속은 음험. 화의和議 주동, 사류 공격. 유성룡 다음으로 나라 망친 죄인.	32년 2월 1일 : 당시에 위인이라 칭송. 주로 외직外職 생활. 실록(『선조실록』)의 서술은 모함.
김륵金玏 (남인)	32년 3월 4일 : 유성룡이 뜻을 얻자 그 위세를 빌려 안전을 도모함.	32년 3월 1일 : 유성룡이 논핵당한 뒤 김륵이 차자를 올려 구원하니, 군소배가 험담한 것.
조정趙挺 (대북)	32년 9월 20일 : 훌륭한 선비로, 단아하고 보옥寶玉 같다.	32년 9월 1일 : 명성도 없었고, 광해군대에 이이첨에 붙어 정승을 지냄. 편찬자가 자기 당이라 하여 허위로 높임.
기자헌奇自獻 (소북)	32년 10월 12일 : 과묵, 바르고 아부하지 않음.	32년 10월 1일. 음험·흉악. 헛된 명예를 만들어 후세를 속이려 한 것.
	36년 1월 7일 : 외모는 질박하나 마음이 신명神明하여 세상 물정을 통찰.	36년 1월 1일 : 음험. 행실이 불측. 사람 해치는 일을 능사로 삼음. 후세의 공론을 면할 수 없음.

	37년 5월 22일 : 사당私黨을 심지 않고 마음가짐이 평정. 이조·병조에서도 공정. 재상이 되자 병졸까지 경하.	37년 5월 1일 : 사신史臣의 서술은 터무니없고 한심함. 정인홍에 붙어 사류를 일망타진. 뇌물수수.
	38년 8월 2일 : 도량이 넓고 일찍부터 덕망이 있었음.	38년 8월 1일 : 김상헌을 미워하여 경성 판관鏡城判官으로 내보냈으면서도 실록(『선조실록』)을 감수할 때 자기 속셈대로 기록. 주벌誅罰해도 모자람.
이항복李恒福 (서인)	33년 1월 16일 : 기축옥사 때 낭청으로 정철과 함께 서울·호남·영남의 사류를 모두 죽이려 함.	33년 1월 1일 : 기축옥사 때 이항복의 주선으로 생존한 사람이 많음. 그가 지은 기축기사己표記事를 보면 심정을 알 수 있음.
	37년 4월 4일 : 사직 차자에 '간당奸黨'이란 말을 써서 스스로 탄핵하며 분노함. 정철을 구호.	37년 4월 1일 : 이항복의 농담이자 은미한 말. 이항복을 아는 자가 쓴 사론이 아님.
	39년 1월 22일 : 정철과 동악상제同惡相濟의 사이	39년 1월 1일 : 기축옥사 당시 문사낭청問事郞廳이었던 이항복이 정철의 최영경 구명求命 사실을 기록해놓은 것으로 볼 때, 동악상제라는 표현은 소인배들의 날조임.
심희수沈喜壽 (남인)	33년 2월 29일 : 변덕이 무상無常. 관청의 늙은 기생이라는 기록도 있음.	33년 2월 1일 : 청현직과 6경六卿을 지낼 때 비방하는 말이 없었음.
	39년 9월 10일 : 지조 없이 아부.	39년 9월 1일 : 벽서 사건 때 위관委官으로서 기자헌의 사건 확대를 저지. 이에 감정을 품고 기자헌이 국사를 감수하면서 분풀이한 것.
심열沈悅 (서인)	33년 6월 4일 : 교활·변덕이 무상. 당초 이이첨에 붙었다가 이이첨 몰락 후에는 시의時議에 붙음.	33년 5월 1일 : 지평이 되어 임국노任國老를 탄핵하자, 그 무리들이 미워하여 무함.
박홍구朴弘耉 (박홍로朴弘老) (대북)	33년 7월 13일 : 단정. 일처리가 주밀하고 자세함.	33년 7월 1일 : 간사하고 아부를 잘하며 탐욕스러운데, 이처럼 찬양한 것이 놀라운 일.

	33년 9월 1일 : 미련하고 간사. 평안도 감사를 지낼 때 청렴하지 못하다는 기롱이 많음.(*『선조실록』 내에서도 서로 다른 사평이다―필자)	
이현영李顯英	33년 12월 30일 : 성품이 음흉. 정철을 추앙, 계사啓辭도 작성 못하여 박동량朴東亮 형제의 손을 빌림.	33년 12월 22일 : 이색李穡의 후손. 온아하고 간묵簡黙. 세간의 추앙을 받음.
정구鄭逑 (남인)	34년 9월 18일 : 성천 부사로 있을 때 백성들에게 거두어 평안도로 오는 궁인宮人을 대접함.	34년 9월 1일 : 훈련된 선비. 정구가 정인홍을 싫어하여 왕래하지 않았기에 멋대로 무함하고 비방한 것.
정홍익鄭弘翼 (서인)	35년 2월 2일 : 결단력이 없고, 유약한 겁쟁이.	35년 2월 1일 : 성혼의 죄를 날조하려는 정인홍 때문에 피했던 것.
이정구李廷龜 (서인)	35년 3월 23일 : 사부詞賦에 재능이 없어 인망에 부족	35년 3월 1일 : 중국 사신使臣 전담, 문사文詞로 당시에 명망이 있었는데, 역사 편찬자의 거짓이 심함.
이해수李海壽 (서인)	35년 6월 11일 : 간사·악독. 관작 삭탈은 당연.	35년 6월 10일 : 선조가 소인의 참소를 믿고 삭탈. 사평史評은 정인홍과 홍여순洪汝諄 무리가 작성.
황정욱黃廷彧	35년 8월 8일 : 임금을 잊고 나라를 버린 죄가 천지에 사무친다.	35년 8월 6일 : 인품이 깐깐하여 당로자에 거스름. 왜倭의 주문奏文 사건으로 북변 유배. 사론은 심함.
정인홍鄭仁弘 (대북)	35년 9월 25일 : 조식의 고제高弟. 기개와 절조로 자부. 정인홍의 일을 경계로 산림들이 은신하여 애석.	35년 9월 25일 : 산림에 가탁. 사람을 해침. 사신史臣이 견강부회하고 아첨. 임금을 섬기기 어려운 비부鄙夫.
윤근수尹根壽 (서인)	36년 4월 9일 : 간신의 편이 되어 착한 사람을 해침	36년 3월 1일 : 판의금부사로 있으면서 시론時論에 따르지 않자, 역사를 쓰는 자가 그릇되게 기록한 것임.
신흠申欽 (서인)	36년 4월 25일 : 기자헌이 청현직에 등용하려 했는데, 유성룡이 자신의 장인 송응개宋應漑를 모함한 인물이라고 반대.	36년 4월 1일 : 당시 신흠은 약관 이전이었고 포의의 선비였으므로 논의에 참여할 수 없었음. 송응개 유배는 특명特命에서 나옴.

정협鄭恊	36년 5월 15일 : 아비 정언신鄭彦信이 이항복에 의해 귀양을 갔는데도 이利를 쫓아 원수를 잊은 삽살개.	36년 5월 1일 : 정협이 이항복과 왕래를 그치지 않은 것은 기축옥사에서 없는 죄를 꾸미지 않았다는 반증. 근거 없는 평론.
윤방尹昉 (서인)	36년 6월 5일 : 이홍로李弘老가 아비 윤두수를 나라의 역적으로 지목했는데도 윤방은 임인년 가을 이후 그와 자주 왕래하여 사람들이 의심했음.	36년 6월 1일 : 기자헌이 이홍로를 꺼렸고, 윤두수 부자를 질시하여 근거 없이 양쪽을 함정에 빠뜨리려 한 것.
박동량朴東亮 (서인)	36년 7월 19일 : 장인 민선閔善과 함께 최영경을 옥사케 하고, 정철을 추종.	36년 7월 1일 : 재주 있고, 인품이 너그러워 남을 해치지 못함. 사실과 어긋남.
최황崔滉	36년 8월 1일 : 경박·편협. 정철의 심복으로 최영경과 조대중曺大中 주벌에 앞장섬. 이때 죽었지만 애석해하는 사람이 없었음. 김덕령을 옥중에서 죽게 함.	36년 8월 1일 : 일에는 민첩하지만 각박하고 도량이 좁아 좋아하는 사람이 적음. 기축옥사나 김덕령 옥사에서 모함한 일이 없음. 기록자가 유감을 갖고 배척한 것.
김류金瑬 (서인)	37년 5월 16일 : 아비 김여물金汝岉이 죽은 탄금대를 지나게 되었으니, 거기서 지난날 여악女樂을 즐겼던 일이 두렵지 않겠는가?	37년 5월 1일 : 시배時輩들이 그의 재주와 명망을 꺼려 도사都事로 내치고, 또 탄금대에서 음악을 연주했다고 한 것은 지나친 서술임.
오억령吳億齡 (남인)	37년 5월 25일 : 기축옥사 때 정철이 최영경을 죽이고 영남 사람들을 일망타진하려고 오억령을 어사로 삼음.	37년 5월 1일 : 정철이 오억령에게 부탁했을 리도 없고, 오억령이 그 책임을 지고 영남에 나갔을 리도 없음. 사신의 무함.
이희득李希得 (북인)	37년 11월 15일 : 강직. 박순·정철·윤두수를 비판하여 사론士論이 그를 칭찬. 이조 참판 때 사류를 등용.	37년 11월 1일 : 재능이 없이 출세에만 연연하여 정철과 박순에 대한 비난만 일삼음. 사신의 칭찬은 경악할 일.
홍봉선洪奉先	38년 1월 15일 : 허탄하고 음험하여 말을 만들고 일을 일으키기 좋아함.	38년 1월 1일 : 기자헌이 은銀을 뇌물로 받은 일이 드러났음에도 본인이 실록을 감수하면서 홍봉선이 말을 꾸몄다며 왜곡함.

심종도沈宗道 (대북)	38년 2월 24일 : 맑은 지조와 관리의 재주가 있음.	38년 2월 1일 : 광해군대에 이이첨에게 아부하여 음관蔭官으로 판결사判決事를 지냄. 실록의 왜곡이 이런 식임.
홍여순洪汝諄 (소북)	38년 4월 1일 : 품성이 흉험하고 탐포하며 꺼리지 않는 사람.	38년 4월 1일 : 실록의 포폄은 대개 애증에 따라 마음대로 썼는데, 홍여순만 실상대로 썼음.
김상헌金尙憲 (서인)	38년 8월 7일 : 전랑으로 있을 때 임의대로 진출시키거나 막음.	38년 8월 1일 : 기자헌이 유영경을 끌어들이려다가 김상헌에게 저지당했으니, 강직함을 알 수 있음.
이충李冲	39년 1월 10일 : 권간權奸 이량李樑의 아들인데, 궁액宮掖에 아첨하여 초탁超擢.	39년 1월 1일 : 이충에 대해서는 사실대로 기록.

〈표 4〉를 통해 알 수 있듯이 사론이 수정된 40명 가운데 광해본과 효종본에서 평가의 일치를 본 인물은 홍여순(소북)과 이충 두 사람인데, 둘 다 비판을 받았다. 광해본에서는 높이 평가했지만 수정본에서는 비판한 인물은 이이첨·기자헌·박홍구(홍로弘老는 초명)·정인홍·이희득·심종도이다. 박홍구는 광해본에도 평가가 상반되는 두 사론이 같이 실려 있다. 광해본에서는 이들을 제외하고 나머지 인물은 모두 깎아내렸다. 좀 더 연구를 진행해야 실상에 근접하겠지만, 과도한 폄훼가 있는 것으로 보인다. 〈표 4〉에 나타난 사론은 이이첨을 비롯한 몇몇 대북 정권 담당자들이 자당自黨을 제외한 잠재적·현실적 정치 세력을 배제함으로써 정치적 조정 능력이나 통합 능력을 결여했음을 보여준다.

능력이 있다면 서인이나 남인, 소북 등 당색에 관계없이 존경받는 인물이 없을 리 없고, 또 누구나 장단점이 있기 마련인데, 광해본에서 보여준 대북 정권 담당자들의 자찬과 배타성은 납득하기 어려운 점이 많다. 한준겸 같은 유교 7신遺敎七臣, 이덕형·이현영 같이 당색을 떠나 중망을 받던 인물은 물론, 유성룡·정구 등 임진왜란에서 공을 세웠거나 학문이 높은 남인 관료나 학자, 그리고 서인 계열인 성혼·이항복·윤두수·신흠·이정구 및 신진인 김상헌 등은 예외 없이 광해본에서 폄훼했다. 이정구는 폐모론에 반대하여 관직에서 쫓겨나다시피 물러났음에도 외교관의 자질과 능력을 인정받아 광해군에 의해 다시 등용되었을 정도로 문명文名이 높았지만, 정작 『선조실록』(광해본)에 써놓은 인물평에는 사부詞賦에 식견이 없다는, 이해하기 힘든 비판을 하고 있다.

『선조실록』이 계축옥사와 그에 이은 폐모론이 진행되던 무렵에 이이첨 등에 의해 편찬되었음을 상기할 필요가 있다. 『선조실록』의 사론은 광해군 중·후반기에 대북 정권의 지지 기반이 점차 좁아지는 형편을 반영한다. 이같은 태도로 실록을 편찬함으로써 그들은 자신들의 지지 기반 축소를 자초했는지도 모른다.

지금까지 『선조수정실록』(효종본)의 편찬 전모를 살펴보았다. 효종본의 편찬 과정과 쟁점, 체재와 참고문헌, 수정 및 보완된 기사의 실제 등으로 나누어 검토했다. 당대사 편찬과 계해반정이라는 정치 상황의 변동이 갖는 상관관계, 수정의 방향과 주체 및 사업 구성 등에 대한 논쟁, 실제 수정 사업의 진행 상황을 알아본 뒤, 체재와 수정을 위한 참고문헌에 대해 알아보았다. 끝으로 광해본과 효종본의 기사를 실제 비교·검토하여 교정과 보완의 특징을 살펴보았다. 그 결과 『선조수정실록』(효종본)이 『선조실록』(광해본)에 비해 경연 기록뿐 아니라, 동서분당, 기축옥사, 임진왜란 중 행재소 이외의 기록, 이를테면 의병 활동, 수군 활동, 민간 동향을 보완했음을 확인했다.

특히 인물평을 중심으로 한 사론은 대북계 소수의 인물을 제외하면 당색에 관계없이 폄하했던 『선조실록』의 기사를 『선조수정실록』에서는 비판적으로 수정했음을 알게 되었다. 『선조실록』 사론에 나타난 편향성은 곧 광해군 대를 주도했던 대북 세력이 다른 학파나 정치 세력에 배타적이었던 만큼 고립되어가고 있었음을 반증한다. 그러므로 계해반정을 계기로 『선조실록』의 수정이 수면으로 떠오른 것은 당연한 결과였다. 실록의 수정과 같은 사안은 정치 세력의 변동을 전제로 하지 않고는 거의 불가능하다. 그런 면에서 『선조수정실록』의 편찬은 일반적인 정치사적 의미를 갖는다고 할 수 있다.

그렇지만 정치 세력의 변동이라는 측면에서만 수정 작업을 해석하기에는 불충분하다. 반정 초기 『선조실록』 수정 작업이 아닌 『광해군일기』의 편찬에 우선순위를 넘겨준 데서도 알 수 있듯이 『선조실록』의 수정과 반정이라는 정치 상황의 상관성은 생각보다 높지 않았다. 또 수정을 둘러싼 논쟁에서 살펴보았듯이, 반정 일등공신인 최명길을 제치고 이식이 수정 작업을 주도했던 것도 단지 정치적 의미로만 따질 수 없는 증거이다.

그러면 『선조실록』 수정의 동력은 어디에서 나왔을까? 이 문제는 주체와 명분의 두 측면에서 찾을 수 있다. 아무리 수정의 필요성이 제기된다고 한들 그것을 추진할 주체가 없으면 진행할 수 없다. 바로 이로부터 첫 번째 수정 배경을 꼽을 수 있다. 즉, 인조대에 실록 수정 작업이 가능했던 배경은 선조 시대 이전부터 형성되어 붕당으로 진화한 사류士類가 존재했기 때문이다. 그들은 서원과 유향소를 통해 지역사회에 뿌리내리면서 동시에 사상적·학문적 결집을 이루었고, 이황의 『성학십도聖學十圖』나 이이의 『성학집요聖學輯要』에서 보여주는 국가 경영의 비전을 실제로 현실화시키고자 했다. 실록 수정은 이들이 일차적인 동력이 됨으로써 가능했다. 이후 몇 차례의 실록 수정이 더 이루어질 수 있었던 것도 이러한 시대적 배경이 뒷받침되었다고 할 수 있다.

두 번째로, 『선조실록』을 수정해야 한다는 명분이 사류들 사이에서 공론으로 설득을 얻고 있었다는 점도 중요하다. 그들이 명분으로 내세운 이유는 물론 『선조실록』의 기사와 사론의 편향성에 있었다. 그렇지만 그 편향성을 바로세우는 데는 기준이 있어야 하며, 그 기준은 곧 수정에 동의하는 사류의 정체성과 같다. 자신들의 정체성을 통해 『선조실록』을 수정한 것이기도 하지만, 『선조실록』의 수정을 통해 자신들의 정체성을 강화한 것이기도 했다.

이러한 측면은 『선조실록』 수정이 발의에서 완성까지 인조~효종 연간의 약 40년이라는 긴 기간에 걸쳐 이루어졌던 데서 확인된다. 인조·효종 연간은 각 학파가 스스로의 정체성을 만들어가는 단계이기도 했던 것이다. 인조 연간에만 해도 원종(인조의 아버지) 추숭 논의, 정묘호란과 병자호란에 대한 대응 등을 통해 입장과 원칙을 정리하는 과정에서 서인은 이황을 사림의 종장으로 세우고 이이－김장생으로 이어지는 학통을 잡아나갔으며, 이는 효종 초년 이이의 문묘종사 논의로 표출되었다.[123] 『선조수정실록』의 전거에 이이의 『석담일기』를 우선 채택하고, 동서분당에서 이이의 조제보합調劑保合(붕당 간의 조정과 화합)을 강조한 것은 우연이 아닐 것이다. 이런 점에서 기축옥사 중 정철의 역할에 대한 변론 증거를 제시하고, 서인과 남인 등의 인물에 대한 광해본의 사평을 바로잡고자 한 이유도 설명할 수 있을 것이다. 남인의 입장에서도 유성룡·정구 등 남인계 관료와 학자를 폄훼했던 『선조실록』을 용인하기는 어려웠을 것이다. 이렇듯이 『선조수정실록』은 왜곡된 역사의 수정, 그리고 그 수정을 통한 자기 정체성의 형성과 확립이라는 사류들의 요구가

---

123 이이의 문묘종사는 인조 원년(1623)부터 제기되었다. 『인조실록』, 원년 3월 27일(정사). 이후, 효종 즉위와 함께 다시 제기되어 격론을 거쳤다. 효종 10년(1659), 효종과 송시열의 기해독대에서도 이이의 문묘종사 문제는 강빈姜嬪의 신원, 김홍욱金弘郁의 복작, 북벌과 함께 논의된 4대 의제 중 하나였다. 오항녕, 앞의 논문, 1993, 23~27쪽 및 42~45쪽.

낳은 역사적 산물이었다.

　『선조수정실록』의 기록을 좀 더 정확히 이해하기 위해서는 별도로 사료 비교 및 비판 방법을 연구하여 적용할 필요가 있다. 지금까지의 논의에서 제시한 자료는 말 그대로 논의를 위한 최소한의 것이기 때문이다. 이제 단순 비교를 통해 특징을 확인하는 수준을 넘어 수정에 인용된 참고문헌을 다시 기사마다 분석하고 검증하여 앞으로 학계에서 연구할 때 더 정확한 사료의 기초를 마련해야 한다. 그 사료비판의 궁극적인 목표는 두 실록을 오늘날 우리에게 남겨준 본의, 즉 '주묵사'의 본의를 달성하는 것이다.

제3부
『현종실록』과 『현종개수실록』

　역사에서 분열이나 의심은 대단한 정책이나 명분에서 시작되기도 하지만 아주 사소한 계기에서 출발하기도 한다. 중대한 정책이나 명분은 대립·갈등의 중요 기준이지만 충분히 예견할 수 있고, 그렇기에 조정되기도 한다. 변곡점은 이러한 조정 가능성을 무색하게 만드는 도발에서 시작되는데, 이런 메커니즘이 한번 작동하면 의심은 의심을 낳고, 돌이킬 수 없는 소용돌이에 휘말린다.

　예송禮訟이 바로 대표적인 사례이다. 상복喪服 문제를 정통성 차원의 논란으로 바꿔버린 윤선도에 의해 일어난 예송은 사화士禍의 길로 내달았다. 숙종 즉위를 전후하여 예송은 아예 사화의 본색을 드러냈고, 그 일에 대한 기억의 정리, 즉 『현종실록』의 개수는 예정된 것이나 마찬가지였다. 이미 효종의 정통성과 관련된 사안이 되어버렸기 때문에 예송은 각 논쟁의 주체가 혼신을 다해 논리를 펼쳐야 할 주제가 되었다.

　그 결과 숙종대 『현종실록』의 편찬은 일방의 배제 속에서 이루어졌다. 이런 점은 광해군대 『선조실록』의 편찬 상황과 비슷하다. 따라서 재편찬 역시 환국換局이라는 정치 세력의 변동과 함께 시작될 수밖에 없었다. 단, 『현종실록』의 재편찬은 부분적인 수정이 아닌 전면 개수라는 방식으로 이루어졌다.

　전면 개수였던 만큼 『현종실록』과 『현종개수실록』을 실록찬수범례에 따라 상호 비교하고, 대동법 논의 같은 주요 사안 및 인물평을 중심으로 차이점을 알아보는 방법을 취했다. 결코 적지 않은 분량의 두 실록에 나타난 차이를 모두 다 제시할 수 없기에 취한 선택적 비교라는 한계를 지닐 수밖에 없다.

1장 『현종실록』의 편찬과 개수

1. 『현종실록』의 편찬

1) 예송: 『현종실록』 편찬의 배경

『현종실록』(편찬을 마친 숙종 3년의 간지를 따서 '정사본'으로 병칭)의 개수는 조선시대 실록의 개수·수정의 역사에서 볼 때 『선조수정실록』을 편찬한 이래 두 번째 발생한 일이다.[1] 이는 실록이라는 역사가 정치 변동과 밀접한 관련을 가질 수밖에 없음을 보여주는 한편, 수정(개수)을 했음에도 불구하고 이미 편찬된 실록(원본)을 수정본(개수본)과 함께 보존했다는 점에서 역사에 대한 당대인들의 높은 문화 의식을 보여주는 사건이다. 더 나아가 역사적 진실은

---

1 조선시대 실록 수정에 대해서는, 오항녕, 「『宣祖實錄』 修正攷」, 『한국사연구』 123, 2003; 오항녕, 「조선후기 실록 편찬의 성격」, 『국사관논총』 105, 2004; 허태용, 「『景宗實錄』을 통해서 본 少論의 정치 義理 검토」, 『민족문화연구』 60, 2013; 오항녕, 「『경종실록』의 편찬과 수정修正」, 『민족문화』 42, 2013.

무엇인가에 대한 후대 역사가들의 관심과 책임을 부여하는 주제가 된다.

효종과 인선왕후 장씨의 맏아들로서 조선 18대 국왕으로 등극한 현종의 재위 기간(1659~1674) 역사를 담은 것이 『현종실록』이다. 1674년 현종이 승하하자 실록을 편찬하는 관례에 따라 이듬해인 숙종 1년(1675) 5월에 편찬을 시작하여 숙종 3년(1677) 9월에 마쳤으니, 『현종실록』 편찬에 대략 2년 5개월이 걸린 셈이다. 총 22권이며, 5질을 간행하여 춘추관과 지방 4사고에 봉안했다.

그런데 숙종 6년(1680) 허적許積과 윤휴尹鑴 등 숙종 초반 주도권을 장악했던 남인이 경신대출척庚申大黜陟으로 대부분 조정에서 축출되는 일이 벌어졌다. 이와 동시에, 그들에 의해 편찬된 『현종실록』의 기록이 부정확하고 왜곡되어 개수해야 한다는 공론이 형성되기 시작했다. 현종 연간에 당파 간의 견해가 대립했던 정책과 사건이 여러 번 있었으니 그를 둘러싼 이해와 관점의 차이가 낳은 결과라고 추정할 수도 있다. 그러나, 『현종실록』과 『현종개수실록』을 비교하면 드러나겠지만 실제로 꼭 그런 것은 아니었다.

'개수改修'라는 말에서 알 수 있듯이 『현종개수실록』('개수본'으로 병칭)은 현종대의 실록을 아예 다시 편찬한다는 기조로 작업이 진행되었다. 따라서 『현종실록』과 『현종개수실록』이 어떻게 다른지는 이 시기 역사를 연구할 때 가장 먼저 확인해야 할 부분이다. 왜냐하면 실록이 갖는 내용의 충실성과 포괄성을 감안할 때 시대사든 분야사든 중심 사료로서의 실록을 무시할 수 없기 때문이다. 하지만 아직 학계에서는 이런 검토에 소홀했던 탓에 『현종실록』과 『현종개수실록』의 자료에 대한 객관적인 검증 또는 구분이 이루어지지 않은 상황이다.

이러한 문제의식 아래, 먼저 『현종실록』의 편찬 및 개수 과정을 살펴보고자 한다. 실록 편찬의 진행 과정에 대한 이해는 두말할 필요도 없고 개수 당

시 어떤 배경과 관점에서 작업에 임했는지를 확인하려는 것이다. 이어 『현종
실록』과 『현종개수실록』의 차이점이 무엇인지 하나하나 검토할 것이다. 두
실록의 기사를 날짜별로 비교하고, 이를 토대로 어떻게 개수가 이루어졌는지
를 살펴볼 텐데, 14개조의 실록찬수범례별로 검토하는 방법을 취한다. 다음
으로는 실록에서 사실 기술이나 평가에 차이가 나는 주요 사건과 인물을 확
인하고, 그 배경과 이유를 알아보겠다.

　『세종실록』을 편찬할 무렵부터 실록은 국왕의 상례, 즉 흉례 중 졸곡이
끝남과 동시에 편찬이 시작되었다.[2] 상중이지만 국정을 처리해야 하기 때문
에 평복으로 갈아입는 절차인 졸곡은 대개 죽은 지 석 달 전후의 시점에 이
루어지는데, 8월 18일 승하한 현종의 졸곡은 숙종 즉위년(1674) 11~12월 무
렵이었다. 12월 25일, 숙종은 효경전에서 졸곡을 행하였다. 그날 영의정 허
적이 입대하여, 졸곡이 이미 지났으니 서무庶務에도 유의해야 하고 강학講學
이 급하다고 말했다. 강학은 경연을 가리킨다. 그런데 이쯤에서 나오게 마련
인 춘추관의 계, 즉 실록청을 설치하라는 계는 올라오지 않았다.

　『현종실록』은 이듬해(숙종 1년, 1675) 5월에 이르러서야 편찬을 시작했다.
이렇게 늦어진 이유는 현종 후반부터 시작된 정계 변동 때문이었다. 이 정계
개편은 예송禮訟과 관련이 있지만 그것이 다는 아니었다. 수령들에게 뇌물을
받았다는 일로 탄핵을 당해 귀양 간 김징金澄을 송준길宋浚吉이 구원한 뒤,[3]
이 일에 대해 누차 참설이 들어가자 현종은 송준길 역시 편당을 한다고 의심

2　오항녕, 「實錄의 儀禮性에 대한 연구─慣例와 象徵性의 형성을 중심으로」, 『조선시
　대사학보』 26, 2003.(『실록이란 무엇인가─조선 문명의 일기』, 역사비평사, 2018, 재
　수록)

3　『현종개수실록』, 11년 3월 5일(임술).

했다. 이후 현종 13년(1672) 4월, 송준길이 병으로 사직하는 상소를 올리면서 현종이 윤경교尹敬教에게 '흉악하고 교활하다'느니 '짐승 같다'느니 한 표현은 정당함을 잃은 것이라고 비판하자, 현종은 노여움을 참지 못하고 송준길에 대한 이전의 예우를 없애버렸다.

> 이는 실로 음양이 사그라지고 자라나는 기점이 나뉘는 일대 관건이었으며, 후일에 사류들이 낭패를 보게 된 것도 단지 예론만이 그 뿌리였던 것은 아니라고 한다.[4]

이런 분위기가 예송과 겹쳤다. 거슬러 올라가면 효종이 승하한 뒤, 인조의 왕비인 자의대비 조씨趙氏의 상복喪服에 관한 전례 문제로 시작한 논쟁이 기해예송(1659)이었다.[5] 그 당시 정태화·송시열의 기년복설期年服說(만 1년복)에 맞서 허목은 차장자설次長子說에 따라 삼년복을 주장했고, 윤휴는 신모설臣母說에 따라 삼년복을 주장했다. 기해예송은 정태화가 서로의 주장을 조정하면서 국제國制에 따라 기년복으로 결론이 났다. 하지만 결과적으로 서인들이 주장한 기년복이 채택된 셈이었다.

그로부터 15년 뒤 효종비 인선왕대비 장씨張氏가 현종 15년(1674) 2월 세상을 뜨자, 또다시 대왕대비 조씨(자의대비)의 상복 문제를 놓고 예송이 격화되었다. 인선왕대비의 시어머니인 자의대비의 복제를 두고 일어난 이 논쟁을 갑인예송이라고 한다. 서인은 애초 '체이부정體而不正'의 논리에 따라 '대공복

---

4 『현종개수실록』, 13년 4월 18일(계사).

5 지두환, 「朝鮮後期 禮訟 硏究」, 『부대사학』 11, 1987; 이영춘, 「第一次 禮訟과 尹善道의 禮論」, 『淸溪史學』 6, 1989.

大功服'(9개월복)을 주장했다. 치열한 논란을 겪은 뒤 현종은 7월 15일 마침내 송시열의 논리가 반영된 서인의 '대공설大功說'을 비판하고, 자의대비의 복제를 남인이 주장하는 기년복으로 개정했으며,[6] 서인의 중요 인물을 처벌했다. 그로부터 한 달 뒤 현종이 승하했다.

갑인예송은 서인에서 남인으로 정권 교체를 가져왔다. 이 정국 변동에는 현종의 장인인 김우명金佑明과 처사촌 김석주金錫胄가 영향을 미쳤다. 그들은 서인이면서도 남인과 결탁하여, 효종비를 장자의 아내, 곧 맏며느리로 보고 자의대비의 상복을 기년으로 하는 남인의 설에 찬성했다.

그런데 숙종이 즉위하고 한 달여 뒤인 9월 25일에 진주의 유학幼學 곽세건郭世楗이 상소를 올렸다. "사특한 논의에 빌붙은 김수흥金壽興도 귀양을 보냈는데, 사특한 논의를 창도한 송시열이 어찌 법 적용에서 빠진단 말입니까." 이 말은, 기해예송과 갑인예송의 논리를 제공한 송시열은 사론邪論의 창도자이므로 죄인이라는 의미였다. 그런 송시열에게 현종의 지문誌文을 맡긴 데 대한 반발이었다.[7] 숙종은 곽세건의 주장을 받아들여 현종의 묘지명에 그 사실을 기록하려 했으나, 송시열은 지문 짓기를 사양했다.[8] 그뿐만 아니라 이단하李端夏가 현종의 행장을 쓰면서 자신의 스승인 송시열의 기년설을 지지하는 내용을 서술하자,[9] 숙종은 이단하에게 '스승만 알고 임금을 모른다'며 파직하고 송시열을 덕원부로 귀양 보냈다.[10]

---

6 『현종개수실록』, 15년 7월 15일(정축).

7 『숙종실록』, 즉위년 9월 25일(병술).

8 『숙종실록』, 즉위년 10월 6일(병신).

9 『숙종실록』, 즉위년 12월 18일(정미).

10 『숙종실록』, 1년 1월 13일(임신).

예제禮制 논의로 처음 시작된 복제服制 문제였지만, 두 차례의 예송을 거치면서 왕실의 정통성과 관련된 문제로 비화했다. 현상적으로 보면 갑인예송에서 왕실 편을 든 쪽은 김우명·김석주 등 외척, 그리고 허적·윤휴를 비롯한 남인이었다. 거기에 인평대군의 아들이자 인조의 손자인 삼복三福(복창군 이정, 복평군 이연, 복선군 이남)이 있었다. 삼복은 종친이라는 권위를 등에 업고 갑인예송 정국에서 주도적 역할을 했을 뿐 아니라, 숙종 6년(1680) 경신대출척으로 남인이 실각할 때 그들과 똑같은 운명을 겪으면서 『현종실록』 개수의 정치적 배경을 이루었다. 효종은 동생 인평대군과 우애가 각별했기에 조카인 삼복 형제를 궁중에서 기르며 자식처럼 여겼고, 장성한 뒤에도 궁중을 자유롭게 드나들게 했다. 친형제가 없었던 현종에게는 이들이 가장 가까운 친척이었다. 송준길이 경연에서 종친인 그들을 궁궐에 들이지 말라고 청했지만 현종은 따르지 않았다.[11]

숙종도 5촌 당숙인 그들을 매우 자상하게 대우했고, 신임도 깊었다. 세자 때부터 그들과 함께 지냈으며, 빈전에서도 자리를 지키도록 했다. 삼복 형제는 청나라와의 외교를 통해 입지가 커졌는데, 청나라로부터 군약신강君弱臣强 설을 국내에 퍼뜨림으로써 현종이 '강한 신하'인 송시열에게 억제되었다는 여론을 만들었다. 송시열은 예론에서 군부君父를 폄강했다는 혐의에 이어 군약신강의 혐의까지 덧붙여졌다.[12]

삼복은 그들의 외가인 동복 오씨와 연합하여 조정을 장악해갔다. 삼복의 외숙인 오정일吳挺一·오정위吳挺緯·오정창吳挺昌, 내종인 오시수吳始壽는 그

---

11 이상식, 「조선후기 숙종의 정국운영과 왕권 강화」, 고려대학교 박사학위논문, 2005, 22~26쪽.

12 『숙종실록』, 1년 5월 24일(임오).

즈음 재상의 반열에 있었다. 이들 외가 세력을 발판으로 삼복은 청남인 허목, 윤휴, 이태서李泰瑞 등과 연계했다. 또한 부친인 인평대군이 죽었을 때 효종이 김육金堉에게 그 묘지명을 쓰게 했던 인연으로 청풍 김씨와도 연계를 맺고 있었다. 그들은 외척, 붕당, 군문, 환관들까지 폭넓은 지지 세력을 확보하여, 종주宗主로서 부자간이 네 임금(인조·효종·현종·숙종)에 걸쳐 40년 정국을 주도했다는 평가를 받았다.[13]

2) 실록청 관원과 편찬 과정

『현종실록』편찬의 배경에는 갑인예송 이후 서인의 대거 실각과 남인의 정국 주도, 삼복이라는 종친 세력의 정치 개입, 소년 숙종의 즉위라는 변수가 맞물리면서 빚어낸 파란이 있었다. 숙종 1년(1675) 5월 16일 대제학에 김석주를 임명하여 실록 편찬을 위한 실질적인 총책임자를 정한 뒤 총재관으로 영의정 허적을 임명했으며, 실록청을 도청과 3방으로 나누고 각 방에 당상과 낭청을 임명했다.[14] 5월 28일에 임명된 실록청의 당상과 낭청 명단은 다음과 같다.

도청

● 당상

병조 판서   김석주金錫胄

---

13 『현종개수실록』, 13년 6월 3일(정축).

14 『숙종실록』, 1년 5월 16일(갑술). 같은 날 승정원에서는 총재관을 차출하라는 계를 올렸다. 『현종대왕실록찬수청의궤』(장서각 2-3795) 이하 특별한 참고 표시가 없는 경우, 『현종실록』의 편찬 과정에 대한 서술은 이 의궤에 따랐다.

행 지중추부사   강백년姜栢年

형조 판서   민점閔點

● **낭청**

사헌부 집의   박세당朴世堂

홍문관 교리   권유權愈

사간원 헌납   이옥李沃

부사과   유명현柳命賢

1방

● **당상**

행 예조 판서   장선징張善澂

호조 판서   오정위吳挺緯

한성부 좌윤   윤심尹深

이조 참의   홍우원洪宇遠

● **낭청**

홍문관 부응교   이하진李夏鎭

전 정랑   윤지선尹趾善

병조 정랑   목창명睦昌明

사헌부 지평   유하익兪夏益

전 좌랑   심수량沈壽亮

2방

● **당상**

행 의정부 좌참찬   민희閔熙

한성부 판윤	김우형金宇亨
행 승정원 도승지	목내선睦來善
병조 참지	정석鄭晳

● **낭청**

사복시 정	오정창吳挺昌
전 도사	곽제화郭齊華
성균관 직강	이일정李日井
사헌부 지평	이항李沆
부사직	이덕주李德周

3방

● **당상**

이조 판서	김휘金徽
행 부호군	오시수吳始壽
이조 참판	심재沈梓
행 부호군	김만중金萬重

● **낭청**

성균관 사성	임상원任相元
이조 좌랑	오시복吳始復
전 좌랑	윤치적尹致績
전 헌납	김환金奐
병조 정랑	이수경李壽慶

박세당과 김만중 같은 일부 서인이 눈에 띄기는 하지만, 대체로 총재관

허적을 비롯하여 남인 중심으로 실록청이 구성되었음을 알 수 있다. 도청 당상 강백년의 경우 얼마 뒤 논핵을 당하고 자리에서 쫓겨났는데, 그 이유는 헌납 이옥李沃과 정언 박신규朴信圭 등이 지난날 빈청에서 예제禮制를 논의할 때 강백년이 올바른 입장을 취하지 못했다며 숙종에게 그 직임을 교체해달라고 요구했기 때문이다. 숙종도 이를 받아들여 강백년을 체차하고 3방 당상 오시수를 도청 당상으로 대신하게 했다.[15] 강백년은 현종 15년(1674) 갑인예송 때 기년복에 반대하는 의계議啓를 올린 적이 있었다.[16] 박세당과 장선징, 김만중 등은 임명만 되었을 뿐 병을 이유로 출사하지 않았다. 아마 정세情勢가 편치 않다고 여긴 듯하다.

> 허적이 총재관을 사직하니, 임금이 이를 우악한 내용으로 답하였다. 좌의
> 정 김수항金壽恒이 대제학을 지낸 적이 있기 때문에 허적이 겉으로 사양하
> 는 체한 것이다. 당시 의논이 인조와 효종 두 조정의 실록은 '거짓된 역사
> (誣史)'라 하여 아울러 고치려 하니, 논의가 어지러웠다.[17]

위 기사는 영의정 허적이 일찍이 대제학을 지낸 적 있는 좌의정 김수항을

---

15 『숙종실록』, 1년 윤5월 6일(계사). 사관은 "임금이 편파적으로 옛 신하를 싫어하였기 때문에 한 번 아뢰기만 하면 즉시 윤허하였다. 그래서 오시수 같이 간사한 사람으로 강백년과 같은 문한文翰을 바꾸게 하니, 의논하는 자들이 탄식하였다"라고 평했다.

16 『현종개수실록』, 15년 7월 13일(을해). "판중추부사 김수항金壽恒, 영의정 김수흥金壽興, 행 호조 판서 민유중閔維重, 병조 판서 김만기金萬基, 이조 판서 홍처량洪處亮, 행 대사헌 강백년姜栢年, 형조 판서 이은상李殷相, 한성부 판윤 김우형金宇亨, 예조 참판 이준구李後耉, 예조 참의 이규령李奎齡, 홍문관 부응교 최후상崔後尙이 빈청에 모여 의계하였다."

17 『숙종실록』, 1년 5월 21일(기묘).

의식하면서 총재관직을 사직하는 긴장된 상황을 보여준다. 또한 이때 『인조
실록』과 『효종실록』의 개수 논의도 있었다는 새로운 사실을 알려주는데, 이
이상 자세한 논의는 확인되지 않는다. 추후 연구되어야 할 부분이다.

실록청 관원이 정해진 뒤에는 응행사목應行事目을 확정했다. 응행사목은
다음과 같다.

1. 설치할 장소는 형조로 하며, 각 방房은 공조와 사역원에 나누어 설치하
   고, 실록청이라 부른다.
1. 당상과 낭청은 본래 근무하던 관청(本司)에 직숙하는 일을 면제해주고,
   모든 공식 회의에 참여하지 말도록 하며 제사祭祀에 차출하지 않는다.
   복제服制와 식가式暇도 면제하고, 조사받을(推考) 인원은 공사죄公私罪[18]
   를 막론하고 공무를 보도록 한다. 승지나 대간으로 임명했더라도 이전
   의 관례에 따라 교체하지 말고, 낭청 중에서 파직을 당한 경우가 있으
   면 입계하여 군직軍職에 부쳐 관직을 유지하고 상근하게 한다.
1. 한림 1명(員)을 옛 규례에 따라 상근시키면서 직임을 살피게 한다.
1. 당상과 낭청의 인식印信 각 1과顆는 해당 관청에서 가져오도록 한다.
1. 각 방의 서리 17명은 각사의 요포料布를 받는 서리를 분정하여 일을 시
   키고, 서사書寫 1명과 고지기(庫直) 4명, 사령 17명은 호조와 병조에서
   급료를 지급한다.

---

18 공사죄公私罪에서 '공죄公罪'는 직무를 보는 중에 과실을 범해 지은 죄로, 동료가 죄를
지은 경우 직위의 차등에 따라 지휘 책임을 지게 하는 것이다. '사죄私罪'는 직무를 보
다가 고의로 지은 죄로서, 이 역시 지휘 책임을 묻는다. 이 규정은 현직 관원을 대상
으로 하는 만큼 공무 중에 과실 또는 고의로 지은 죄를 말한다. '공사죄에도 불구하고
근무를 하게 한다'는 말은 요즘 말로 하면 '불구속 기소한다'는 뜻이다.

1. 사초를 등록할 때 쓰일 종이·붓·먹 등 여러 물품 및 아문이 없는 관원
   의 자리 등은 담당 관청에서 준비한다.

응행사목은 『선조수정실록』을 편찬할 때 정한 것과 크게 다르지 않다. 조선 초기에 실록의 편찬 관례가 성립됨에 따라 자연스럽게 정해졌을 것이다. 그런데 5월부터 7월까지 실록청을 준비하는 동안에도 인원 변동이 생기는 바람에 1방은 다음과 같이 별도 단자를 따로 보고했다.

● **당상**

지중추부사	김우형金宇亨
승정원 좌승지	이관징李觀徵
승정원 우승지	정석鄭晳
호조 참의	이우정李宇鼎

● **낭청**

성균관 사성	임상원任相元
병조 정랑	유하익兪夏益
병조 정랑	권해權瑎
성균관 직강	이일정李日井
예문관 봉교	최석만崔錫萬

7월 20일, 관원 배정과 사무실 준비가 끝나고 실록청의 찬수범례를 확정했다. 실록청의 찬수범례도 응행사목과 마찬가지로 조선 초기부터 확정되었으리라 짐작된다.

① 사관의 시정기, 주서注書의 일기, 서울과 지방의 겸춘추兼春秋의 기록 외에 비변사 장계축狀啓軸, 의금부 추안推案 및 형조의 참고할 만한 중요하고 핵심적인(緊關) 문서, 사변과 추국에 대한 주서일기도 마찬가지로 가져와서 검토하여 갖추어 적는다.

② 모든 조칙詔勅 및 우리나라(本朝)의 유관 교서敎書는 찾아내어 기록한다.

③ 이름 있는 신하는 졸기를 작성하는데, 빠진 대목이나 소략한 데가 있으면 당시의 공의 혹은 문집의 비문碑文과 지문誌文을 참고하여 상세히 보충하여 기록한다.

④ 매일매일의 날짜는 갑자甲子만 기록한다.

⑤ 모든 재이의 경우, 관상감 초록抄錄을 하나하나 첨가하여 적는다. ─ 지방의 바람·비·지진 등 각각의 사항은 그 당시 보고한 문서(啓聞)를 반드시 살펴보고 갖추어 기록한다.

⑥ 대간의 논계論啓는, 첫 번째 논계(初啓)의 경우 중요하고 핵심적인 내용은 모두 적고, 잇달아 올린 논계의 경우는 단지 '연계連啓'라고만 적고, 혹시 중요한 내용이 첨가되어 있으면 뽑아낸다.

⑦ 대간의 논계는 단지 '사헌부', '사간원'이라고만 적고, 와서 보고한 사람의 성명은 적지 않는다. 다만 첫 번째 논계했을 때는 성명을 모두 적는다. 중대한 시비가 걸린 사안의 경우는 다른 의견을 꺼낸 경우도 적지 않으면 안 된다. ─ 어사御史의 성명 및 관리를 쫓아낸 일(黜陟), 폐단을 변통한 일 등도 상세히 기록한다.

⑧ 상소 중에서 중요하고 핵심적인 내용은 상세히 갖추어 싣고, 그 사이의 불필요한 글자는 해당 구절을 빼더라도 무방하다. 예에 따라 사직하는 상소나 차자의 경우는 반드시 모두 적을 필요는 없지만, 혹시 거취나 시비 같은 당시 정치에 관련된 사안은 역시 기록하지 않으면 안 된다.

⑨ 모든 관직 임명(除拜)의 경우, 중요하지 않고 잡다한 관직이나 산직(冗散) 외에는 이조와 병조(兩銓)의 문서를 다시 살펴보아 상세히 기록한다.

⑩ 각 연도의 과거에 합격한 인원은 '아무개 등, 몇 사람'이라고 적는다.

⑪ 군병의 숫자, 서울과 지방의 법제, 호구 숫자에 대해서는 각 해당 문서를 상고하여 상세히 기록한다.

⑫ 도움이 되지 않는 번잡하고 쓸데없는 문자는 참작하여 다듬어서 간결하고 압축적인 문장이 되도록 힘쓴다.

⑬ 조정(朝家)의 길흉 등 여러 의례 중에서 나라의 헌장憲章에 관계되어 후세 사람들에게 남겨 보여줄 만한 것은 문장이 비록 번거롭고 잡다해도 갖추어 기재하지 않으면 안 된다.

⑭ 서울과 지방의 관리 출척黜陟이나 공적·사적 시비는 반드시 그 대략을 뽑아 기록한다.

약 보름에 걸쳐 시정기를 산절한 뒤 8월 12일에 1방 당상과 낭청은 줄이고 분판등록 낭청 15명을 차출했다. 분판등록이란 산절된 시정기를 토대로 실록의 원고를 작성하는 일이다. 그런데 대제학 김석주가 병조 판서까지 맡고 있는지라 바빠서 초고 정리가 제대로 진행되지 않았다. 결국 이때 임명된 분판등록 낭청 15명은 제대로 일도 해보지 못한 채 다른 관직으로 옮겼고, 이듬해인 숙종 2년(1676) 1월 29일 이후 다른 관원으로 교체되었다. 김석주도 2월 9일 대제학을 그만두었으며, 민점이 대제학으로 임명되었다.

실록청의 사무실도 몇 번 이전을 했다. 처음 실록청이 설치되었던 형조와 병조에 효종비 인선왕후의 부묘도감祔廟都監이 세워졌기 때문에 숙종 1년(1675) 9월 3일에 실록청을 창덕궁의 비변사 건물로 옮겼다. 그러나 두 달여 만인 11월 15일에 다시 경덕궁으로 옮겼다. 창경궁에 있던 비변사가 창덕궁으로 돌아오면서 실록청이 그 자리를 내주어야 했던 것이다. 경덕궁에서는 비변사 건물을 사용하다가 장소가 협소하자 승문원·시강원·병조의 건물도 사용했다.

편찬 작업은 계속 늦어졌다. 숙종 2년 5월 16일 현재, 아직도 현종 즉위 년(1659)의 초고밖에 만들지 못했다. 통상 사왕嗣王의 즉위 후 실록이 완성되어야 할 시점이지만 초반 작업에 머물러 있었다. 결국 실록청 당상들에게 다른 업무를 모두 면제해주고 편찬에만 전념하게 하라는 공론이 형성되었고, 숙종도 이에 동의했다. 이에 따라 8월 11일 경시관京試官으로 임명된 겸춘추의 임명을 취소했고, 11월 13일 홍문관 관원의 주강晝講 참석을 면제해주었다. 12월 16일에는 홍문관 관원의 입직을 면제시키고 과거 시험의 시관試官 차출에서도 면제해주었다. 실록청 당상에게도 경연관 직임을 면제해주었으며 대사헌 후보로 올리지 말도록 했다.

당상 홍우원洪宇遠은 실록청 관원의 근무 강화를 주장하는 상소를 올렸다. 묘시卯時(오전 5~7시)에 출근하여 유시酉時(오후 5~7시)에 퇴근하는 '묘사유파卯仕酉罷'를 제대로 시행하자는 것이었다. 하절기에는 묘사유파卯仕酉罷, 동절기에는 진사신파辰仕申罷(오전 7~9시 출근, 오후 3~5시 퇴근)가 관원들의 근무 시간이었다. 그러니까 특별히 실록청에 초과근무를 주장한 것이 아니라, 정상 근무라도 잘하자는 뜻이었다. 하지만 애당초 실록청 관원은 겸직이기 때문에 본직이 없이 군직軍職에 부쳐 들어온 관원을 제외하면 정상 근무를 하기가 어려웠다. 게다가 임명과 승진, 전보 등에서 본직의 구애를 받았다.

그러나 이런 고충은 다른 시기에 실록을 편찬할 때도 마찬가지였다. 조건이 같은데 다른 결과가 나오면, 그 결과의 원인은 다른 데서 찾아야 한다. 숙종 원년부터 시작되었음에도 불구하고 편찬에 집중하지 못한 이유는 관원이 빈번히 교체되기도 했지만, 숙종 초반 서인 출신의 신료들이 자의 반 타의 반으로 조정을 떠나거나 기피했기 때문인 듯하다. 앞서 강백년, 박세당, 김만중의 경우가 대표적이다. 총재관부터 당상에 이르기까지 남인 일색으로 꾸려진 실록청에 대한 불신도 깔려 있었을 터인데, 후일 『현종실록』을 개수할 싹은 이로부터 비롯되었을 것이다. 이러한 분위기는 다른 관직의 운용에도 영향을 주었을 것이며, 겸직으로 운영되는 실록청의 경우는 더욱더 직간접적인 영향을 받았으리라 추측된다.

이런 여건 탓인지 대제학을 그만둔 김석주도 여전히 실록청에 참여하고 있었다.[19] 그러나 그도 병조 판서의 일에 전념하겠다면서 '사국의 일은 긴급한 것이라 하루라도 체직하지 않으면 사국을 하루 비우게 되고, 한 달을 체직하지 않으면 사국을 한 달 비우게 될 것'이라며 겸직인 실록청 직무를 사양했고, 영의정 허적도 김석주의 체차를 청했다. 막상 편찬이 급한 쪽에서는 달랐다. 실록청 당상을 맡아 실무를 지휘하는 민점과 홍우원 등은 "김석주는 총명하여 선조의 사실을 많이 알고 있으므로 사국에서 찬수할 때 함께 의논해서 하지 않을 수 없습니다. 또한 전 대제학이 죄로 폐치된 경우가 아닌데 사국 일에 참여하지 못하게 하는 것도 사체가 아니니 실록청의 소임을 그대로 두기 바랍니다."라며 체차를 반대했다. 그러나 숙종은 받아들이지 않았다.

숙종 3년(1677) 2월이 되어서도 편찬 상황은 지지부진했다. 숙종은 실록청을 설치한 지 이미 3년이 지났는데도 찬수가 여태 절반을 넘지 못했으니 일이 매우 태만하다면서 당상과 낭청을 모두 종중추고從重推考하라고 엄포를 놓았다.[20] 며칠 뒤 숙종은 별감別監에게 실록청에 가 보도록 했는데, 나와 있는 당상과 낭청이 없었다고 한다. 숙종은 묘사유파는 어디로 갔느냐면서 관

---

19 『숙종실록』, 3년 1월 17일(갑오).

20 『숙종실록』, 3년 2월 5일(임자).

원들이 태만하다고 하여 추고하도록 명했다. 이렇게 다그치기도 했지만, 다른 한편으로는 은사恩賜를 내려 사기를 북돋기도 했다. 그 결과, 같은 해 5월 22일에 14년 8개월분의 찬수를 마쳤다. 인출印出을 앞두고 5월 9일 총재관인 허적이 병으로 물러나고, 10일 좌의정 권대운權大運이 총재관에 낙점되었다.

이제 간행을 위해 인쇄하는 일이 남았다. 정초본을 기초로 간행할 때는 반드시 거치는 과정이 있다. 대제학이 필히 초본을 보아 문자를 수정하고 미진한 부분은 등록 관원에게 내려서 분판에 쓰게 했다. 그런 다음에야 비로소 장인들이 활자를 바로잡아 인출할 수 있었다. 그런데 대제학 민점이 도목정 都目政(이조·병조에서 관리의 공과를 논하여 그 성적에 따라 승진 또는 출척시키는 인사 행정) 때문에 근무하러 나오지 못하여 인출이 늦어지는 사태가 벌어졌다. 그래도 이 외에는 큰 무리 없이 인출이 진행되어 숙종 3년 9월 『현종실록』이 완성되었다. 『현종실록』 편찬의 전 과정은 의궤에 기록되어 지금에 전한다.

9월 9일에는 실록을 사고로 옮기기 전에 춘추관 실록각에 임시로 봉안했다. 나머지 시정기는 세초를 했고, 세초한 휴지는 호조에서 거두어갔다. 사관은 이때 일을 다음과 같이 간명하게 기록했다.

> 『현종대왕실록』이 완성되었는데, 모두 22권이었다. 실록청이 차일암에서 세초하였더니, 상이 잔치를 베풀어주고 일등악一等樂을 내려주도록 명하였다. 또 내외에 명하여 선온하게 하였으니, 옛 규례를 따른 것이었다. 좌의정 권대운이 흉년이 들었다 하여 잔치를 내려주고 음악 내려주는 것을 정지하도록 청하니, 그대로 따랐다.[21]

---

21 『숙종실록』 3년 9월 11일(을유). 의궤에는 세초일이 9월 19일로 나와 있다. 『숙종실록』의 사론은 전후 상황을 함께 모아 기록한 것이라 날짜에 차이가 있는 듯하다.

곧이어 관례대로 실록 총재관 이하에게 차등을 두어 상을 주었다. 근무 날짜가 적은 이관징은 처음엔 단지 말(馬)만 받았다. 그러나 홍우원이 그가 힘써 찬수했다고 상소하면서 총재관에게 물어 가자加資해줄 것을 청하니, 숙종이 이관징에게도 가자하도록 명했다.[22] 숙종 3년, 비교적 짧은 기간에 편찬을 마칠 수 있었던 것은 숙종의 이 같은 세심한 독려에 힘입은 측면이 크다.

2. 『현종실록』의 개수

1) 개수 논의의 제기

김석주 등 청풍 김씨 외척, 허적 등 남인, 그리고 종친인 삼복의 제휴는 그리 오래가지 않았다. 복창군 이정李楨, 복평군 이연李㮒이 간통한 궁녀 홍수紅袖가 현종의 은총을 받은 궁녀라는 사실이 밝혀지자 명성왕후(현종비)까지 나서서 사태를 해결하는 상황이 되었다.[23] 명성왕후는 김우명(명성왕후의 아버지)을 시켜 삼복의 비리를 상소하게 했다. 이는 그동안 삼복이 종친으로서 정치에 간여했던 정상이 누적되어 발생한 사건이었다. 또한 구조적으로 살핀다면 조정에 종친이 개입하지 못하게 되어 있는 관례를 삼복이 지나치게 넘어선 데서 비롯한 재조정 현상으로도 볼 수 있다.

군권을 둘러싼 갈등 역시 청풍 김씨 외척 – 남인 – 종친 삼복의 관계에 균열을 일으켰다. 체찰부體察府 설치를 주장한 윤휴의 의견에 따라 도체찰사부

---

22 『숙종실록』, 3년 9월 12일(병술).
23 『숙종실록』, 1년 3월 16일(갑술) 등.

都體察使府가 설치되고, 허적이 도체찰사에 임명되었다. 원래 체찰부는 영의정을 도체찰사로 하는 전시의 사령부로서 외방 8도의 모든 군사력이 그 통제를 받는다. 총융사와 수어사도 경기도의 군사력으로 간주되어 도체찰사의 통제 아래 들어갔다. 도체찰사가 된 허적은 훈련도감과 어영청마저 체찰부에 소속시켜 군권을 하나로 합치자고 건의했지만, 김석주 등이 강력히 반발하여 체찰부가 일시 혁파되기도 했다. 그러나 얼마 뒤 숙종 4년(1678) 영의정 허적의 건의로 체찰부는 복설되었다. 이듬해 체찰부 복설 과정에서 윤휴는 부체찰사 직위를 노렸으나, 숙종은 김석주를 부체찰사로 임명했다.[24] 숙종은 군권을 장악해가는 남인을 견제할 필요를 느꼈던 것이다.[25] 경신환국(숙종 6년, 1680) 때 윤휴를 사사했던 죄목 중 하나가 바로 도체찰부 복설이었다.[26]

더구나 남인 내부에서는 윤휴와 허목을 중심으로 서인에 대한 강경한 처벌, 특히 송시열의 처형을 주장하는 강경파(청남)와 영의정 허적을 중심으로 한 온건파(탁남)가 대립하고 있었다. 전자는 선조 후반~광해군대 북인 계열의 잔존 세력이었으므로 허적 등과 당초 배경이 달랐고, 단지 성글게 남인이라는 범주를 이루고 있었는데 이들 사이에 균열이 생긴 것이다.

숙종 6년(1680) 3월, 남인의 영수인 영의정 허적이 조부의 시호를 맞이하는 잔치에 궁중의 천막을 가져다 쓴 사건이 발생했다.[27] 이날 비가 내리자 숙종은 허적에게 궁중의 기름 먹인 천막을 가져다 쓰라고 명했으나, 이미 허락

---

24 『숙종실록』, 5년 11월 3일(갑오).
25 명성왕후와 숙종 모두 김석주를 통해 윤휴에게 다른 뜻이 있었음을 파악했다고 한다. 『국역 연려실기술』 권34 「숙종조 고사본말肅宗朝古事本末 경신년대출척 허견 옥사庚申年大黜陟許堅獄事」.
26 『숙종실록』, 6년 5월 13일(신축).
27 『국역 연려실기술』 권34 「숙종조 고사본말 경신년대출척 허견 옥사」.

도 없이 가져갔음을 알고 크게 노하여 군권을 서인에게 넘기는 전격 조치를 취했다. 남인계의 유혁연柳赫然을 훈련대장에서 해임하고 그 자리에 총융사 김만기를 임명했으며, 김만기가 떠난 총융사 후임에는 신여철申汝哲을, 수어 사에는 김익훈金益勳을 임명했다.[28]

이 무렵 조정에서는 김수항이 숙종 원년(1675)에 차자를 올려 '홍수의 변 (紅袖之變)'과 윤휴의 '조관照管' 발언을 비판했던 일을 재론했다.[29] 조관이란 '관리하다'·'돌보다'라는 뜻인데, 윗사람에게 쓸 때는 '함부로 못하도록 단속 한다'는 의미가 된다. 이는 숙종의 어머니 명성왕후가 종친인 삼복의 비행 을 언급하자, 윤휴가 명성왕후의 동정動靜을 관리(단속)하라면서 숙종에게 했 던 말이다. 당시 김수항이 "어찌 자성慈聖의 동정을 조관하라고 권하는 자까 지 있기에 이르렀습니까? 예로부터 아들로서 부모를 살폈다는 말은 듣지 못 하였습니다."라고 차자를 올렸던 것이다.[30] 이때만 하더라도 숙종은 삼복에 대한 믿음을 버리지 않았고 남인에게 더 기울어 있었으므로 차자를 올린 김 수항을 유배 보냈다. 그로부터 5년이 지난 시점에서 숙종의 마음은 완전히 바뀌었다. 숙종은 김수항을 귀양 보낸 일을 후회했다. 그때는 자신이 어려서 기만당했다며 김수항을 곧 서용하고, 그때의 대간臺諫을 모두 국문하라고 명 했다.

이런 상황이었으니 영의정 허적도 편치 않았다. 숙종은 허적에게 정승으 로 있으면서 사태만 관망했다고 몰아세웠으며, 허적을 옹호하던 승지 민취도

---

28 『숙종실록』, 6년 3월 28일(정사).

29 『숙종실록』, 6년 3월 30일(기미). '홍수의 변'이란 삼복의 복창군 이정과 복평군 이연이 궁녀 홍수와 간통했다고 해서 귀양 간 사건을 말한다.

30 『숙종실록』, 1년 7월 12일(무술).

閔就道와 경최慶寂를 파직했다. 이어 정재숭鄭載嵩을 이조 판서에, 조지겸趙持謙을 지평에 임명했다. 그리고 좌의정 민희閔熙, 우의정 오시수吳始壽, 이조 참판 유명천柳命天, 대사헌 민암閔黯, 예조 판서 오정창吳挺昌, 이조 참의 목창명睦昌明 등 남인의 핵심 인사들을 체직했다. 허적은 도체찰사부와 내국 제조內局提調의 직임까지 사임하고 조정에서 물러났다.

곧이어 삼복 형제와 허적의 아들 허견許堅에 대한 대간의 탄핵이 이어졌다. 그러나 당장 이들에게 분명하고 직접적인 혐의가 있었던 것은 아니었다. 그동안의 비행 및 또다시 일어날지도 모르는 후환거리를 예방하는 차원에서 삼복을 귀양 보냈고, 남인들도 정배를 보내고 삭탈관직했다.

이런 가운데 4월 5일에는 정원로鄭元老와 강만철姜萬鐵의 고변이 나왔다. 이들은 허적의 아들 허견 집에 드나들던 친한 방문객이었는데, 이들의 입을 통해 구체적인 역모의 정상이 밝혀졌다. 고변 7일 뒤, 허견을 군기시軍器寺 앞길에서 능지처사하고 복선군 이남은 교수형에 처했다. 4월 26일에는 복창군 이정을 사사하고, 마침내 추국청을 닫았다.

귀양 가 있는 윤휴에게도 조치가 이어졌다. 윤휴를 비판했던 김수항이 "윤휴의 '조관'이라는 말과 체찰부의 복설을 청한 것은 그 죄가 비록 무겁기는 하나, 곧바로 사죄死罪로 논단하기는 지나친 듯합니다."라고 주장했음에도 불구하고, 오두인吳斗寅·민정중閔鼎重 등의 의견에 따라 윤휴에게 사사를 명했다.[31]

환국이 마무리되면서 『현종실록』에 대한 개수 논의가 나왔다. 같은 해 7월 10일, 판교判校 정면鄭勔은 다음과 같이 상소했다.

---

31 『숙종실록』, 6년 5월 15일(계묘).

신이 생각하건대, 실록을 찬수하는 임무는 지엄하고도 중대하여 필삭할 때에 한 구절, 한 마디라도 사실에 어긋나면 역사 편수의 의의를 잃게 되고, 후세의 비판을 면하기 어렵습니다. 어찌 신중하지 않을 수 있겠습니까? 삼가 생각건대, 성고聖考 현종대왕은 총명과 예지를 지닌 불세출의 위대한 성인으로 15년 즉위하셨습니다. 하늘을 두려워하고 백성을 걱정한 정성 및 부모를 공경하고 현자를 높이는 마음은 정령政令과 언동言動 사이에 드러났습니다. 아름다운 생각과 계획, 어진 마음과 명성은 환히 세상 사람들의 이목耳目에 남아 있는데, 몇 년 전 역사를 편수할 때 권세 있는 간신들이 나라를 마음대로 하면서 선왕께서 교화하신 덕을 잊고 일시의 원망하는 마음에 태사太史의 붓을 임시 훔쳤습니다. 여탈을 손에 쥐고 마음대로 치켜올리고 깎아내렸으니, 선왕을 매우 무함하고 시비를 혼란시킨 실상은 똑똑한 사람이 아니라도 알 수 있습니다.

탈고脫稿한 뒤에 조정 신하들 사이에서 꽤 의심하는 말을 하는 사람들이 있었습니다만, 진실로 무슨 사안, 무슨 정치가 정말 믿을 수 없는지 몰랐는데, 대개 오늘날 흉역의 무리들이 전하를 등지는 것을 보면 그동안 이러저러한 말이 진실로 무함이 아니었습니다.

연전에 허목이 입시하던 날 감히 '선조先朝에 정치가 어지러웠다'는 등의 말을 방자하게 주상 가까운 데서 진달했으니, 임금을 업신여기고 부도不道한 그의 마음은 여기에서 다 드러났습니다. 그러니 총재관을 맡은 권대운과 실제 편찬 책임자인 민점은 평소 심술이 허목과 매한가지인데, 허목이 헐뜯고 무함한 것과 마찬가지로 옳지 않은 말이 우리 선왕께 가해졌는지 어찌 알겠습니까? 눈으로 직접 보지 않아도 필연코 그랬으리라는 것은 충분히 상상할 수 있습니다.

광해군의 시정기는 인조조로 넘어와서부터 이미 수정되었습니다. 그런데 저들이 또 가져다가 고치자고 청하는 것은 또 무슨 뜻입니까? 그 마음이 어디에 있는지 참으로 짐작할 수 없습니다.

옛날 송나라 학자 진관陳瓘은 송 철종宋哲宗 소성昭聖(철종의 두 번째 연호. 1094~1098) 연간의 사관들이 오로지 왕안석王安石의 일기만을 가져와 『신종실록』을 편수하여 시비를 크게 어지럽혔으므로 후세에 믿을 수 있는 역사로 전할 수 없다며 수개修改를 청했으니, 이것이 오늘날 본보기로 삼아야 할 것이 아니겠습니까? 삼가 바라건대, 성명께서 가슴 깊이 결단하시어 서둘러 실록청을 설치하고 때맞추어 이정釐正하십시오. 이것이 지금 새롭게 변화할 때 제일 먼저 해야 할 급선무입니다.[32]

정면은 위 상소에서 말한 『현종실록』의 개수 외에 예송에서 윤선도尹善道의 상소를 지지했던 조경趙絅을 현종 묘정廟庭에서 축출해야 한다는 주장도 함께 했다. 정면의 상소는 『숙종실록』에 간략히 기록되어 있는 반면, 『현종대왕실록개수청의궤』에는 첫 부분에 거의 전재되어 있다. 이로 미루어 이 상소가 『현종실록』의 개수에서 차지하는 의미를 짐작할 수 있다.

정면의 상소는 몇 가지 점에서 흥미롭다. 우선, 권세를 잡은 간신들이 사실을 왜곡했을 것이라는 주장은 두 갈래의 추론이 가능하다. 첫째는 환국이 일어난 뒤 반대편으로서 당연히 주장할 법한 상식의 차원이라는 점이다. 그러나 여기에 머물면 실록 편찬이 정파에 따라 바뀔 수 있다는, 즉 실록이 전해주는 역사 사료와 역사의 진실은 결국 관점에 달렸다는 상대주의에 빠지

---

32 『현종대왕실록개수청의궤』(장서각 2-3794), 경신년(숙종 6년, 1680) 7월 10일. 『숙종실록』에도 정면의 상소가 실려 있기는 하지만 매우 소략하다. 『숙종실록』, 6년 7월 13일(경자).

게 된다. 둘째, 숙종 원년(1675)부터 6년(1680)의 경신환국까지 실록 편찬에
참여했던 인물들이 보여준 행적으로부터 실록 개수의 정당성을 확인해보는
일이다. 총재관 허적의 행적, 대제학 민점의 행적, 허목과 윤휴의 행적이 그
것이다. 선행 연구에 따르면, 숙종 주도의 환국은 정당성을 갖고 있고, 따라
서 그것을 근거로 실록 개수의 정당성을 주장하는 정면의 견해를 반박하기
란 쉽지 않아 보인다.

　허목이 말했다는 '선조先朝에 정치가 어지러웠다'는 표현은 『숙종실록』에
보이지만, 그것은 허목의 상소를 평하는 사관의 말에 나온다.[33] 그런데 실제
로 허목이 입시했을 때 그런 말을 한 적이 있다. 숙종 원년 윤5월 9일 주강에
서 허목이 '김종일金宗一은 정치가 어지러워진 뒤부터 관직에서 물러나 늙도
록 몸을 깨끗이 지켰다'고 했는데, 김종일이 벼슬길에 나오지 않았던 시기가
효종조와 현종조의 두 조정 때였던 것이다. 이 사실을 김만중이 아뢰자 숙종
은 도리어 김만중을 간교하다고 했다. 검토관檢討官 유명현柳命賢은 허목이
그럴 리 없다고 거들었다. 그러나 김석주가 자신도 입시해서 들었다며 그때
허목이 실언을 한 것이라고 말함으로써 김만중의 말을 뒷받침해주었다. 이때
는 허목의 발언이 실언으로 정리되었지만, 효종·현종대에 대한 이런 인식의
차이가 정면의 상소를 통해 다시 거론된 셈이었다.

　정면은 또 권대운·허적 등을 중심으로 『현종실록』이 편찬된 일을 두고
중국 송대에 왕안석의 일기만을 참고하여 『신종실록』을 편찬했던 일과 비교
했다. 『선조수정실록』의 경우처럼 주묵사의 전례를 인용한 것이다. 정면의

33　숙종 원년의 기사에는 허목의 직접적인 말이 아니라, 사관이 허목 상소의 일부인 논덕
　　조論德條를 소개하면서 "그는 바야흐로 효종의 정치가 어지러웠다고 생각하므로 임금
　　이 효종의 사업을 따르는 것을 바라지 않았다."라고 논평한 말이다. 『숙종실록』, 원년
　　1월 5일(갑자).

말에서 또한 흥미로운 사실은 『현종실록』을 편찬한 남인들이 『광해군일기』를 수정하려고 했다는 지적인데, 이는 앞서 다룬 바 있다.[34]

2) 개수의 방향

숙종은 정면의 상소에 대해, 지적한 문제는 누구나 논할 수 있는 사안이 아니라고 하면서도 대신들로 하여금 의논하도록 했다. 며칠 뒤 대신들을 인견하는 자리에서 『현종실록』 개수에 대한 견해가 나왔다. 영암과 철원으로 귀양을 갔다가 조정에 복귀한 영의정 김수항과 좌의정 민정중은 다음과 같이 말했다.

> 영의정 김수항이 아뢰기를 "…… 사국史局의 일은 엄중하고 비밀스러워 신은 상세히 알지 못하였으나, 다만 듣건대 너무 소략하여 증거를 살펴보거나 후세에 남길 수 없다고 합니다. 『선조실록』은 혼조昏朝의 뭇 소인들이 꾸민 것으로, 인조께서 모든 제도를 개정하면서 고故 판서 이식李植에게 수정할 것을 명하셨는데 미처 편찬을 끝내지 못하였고, 효종조에 이르러 비로소 일을 마쳤습니다. 이미 선조先朝의 고사도 있으니, 지금 별도로 한 책을 편수하여 이전 판본과 함께 보관하도록 해야 할 것이나, 일의 대체가 중대하니 춘추관 당상관으로 하여금 실상을 받들어 살피게 한 뒤에 품의하여 결정하게 하는 것이 좋겠습니다." 하였다.
>
> 좌의정 민정중閔鼎重은 아뢰기를 "영릉寧陵(효종의 능침)을 옮길 때 선왕께서 몸이 편찮으셔서 친히 거둥하지 못하였는데, 윤휴가 행장을 지으면서

---

34 이 책의 제1부 5장. '조선 후기 기억투쟁과 실록 누설' 참고.

아래의 신하 중 누군가 그만두게 하였다고 기록하였습니다. 이로 미루어 본다면 실록에 사실대로 기록하지 않았다는 것이 반드시 없다고 보장하기는 어렵습니다."라고 하였다.[35]

김수항의 의견은 『현종실록』이 소략하다는 데 초점이 맞춰져 있다. 이에 비해 민정중은 왜곡의 가능성을 제기했다. 『현종실록』 편찬이 시작될 때 대제학으로 실질적인 책임을 맡았다가 병조의 직무가 바빠 민점에게 그 임무를 맡기고 일선에서 물러났던 병조 판서 김석주는 이렇게 말했다.

> 신이 을묘년(숙종 1년, 1675)에 외람되게 대제학의 명을 받아 사국의 일을 관장하였으나 오래지 않아 체직되었고, 민점이 신을 대신하여 대제학이 되었습니다. 그 후 허적이 총재관으로서 신이 찬수했던 기해년(현종 즉위년, 1659)의 두 달치와 신축년(현종 2년, 1661)의 몇 달치 사실을 제멋대로 고쳐서 신은 마침내 사직하였습니다. 들으니 전적으로 빨리 완성시키려고 정령政令을 변통하는 일이나 전곡錢穀·갑병甲兵·형옥刑獄 등과 같은 일이 하나도 실록에 기록되지 않았다고 하니, 그 소략함을 알 만합니다.[36]

김석주는 『현종실록』의 왜곡과 소략함이라는 두 가지 문제점을 거론했다. 이처럼 『현종실록』을 개수해야 한다는 의견이 많았으나, 다른 견해를 내놓는 대신도 있었다. 형조 판서 김덕원金德遠은 "실록을 개수하는 일은 옛날에는 없었던 일입니다. 다만 송나라 소성紹聖 때 채변蔡卞이 『유릉실록裕陵實

---

35 『숙종실록』, 6년 7월 15일(임인).
36 위와 같음.

제3부_ 『현종실록』과 『현종개수실록』 | 213

錄』(『신종실록』)을 개수해야 한다고 건의하여 청하였으나, 이것은 모범이 될 수 없습니다."라고 이견을 냈다. 하지만 김덕원의 의견은 곧장 반론에 부딪혔다. 지중추부사 조사석趙師錫이 김덕원을 힐난하면서, 채변 등의 추잡한 역사는 남송에 이르러 개수되었으니, 이것이 곧 이른바 주묵사朱墨史라고 했다. 또한 채변의 일은 오늘날의 증거로 삼을 수 없는데, 인용해서는 안 될 소성 연간의 일을 끌어 쓰는 것이냐고 반문했다. 채변은 왕안석의 사위로 『신종실록』을 개수하자고 요청했는데,[37] 김덕원이 이를 지금 논의되고 있는 개수와 비교하니까 조사석이 그것은 잘못된 비교이고 오히려 채변이 편찬했던 『신종실록』을 나중에 범충이 개수한 주묵사가 현재 논의에 적절한 비유라고 반박한 것이다.

홍문관에서도 김덕원이 부적절한 논거와 부정확한 논리에 기반하여 실록 개수를 반대한다면서 그의 파직을 건의하는 차자를 올렸다.

선대왕의 실록을 수정하던 날, 그때의 상신相臣 권대운이 전적으로 총재관의 책임을 맡았으며, 찬수에 동참했던 신하들도 또한 한때의 간사한 사람을 편들어 나라를 그르친 자들이 많았습니다. 기사記事가 소략하고 누락되어 자세하고 극진함에 흠이 있을 뿐만 아니라, 여탈 및 낮추고 높이는 경우도 전도된 곳이 있다고 한다면, 개정하기를 청한 의논은 진실로 오늘의

---

37 소성 2년(1095), 왕안석의 신법당新法黨이 부활하면서 장돈章惇과 채변蔡卞은 『신종실록』에 무고가 많다고 편찬 책임자들을 탄핵했다. 이때 탄핵을 당한 대표적인 인물이 범조우范祖禹와 황정견黃庭堅이다. 황정견의 자는 노직魯直, 호는 산곡도인山谷道人 또는 부옹涪翁이다. 의주宜州에 유배되어 그곳에서 병사했다. 범조우 또한 유배 가서 죽었다. 범조우의 아들 범충范沖이 고종高宗의 명으로 『신종실록』을 개수했는데, 그 개수 방식이 바로 주묵사이다.

급무입니다.

형조 판서 김덕원이 방자하게 주장을 세우면서, 국사를 개수하는 것은 예전에 없던 일이고, 다만 송나라 소성 연간에 채변 등이 건의하여 『유릉실록』을 고치고자 청하였을 뿐이라고 말하기에 이르렀습니다. 실록을 개수하는 일은, 예전의 역사를 상고하거나 국사를 상고해보아도 진실로 한두 번이 아니므로 예전에 없었다는 설은 족히 변명할 것도 없지만, 그가 소성을 인용하여 증거로 삼은 항목은 말의 뜻이 대단히 참혹합니다.

소성은 곧 송나라 철종의 연호입니다. 그때 희풍熙豊(송 신종의 연호인 희령熙寧과 원풍元豊. 1068~1077, 1078~1085) 연간의 간사한 무리가 시기를 이용하여 권세를 마음대로 부렸습니다. 채변은 왕안석의 사위로서, 원우元祐(송 철종의 첫 번째 연호. 1086~1094) 때의 사관이 왕안석에 대해 권세를 오로지하고 정사를 어지럽혔다면서 그 실상을 직서한 일을 원망하여 앞장서서 『신종실록』을 고치자고 청하였습니다. 또 전적으로 왕안석의 일기를 사용하였고, 당시에 역사를 관장한 신하인 범조우范祖禹·여대방呂大防 등의 여러 현인을 깎아내리고 쫓아내어 제멋대로 틈을 만들고 원망을 갚는 사사로움을 시행하였습니다.

그 사람이 어떤 사람이며, 그때가 어느 때인데 김덕원이 지금 감히 오늘의 일에 가리켜 견주었으니, 그의 방자하고 무엄함이 또한 심합니다. 김덕원은 허적에게 아첨하여 붙었던 사람으로서 진실로 공의에서 만족하게 여기지 않는 바인데도, 감히 임금의 가까운 응답하는 자리에서 간사한 의논을 주장하여 공론을 공공연히 배척하고 간악한 자에게 편들려는 계획을 시행하려고 하니, 인심과 세도가 좋지 못한 것이 어찌 이 지경까지 이르렀습니까? 지금 권세 있는 간신이 겨우 쫓겨났지만 선비의 기개가 아직도 미약하니, 소장消長 시세의 기미가 매우 두렵습니다. 청컨대 김덕원을 파직하

여 공론을 엄정하게 하고 인심을 바로잡으십시오.[38]

홍문관의 상소는 이렇게 정리할 수 있다. 첫째, 왜곡의 혐의가 있다면 『현종실록』은 수정해야 한다. 둘째, 김덕원은 송나라 채변이 왕안석의 일기를 토대로 『신종실록』을 고친 잘못된 사례를 들어 『현종실록』에 대한 정당한 수정 요구를 반대하고 있다.

숙종은 실록이 소루한 것은 흠이라며 대신과 춘추관 당상·낭청으로 하여금 택일하여 실록을 봉심奉審한 뒤 품처하라고 지시했다. 명에 따라 김수항이 실록을 봉심하고 돌아왔고, 그 결과를 숙종에게 보고했다. 김수항과 함께 봉심에 참여했던 김석주, 민정중, 이익李翊의 의견을 차례로 살펴보도록 하자. 이들의 의견에는 『현종실록』의 개수 필요성에 대한 논의 말고도 실록 편찬에 관한 구체적인 실례를 확인할 수 있는 정보가 많다. 먼저 김수항의 견해이다.

실록은 모두 22권입니다. 신들과 춘추관 당상이 권을 나누어 고열했는데, 한 사람당 10권 혹은 8, 9권을 맡았습니다. 각각 전질을 다 상고하지는 못했지만 그 대체는 알 수 있었습니다. 신은 효종대왕께서 승하하시던 날 예방 승지禮房承旨로서 오래 승정원에 있으면서 초상부터 졸곡까지 모든 일을 대부분 직접 보아 알고 있습니다. 그 뒤 비변사 당상으로 대죄하면서 탑전榻前에 출입한 것이 관원 중에 가장 오래되었으므로 인대引對 설화에도 많이 참석하여 들었습니다. 다만 듣고 본 것에 대해 말하자면, 『현종실록』에 대단히 긴요하고 중대한 일이 누락되거나 잘못 기록되어 있는 것이

38 『숙종실록』, 6년 7월 19일(병오).

한둘이 아니었으니, 신이 알지 못하는 것도 추측하여 알 수 있습니다.

대저 실록의 찬술은 역사 기사記史의 법과 다르더라도 절로 규모와 체제가 있는데, 이 경우는 일정한 범례가 없고 혹 전말이 어지럽게 섞여 있거나 혹 한 가지 사건이 여러 번 나오는 등 전혀 요령이 없어, 단지 『승정원일기』만 증빙하고 대충 경솔하게 책을 만들었기 때문입니다.

소장疏章의 수록 또한 혹 그 대략이나 비답만 기록했을 뿐이어서 비답 중 그 상소에서 한 말을 거론하여 하교한 것은 곡절을 알 수 없습니다. 인견引見 설화의 경우, 혹 그 결말만 기록하거나 그 사건의 근원을 기록하지 않았고, 입시한 여러 신하는 혹 단지 그 이름만 기록하고 그 관직과 성을 기록하지 않았습니다. 또한 책례冊禮와 가례嘉禮는 나라의 중대한 전장典章이건만 의주儀註와 절목節目이 하나도 수록되지 않아서 뒷날 상고할 방법이 없습니다.

또한 실록을 찬술한 뒤에는 인쇄하는 대로 그때그때 교정하는 것이 상례인데, 지금 이 실록은 오자가 상당히 많은 것으로 보아 급히 완성하느라 살펴 교정하지 못한 실상을 알 수 있습니다. 실록을 다시 찬수하는 일은 사안이 본디 중대하지만, 이 실록은 후대에 믿고 살필 수 있게 전해줄 책이 될 수 없습니다.[39]

김수항의 의견은 여섯 가지로 요약할 수 있다. 첫째, 일정한 범례나 사실 기재의 요령이 없다. 둘째, 『승정원일기』만 증빙 자료로 이용해서 경솔하게 만들었다. 셋째, 상소 등의 기록이 곡절을 알 수 없을 정도로 소략하다. 넷째,

39 『현종대왕실록개수청의궤』, 경신년(숙종 6년, 1680) 7월 27일. 이하 김석주·민정중·이익의 의견도 같은 날 기사에 실려 있다.

인대·입시 설화의 기록에 맥락이 없다. 다섯째, 주요 전장에는 의주와 절목이 수록되지 않은 탓에 뒷날 상고하기 힘들 것이다. 여섯째, 찬술한 뒤 교정이 제대로 이루어지지 않았다.

앞서 『현종실록』 편찬 과정을 통해 실록찬수범례 14개조를 기준으로 기사를 배치하고 수록했음을 살펴보았다. 그런데 김수항은 『현종실록』이 실록찬수범례를 제대로 지키지 않았을뿐더러 편찬 관행도 이행하지 않았다고 본 것이다.

김석주의 의견을 보면 김수항이 지적한 내용 외에 다른 정보도 알려주고 있다. 다음은 김석주의 견해이다.

> 관례冠禮 같은 일은 시강원에서 그 의주를 기록해두는 것이 상례입니다. 마땅히 가져다가 상세히 기록해야 하는데 그렇게 하지 않았습니다. 시헌력時憲曆과 대통력大統曆을 혼용하는 것 역시 후대에 살펴볼 사실입니다. 관상감 교수 송형구宋亨久가 그때 상소하여 역법曆法에 대한 사안을 논의한 적이 있습니다. 이러한 일은 사례史例에 마땅히 갖추어 기록해야 하지만, 전혀 거론하지 않았습니다.
>
> 『승정원일기』에 수록되어 있는 기록은 비록 말을 주고받을 때 간혹 긴요하지 않은 설화일지라도 모두 옮겨 기재해야 합니다. 주서注書도 본디 능력 있는 사람과 없는 사람이 있고 혹 문리文理를 이루지 못한 사람도 있는데, 그대로 기재한 것이 있습니다. 이는 대체로 빨리 완성하는 데 급급해서 전적으로 『승정원일기』를 가져다가 필삭할 겨를이 없었기 때문입니다. 그리하여 실록의 모양을 갖추지 못하였고, 마치 조보朝報 같습니다.

김석주는 크게 세 가지를 지적했다. 첫째, 관례를 기록할 때 시강원 의주를 빠트렸다. 둘째, 시헌력·대통력 등 역법에 관한 논의가 누락되었다. 셋째, 『승정원일기』를 베끼면서 제대로 필삭하지 않았다. 그는 심지어 『현종실록』을 아예 조보 수준에 불과하다고 혹평했다.

민정중은, 성명과 관직명에 착오가 많으며 각사의 문서가 충분히 갖추어지지 못했다고 지적했다.

마지막으로 이익의 의견을 살펴보자.

사실이 소략하다는 점은 진실로 대신들이 진달한 바와 같습니다만, 겉으로 드러나서 쉽게 알 수 있는 일로 말씀드리겠습니다. 조신朝臣의 제배除拜나 사망한 날짜가 사실과 어긋나는 경우도 역시 많게는 수년씩 차이가 나서, 심지어 수년 전에 이미 당상 직함을 써놓고도 수년 뒤에 또 당하 직함을 썼습니다. 한 사람의 직명이 필시 앞에는 높았다가 뒤에는 낮아질 리가 없습니다. 또한 올해 죽은 사람을 혹은 지난해라고 썼으니, 그 전도와 오류를 여기서 알 수 있습니다. 비록 『승정원일기』만 가져다가 썼다고 해도 필시 이런 상황에는 이르지 않았을 것입니다. 그 당시에 한 일은 설령 이를 몰랐다고 해도 갑자기 닥쳐 고찰하지 못한 소치에서 비롯되었으니, 후대에 전할 믿을 수 있는 기록이 아닙니다.

김수항, 김석주와 마찬가지로 이익 역시 『승정원일기』만 가져다가 베끼고 그것조차 제대로 고찰하지 못했다고 지적했다. 그뿐만 아니라 관직 임명 시기와 직함의 오류, 몰년 기록의 오류도 심각하다고 지적했다. 이들 외에 이민서李敏敍도 사건의 시종이 불분명하여 본말을 알 수 없으며, 믿을 수 있는 기록(信史)이 될 수 없다고 『현종실록』을 비판했다.

이렇게 실록 개수를 위한 여론이 모아지자 숙종 6년(1680) 7월 29일에 실록청을 구성했다. 『현종실록』간행을 끝마치고 사초와 시정기를 이미 세초했기 때문에 개수할 때는 그것들을 다시 수집·정리하는 일이 불가능했다. 따라서 각 방房 당상과 낭청은 차출하지 않고 도청都廳만 두었다. 총재관은 대제학을 지낸 바 있는 영의정 김수항이 맡았다. 이어 8월 4일에 실록개수청의 당상과 낭청을 임명하여 실록 개수의 진용을 갖추었다.

- **당상**

겸 병조 판서	김석주(두 번 차자를 올린 뒤 교체되었다)
공조 참판	이단하李端夏
이조 참판	이민서李敏敍
행 홍문관 부제학	김만중金萬重

- **낭청**

전 정正	이현석李玄錫
홍문관 전한	최석정崔錫鼎
의정부 검상	윤경교尹敬教
전 지평	홍만수洪萬遂
홍문관 부교리	오도일吳道一
홍문관 수찬	이사명李師命
이조 좌랑	조지겸趙持謙
홍문관 부수찬	임영林泳

이현석과 홍만수는 당시 직명이 없었으므로 군직에 부쳐 겸춘추로 임명했다. 이어 『선조실록』수정 때의 전례에 따라 실록개수청 사목을 정하였다. 응행사목은 이미 관례가 있기 때문에 첫 조항의 '설국처는 형조·공조에 두

며, 실록개수청이라고 부른다'만 빼고는『현종실록』편찬 때 정한 것과 같다.

그러나『현종실록』의 개수는『현종실록』을 편찬할 때와 조건이 같을 수 없었다. 사무실과 인원 등의 준비가 끝난 10월 5일, 실록개수청에서는 "당초에 실록을 찬수한 뒤 시정기를 이미 세초하였는데, 지금 개수할 때를 당하여 빙고할 근거가 없으니, 기해년(현종 즉위년, 1659)부터 갑인년(현종 15년, 1674)까지 사관이 사사로이 간수하고 있는 초본草本을 수납하도록 해주십시오."라고 건의하여 숙종이 따랐다.[40]『현종실록』편찬을 마치고 당연히 사초를 세초한 뒤 그 종이를 조지서造紙署로 보냈을 터이니 사초가 남아 있을 리 없다. 이 때문에 혹시 사관이 개인적으로 보관하고 있는 사초가 있으면 그것이라도 가져오게 했던 것이다. 동시에『승정원일기』도 관례대로 이송해오게 했다. 실록 원본 또한 택일하여 실록개수청으로 실어오도록 했다.[41]

이렇게 만반의 준비를 갖춘 상태에서 뜻하지 않은 일이 발생했다. 10월 26일, 숙종의 왕비 인경왕후가 경덕궁에서 승하한 것이다.[42] 이로 인해 빈전도감殯殿都監, 산릉도감山陵都監, 국장도감國葬都監이 설치되고, 민정중은 총호사摠護使로, 남용익南龍翼·신정申晸·남이성南二星을 빈전도감 제조로, 민유중閔維重·여성제呂聖齊·조사석趙師錫을 국장도감 제조國葬都監提調로, 박신규朴信圭·이익상李翊相을 산릉도감 제조로 삼고, 여성제에게 산릉도감을 겸하여 살피게 했다.[43] 세 도감이 구성되면서 관원들이 바빠지자 실록개수청은 일단

40 『숙종실록』, 6년 10월 5일(경인).

41 일관日官이 택일하여 10월 15일에 실록 원본을 실록개수청으로 옮겼다. 『현종대왕실록개수청의궤』, 경신년 10월 14일·15일.

42 『승정원일기』, 숙종 6년 10월 26일(신해).

43 『숙종실록』, 6년 10월 27일(임자).

업무를 중단해야 했다. 실록개수청으로 옮겨 온『현종실록』 원본도 다시 봉안했다.

실록개수청 당상인 공조 참판 이단하는 다음과 같이 상소했다.

> 실록을 개수하는 일은 하지 아니하면 그만이지만, 한다면 반드시 성취해야 하므로 헛되이 시일을 끌면서 후일을 기다릴 수는 없습니다. 사국을 설치하자마자 국상을 만나서 힘이 미치지 못하여 도로 걷어치웠으니 신은 매우 애석하게 여깁니다. 실록을 한적하고 널찍한 공청公廳에 옮겨놓고 각사에서 유급有給 서리와 사령 두세 명만을 옮겨 와서 머물러 있게 하고, 담당 관청에서는 고지기 한 명의 급료만 지급하고, 위장소衛將所에서 군사를 파견하면 충분히 수직할 것입니다. 당상관과 낭청이 윤번으로 출근해서 먼저 본사本史(『현종실록』)를 열람하여 그 오류와 누락된 것을 상고하고 자세한 곡절을 살펴 문서를 수집했다가, 졸곡 후에 바로 분방分房하여 편수하면 공력과 비용은 절약하면서도 일은 쉽게 성취될 것이니 참으로 편의한 방법입니다.[44]

이단하가 생각하기에 아무래도 졸곡은 지나야 실록개수청을 다시 열 수 있으리라는 판단에서 한 말로 보인다. 아울러 그는 자신의 아버지 이식이 『선조실록』을 개수할 적에 인조로부터 "일을 마친 뒤 실록 중에서 후세에 본보기가 될 만한 대왕의 말씀을 따로 추려서 한 책을 만들어 들이라."고 직접 하교를 받았으나 그 일을 성취하지 못한 채 갑자기 세상을 떠났다면서, 그때 만들어놓은 범례를 보고『선조실록』을 옮겨 와서 그중 모범이 될 만한 훌륭

44　『숙종실록』, 6년 11월 11일(병인).

한 정교政教를 추려 『국조보감』처럼 만들 것을 청했다. 이 사안은 의정부도 동의함으로써 시행하기로 했다.[45] 그렇지만 11월 12일 실록개수청의 찬수범 례는 이전의 규례대로 정하였다.

숙종 7년(1681) 국장이 끝나고 3월 13일 다시 실록을 이안해왔다. 그런데 국장 기간에 업무를 정지하고 몇 달이 지나자 관원에 변동이 생겼다. 병이 들어 일을 할 수 없는 경우도 있었고 본직의 인사이동도 있었기 때문이다. 먼저 당상관을 정했다.[46]

총재관 영의정	김수항
이조 판서	김석주
홍문관 제학	이단하
대제학	이민서
예문관 제학	김만중

사무실은 한성부漢城府에 두고, 도청과 등록 낭청에 각 8명을 두었다. 5월 25일 실록개수청에서 등록 낭청을 차하했는데, 명단은 다음과 같다.[47]

사헌부 지평	이언강李彦綱
병조 정랑	이굉李宏

45 국장이 끝난 뒤 이 참고서를 편찬할 관원으로 이이명李頤命을 겸춘추로 삼았다. 『현종 대왕실록개수청의궤』, 신유년(숙종 7년, 1681) 1월 18일.

46 『숙종실록』, 7년 5월 22일(갑술).

47 『현종대왕실록개수청의궤』, 신유년 9월 18일.

병조 좌랑	윤덕준尹德駿
전 현감	이선부李善溥
의정부 사록	황흠黃欽
승문원 부정자	신계화申啓華
권지 승문원 정자	최규서崔奎瑞
권지 승문원 부정자	최석항崔錫恒

숙종은 실록청에 전복 1첩貼, 말린 꿩고기(乾雉) 5수首, 문어 2미尾, 대구 5
미, 육포(片脯) 2통筒, 말린 숭어(乾秀魚) 2미, 날꿩고기(生雉) 2수, 생선 3미, 배
(生梨) 30통, 홍소紅燒 5병瓶 등의 식품을 하사하여 격려했다.[48] 이렇듯 실록개
수청은 숙종의 고무를 받았으나 실록 편찬 과정에서 늘 나타나는 어려움을
겪어야 했다.

일정한 기간 안에 실록을 편찬하기 위해서는 일단 관원을 동원해야 했다.
실록청이 임시 관청이었으므로, 자연히 편찬에 참여하는 관원들은 겸임사관
으로서 다른 관직을 본직으로 갖고 있었다. 관직이 없는 사람을 동원하려면
군직을 주어 관원 신분을 띠고 편찬에 참여하게 했다. 본직이 있으면 겸직은
소홀하게 마련이다. 아무리 실록 편찬에 참여하는 것이 묘비에 꼭 기록될 정
도의 영예로운 일이라고 해도 본직의 구애를 받을 수밖에 없다. 실제로 편찬
에 참여한 관원들은 일하는 도중에 지방관이나 사신으로 나가거나 병환 등
을 이유로 교체되는 일이 매우 빈번했다.

숙종 7년(1681) 12월 9일, 약방藥房에 입시했던 김수항이 설국한 지 이미
오래되었는데도 사안에 집중하지 못하고 매번 낭청이 갖추어지지 않아 개수

---

48 『현종대왕실록개수청의궤』, 신유년 5월 25일.

가 중지되는 상황이라고 대책을 촉구한 것은[49] 이런 배경에서 언제나 있을 수 있는 일이었다. 그때까지 모두 당상 4명이 2년치씩 맡아 8년분을 찬수했는데, 지난겨울에 찬수한 것과 합쳐서 한번에 인출하려던 계획이 틀어졌다.[50] 당상들의 일이 많았기 때문이다. 이단하가 맡은 기해년(현종 즉위년, 1659)과 경자년(현종 1년, 1660)의 찬수가 아직 끝나지 않은 탓에 차례로 인출하려던 계획에 차질을 빚은 것이다. 이때 이조 판서였던 이단하는 박태보朴泰輔의 탄핵을 당하고 여주로 돌아가 있었다.[51] 결국 김수항이 실록청 당상으로 이선李選을 차출하여 일을 나눠 맡도록 하기를 청하여 숙종이 따랐다.

국상을 겪고 당상과 낭청이 교체되는 등의 우여곡절을 겪으면서도 『현종실록』의 개수는 계속 이루어졌다. 숙종 8년(1682) 7월에 들어 인출할 때의 등록 작업을 위해 낭청을 추가로 배치했다. 원래 인출할 때는 낭청 15명이 정원인데, 일단 8명만 차출하여 초본을 쓰는 일에 복무하게 했다. 인역印役이 시작되면서 실록개수청에서는 인원이 보강되어야만 분판粉板 쓰는 일이 늦어지지 않을 것이라며 인원을 추가로 요청했다.[52] 같은 날 장악원 정 윤세기尹世記 등 8명이 별단別單으로 등록 낭청에 임명되었다.

마침내 숙종 9년(1683) 1월 15일에 『현종개수실록』의 인출 작업을 마치고 담당 관원의 수 일부를 줄였다.[53] 모두 28권을 인출했으며, 다섯 곳의 사고에 분장하기 위해 총 140권을 장황粧䌙한 뒤 공장工匠도 줄였다. 『승정원일기』는

---

49 『현종대왕실록개수청의궤』, 신유년 12월 9일. 김수항이 이 차자를 올렸을 때도 총재관인 본인이 약방 입진에 참석했을 때였다.

50 위와 같음.

51 『숙종실록』, 7년 12월 26일(을사).

52 『현종대왕실록개수청의궤』, 임술년(숙종 8년, 1682) 7월 10일.

53 『현종대왕실록개수청의궤』, 계해년(숙종 9년, 1683) 1월 15일.

다시 승정원으로 반납했고, 초초·중초 등은 세초할 때까지 춘추관에 보관하도록 했다. 1월 16일에는 실록개수청의궤사목을 정하였다.

3월 17일에 올린 실록개수청의 계에 따르면, 총재관은 내내 김수항이 맡았고, 당상은 이조 판서 이단하 등 연인원 6명이었으며, 도청 낭청은 사헌부 집의 신완申琓 등 연인원 15명이었고, 등록청 낭청은 장악원 정 윤세기 등 연인원 60명이었다. 개수 작업이 모두 끝나자 총재관 김수항을 비롯하여 이하의 관원에게 상이 차등 있게 내려졌다. 이와 함께 창의문 밖에서 세초할 때는 관례에 의거하여 잔치를 베풀도록 했지만, 그날 일식이 나타났으므로 시행되지 못했다.[54]

---

54 『숙종실록』, 9년 3월 11일(계축). 의궤에는 흰 무지개가 해를 꿰었다고 했다. 『현종대왕실록개수청의궤』, 계해년 1월 15일.

2장 『현종실록』과 『현종개수실록』의 비교

1. 찬수범례로 본 개수

　　앞서 김수항, 김석주, 이익 등이 지적한 『현종실록』의 문제점을 살펴보았
는데, 그들이 말한 문제는 실제 기사별로 검토하지 않으면 쉽게 확인할 수
없다. 현종 13년(1672) 3·4·8·9·11·12월, 그리고 현종 14년(1673) 8월처럼
원본에 없는 기사들이 개수본에 등장하는 시기도 있을 뿐 아니라, 대부분 날
짜별 사건별로 차이가 나기 때문이다. 또한 개수를 주도했던 김수항 등도 직
접 『현종실록』을 보고 와서 제시한 의견이므로 그들의 견해가 갖는 실제적
인 의미 역시 우리가 직접 『현종실록』을 검토한 바탕에서 논의되어야 할 것
이다. 즉, 그들이 제기한 문제점이 『현종개수실록』에 어떻게 반영되었는지를
확인하는 일이 순서일 것이다. 두 실록을 비교할 때 나올 수 있는 경우의 수
는 다음과 같다.

　　① 『현종실록』과 『현종개수실록』 둘 다에 나오는 기사

② 동시에 나오지만, 『현종실록』이 더 상세한 기사

③ 동시에 나오지만, 『현종개수실록』이 더 상세한 기사

④ 『현종실록』에만 나오는 기사

⑤ 『현종개수실록』에만 나오는 기사

⑥ 날짜가 변동된 기사

⑦ 인물이나 사건의 평론이 다른 기사

①~⑤의 경우는 그 차이가 바로 드러난다. ④의 '『현종실록』에만 나오는 기사'는 두 가지 방향에서 해석이 가능하다. 첫째, 『현종실록』이 먼저 편찬되었기 때문에 거기에 실린 기사가 전해주는 정보를 감안하여 『현종개수실록』에서는 싣지 않고 그대로 놔두었을 수 있다. 둘째, 『현종실록』을 편찬한 뒤 사초를 세초했기 때문에 개수할 때는 확보할 수 없는 자료, 즉 『현종실록』에 수록된 기사를 그대로 두었을 가능성이다.

그러나 첫째 가능성은 설명하기 곤란한 점이 있다. ①처럼 둘 다 나오는 기사가 있기 때문이다. 『현종실록』과 『현종개수실록』에 모두 나온다는 것은 같은 사건이라도 개수본이 아예 원본 기사의 존재를 없다고 치고 기사를 선별했음을 보여준다. 즉, ①에 내재한 원칙에서 보면 ④를 앞의 첫째 가능성, 즉 이미 사초가 세초되었으니 원본(『현종실록』)을 참조하라는 취지에서 놔두었다고 보기가 곤란하다. 오히려 이런 경우는, 개수할 때 원본 기사의 사료 가치가 없다고 판단하여 뺐다고 보는 편이 타당할 듯싶다. 이런 판단을 뒷받침하는 기사가 『현종실록』의 총서이다.

『현종실록』 총서

왕의 휘는 연棩, 자는 경직景直으로, 효종현인대왕孝宗顯仁大王의 맏아들이고

인조명숙대왕仁祖明肅大王의 손자이며 어머니는 효숙경렬명헌인선왕후孝肅敬烈明獻仁宣王后 장씨張氏인데,【우의정 신풍부원군 장유張維의 딸】명나라 숭정崇禎 14년(인조 19년, 1641) 2월 4일【기유】축시에 심양瀋陽의 질관質館에서 왕이 탄생하였다. 갑신년(인조 22년, 1644)에 처음 본국으로 돌아왔고, 을유년(인조 23년, 1645)에 소현세자가 죽어 효종이 차적자로서 왕세자에 책봉되자 왕에게도 원손 칭호를 올렸으며, 기축년(인조 27년, 1649)에 왕세손 책봉례를 거행하였다. 그해 여름 인조가 승하하고 효종이 대를 잇자 왕에게도 왕세자 칭호가 올려졌다. 신묘년(효종 2년, 1651)에 관례冠禮를 거행하고 이어 왕세자 책봉례를 거행하였으며, 겨울에 세자익위사 세마世子翊衛司洗馬 김우명金佑明의 딸을 책봉하여 왕세자빈으로【영의정 김육金堉의 손녀】삼았다. 기해년(1659) 5월에 이르러 효종이 승하하고 왕이 뒤를 이었다.

이 총서는 『현종실록』 「부록」으로 있는 현종의 행장과 중복될 뿐 아니라 지나치게 소략하여 총서로서의 가치가 떨어진다. 개수본에서 이 총서를 뺀 까닭은 행장과 중복되는 문제 및 사료적 가치를 고려한 것으로 보인다. 이런 해석은 ② '동시에 나오지만, 『현종실록』이 더 상세한 기사', ③ '동시에 나오지만, 『현종개수실록』이 더 상세한 기사'에도 해당된다. 즉, 중요도에 따라 첨삭한 기사이다. ⑤ '『현종개수실록』에만 나오는 기사'는 굳이 설명할 필요가 없다. 이는 분명 『현종실록』이 부족하다고 생각해서 추가한 것으로밖에 해석되지 않는다. ⑥ '날짜가 변동된 기사'는 당연히 해당 날짜로 바로잡아야 할 것이다. ⑦ '인물이나 사건의 평론이 다른 기사'는 개수의 성격을 이해하는 데 중요한 척도가 될 것이다.

이렇게 볼 때 ①~⑥은 기사記事의 문제이고, ⑦은 평론의 문제가 된다. 이런 차이는 두 실록의 검토 방법을 결정할 때 유의해야 할 측면이기도 하지만, 동시에 유용한 측면이기도 하다. 그것은 곧 실록찬수범례를 기준으로 한 검토, 주요 사건과 현안을 기준으로 한 검토, 그리고 인물에 대한 사평을 기준으로 한 검토의 세 부분으로 나누어 서술하는 2장의 구성을 결정한다.

두 실록의 검토 방법으로는, 먼저 전통적으로 실록을 편찬하는 데 적용했던 찬수범례를 기준 삼아 살펴보고자 한다. 실록찬수범례는 조선 초기부터 실록을 편찬할 때 기사를 수록하는 기준이었으므로 개수론자들도 당연히 찬수범례를 염두에 두고 『현종실록』을 검토했을 것이기 때문이다. 개수란 말 그대로 실록을 다시 만드는 일이므로, 개수의 기준은 실록찬수범례일 수밖에 없다. 다음으로, 두 실록에서 선명하게 관점이 엇갈린 사건이나 인물이 무엇이며 누구인지 검토할 것이다. 실록찬수범례를 통해 범주별로 살펴보아도 가능은 되겠지만, 특정 사건과 인물에 대한 평가의 차이점은 따로 선명하게 드러나기 때문에 이를 통해 『현종실록』-『현종개수실록』 편찬자들의 지향을 알아보고자 한다. 특히 이런 문제는 사실관계보다 관점의 차이가 크게 작용하므로 사론과 관계있다. 사론의 경우, 14개조의 실록찬수범례 범주로 정리할 때는 잘 드러나지 않기 때문이기도 하다.

1) 14개조 실록찬수범례에 따른 기사의 차이

실록찬수범례 ①조: 수집 자료

> ① 사관의 시정기, 주서注書의 일기, 서울과 지방의 겸춘추兼春秋의 기록 외에, 비변사 장계축狀啓軸, 의금부 추안推案 및 형조의 참고할 만한 중요하고 핵심적인(緊關) 문서, 사변事變과 추국推鞫에 대한 주서일기도 마찬가지로 가져와서 검토하여 갖추어 적는다.

실록찬수범례 ①조는 실록 편찬에 활용되는 문서와 자료에 대해 언급하고 있다. 개수론자들은 『현종실록』(정사본)이 소략하다고 지적했다. 또한 『승정원일기』를 급히 가져다가 산절刪切하지도 않고서 『현종실록』을 편찬했다고 비판한 바 있다. 하지만 이런 지적은 곧이곧대로 받아들이기 어렵다. 이미 살펴본 대로 정사본을 편찬할 때 『승정원일기』 외의 자료를 실록 편찬에 반영하지 않은 것은 아니다. 정사본을 편찬한 뒤 『승정원일기』는 반납하고 나머지 사초와 시정기는 세초했기 때문에 개수본을 편찬할 때는 남아 있지 않을 수밖에 없었다. 다음 두 기사를 비교해보자.

①-A 현종 즉위년 5월 6일(병인)

정사본》

재궁梓宮 제도는 국초부터 정해진 것으로 300년 동안 준용해왔으나 폐단이 없었는데, 지금 척수尺數가 부족하여 판자를 이어서 쓰고 있으니 이 어찌 무더운 여름철에 베 끈을 매지 않은 결과가 아니겠는가. 심지어 길이까지 부족하였으니, 이는 더욱 이치 밖의 일로서 소렴小斂을 잘못했음을 훤히 알 수 있는 것이다. 송시열이 예禮를 안다고 자처하면서 임금의 상에 전고에 없던 널을 잇댄 재궁을 써가면서까지 그 실정이 탄로날까 하여 염을 다시 할 것을 청하지 않아 마지막 보내는 대례에 막대한 이변이 있게 하였으니, 송시열의 죄야말로 이루 다 벌할 수 있겠는가? 정태화鄭太和는 원상院相으로 있으면서 끈을 매지 않은 것을 보고서도 강력히 다투지 않았고 척수가 부족함을 보고도 염을 다시 할 것을 청하지 않은 채 앞장서서 널을 잇대 쓰자는 의견을 꺼내서 송시열의 뜻만을 순종하였으니, 그의 마음에는 선왕은 저버릴 수 있어도 송시열은 거스를 수 없다고 여긴 것이 아니었겠는가? 비열한 인간이 지위를 잃을까봐 걱정하는 꼴이 이 지경에 이르렀으니, 그의 죄를 논하기로 들면 송시열보다 덜할 게 거의 없을 것이다. 그런데 그를 황각黃閣(의정부)에 30년씩이나 두고 그의 말이면 따랐으니, 아, 나라가 망하지 않은 것이 다행이다.

개수본》

『승정원일기』에 소렴 의대衣襨가 여섯 벌에 불과했다고 하였고 정선흥鄭善興이 원상에게 대답한 말도 모두 실려 있다. 여섯 벌은 지나치게 두터운 것이 아니다. 베로 만든 줄(교포絞布)을 묶지 말자는 의논은 처음 송시열에게서 나왔으나 성상의 분부와 신하들의 걱정하는 말로 인하여 한두 가닥만 남겨 예를 아끼는 뜻을 보일 것을 청하고, 송시열도 당초 견해를 버리고 그것을 따랐다. 정선흥의 대답에서도 교대를 너무 느슨하게 묶지 않았다고 하였으니, 그렇다면 소렴을 잘하지 못한 것이 아니며 또 다른 걱정도 없었음을 알 수 있다. 그러나 옥체의 풍위豊偉가 보통 사람에 비해 큰 데 대해, 재궁은 비록 즉위 초부터 비치하였으나 전래의 척도를 따랐을 뿐이었다. 상사를 당해 널을 다루는 날에 이르러서야 길이와 너비가 부족한 것을 알았다. 다른 재목을 구하지 못하여 덧댄 널을 쓰게 된 것은 참으로 부득이한 데서 나온 것인데, 모함하는 자들은 베 끈을 묶지 않고 염습 고치기를 청하지 않았다며 송시열에게 죄를 돌렸다. 또 정태화가 맨 처음 덧댄 널을 쓸 것을 발론한 것을 두고 송시열의 뜻에 영합하는 것이라고 말한다. 이것이 어찌 인정에 가까운 소행이겠는가? 남을 모함하는 간사한 사람들의 심리가 한결같이 이에 이르렀으니 참으로 통탄할 일이다.【시정기는 지금 상고할 수 없으나, 마침 그 당시의 『승지일록承旨日錄』과 『승정원일기』를 얻어 참고한 결과 소렴 의대가 조금도 예에 어긋남이 없었다. 『승지일록』에는 정선흥의 말을 기록하여 이르기를 "어깨가 닿는 곳에 입힌 옷이 여섯 벌에 불과하며, 또 모두가 겹옷과 홑옷이다." 하고, 또 이르기를 "교포를 처음에는 묶지

않았으나 이내 묶었다."고 하였다.】

　①-A는 정사본과 개수본에 기록된 현종의 재궁梓宮, 즉 관을 둘러싼 논란 기사이다. 현종의 풍채가 커서 당초 만들어두었던 관이 맞지 않아 널을 덧댄 일을 두고 두 실록 사이에 기록이 다르게 나타난다. 정사본은 송시열이 베 끈을 묶지 말자고 했으며 염습을 고치는 것도 청하지 않았다면서 비판한 반면, 개수본은 그 비판이 근거 없다고 기록했다. 뒤에서 다시 살펴보겠지만 정사본에는 송시열에 대한 비판 기사가 무척 많다. 위의 기사도 그중 하나이다. 여기서는 개수본의 주석 부분(【 】 표시된 곳)에서 밑줄 친 내용, 그러니까 시정기는 이미 세초하여 찾아볼 수 없다 하더라도 『승정원일기』 등을 보면 당시 소렴의 의대가 예에 어긋나지 않았다는 서술에만 주목하자. 아마 김수항이 개수론을 주장할 때 정사본이 『승정원일기』조차 제대로 인용하지 않았다고 한 근거가 위와 같은 기사 때문인 듯하다. 이어 아래 기사를 보자.

①-B 개수본》 현종 즉위년 9월 5일(계해)

송시열이 드디어 물러나왔다.【송시열이 물러나와 그날 독대한 대화를 직접 기록하여 비장해두었다. 그 후 사관 이광직李光稷이 은밀히 편지로 기록의 유무를 물으며 사실을 책서策書에 덧붙이기를 원한다고 하였는데, 송시열이 종일토록 깊이 생각하였으나 그 가부를 결정하지 못하다가 마침내 "당시 하늘이 성상(효종)에게 수명을 빌려주었더라면 공적을 이루었을 것이니, 그렇다면 기록은 없어도 된다. 이제는 이미 다 끝났다. 그날의 말 역시 끝내 없어져버린다면 내 죄가 얼마나 크겠는가. 당일의 간곡한 경계를 저버리는 죄가 도리어 적을 것이다."라고 생각하였다. 직접 봉함하여 사람을 시켜 보내려는데, 그날 이광직이 죽었다는 소식이 갑자기 이르러 보내지 못하고 말았다.

그 뒤 사관 이세장李世長과 이선李選 등이 또 이광직의 뜻처럼 청하니 송시열이 그 청에 부응하고, 또 그 기록의 끝에 쓰기를 "아, 우리 성고聖考의 큰 규모와 큰 뜻을 용상에서 잠깐 동안 보이셨는데, 하나도 시행하지 못하였다. 저 푸른 하늘은 어찌 그리 무심한가. 오직 이 외로운 신하는 근심에 잠겨 피눈물을 흘리지만 아직 아무 보답도 못하였다. 덕음德音을 생각할 때면 눈물이 앞을 가린다. 오늘 아침에 다시 옛 봉함을 뜯어 보니 마치 탑전에 올라가 직접 성상의 목소리를 듣는 듯하다. 드디어 다시 눈물을 머금고 그 봉투의 겉에다 써서 두 한림에게 알린다. 아, 태사공太史公이 말하기를 '주상이 밝고 성스러운데도 그 덕이 알려지지 않는 것은 관원의 허물이다.' 하였으니, 아, 이 사실을 만세 후까지 펴서 알려야 하는가, 하지 않아야 하는가." 하였다.

이선이 이것을 신축년(현종 2년, 1661) 5월 송시열이 입대하고 물러간 뒤에 추가해서 수록하였는데, 전의 『현종실록』(정사본)에서 모두 삭제해버렸다. 또 지문誌文을 지어 바치면서 아래에 쓰기를 "효종이 즉위한 처음에 때를 기다려 크게 치욕을 씻고자 하는 뜻을 두었는데, 송시열이 상의 뜻을 알아차리고 은밀히 봉사封事를 올려 찬양하였다. 효종이 마침내 송시열에게 큰일을 맡길 만하다고 생각하여 의지하면서 심복으로 삼았는데, 송시열은 실로 못나서 아무 일도 하지 못하였다." 하였고, 또 말하기를 "송시열이 상의 명에 따라 효종의 지문을 지었는데, 구애에 위축되었기 때문에 완곡한 표현에만 힘을 써서 곧바로 쓰지 못함이 많았다." 하고, 이어 허적許積의 차자 내용을 기록하였다.

아, 송시열의 경륜과 큰 지략은 독대할 때의 대화에서 알 수 있고, 지문을 지어 바쳤을 적에 사관이 전달한 유지에 대한 회계 내용을 읽어보면 당당한 기세를 느낄 수 있다. 또 허적의 사적인 말을 인용하면서 "대처할 방법만 있다면 미처 쓰지 못한 것을 다시 쓰고자 한다."라고 한 데서 두려워하지 않고 일이 닥쳤을 때 잘 도모하였음을 알 수 있다. 그런데 당인黨人들이 또 이 말을 삭제하고는 단지 허적의 차자만 기록하여, 마치 송시열은 두려워했고 허적만 혼자 말한 것처럼 하였다. 그들 마음씨의 간사하고 편벽됨이 한결같이 이에 이르렀으니, 그렇게 해서 후세 사람들을 믿게 하고자 한들 어찌 되겠는가?】

①-B 개수본 기사는 호조 판서 허적의 차자에 이어 나오는 사론으로, 효종 10년(1659)의 기해독대己亥獨對와 관련 있다. 효종이 세상을 뜨기 얼마 전인 3월 11일, 효종은 사관과 승지를 물리치고 송시열과 독대하여 그 무렵의 민감하고 중요한 사안들을 논의한 적이 있다.[55] 북벌, 이이와 성혼의 문묘종사, 역적모의 혐의로 죽은 소현세자빈 강씨의 신원, 강씨의 신원을 주장하다가 장살당한 감사 김홍욱金弘郁에 대한 신원 등이 그 주요 내용이다. 송시열은 기해독대를 「악대설화幄對說話」로 남겼는데,[56] 현종 5년(1664) 사관 이광직에게 주려다가 그가 곧 죽는 바람에 전하지 못했다. 위 기사는 주로 북벌 논의의 진정성에 대한 서술이다.

정사본에는 이 기사와 관련된 허적의 차자가 현종 즉위년(1659) 9월 18일에 기재되어 있다. 정사본은 밑줄 친 부분과 같이 송시열을 비난한 뒤, 허적의 차자를 실었다.[57] 그 때문에 개수본의 사론에서 특별히 언급한 것이다.

---

55 오항녕, 「朝鮮 孝宗代 政局의 變動과 그 性格」, 『태동고전연구』 9, 1993.

56 『송자대전宋子大全』 『송서습유宋書拾遺』 권7 「악대설화幄對說話」.

57 송시열이 지은 효종의 묘지문에 대해 "영중추부사 이경석李景奭이 말하기를 '비풍匪風·하천下泉 두 시의 주된 뜻은 오늘의 상황하에서는 말하지 말아야 할 것 같다.'고 하면서 삭제하자고 하니, 상(현종)이 사관을 시켜 송시열에게 물어보라고 하였는데, 송시열이 삭제하는 것이 불가하다고 하여 그만두었다." 허적은 송시열의 묘지문이 통쾌한 맛이 부족하다면서 수정을 청했지만, 대신들의 논의 결과 그대로 두기로 했다. 『현종실록』, 즉위년 9월 18일(병자).
비풍·하천은 『시경詩經』의 편명이다. 변풍變風은 치세治世에 지어졌다는 정풍正風의 여기서 주목되는 사실은 송시열이 효종과의 독대를 기록한 「악대설화」를 실록(『현종실록』)에 수록하지 않았다는 점이다. 개수본에 따르면, 송시열은 효종과 독대한 기록을 사관 이선에게 넘겼고, 이선은 이를 자신의 사초 가운데 신축년(현종 2년, 1661) 5월 송시열이 입대하고 물러간 뒤 추가해서 수록했는데, 이를 『현종실록』에서 모두 삭제해버렸다. 누가 기록했는지의 문제를 떠나, 이같이 중요성을 지닌 기록을 실록에 누락한 일은 실록찬수범례에 어긋난다.

①-C 개수본》 현종 2년 7월 8일(을묘)
효종대왕을 제10실에 부묘하고, 좌의정 김상헌金尙憲과 판중추 김집金集을 배향하였다.

개수본에는 위 기사에 이어 김상헌과 김집에게 내린 교서가 실려 있다. 이로 미루어 보건대 정사본이 서인의 활동이나 치적을 드러낸 기록을 누락했을 가능성을 배제할 수 없다. ①-C의 기사는 그런 혐의를 갖게 하는 기록의 하나이다.

한편, 정사본에는 들어 있으나 개수본에서 뺀 기사도 있다. 윤휴가 허목에게 보낸 편지는[58] 개수본에 싣지 않았는데, 이는 개수본 편찬자들이 사적

상대어인데, 왕도 정치가 쇠퇴한 뒤 지어진 시라는 뜻이다. 비풍과 하천, 두 편 모두 치세를 그리워하는 시로서, 이것을 변풍의 끝에 배열한 이유는 천도가 순환하기 때문에 변란이 극에 도달하면 바로잡힌다는 뜻을 나타낸 것이라 한다. 송시열은 청나라가 중국을 지배하고 있는 현 상황을 변란의 극치로 보고 이런 상황이 곧 바로잡히리라 보았던 것이다.

58 『현종실록』, 1년 5월 1일(을묘).

인 편지를 굳이 실록에 수록할 필요가 없다고 판단했기 때문인 듯하다. 그렇지만 송도 유생 양우석梁禹錫이 유수부에 수금된 자기 형 양몽석梁夢錫의 일로 징을 쳐서 억울함을 하소연했던 일은 문묘文廟 대문에 발생한 화재 사건 및 서원의 위판位版을 훔쳐 훼손한 사건과 관련이 있는데,[59] 개수본에서는 아예 다루지 않았다. 사안의 성격으로 볼 때 개수본에서 제외한 것이 이해되지 않는다.

병조 좌랑 정재숭鄭載嵩이 군관 자격으로 북경에 따라가게 해줄 것을 청한 기사[60]도 개수본에서는 빠졌는데, 이런 성격의 기사가 실록에 실린 적은 없었으므로 당연하다고 하겠다. 개수본에서는 홍문록 권점 기사도 뺐다. 정사본에는 "홍문관의 신록新錄에 대한 권점圈點이 있었다. 7점을 받은 사람은 이익상李翊相·민시중閔蓍重 2인이고, 6점을 받은 사람은 이명익李溟翼·이동명李東溟·김징金澄·이관징李觀徵·정중휘鄭重徽·정재숭鄭載嵩·이혜李嵇·조성보趙聖輔·이규진李奎鎭·홍만형洪萬衡·신명규申命圭·이규령李奎齡·김만중金萬重 등 13인이었다."[61]라고 했는데, 홍문관의 수찬이나 교리를 선발하는 2차 후보 명단인 도당록都堂錄과 달리 홍문록은 1차 후보 명단으로서, 이는 실록에 수록할 만한 기사가 아니기에 개수본에서 제외했을 것이다.

①-D 개수본》 현종 1년 6월 30일(계축)

포도청이 아뢰기를 "변응립邊應立이라고 하는 사람이 이일상李一相의 서간을 위조하여 전라 우수영에서 선박을 사게 해줄 것을 요구하였다고 합니

---

59 『현종실록』, 1년 8월 19일(임인).

60 『현종실록』, 3년 6월 2일(계묘).

61 『현종실록』, 6년 12월 18일(기사).

다. 사안이 놀랍기 때문에 은밀히 체포하게 하고 먼저 그의 처자에게 물으니, 양영남梁穎南이란 사람이 위조하여 써주었다고 하였습니다. 양영남이 이미 사실이라고 실토하였으니 중하게 다스리지 않는다면 장차 뒷사람을 징계할 수 없게 될 것입니다. 담당 관청으로 하여금 각별히 엄형을 가하여 죄를 정하게 하십시오." 하니, 상이 윤허하였다.

그 뒤 형조에서 양영남은 도배徒配하고 하효달河孝達은 다시 검토(分揀)할 것을 계품하니, 상이 특명을 내려 양영남은 연한年限 없이 먼 변방에 충군充軍하고, 하효달은 먼 도道에 도배하라고 명하였다. 그리고 해조該曹 당상의 계사啓辭가 흐릿하였다는 이유로 아울러 추고하라고 명하였다.

처음에 용산의 뱃사람인 변응립이 우수영의 오래된 퇴선退船을 사기 위해 청탁하는 서간을 얻어 수사水使 이동현李東顯에게 보냈는데, 이동현이 즉시 답을 써서 보냈다. 하리下吏가 이일상李一相의 집에 그 편지를 전했더니, 이일상이 이를 뜯어 보고서 자신에게 온 편지가 아니라고 받지 않았다. 이때는 이일상이 이조 참판에서 체차되고 이응시李應蓍로 교체되었을 때였다. 그들이 이조의 '이 참판李參判'으로 통칭되었기 때문에 그 하리가 다시 이응시의 집으로 가서 전하였는데 이응시도 받지 않았다. 그리하여 사람들의 말이 떠들썩하여 '이동현이 쌀을 실은 배를 이일상에게 주었는데 그 글이 잘못 이응시의 집으로 전하여지자 이일상이 누설된 것을 혐의하여 남에게 미루면서 받지 않았다.'고 하였다.

결국 사헌부의 논계가 처음 발론되어 이동현을 잡아다 추문하라고 청하여 윤허를 받았다. 그런데 그 뒤 실록청에서 '역사 편찬이 한창 급한데 이동현을 잡아다가 추문하게 되면 사건을 마무리 짓기 전에는 형편상 이일상은 직무를 수행하기 어렵다. 또한 떠돌아다니는 말은 믿을 수 없으니 쌀 실은 배가 정박해 있는 곳을 조사하여 허실을 증험해야 한다.' 하였다. 그리하여 공조工曹 낭청을 보내어 살펴보게 하였더니, 돌아와서 말하기를 '강가 10리의 지역에는 남녘에서 온 배가 원래 없었다.' 하였다. 또 뱃사공은 '봄·여름 이래 그런 배는 없었다.' 하였다. 이에 사헌부의 논계가 사실이 아니라 하여 이동현을 잡아오라는 명을 도로 중지하게 하였다.

이에 앞서 이일상과 이응시가 이동현에게 쪽지를 보내어 그에 대한 곡절을 묻고 또 전일에 청탁했다는 편지를 찾아가지고 와서 비변사의 회의 때 내보였다. 그것을 보니 짤막한 편지로 졸필拙筆이었고 말이 서로 이어지지 않아 위조한 편지임이 분명하였다. 그 위조 편지의 출처를 조사하니, 변응립이 맹인 하효달에게서 받았고 하효달은 사노私奴 묵석墨石에게서 받았으며, 묵석은 이일상의 집과 친한 초관哨官 양영남에게서 얻은 것이었다. 하효달이 처음에는 바른대로 진술하지 않고 이미 죽은 사람인 박세교朴世校에게서 얻었다고 핑계를 대었으나 하효달 아내의 고발로 양영남을 체포하여 자복시키자, 하효달이 비로소 '실은 양영남에게 사주당하여 죽은 사람을 끌어다가 지명하였다.'고 실토하였다. 묵석은 이것을 하효달에게 전해 주었을 뿐 당초 양영남에게 청탁한 일이 없었다.

변응립을 체포할 즈음, 그가 나가서 돌아오지 않았는데 그의 아내는 도피한 곳을 몰랐다. 하효달이 이일상의 의도대로 보내서 그의 집 농막에 숨겼다는 이야기가 포도청에서 심문할 때 나왔으며, 또 쌀을 실은 배에 대한 비방이 시간이 갈수록 더욱 극심해졌는데도 이일상은 한 번도 소장을 올려 스스로 논의에 끼지 않았다. 이때에 이르러 형조에서 양영남 등을 조율照律한 것이 또한 가벼웠으므로 여러 사람이 시끄럽게 말하기를 '판서 홍중보洪重普는 이일상의 친구여서 이렇게 가볍게 조처하였으니, 더욱 이일상이 의심스럽다.' 하였다.

잘 살펴보면 양영남의 일은 일시의 의심스러운 옥사로서 사람들의 말이 자자했으므로 비록 이일상을 편드는 사람이라 하더라도 모두 속으로 의혹을 품어 분명히 진달하지 못하였다. 그리고 이일상이 처음 양영남에 대한 법률 적용이 너무 가벼운 것을 통렬하게 논변하지 않았으므로 더욱 큰 의심을 받게 된 것이다. 그런데 이일상이 편지를 가지고 비변사에 갔을 때 이응시가 이미 그것이 먼저 이일상의 집에 도착했다는 사실을 말하였다. 그 뒤 임인년(현종 3년, 1662) 2월에 허적이 주상의 앞에서 그 편지가 이일상에게 먼저 도착했다고 대답하였다. 하지만 이일상에게 정말 선박을 사기 위해 편지를 통한 일이 있었다면, 먼저 그 편지를 보고서 이응시의 집으로 보내지는 않았을 것이다. 이 점이 당초 이동현과 상응하여 청탁하지 않았다는 분명한 증거이다.

오래된 퇴선을 사기 위해 청탁하는 것이 본디 조금이나마 근신할 줄 아는 사대부로서는 할 짓이 아니다. 배에다 쌀을 가득 실어 선물로 보냈다는 데 이르러서는 너무도 이치에 닿지 않는 말이었다. 그런데 이일상은 평소 청렴하다는 이름이 부족했고 오랫동안 요로要路를 차지하고 있었으므로, 일 만들기를 좋아하여 비방을 지어내는 자들이 그 사이에서 떠들썩하게 지목하여 문제를 삼음으로써 끝내 탐오스럽다는 비방을 받게 되었으니, 이 점은 변론하지 않을 수 없다.

①-D 기사는 포도청에서 올린 계사이다. 정사본에는 포도청의 계사, 정확히 말하면 포도청에서 형조에 올린 계사(6월 30일)와 형조의 처분(7월 9일)이 분리되어 기록되어 있다. 위의 밑줄 친 부분이 정사본의 7월 9일 기사이고, 그 앞 포도청 계사가 6월 30일 기사이다. 개수본은 포도청의 계와 형조의 조치, 그리고 사건의 실체와 해석을 6월 30일에 함께 수록함으로써 빠진 기록을 찬수범례에 따라 보충하는 효과와 강綱─목目 구조를 통한 사건 파악의

용이성을 함께 보여주고 있다.

실록찬수범례 ②조: 조칙과 교서

> ② 모든 조칙詔勅 및 우리나라(本朝)의 유관 교서敎書는 찾아내어 기록한다.

중국의 조칙과 관련해서는 특별히 누락된 기사가 없다. 다만, 원래 중국으로 가는 사신이 정해지면 그 사실을 적게 마련인데, 정사본에는 없는 기록을 개수본에서 "이후원李厚源을 고부사告訃使 겸 청시승습사請諡承襲使로, 유심柳淰을 부사로, 정익鄭榏을 서장관으로, …… 삼았다."라고 기록한 정도만 눈에 띈다.[62] 청나라 황제(청 세조 순치제)의 부음이 의주에 도착한 기사는 날짜가 오류였는지 개수본에서 하루 늦추어 실었다.[63]

실록찬수범례 ③조 : 졸기의 작성

> ③ 이름 있는 신하는 졸기를 작성하는데, 빠진 대목이나 소략한 데가 있으면 당시의 공의公議 혹은 문집의 비문碑文과 지문誌文을 참고하여 상세히 보충하여 기록한다.

졸기는 통상 2품관 이상을 지낸 사람이 죽었을 때 기록하는 일종의 전기傳記이자 사론이다. 2품관 이상을 역임하지 않았어도 중요한 인물일 경우는

---

62 『현종개수실록』, 즉위년 5월 10일(경오).

63 『현종실록』, 2년 1월 24일(갑술); 『현종개수실록』, 2년 1월 25일(을해).

졸기를 남겼다. 아마 졸기는 기전체紀傳體 역사서의 열전列傳이 편년체인 실록에 반영된 흔적일 텐데, 실록에는 기전체 정사의 열전처럼 길게 기록되지 않았다. 조선 초기 실록에는 권근權近의 경우처럼 매우 긴 졸기가 더러 있지만,[64] 이후 실록 편찬의 관례가 쌓이면서 차츰 간단한 약력과 사평을 다는 방식으로 변화했다.

개수본에는 정사본에서 빠진 인물의 졸기를 새로 보충한 기사가 여럿 있다. 그중 몇몇 졸기를 예로 들어보겠다. 아래 기사는 정사본에는 없고, 개수본에만 있는 졸기이다.

③-A 전 참판 신익전의 졸기

전 참판 신익전申翊全이 졸하였다. 신익전은 문정공文貞公 신흠申欽의 아들이다. 집안 대대로 학문을 했고 고상하였는데, 신익전 역시 문장에 뛰어났다. 사람됨이 순박하고 겸허하였으며, 명가의 자제로 화현직華顯職을 역임하였는데, 권력이 있는 요직에 제수되면 사양하고 맡지 않았다. 형의 아들 신면申冕이 권력을 좋아하여 당파를 끌어모으자 속으로 싫어하며 늘 이 점을 자제들에게 경계시켰다. 신면이 이미 치욕스러운 죽음을 당하고, 딸이 숭선군崇善君 이징李澂에게 시집갔어도 화복禍福의 갈림길에서 전혀 영향을 받지 않았으므로 사람들이 그렇게 하기가 어렵다고들 인정하였다. 만년에 더욱 조용한 생활로 일관하며 세상일에 참여하지 않고 끝까지 아름다운 이름을 간직하다가 죽었다.[65]

---

64 『태종실록』, 9년 2월 14일(정해).

65 『현종개수실록』, 1년 2월 30일(을묘).

③-B 판중추부사 오준의 졸기

판중추부사 오준吳竣이 졸하였다. 오준이 글씨를 잘 써서 조정의 길사나 흉사의 책문을 많이 썼기 때문에 높은 관직에 이르렀다. 그러나 성격이 야물지 못해서 조카 오정일吳挺— 무리가 한 짓을 늘 미워하였고 사나운 처에게 미혹되어 형제간에 화목하게 지내지 못하였으며, 관직에 있으면서 뇌물을 받았다는 비난을 받았으므로 사람들이 모두 비루하게 여겼다.[66]

③-C 전 판서 윤순지의 졸기

전 판서 윤순지尹順之가 졸하였다. 윤순지는 감사監司 윤훤尹暄의 아들이다. 시를 짓는 재주가 있어 문형文衡(대제학)을 맡아 육경六卿의 자리에 올랐으나, 성품이 나약하고 의지와 기개가 없었기 때문에 사람들이 이를 단점으로 여겼다.[67]

③-D 전 의정부 좌참찬 겸 성균관 좨주 세자찬선 송준길의 졸기

전 의정부 좌참찬 겸 성균관 좨주成均館祭酒 세자찬선世子贊善 송준길宋浚吉이 집에서 졸하였다. 상이 즉시 승정원에 하교하기를 "참찬 송준길이 세상을 떠났다는 말을 들으니 놀랍고 슬퍼 마음을 가눌 수 없다. 본도의 감사로 하여금 관곽棺槨·조묘군造墓軍 및 상례의 소용에 미진한 물품을 모두 바로 지급하라." 하였다. 후에 또 하교하여【계축년(현종 14년, 1674) 2월 8일】추모하고 슬퍼하는 뜻을 보이고 특별히 영의정에 증직하였다.

송준길은 자字가 명보明甫이고 은진 사람이다. 그의 아버지인 군수郡守

---

66 『현종개수실록』, 7년 9월 17일(갑오).

67 『현종개수실록』, 7년 9월 29일(병오).

송이창宋爾昌은 젊어서 문성공文成公 이이李珥의 문하에서 수학하였고, 어머니 김씨金氏는 곧 문원공文元公 김장생金長生의 사촌 여동생(從妹)이다. 이 때문에 일찌감치 이이의 풍도를 듣고 학문에 뜻을 두고서 약관에 김장생을 좇아 학문을 닦으니, 김장생이 매우 중히 여기고서 "이 애가 장차 예가禮家의 큰 인물이 될 것이다."라고 하였다. 또 공부하면서 의심나는 곳을 장인 정경세鄭經世에게 질문하니, 정경세도 매우 크게 기대하였다.

사마 양시司馬兩試에 합격까지 하였다가 과거 공부를 단념하고서 더욱 강학에 전심하니 좋은 평판이 크게 드날렸다. 인조조 때 처음 세마洗馬에 제수되고, 병자년(인조 14년, 1636)에 특명으로 예산 현감에 제수되었으며, 계미년(인조 21년, 1643)에 또 지평에 발탁 제수되었으나, 모두 관직에 나아가지 않았다.

소현세자가 세상을 떠나자 소를 올려 한시바삐 원손을 책봉하여 인망人望을 붙들어 매도록 청하였는데, 상소를 들였으나 아무런 비답이 없었다. 효묘孝廟 초년에 맨 먼저 부름을 받고 비로소 조정에 나아가 자주 예우를 받았으며, 누차 천거를 받아 사헌부 집의에 이르렀다. 역적 김자점金自點 및 그의 패거리를 논핵하여 몹시 미움과 원망을 받았고, 이들이 몰래 북쪽 오랑캐를 사주하여 화가 장차 헤아릴 수 없게 되어가던 차에 효묘의 훌륭하신 결단에 힘입어 일이 풀릴 수 있었다. 마침내 김자점이 역모죄로 주벌되고 그의 패거리들도 사형되거나 유배를 당하자, 상의 예우가 다시 융숭해지고 부르는 명이 계속 잇따랐으며 교자를 타고서 나아오라고 명하시기까지 하였다.

정유년(효종 8년, 1657)에 비로소 이조 참의 겸 찬선으로 서울에 들어와 경연과 서연에서 시강侍講하였다. 특명으로 이조 참판에 제수되었고, 그 이듬해에 다시 조정에 들어와 대사헌으로서 좨주祭酒를 겸임하였다. 기해년

(효종 10년, 1659)에 또 병조 판서에 발탁·제수되었다. 이때 송시열도 부르는 명을 받고 나와 이조 판서를 맡고 있었으므로 사림이 기대에 부풀고 중외가 희망을 가졌으나, 곧이어 효묘가 승하하였다. 송시열과 더불어 고명顧命을 받았고, 또 송시열을 대신해 이조 판서가 되었다가 얼마 안 되어 체직되었다.

경자년(현종 1년, 1660)에 벼슬을 그만두고 고향에 돌아왔다. 그 뒤로 주상의 하교가 빈번하고 간절했기에, 또 나라에 큰일이 있는 까닭에 마지못해 조정에 들어가기는 하였으나 모두 오래지 않아 곧 돌아왔다. 을사년(현종 6년, 1665)에 온양의 어가 수행을 따라 나섰다가 그 길로 원자보양관에 임명되어 서너 달 머무르다가 돌아왔다.

경자년의 예송이 화禍의 덫으로 변하면서부터 군소배들이 기어코 틈을 타 밀쳐 떨어뜨리려고 하여 윤선도尹善道 같은 무리가 전후로 잇따라 나왔으나 상의 은혜와 예우는 끝까지 변함이 없었는데, 허적許積을 논척하자 결국에는 변하기 시작하였고, 이때 졸하니 향년 67세이다. 유소遺疏를 남겨 권계하였다. 태학의 유생들이 단체로 애도를 표하였으며, 관청이나 초야에서도 조문하지 않은 이가 없었고, 여기저기서 장례식에 모인 자들이 거의 1천 명이었다.

송준길은 타고난 자질이 온후·순수하고 예법과 태도가 트여, 그를 바라보면 빙옥氷玉과 같았다. 그가 학문에 힘을 얻은 곳은 무엇보다도 『심경心經』·『근사록近思錄』 등의 서적에 있었는데, 염낙濂洛(염계濂溪 주돈이周敦頤와 낙양洛陽의 정호程顥·정이程頤 형제)의 연원을 따라 연구했다. 우리나라 선현으로는 문순공文純公 이황李滉을 평생 본보기가 되는 스승으로 삼았다.

어버이에게 효도하고 집안을 다스리는 일에는 각기 그 도리를 다하여 모두 모범이 될 만하였고, 두 조정에서 받은 예우는 멀리 천고에 뛰어났으며, 성의와 지혜를 다해 들어가서는 도덕을 논하고 나와서는 임금의 계획을 도우면서 늘 옛날 명철한 왕이 되기를 임금에게 요구하였다.

그가 진퇴를 할 경우에는 또 반드시 시세를 생각하고 의리를 헤아린 다음에야 행동하였다. 그러므로 누차 조정에 들어가기는 했으나 끝까지 오랜 기간 머무르지는 않았다. 그의 언론은 차분하면서도 명확하여 모난 데가 없었다. 일을 대할 때는 올바르고 적절하게 처리할 뿐 이해를 돌아보지 않았고, 특히 사정邪正의 변별에 엄절하여 끝내는 사후에 관작이 박탈되었다.

송시열과는 동종同宗인 데다 또 중표형제中表兄弟가 되고, 둘이 함께 김장생金長生·김집金集 부자를 스승으로 섬겨 덕망이 엇비슷하였으므로 세상 사람들이 '양송兩宋'이라 칭하였고, 학자들은 그를 존경하여 동춘당同春堂 선생이라고 하였다.

금상 경신년(숙종 6년, 1680)에 장곡강張曲江의 고사故事[68]를 적용하여 관원을 보내 그의 묘소에 제사하고 문정文正이라는 시호를 추증하라고 명하였다. 【송준길이 기축년 초에 임금을 모시고 강학할 때 문장의 뜻을 분명하게 아뢰고 예의에 익숙하니, 함께 입시한 여러 신하들이 너나없이 다들 입이 닳도록 칭찬을 하였다. 조경趙絅 역시 그 자리를 나와 사람들에게 말하기를 "우복공愚伏公이 전에 '내가 송 아무개라는 사위를 두었는데 그 사람이 매우 훌륭하다.

---

68 곡강은 당 현종唐玄宗 때의 명상 장구령張九齡의 호이다. 안녹산安祿山이 절도사 장수규張守珪의 명으로 해奚와 거란(契丹)의 반란자를 토벌하다가 패전하자, 현종에게 "안녹산은 모역할 상相이 있으니, 지금 그에게 죄가 있을 때 군율로 죽이지 않으면 반드시 후환이 될 것입니다."라고 간쟁하였다. 현종이 나중에 안녹산의 난으로 촉蜀 지방으로 파천하게 되자 그를 떠올리면서 눈물을 흘리고, 사자使者를 그의 고향인 소주韶州에 보내 치제致祭하고, 그의 집을 구휼하였다. 『신당서新唐書』 권126 「장구령 열전張九齡列傳」.

반드시 장차 크게 성취할 것이다.'고 하더니, 지금 보고 나니 우복공은 사람을 알아본다고 말할 만하다." 하였다. 우복은 곧 정경세의 호이다. 그로부터 얼마 안 되어 송준길의 친우 이유태李惟泰가 소를 올려 조경을 몹시 심하게 논척하였는 바, 그 상소에 "경서經書의 가르침을 견강부회하여 간사한 말을 얼버무리고 꾸며댔다."는 내용이 있었는데, 이는 병술년(인조 24년, 1646) 강빈의 옥사 때 소를 올려 영합한 일을 지적한 것이었다. 이에 조경은 송준길 등의 뜻도 이유태와 더불어 마찬가지일 것으로 의심을 하였는데, 송준길이 정유년에 조정에 나아갔을 때 조경과 담을 사이에 두고 살면서도 끝까지 서로 인사를 나누지 않았다. 정두경鄭斗卿이 조경과 글짓기를 하면서 평소 친하게 지냈는데, 하루는 송준길을 방문하여 조경이 어질다는 것을 극구 말하면서 서로 인사를 나누게 하려 하였으나, 송준길은 웃기만 할 뿐 끝까지 대답을 하지 않았다. 이유태가 소를 올려 조경을 논척하고부터 상은 이유태가 강빈의 옥사를 두둔하고 나서는 것을 꺼려 오랫동안 받아들이지 않았는데, 송시열이 이유태의 어짊을 극력 천거하면서 "이유태의 상소 내의 여덟 자는 강씨를 위해서도 아니고 또한 그 혼자만의 견해도 아닙니다. 신 등의 의견도 모두 그러합니다." 하니, 상이 비로소 불러들였다. 반면 조경은 이로 말미암아 송준길 등에게 원망을 품더니 후에 마침내 윤선도의 뒤를 이어서 글을 올려 공박하였다.][69]

③-E 전 참판 이민적의 졸기

전 참판 이민적李敏迪이 졸하였다. 이민적이 상소하여 이상李翔을 구하려 한 일에 걸려 특명으로 외직에 보임되었는데, 부임하는 것을 지체하였다는 이유로 또 죄를 받아 해가 지나도록 폐고廢錮되었다가 죽은 것이다. 상이

그의 부음을 듣고 경연에서 애석해하였는데, 이는 대체로 일찍이 그를 끝내버리려는 마음이 없었기 때문이었다.

이민적은 상신相臣 이경여李敬輿의 아들로서 병신년(효종 7년, 1656) 과거에 장원으로 뽑혔는데, 효종이 그의 대책문對策文을 보고 훌륭하다며 칭찬했었다. 장주章奏를 짓는 솜씨가 뛰어났으며 삼사에 있으면서 논열한 것이 매우 많았는데, 사리가 밝고 표현이 간절하여 전배前輩의 풍도가 있었다. 진솔하게 행동하면서 꾸미는 것을 좋아하지 않았고, 정직하고 성실하고 온화하였으며 비속한 태도는 조금도 볼 수 없었다. 평소 자신의 생활을 담박하게 하였으며 거처와 의복이나 음식 때문에 마음에 누를 끼친 적이 한번도 없었다. 그래서 당시의 동료들이 사랑하고 존경하면서 모두 자신들이 미칠 수 없는 인물이라고 생각했었는데, 죽을 때의 나이가 겨우 49세였다.[70]

③-A~E는 신익전·오준·윤순지·송준길·이민적의 졸기로, 『현종실록』에는 없다. 학통이나 정파를 떠나 당대 주요 인물이기 때문에 수록했어야 옳다. 특히 송준길의 졸기가 『현종실록』에서 누락된 것은 의외의 편찬 오류라 할 만하다.

한편, 이조 판서를 지낸 윤강尹絳의 졸기처럼 "전 판서 윤강이 졸하였다. 사신은 논한다. 윤강은 사람됨이 순수하고 근실하였으며, 오랫동안 청요직에 있었다. 칭찬할 만한 점은 없었으나 늘그막에 시골로 물러가 있으면서 여러 차례 불렀으나 올라오지 않았으므로, 사람들이 물러나 조용히 지내는 것을 훌륭하게 여겼다."라는 정사본의 기록을 개수본에서 거의 똑같이 실은 경

---

70 『현종개수실록』, 14년 11월 22일(정해).

우가 있는가 하면,[71] 같은 사람의 졸기라도 내용과 사론에서 차이 나는 경우도 있다. 정치 세력에 따라 그 차이는 좀 더 두드러진다.

③-F 홍문관 전한 이수인의 졸기

정사본》

사간 이수인李壽仁이 집에서 졸하였다.

　사신은 논한다. 이수인은 고故 판서 이후백李後白의 증손이다. 대대로 강진에서 살면서 젊은 나이에 급제하였으나 사람됨이 또한 본래 다른 사람보다 특출한 점은 없었다. 신면申冕이 그의 처가였는데, 신면이 송준길로부터 비판을 받을 때 이수인이 마침 대간으로 있으면서 신면을 변호하며 인피引避한 말에 어긋난 내용이 많았다. 그러나 벼슬을 좋아하지 않는 성격의 소유자로서 시골에 물러가 살며 끝내 소명에 응하지 않았으므로, 사론이 훌륭하게 여겨 번번이 삼사에 두기도 하고 의정부 사인舍人과 홍문관 전한典翰에 이르게까지 하였으나, 모두 나아가지 않다가 이때에 이르러 죽었다.[72]

개수본》

홍문관 전한 이수인이 집에서 졸하였다. 이수인의 자는 유안幼安이며, 고 판서 이후백의 증손이다. 사람됨이 담담하고 조용하여 벼슬길에 나서려는 뜻이 없었다. 기축년(인조 27년, 1649)에 지평으로 임명되었으나 얼마 있지 않아 강진의 옛집으로 돌아가 냇물과 대나무 숲 사이에 움막을 짓고 경서와 역사서를 벗 삼아 지냈다. 삼사三司에서부터 사인·전한에까지 임명되었

71　『현종실록』, 8년 8월 6일(무인); 『현종개수실록』, 8년 8월 6일(무인).

72　『현종실록』, 2년 5월 28일(병자).

으나 모두 취임하지 않았는데, 이때에 이르러 졸하였다.[73]

③-G 판중추부사 민형남의 졸기

정사본》

판중추부사 민형남閔馨男이 졸하였다. 민형남이 화려한 벼슬을 두루 거치고 광해군 때는 품계가 보국輔國에까지 이르렀다가 반정 초기에 훈봉을 삭탈당하고 자급이 가선嘉善으로 강등되었다. 그 후 다시 승급하여 정1품에 이르고 인조 말년에는 이조까지 맡았으나, 그 관직에 오래 있지는 못하였다. 그러나 사람을 대하는 태도가 공손하고 겨레붙이에게는 정의가 돈독하였으므로 칭찬하는 사람도 많았다.[74]

개수본》

판중추부사 민형남이 졸하였다. 민형남의 처음 이름은 덕남德男이며, 늦게 과거에 합격하여 박승종朴承宗·유희분柳希奮의 당파로 혼조昏朝의 위훈僞勳에 참여해 벼슬이 부원군에 이르렀다. 반정 후에 훈봉을 삭탈당하고 가선으로 자급이 강등되어 덕원 부사가 되었다가, 후에 다시 보국으로 올랐다. 인조 말년에 사류의 배척을 받았으나 김자점金自點이 정권을 잡자 민형남을 천거하여 이조 판서(東銓)에 제수하게 하니 사람들이 모두 해괴하게 여겼는데, 얼마 되지 않아 대론臺論으로 체직당하였다. 나이 96세에 졸하였다. 비록 그 사람됨은 볼 만한 점이 없었으나 조심스럽고 온후하여 마침내 긴 수명을 누렸으니, 이것이 그의 장점이다.[75]

---

73 『현종개수실록』, 2년 5월 29일(정축).

74 『현종실록』, 즉위년 7월 16일(을해).

75 『현종개수실록』, 즉위년 7월 16일(을해).

③-H 동지 남노성의 졸기

정사본》

동지同知 남노성南老星이 졸하였다. 남노성은 어려서부터 재명才名이 있었으며 청요직을 역임하였는데, 만년에 송시열의 무리에게 거슬림을 받아 다시는 청요직에 들어가지 못하였다.[76]

개수본》

동지 남노성이 졸하였다. 남노성은 고 상신 김상용金尙容의 외손이다. 어려서 재명이 있었으며 급제한 이후 화현직華顯職을 역임하였다. 그러나 사람됨이 경솔하고 희학을 좋아하였으며 주견이 없었다. 이 때문에 사론이 몹시 가볍게 여겨 끝내 청로淸路에는 나아가지 못한 채 졸하였다.[77]

③-I 전 부제학 이단상의 졸기

정사본》

전 부제학 이단상李端相이 졸하였다. 이단상은 판서 이명한李明漢의 아들이다. 젊어서 과거에 올라 좋은 벼슬들을 두루 역임하였으며 깨끗하다는 명성이 있어 동료들로부터 추앙받았다. 신병을 이유로 사직하고 양주에 물러나 살면서 여러 차례 불러도 벼슬을 사양하고 나아가지 않으니, 사람들이 명리名利에 담박하다고 하였다. 그러나 이는 점쟁이가 이단상을 두고 '당상관에 오르게 되면 수명이 반드시 길지 못할 것이다.'라고 했기 때문에 그가 벼슬하기를 좋아하지 않아서다. 송준길이 경연에서 아뢰어 부제학으로 승진 임명되었는데, 이단상이 은명恩命을 사은하고자 왔다가 서울에서

---

76 『현종실록』, 8년 10월 16일(정해).
77 『현종개수실록』, 8년 10월 16일(정해).

병을 치료하던 중 며칠 만에 죽었다. 이단상은 본시 송시열과 송준길에게 빌붙었다. 송준길이 일찍이 상 앞에서 호남 선비 정개청鄭介淸의 서원을 철거할 것을 청했는데, 이단상도 상소하여 정개청을 헐뜯었다. 윤선도尹善道가 소장을 올려 정개청을 신구伸救하고 이단상을 배척하면서 그의 아비 이명한이 이이첨李爾瞻 부자에게 아첨하여 '문성이 지금 덕성과 함께 있다(文星今與德星俱)'라는 시를 지었음을 거론해 온 세상의 웃음거리가 되었다. 이단상이 또 일찍이 상소하여 "예禮에 대한 송시열의 논의는 정정당당하여 백세百世 이후에 성인이 나온다 하더라도 의혹될 게 없을 것이다." 하였으니, 임금을 속인 그의 죄가 여기에서 극에 이르렀다. 이것이 어찌 이른바 소인의 거리낌 없는 짓이 아니겠는가?[78]

개수본》

전 부제학 이단상이 졸하였다. 이단상은 이조 판서 이명한의 아들이고, 좌의정 이정구李廷龜의 손자이다. 집안이 대대로 문장과 복록福祿으로써 온 세상에 성대하게 일컬어졌다. 일찍이 과거에 급제하여 재주 있다는 칭찬이 점점 자자하였는데, 방랑을 좋아하는 문인의 습관을 벗어나지 못하였다. 효종 말년에는 신병을 핑계로 출사하지 않고 서울에서 가까운 경기 지역에 물러나 있었다. 간혹 고을 수령에 임명되었지만 역시 오랫동안 있지 않았다. 글을 읽어 뜻을 구하고 담박하게 스스로를 지켰으며 또 사우師友의 도움으로 나날이 개발되었는데, 그의 사람됨이 총명하고 올바르기 때문에 혼미한 벼슬길에서 벗어나 인고하면서 뜻을 돈독히 지녀 마침내 확립하는 바가 있었다. 그가 강론한 견해는 대개 명확하고 투철하였으므로 한 때의 사류들에게 존중을 받았다. 불행하게 일찍 졸하였으니, 애석하다. 임

---

[78] 『현종실록』, 10년 9월 19일(기유).

종할 때 유언 상소를 올려, 훌륭하고 덕 있는 이를 불러들이고 큰 사업에 더욱 힘쓰라고 상에게 권하였다. 또한 장식張栻의 말을 인용하여, 남을 믿어 맡길 때는 일신의 편견을 막고, 남을 좋아하고 미워할 때는 천하의 이치에 공정하게 하라 청하였고, 아울러 약을 하사한 은전을 사양하였다.[79]

③-F 이수인의 졸기는 간관諫官(사헌부 지평)으로 임명되었다는 사실만 개수본에 첨가되었을 뿐 특별히 덧붙인 내용은 없다. ③-G 민형남의 졸기는 개수본에서 그가 관직을 지낸 광해군대에 박승종·유희분과 함께 위훈僞勳에 들어간 사실을 구체적으로 지적하고, 김자점의 천거를 받은 사실도 지목했는데, 품성에 대한 평은 정사본이나 개수본이나 차이가 없다.

③-H 남노성의 졸기는 정사본에서 '송시열의 무리에게 거슬림을 받아' 청요직에 들어가지 못했다고 한 반면, 개수본에서는 '경솔하고 희학을 좋아하며 주견이 없어' 청요직에 들지 못했다고 했다. 이보다 더 대조적인 평가가 실린 것은 ③-I 이단상의 졸기이다. 정사본에서는 이단상의 아버지 이명한이 이이첨 부자에게 아첨한 일까지 거론했고, 또 예송에서 송시열을 지지한 데 대해 소인이라고 평가한 반면, 개수본에서는 '견해가 명확하고 투철하여 사류들에게 존중을 받았다'며 그의 죽음을 애석해했다. 예송과 관련된 입장의 차이는 이후 더 자세히 검토할 계획이므로 여기서는 상론하지 않겠다.

실록찬수범례 ④조: 날짜

④ 매일매일의 날짜는 갑자甲子만 기록한다.

---

79 『현종개수실록』, 10년 9월 19일(기유).

실록의 날짜는 간지千支로 기록했다. 개수를 주장하는 논자들은 『현종실록』의 날짜가 잘못 적힌 것 역시 개수의 논거로 삼았다. 그래서인지 개수본에는 정사본에 실린 기사의 날짜를 수정한 사례가 적지 않게 발견된다. 몇몇 사례를 통해 수정의 정당성을 검토해보자.

대표적인 예로, 현종 즉위년(1659) 5월 17일은 중전의 탄일인데 정사본은 중궁전 탄일을 맞아 의정부가 표리表裏를 봉진한 기사를 18일에 실었다. 이는 탄일 기사이므로 17일에 기록하는 것이 올바르기 때문에 개수본의 수정이 타당하다. 실제로 정사본 18일의 기사에서도 '17일은 중궁전 탄일이어서'라고 했으므로, 18일에 기재한 것은 적절하지 않다.

또 다른 사례도 검토해보자.

④-A

○ 대각臺閣이 조형趙珩을 사사로이 비호했다 하여 관작을 삭탈하고 변지邊地에 내치라고 승정원에 하교하다(=상이 승정원에 이정영李正英을 삭탈 관작하여 변방으로 보낼 것을 하교하다)[80]

날짜만 확인하면 되므로 제목(핵심 내용)만 제시했다. 제목은 국사편찬위원회가 제공하는 '웹 조선왕조실록(http://sillok.history.go.kr)'을 참고했다(이하 같음). 이 기사는 정사본의 현종 2년(1661) 11월 16일에 기재되어 있다. 또한 정사본 16일 자에는 개수본 19일 자의 기사도 일부 통합되어 있다. 『승정원일기』에 따르면 대사간 이정영이 11월 16일에 조형趙珩의 처벌이 부당하다고 계를 올렸는데 이정영에 대한 삭탈 조치는 보이지 않는다. 아마 그 뒤에

---

80 『현종실록』, 2년 11월 16일(임진); 『현종개수실록』, 2년 11월 18일(계사).

처분이 내려졌을 것이다. 그렇다면 현종이 이정영의 삭탈관작과 변방 유배를 명한 날짜는 개수본이 정확할 가능성이 크다.

그뿐만 아니라 이 사건과 관련하여 조형의 처리에 대한 대신들의 간언 및 현종의 대답이 정사본 18일 자에 실려 있는데, 개수본에는 19일 자에 실려 있다. 한편, 판중추 정태화鄭太和가 조형을 형추하라는 명을 거두어달라고 상차한 내용과 현종의 대답은 정사본의 16일과 18일 두 군데에 각각 기재되어 있다. 하지만 정태화의 상차는 18일 우의정 원두표元斗杓와 병조 판서 홍명하洪命夏가 약방에 입시하면서 조형의 형추가 지나치다고 아뢴 뒤에 나왔으므로, 시간순으로 보면 이 사건의 날짜는 개수본의 19일이 맞을 것이다.

또한 남노성南老星을 대사간으로, 이연년李延年을 사간으로, 송시철宋時喆을 헌납으로, 이유상李有相·이동명李東溟을 정언으로, 원만석元萬石을 형조 참의로 임명한 날짜가 정사본은 같은 달 18일, 개수본은 19일로 되어 있는데,[81] 『승정원일기』에는 11월 19일에 '정사가 있었다(有政)'고 하여 개수본이 확실함을 입증한다. 『승정원일기』에 기재된 명단은 해당 부분이 불타버린 탓에 안 보이지만, 전후로 인사이동이 없었던 점을 고려하면 이런 추론이 타당하리라 여겨진다.

대사간 남노성이 인피하여 체직된 기사의 경우, 정사본에는 12월 8일로 나와 있다.[82] 그런데 다시 정사본 10일 자에 물러나 여론을 기다린다는 기사가 나오므로,[83] 8일에 '체직되었다'는 부정확한 기사인 셈이다. 그 밖에도 같은 달 10일, 개수본에는 병조 판서 홍명하의 상소와 함께 비답이 실려 있는

---

81 『현종실록』, 2년 11월 18일(계사); 『현종개수실록』, 2년 11월 19일(갑오).

82 『현종실록』, 2년 12월 8일(계축).

83 『현종실록』, 2년 12월 10일(을묘).

데 반해,[84] 정사본에서는 비답을 15일에 수록했다.[85] 물론 정사본 15일 기사에 "홍명하의 소에 대해서도 안에 들인 지 5일 만에야 비로소 비답이 내려졌다."고 하여 비답이 늦은 사실과 이유를 밝혔지만, 상소와 비답은 함께 수록하고 비답이 늦게 내려온 사유를 기록하는 편이 좀 더 짜임새 있는 편찬일 것이다.

그러나 이렇듯 날짜를 정확하게 하려 했던 개수본도 날짜를 고치면서 오류를 범한 경우가 있다. 개수본에는 호조 판서 김수흥金壽興의 면직이 현종 9년(1668) 2월 12일이라고 했고[86] 정사본에는 15일 기사로 나오는데,[87] 『승정원일기』에 따르면 정사본의 15일이 맞는 듯하다.

정사본에는 한 날짜의 기사가 무더기로 바뀐 경우도 있다. 이는 날짜만 확인하면 되므로 역시 제목만 확인하기로 하겠다.

④-B 개수본》현종 9년 11월 20일(을묘)

○ 태백성太白星이 낮에 나타나다

○ 사간 권격權格과 정언 조성보趙聖輔가 좌윤 권령權坽 등의 일로 인피하다

○ 좌참찬 송준길이 「태극음양도太極陰陽圖」를 그려 올리고, 인하여 상차하다

○ 판부사 송시열이 상소하여 '계술繼述'의 일을 진달하고 복수復讐의 뜻을 드러내다

---

84 『현종개수실록』, 2년 12월 10일(을묘).

85 『현종실록』, 2년 12월 15일(경신).

86 『현종개수실록』, 9년 2월 12일(신사).

87 『현종실록』, 9년 2월 15일(갑신).

○ 좌의정 허적이 체직을 청하는 소장을 올렸으나 허락하지 않다

④-C 개수본》 현종 12년 2월 3일(을유)

○ 경상 감사 민시중閔蓍重의 진휼 대책, 개성 유수 이정영李正英의 구휼에
대한 치계

④-B 기사는 정사본 11월 18일에 수록되어 있다. 『승정원일기』에 송준
길의 「태극음양도」는 나오지 않지만, 권격의 인피, 좌의정 허적의 사직, 송시
열의 상소는 20일로 기록되어 있다. 이 역시 개수본이 『승정원일기』를 참고
하여 날짜를 바로잡은 것으로 보아야 한다.

④-C 기사는 정사본 2월 6일에 두 개의 기사 제목(경상 감사 민시중이 구휼
에 대해 치계하다 / 개성 유수 이정영이 구휼에 대해 치계하니 윤허하다)으로 나뉘어
실려 있다. 그러나 정사본 4일에는 "경상 감사 민시중閔蓍重이, 좌도左道의 해
방海防에 종사하는 토졸土卒들에게 이미 번포番布를 줄였으므로 의지해 살아
갈 길이 없어서 구덩이에 굴러 죽을 걱정이 조석에 닥쳤다 하여 월과미月課
米를 덜어내 나누어 주어 진휼하게 하기를 청하였는데, 비국이 회계하여 월
과미 500석을 덜어내어 영하營下와 소속의 열 군데 진鎭에 고루 나누어 주고
죽을 쑤어 구제하게 하였다."라는 구휼 기사가 나온다. 따라서 기근 대책에
관한 치계는 적어도 진휼이 시행된 2월 4일 이전에 올린 것으로 봐야 하므로
개수본이 타당하다고 판단된다.

④-D 개수본》 현종 15년 2월 2일(병신)

정사본에는 아예 1개월 전체 날짜가 틀린 부분이 발견된다. 현종 15년 2

월이 그러한데, 2월 1일(朔)이 을미일이었음에도 불구하고 정사본에서 병신일로 잡음으로써 계속 날짜가 밀리고, 그 결과 한 달의 간지가 모두 잘못되고 말았다.

이는 이해가 되지 않는 상황이다. 사초 또는 시정기는 날짜별로 기록하므로 하루의 간지를 잘못 기재할 수는 있어도 한 달의 갑자를 모두 잘못 기재할 확률은 거의 없기 때문이다. 그렇다면 편찬할 때 인용한 『승정원일기』 등의 자료에 애당초 틀리게 등록되어 있었을까? 설령 그렇더라도 전달인 1월과 다음 달인 3월의 날짜와 맞춰보기만 했어도 이런 오류는 피할 수 있다. 그런 점에서 『현종실록』은 다른 왕대 실록에서는 좀처럼 보이지 않는 흠을 드러내고 말았다.

실록찬수범례 ⑤조: 날씨와 재해

⑤ 모든 재이의 경우, 관상감 초록抄錄을 하나하나 첨가하여 적는다. ─지방의 바람·비·지진 등 각각의 사항은 그 당시 보고한 문서(啓聞)를 반드시 살펴보고 갖추어 기록한다.

결론부터 말하면 이 조항은 『현종실록』이나 『현종개수실록』 모두 일관성이 결여되어 있다. 다음의 사례를 보자.

⑤-A 개수본》 현종 1년 2월 8일(계사)

○ 햇무리가 지다

⑤-B 개수본》 현종 3년 5월 15일(정해)

○ 태백성이 낮에 나타나다

⑤-C 개수본》 현종 9년 11월 22일(정사)
○ 태백성이 낮에 나타나다

⑤-D 정사본》 현종 15년 7월 22일(갑신)
○ 유성이 나타나다

　⑤-A는 개수본에서 처음 등장하는 일기日氣·기상氣像 기록이다. 현종 즉
위년 이래 이 날짜 이전까지 개수본에는 날씨를 싣지 않았던 반면, 정사본에
는 기상관측 기사가 실려 있다. 그런데 ⑤-B와 C 기사는 정사본에 나오지
않고 개수본에만 기록된 기상이다. 물론 이 외에도 개수본에만 실린 기록은
많다.
　이에 비해 ⑤-D 기사처럼 정사본에는 있지만 개수본에 없는 기상 자료
도 있다. 요컨대 날씨나 기상 자료에 관한 한 두 실록은 뚜렷한 차이나 특징
을 보이지 않는다.

실록찬수범례 ⑥조와 ⑦조: 대간의 논계

⑥ 대간의 논계論啓는, 첫 번째 논계(初啓)의 경우 중요하고 핵심적인 내용은 모
두 적고, 잇달아 올린 논계의 경우는 단지 '연계連啓'라고만 적고, 혹시 중요한
내용이 첨가되어 있으면 뽑아낸다.
⑦ 대간의 논계는 단지 '사헌부', '사간원'이라고만 적고, 와서 보고한 사람의 성
명은 적지 않는다. 다만 첫 번째 논계했을 때는 성명을 모두 적는다. 중대한 시

비가 걸린 사안의 경우는 다른 의견을 꺼낸 경우도 적지 않으면 안 된다. —어사의 성명 및 관리를 쫓아낸 일(黜陟), 폐단을 변통한 일 등도 상세히 기록한다.

⑥조와 ⑦조는 묶어서 살펴보겠다. 사례로 제시한 기사의 번호 체계는 편의를 위해 ⑥으로 단일화했다. 먼저 사헌부·사간원·어사의 기록은 아니지만 지방에서 올라온 계啓 중에 설명하기 어려운 대목이 있어 제시한다.

⑥-A 현종 즉위년 6월 7일(병신)

정사본》

호서 예산 고을에서 여인이 아들을 낳았는데, 몸은 하나에 머리가 둘이고 손과 발이 넷씩이어서 감사 이진李袗이 치계하여 알려왔다.

개수본》

호서 예산현에 어떤 여인이 아들을 낳았는데 하나의 몸뚱이에 머리는 둘이며 손이 넷, 발이 넷이었다. 도신道臣이 이를 알려왔다.

⑥-B 현종 즉위년 6월 13일(임인)

정사본》

경상 감사 홍처후洪處厚, 전라 감사 김시진金始振이 모두 물난리로 인한 참혹한 상황을 치계하여 알렸다.

개수본》

양남兩南의 감사監司가 모두 물난리가 몹시 참혹하다고 계문하였다.

⑥-A와 B의 사례는 정사본에서 관찰사의 이름을 명시한 데 비해, 개수

본에서는 도신·감사라고만 표기하고 이름은 적지 않았다. 다른 왕대 실록을 살펴보아도 이에 대한 뚜렷한 원칙이 있었던 것 같지는 않다. 치계나 첩정에 인명이 보이는 경우와 그렇지 않은 경우가 혼재되어 나타나기 때문이다. 계를 올린 이의 이름을 알 수 없으면 어쩔 수 없겠지만, 안다면 그 정보를 알려 주는 편이 역사 기록으로서 더 가치가 있을 것이다.

⑥-C 현종 2년 4월 1일(경진)

정사본》

헌납 박증휘朴增輝, 정언 정박鄭樸 등이 아뢰기를 "충주에 거주하는 이탁李琢 등 80여 인이 궁가宮家의 도장導掌 김원金元이 폐단을 일으킨 일을 가지고 헌부에 정장呈狀하였습니다. …… 해당 당상과 낭청을 추고하고, 김원은 다시 수금하여 무겁게 다스리도록 하십시오." 하니, 따랐다.

개수본》

사간원이 아뢰기를 "충주에 사는 이탁 등 80여 인이 궁가의 도장 김원의 작폐를 가지고 사헌부에 소장을 올렸으므로, 사헌부가 진계하여 해당 도道로 하여금 조사·보고하게 하고, 또 담당 관청으로 하여금 가두어 다스리게 하였습니다. …… 해당 당상과 낭청은 추고하고 김원은 다시 수금하여 엄중히 다스리게 하십시오." 하니, 상이 따랐다.

⑥-C 기사에서 정사본은 '헌납 박증휘, 정언 정박'이라고 하여 실명을 거론한 반면, 개수본은 '사간원'이라고만 하고 있다. 이것이 김원에 대한 대간의 첫 번째 논계라면 정사본이 찬수범례를 준수했다고 할 수 있지만, 반복된 논계 중 하나라면 개수본이 찬수범례의 원칙을 합당하게 따랐다고 볼 수 있다. 이전에 같은 내용의 논계가 있었는지를 찾아본 결과, 이 기사는 김원에

대한 첫 논계가 맞다. 따라서 정사본처럼 실명을 밝혀주는 것이 옳다.

그런데 이와 대비되는 사례가 있다. 바로 ⑥-D이다.

⑥-D

정사본〉 현종 3년 5월 12일(갑신)

○ 사간원이 경연을 열 것을 청하다

○ 대사헌 김수항金壽恒 등이 궁가宮家의 전결田結에 대해 아뢰다

개수본〉 현종 3년 5월 13일(을유)

○ 정언 이단하李端夏 등이 경연을 하루빨리 시행할 것을 아뢰다

○ 사헌부가 궁가의 지나친 토지 소유를 근절해달라고 아뢰다

⑥-D는 같은 내용의 기사가 각각 정사본의 현종 3년 5월 12일, 개수본의 5월 13일에 실려 있다. 정사본 12일 자에는 '정언 이단하'라는 실명 대신 '사간원'이라고 되어 있다. 여기서는 개수본이 찬수범례를 준수한 셈이다. 두 번째 기사는 개수본에서 '사헌부'라고 한 데 비해, 정사본에는 '대사헌 김수항 등'이라고 하여 실명을 노출했는데, 이 사안은 이미 앞서 반복적으로 논계된 적이 있으므로 개수본처럼 단지 '사헌부'라고 하는 것이 찬수범례에 부합한다.

찬수범례 ⑥조와 ⑦조에서 말하는, 즉 첫 번째 논계는 사안의 내용을 상세히 적고 이름을 적되 다음부터는 논계 사실과 관청만 기재한다는 규정은 정사본과 개수본 모두 조금은 어긋난 경우도 있지만, 전체적으로는 잘 지켜진 편이다. 경향으로만 보면 개수본 쪽이 찬수범례에 합당한 경우가 좀 더 많다. 개수본이 나중에 편찬한 실록인 만큼 앞의 오류를 수정할 수 있었던 것 같다.

⑥-E 정사본》현종 4년 8월 24일(기미)

○ 조형趙珩에 관한 일을 정계停啓하다

⑥-F 정사본》현종 10년 7월 18일(기유)

○ 합계合啓하다

⑥-E는 정계 기사, ⑥-F는 합계 기사인데, 둘 다 개수본에는 실려 있지 않다. 찬수범례에는 정계에 대한 규정이 없으며, 관례적인 원칙이 따로 있었던 것 같지도 않다. 그러므로 정계 기사의 수록 여부는 정사본과 개수본의 장단점을 논할 기준으로 보기 어려울 듯하다.

⑥-F 기사는 짚고 넘어가야 할 점이 있다. 정사본 원문을 보면 '合啓'라고만 기재되어 있어 무슨 사건에 대한 합계인지 불확실하다. 합계했다는 사실 이상의 정보를 주지 못하는 것이다. 아마 편찬 과정에서 미처 기재하지 못하고 빠트린 듯한데, 적절하지 않은 편찬 사례이다.

⑥-G 개수본》현종 2년 4월 18일(정유)

헌납 오두인吳斗寅이 아뢰기를 "윤선도의 죄는 위로 선왕에 관계되는데도 사형을 감하여 북쪽 지방에 유배한 것은 애당초 특별한 은혜에서 나왔는데, 갑자기 좋은 지역으로 옮기니 여론이 놀라고 분하게 여깁니다. 명을 도로 거두시기를 청해 마지않습니다. 신이 공적 회의석상에서 이 말을 꺼내자 동료들은 모두 찬성을 하였으나, 장관이 논의에 참여하지 못했다는 혐의가 있어서 이미 정해진 의논이 지연됨을 면하지 못하였습니다. 신은 감히 직위에 편안히 있을 수 없으니, 체직하십시오." 하였다.

대사간 조복양趙復陽은 당초 쟁집하지 못했으므로 감히 그대로 수석首席

에 있을 수 없다 하여 인피하였고, 정언 윤변尹抃, 대사헌 김남중金南重, 장령 이광재李光載도 서로 잇달아 인피하였다. 집의 곽지흠郭之欽이 처치하여 오두인은 출사시키고 양사의 관원은 체차시키기를 청하였다.

⑥-G 기사는 오두인이 윤선도의 이배移配 문제, 즉 실록찬수범례에서 말하는 '중대한 시비'를 놓고 먼저 의견을 꺼내며 체직을 청했기 때문에 그와 관련된 사람들의 인피 사실과 처치 사실을 함께 기록했다. 이 기사는 정사본과 개수본이 동일한데, 차이가 있다면 개수본에는 18일 기사로 모두 정리되어 나오는 데 비해 정사본에는 '대사간 조복양趙復陽은 당초' 이하 내용이 19일 자 기사로 나온다는 점이다.

오류까지는 아니지만 이는 정사본의 비효율적인 편집이다. 조복양 등의 인피는 오두인이 체직을 청한 이튿날일 가능성이 크고, 실록은 날짜별로 기재되는 편년체이므로 날짜에 따른 기사 배치는 정사본이 맞을 수 있다. 그렇더라도 같은 사안에 연관되는 인피라면 함께 수록해주어야 한눈에 파악할 수 있다. 조선 초기부터 실록은 편년이면서도 강綱−목目의 구조, 즉 어떤 사건이 발생하면 관련 사실을 함께 모아 편집하는 강목체를 편찬 체재로 발전시켜왔다. 실록찬수범례 ⑦조의 규정에 비춰 보면 정사본은 개수본에 비해 전반적으로 산만하게 구성되어 있다. 아래 사례도 ⑦조에 해당한다.

⑥-H

정사본》 현종 2년 6월 4일(신사)

홍덕 현감 오정언吳廷彦, 무장 현감 정시대鄭始大, 금성 현감 원두추元斗樞, 청암 찰방 송국보宋國輔 등이 으뜸가는 치적으로 포상받았다. 장성 부사 최일崔逸, 영암 군수 김익렴金益廉, 영광 군수 안진安縝, 무안 현감 조정우曹挺

字 등을 의금부에 내렸다. 이는 어사御史 김수흥金壽興의 서계書啓를 따른 것이다.

정사본》 현종 2년 6월 5일(임오)

고을을 잘 다스리지 못한 수령인 임천 군수 이증李憕, 예산 현감 백홍일白弘一, 석성 현감 채이항蔡以恒, 직산 현감 정시걸丁時傑, 연산 현감 이현李晛을 의금부에 잡아들이도록 명하였다. 회덕 현감 유성오柳誠吾, 서천 군수 홍석무洪錫武, 부여 현감 박유상朴由常, 천안 군수 권순창權順昌, 은진 현감 임일유林一儒, 한산 군수 서홍리徐弘履 등을 치적이 으뜸이거나 진휼을 잘했다는 이유로 모두 포상하였다. 이는 어사 여성제呂聖齊의 서계에 따른 것이다.

정사본》 현종 2년 6월 6일(계미)

어사 이민적李敏迪의 서계에 따라 서산 군수 윤격尹㦿, 당진 현감 윤세교尹世喬, 태안 군수 민진량閔晋亮, 아산 현감 이정악李挺岳, 평택 현감 심익선沈益善, 이산 현감 이관하李觀夏 등을 모두 포상하고, 신창 현감 박융부朴隆阜, 덕산 현감 황봉조黃奉祖 등을 의금부에 내렸다.

개수본》 현종 2년 6월 5일(임오)

임천 군수 이증, 예산 현감 백홍우白弘祐, 석성 현감 채이항, 직산 현감 정시걸, 연산 현감 이현,(이상 정사본 5일―인용자) 신창 현감 박융부, 덕산 현감 황봉조,(이상 정사본 6일―인용자) 결성 현감 송협宋恊, 면천 군수 이선기李善基, 무안 현감 조정우,(정사본 4일―인용자) 해남 현감 정호례鄭好禮, 장성 부사 최일, 영광 군수 안진, 영암 군수 김익렴,(이상 정사본 4일―인용자) 김제 군수 소동도蘇東道, 여산 군수 이휘조李徽祚, 태인 현감 서필성徐必成, 칠곡 부사 김시설金時卨, 선산 부사 신숭구申崇耈, 거제 현령 권주權霌, 삼가 현감 최자해崔自海, 초계 군수 조현趙鉉, 칠원 현감 이시배李時培, 예천 군수 안응창安應昌, 하양 현감 허섭許瓏, 청도 군수 이찬한李燦漢, 영해 부사 박일성朴日省, 영천 군수 성진병成震丙, 장기 현감 손흠孫欽을 더러는 파면시키고 더러는 잡아다 추문推問하였다.

서천 군수 홍석무,(정사본 5일—인용자) 서산 군수 윤격, 태안 군수 민진량,(이상 정사본 6일—인용자) 금성 현감 원두추,(정사본 4일—인용자) 담양 부사 임유후任有後, 인동 부사 유정兪棆, 상주 목사 이성기李聖基, 창녕 현감 김상중金尙重, 대구 부사 이수강李守綱, 밀양 부사 이지온李之韞은 가자加資하게 하였다.

회덕 현감 유성오, 부여 현감 박유상, 천안 군수 권순창, 은진 현감 임일유, 한산 군수 서홍리,(이상 정사본 5일—인용자) 당진 현감 윤세교, 아산 현감 이정악, 평택 현감 심익선, 이산 현감 이관하,(이상 정사본 6일—인용자) 홍덕 현감 오정언, 무장 현감 정시대,(이상 정사본 4일—인용자) 만경 현령 도거원都擧元, 경산 현감 이희년李喜年에게는 모두 포상을 베풀었는데, 3도道 암행 어사의 서계에 따른 것이다.

위의 기사에 나타난 정사본과 개수본의 특징을 정리하면 다음과 같다. 첫째, 정사본 6월 5일의 예산 현감 '백홍일白弘一'은 개수본의 '백홍우白弘祐(1613~?)'가 옳다.[88] 둘째, 정사본 6월 4일에 나오는 청암 찰방 송국보 1명이 개수본에 누락되었다. 셋째, 개수본에 밑줄 친 인물은 정사본과 공통으로 기재되었다. 나머지 인물은 개수본에만 보이고 정사본에는 누락되었는데, 처벌(파면·추문) 대상이 결성 현감 송협 등 18명이고, 가자·포상 대상이 담양 부

---

88 『승정원일기』, 현종 1년 2월 9일; 한국역대인물종합정보시스템, 『임오식년사마방목壬午式年司馬榜目』. 국사편찬위원회(MF A지수100078 1).

사 임유후 등 8명이다. 넷째, 정사본은 김수홍 등 3도 어사의 이름을 기록했으나 개수본에는 적지 않아, 정사본이 찬수범례에 더 충실했음을 알 수 있다. 다섯째, 정사본은 어사의 보고를 날짜별로 수록했고, 개수본은 처벌 및 포상 결과를 함께 수록했다.

실록수범례 ⑧조: 상소와 차자

⑧ 상소 중에서 중요하고 핵심적인 내용은 상세히 갖추어 싣고, 그 사이의 불필요한 글자는 해당 구절을 빼더라도 무방하다. 예에 따라 사직하는 상소나 차자의 경우는 반드시 모두 적을 필요는 없지만, 혹시 거취나 시비 같은 당시 정치에 관련된 사안은 역시 기록하지 않으면 안 된다.

『현종실록』이 22권인데 비해 『현종개수실록』은 28권으로, 분량으로 보아 6권이 늘어났다. 이는 약 1/4이 늘어난 셈인데, 그 늘어난 분량 중 상당 부분이 바로 정사본에서 빠진 상소나 차자를 개수본에 수록했기 때문이라고 해도 과언이 아니다. 어림잡아도 늘어난 분량의 반에 가깝다.

물론 정사본과 개수본의 기사가 동일한 것도 많다. 예를 들어 개수본 현종 7년 3월 22일, 복제 문제에 관련된 영남 유생들의 상소에 대한 논의는 사론의 차이만 있을 뿐 내용은 정사본과 같다. 또 같은 날 개수본의 '복제에 관한 유생儒生 유세철柳世哲의 상소문', '복제에 관한 유생 유세철의 상소문—장자서자도長子庶子圖', '복제에 관한 유생 유세철의 상소문—상복 고증', '복제에 관한 유생 유세철의 상소문—상복 고증 부록' 등도 정사본의 23일 기사와 거의 동일하다. 다만 승정원이 복제 문제에 관한 유세철 등의 상소에 반론한 계는 개수본이 더 상세하다.

개수본에서 상소나 차자를 보완한 방식은 크게 두 가지로 나뉜다. 첫째, 정사본에 상소·차자의 내용이 실려 있기는 하지만 개수본에 좀 더 많은 내용을 추가한 경우이다. 둘째, 정사본에는 상소의 내용은 없이 상소했다는 사실만 기록되어 있거나 아예 상소 사실 자체가 기록되지 않은 경우가 있는데, 개수본에서는 해당 날짜의 상소 사실과 함께 그 내용을 보완하거나 새로이 추가해서 싣기도 했다. 먼저 첫 번째 경우부터 살펴보자.

⑧-A 현종 즉위년 7월 3일(임술)
○ 좌참찬 송시열이 상차하여 수원 산릉 문제를 논하다
○ 전 찬선 권시權諰가 상소하여 소명召命을 사양하다
○ 영돈녕부사 이경석李景奭이 상차하여 수원 산릉 문제를 논하다

⑧-B 현종 3년 12월 27일(병인)
○ 전지田地 문제 완결을 위해 사직을 청하는 대사간 민정중의 상소문

⑧-A는 권시와 이경석에 관한 기사의 순서가 바뀌어 있기는 하지만 정사본과 개수본에 모두 실려 있으며, 개수본 기사의 내용이 좀 더 상세하다. ⑧-B 기사도 같은 경우이다. 실록을 편찬할 때 기사를 축약할 수 있지만 내용이 전달되지 않을 정도의 축약은 역사 기록으로서 가치를 떨어뜨린다는 점에서 정사본의 단점으로 지적할 수 있다.

⑧-C 현종 4년 1월 7일(병자)
○ 시폐를 진달하고, 허물을 고칠 것을 간한 이민서의 상차

⑧-D 현종 4년 7월 26일(신묘)

정사본》

옹교 이민적李敏迪, 부응교 민유중閔維重, 부교리 이익李翊, 부수찬 여성제呂聖齊·이유상李有相 등이 장문의 상소를 올렸다. 그 대강은 세 가지로 임금의 잘못, 나라의 폐해, 백성의 평안이었고, 그 세목은 16가지로 근학勤學·입지立志·청심淸心·양기養氣·경천敬天·외민畏民, 사치를 금하도록 힘쓸 것, 금병禁兵의 수를 제한할 것, 지성으로 현인을 초빙할 것, 신료를 자주 접견할 것, 염분鹽盆을 혁파할 것, 제둔전諸屯田을 혁파할 것, 포흠逋欠을 탕척해 줄 것, 민역民役을 고르게 정할 것, 인족隣族을 침해하지 말 것, 대간을 구임久任시킬 것 등이었는데, 상이 답하였다. "경계하는 내용을 조목별로 진달한 차자를 살펴보건대 실로 으레 올리는 것과는 비교가 되지 않았다. 근실한 정성과 못 잊어하는 충성심이 말에 흘러넘치니, 어찌 늘 간직하며 마음에 새기지 않을 수 있겠는가. 그리고 조목별로 진달한 일은 절목節目이 있게 마련으로서 일시에 헤아려 정할 수 없으니, 의정부로 하여금 의논하여 처리하도록 하겠다."

사신은 논한다. 상이 답은 이렇듯 너그럽게 내렸으면서도 실제로 채택해서 쓴 일은 없었으니 어찌 탄식을 금할 수 있겠는가?

⑧-C와 D 기사 역시 개수본이 정사본보다 상세하다. 개수본은 상소문을 전재하다시피 했기 때문에 지나치게 길어진 문제가 있다. 대략 글자 수로 보아 ⑧-C 기사의 개수본은 정사본 대비 6배, ⑧-D의 경우에는 개수본이 정사본 대비 10배쯤 더 길다. ⑧-D의 정사본 기사에서 보듯이 이민적 등이 올린 '장문의 상소(大疏)'는 항목만 실은 셈인데, 이처럼 대략의 항목만 간단히 싣는 것도 정보 전달의 측면에서 문제가 있지만, 개수본처럼 긴 상소문을 전

재하는 방식도 효율적이지 못한 편찬이다.

아래 ⑧-E 기사는 개수본이 정사본보다 상세한 사례를 뽑은 것이다.

⑧-E

○ **현종 5년 4월 1일(계사)** : 대사간 김수흥이 여덟 가지 폐단을 아뢰는 상소

○ **현종 6년 1월 7일(갑오)** : 이조 판서 김수항이 군주를 경계하는 차자

○ **현종 6년 10월 9일(신유)** : 산군 작포山郡作布, 공천 추쇄公賤推刷, 구언求言, 훈국 병제訓局兵制, 진연進宴 연기 등을 논한 사간 이유李秞 등의 시무 10조

○ **현종 7년 1월 19일(경자)** : 포흠곡逋欠穀 탕감, 토목공사 중지, 경연의 잦은 개최 등을 청한 좌의정 홍명하의 차자

다음으로 두 번째 경우, 그러니까 정사본에 아예 상소문이 실려 있지 않거나 내용은 없이 상소했다는 사실만 기록되어 있는 경우를 개수본에서 수록하고 보완한 사례를 살펴보자.

⑧-F 개수본》 현종 3년 1월 23일(정유)

○ 예조 참판 김좌명金佐明이 전날의 하교대로 비용을 절약하게 할 것을 상소하다

⑧-F 기사는 정사본에 없으며 개수본에만 나온다. 김좌명은 두 대궐을 수리할 때 깐 자리와 벽을 바른 능지菱紙 등의 물건을 예전에 배설한 대로 그냥 두어도 될 만한 것까지 벌써 새로 바꾸었다면서 비용 절약에 관해 상소했

다. 개수본에서는 상소문의 대략을 적어놓아 보는 사람에게 그 의미가 분명히 전달될 수 있도록 했다.

⑧-G 개수본》 현종 10년 4월 17일(기묘)

○ 영중추부사 이경석이 송시열의 상소에 대하여 상차하다

⑧-G 기사도 정사본에는 없다. 이경석의 상소는 송시열의 오해에서 비롯되었다는 내용이다. 이경석은 이상진李尚眞 등 몇몇 사람을 두고 임금이 온양 온천에 행행하는데 나와 보지도 않는다며 차자를 올린 것인데, 송시열은 그 차자가 자기를 공격하는 줄 알고 크게 노하여 소를 올리고 오지 않았다. 송시열은 그 소疏에서 손적孫覿에 빗대어 이경석을 모욕했는데, 이는 일찍이 인조 때 이경석이 명을 받고 삼전도三田渡의 비문을 지었기 때문이다. 이를 두고 정사본의 사론에서는 "송시열이 조그만 일로 너무나 각박하게 배척하니, 논자들이 병통으로 여겼다."라고 했다.[89] 이렇듯 송시열이 이경석을 배척하자, 그에 대해 이경석이 해명한 상소로 올린 기사가 ⑧-G이다. 이 사건으로 논란이 일었던 만큼 이경석의 상소를 실어주어야 이후의 논의 전개를 알 수 있는데, 정사본에서는 누락했다.

⑧-H 개수본》 현종 11년 2월 18일(병자)

○ 대사성 남구만南九萬이 신덕왕후의 부묘祔廟 후속 조치 및 재해에 따른
　민생 구제에 관해 상소하다

---

89 『현종실록』, 10년 4월 14일(병자). 송시열이 이경석의 차자 내용에 관해 듣고는 행궁에 오지 않고 소만 올려 피혐한 일이 기록되어 있다.

⑧-H 기사는 태조의 계비 신덕왕후의 부묘 이후 별도의 행사를 시행할 것과 목화木花가 흉년이니 신역을 줄여주자는 상소인데 정사본에서 누락한 경우이다.

이 외에도 개수본에는 과거 효종 때 경연 석상에서 승지와 사관만을 남게 한 뒤 함께 대계大計를 의논했으나, 효종이 이 자리에서 의논한 내용을 사관에게 쓰지 말라고 명한 까닭에 전해지지 않는 송시열의 정유년(효종 8년, 1657) 8월 차자 및 기해년(현종 즉위년, 1659) 7월에 올린 상소를 수록했다.[90] 특히 후자는 현종에게 인평대군麟坪大君의 '두 아이', 즉 이정李楨·이남李枏이 효종 때부터 궁중에서 자라 효종의 상중에도 거침없이 궁궐 출입하는 것을 경계하는 내용이 담겨 있어, 이정 등 삼복三福이 조정에서 쫓겨난 경신환국의 배경이 되는 상황을 알려주고 있다. 효종과 송시열의 대화는 청나라와의 외교 문제가 걸린 민감한 사안임을 고려할 때, 또 송시열의 상소 내용이 갖는 중요성을 고려할 때, 개수론자들이 이를 추후에라도 실록에 수록하는 것이 타당하겠다고 판단한 듯하다.

이상 몇몇 사례에서 살펴보았듯이 개수본에는 정사본에서 빠졌거나 소략하게 실은 상소나 차자를 많이 수록한 점이 특징이다. 소략하거나 누락된 상소와 차자가 대체로 서인의 것이었다는 점도 정사본에 나타나는 특징인데, 그 내용의 중요성으로 미루어 볼 때 빠뜨린 것은 공정하지 못하다는 평가를 들을 법한 편찬 방식이었다. 물론 반대의 경우도 있다.

⑧-I 정사본》 현종 14년 7월 4일(신미)
좌윤 조수익趙壽益이 상소하여 사직하고, 또 말하기를 "신의 집안에 있었던

---

90 『현종개수실록』, 13년 12월 5일(병오).

참혹한 변은 실로 윤리에 관계된 것이었습니다. 아버지가 아들의 잘못을 증명하는 일이 이미 흉악한 자취가 다 드러난 뒤에 있었으니, 엄격한 형벌로 정죄正罪를 하는 것밖에는 결단코 신문할 것이 없을 것입니다. 그런데 재판이 지연되어 한 해가 지났는데도 끝이 날 기약이 없이 부자간으로 하여금 서로 송사하게 하려는 듯하니, 법망法綱이 매우 전도되었습니다. 이는 신의 말이 믿음을 받지 못하고 세상에서 버림을 받은 소치이니 누구를 허물하겠습니까. 이 재앙의 단서를 생각할 때 다만 엎드려 있어야 마땅하고, 더구나 숨이 가물가물하여 전혀 힘을 내어 조정에 나갈 희망도 없습니다." 하니, 상이 너그럽게 비답을 내리고 허락하지 않았다.

삼가 살펴건대 조수익은 한 시대의 명망 있는 재상으로, 불행하게 집안의 변을 만나 아버지가 아들의 일을 증언하는 것으로 본도本道에 정장呈狀하였으니, 죄인들의 정상은 묻지 않더라도 알 수 있다. 조수익이 신축년(현종 2년, 1661)에 올린 한 통의 상소가 시의時議에 크게 거슬렸기 때문에 전후 방백方伯(관찰사)과 추관推官이 조수익을 미워하는 자의 뜻을 받아 노망老妄으로 핑계하고 그 사이에 의심을 두어 해가 지나도록 해결하지 않았다. 윤기倫紀와 법강法綱이 이에 이르러 땅을 쓴 듯이 없어졌으니 어찌 통탄스럽지 않겠는가?

조수익은 유성룡의 외손자로, 남인에 속한다. 개수본에서는 조수익의 이 상소를 싣지 않았다. 부자간의 송사가 발생한 일이기 때문에 피휘하려는 뜻으로 볼 수도 있겠지만, 필자로서는 군이 이 상소를 빼야 하는 이유를 찾지 못하겠다.

실록찬수범례 ⑨조: 관직 임명

⑨ 모든 관직 임명(除拜)의 경우, 중요하지 않고 잡다한 관직이나 산직(冗散) 외에는 이조와 병조(兩銓)의 문서를 다시 살펴보아 상세히 기록한다.

⑨-A 현종 즉위년 6월 5일(갑오)

정사본》

정유성鄭維城을 새로 우의정으로 삼고, 권대운權大運을 좌부승지로, 유계兪榮를 대사성으로, 이시술李時術·안후열安後說을 교리로 삼았다.

개수본》

정유성을 선발하여 우의정으로 삼고, 권대운을 좌부승지로, 채충원蔡忠元을 형조 참의로, 유계를 대사성으로, 이시술·안후열을 교리로, 이경억李慶億을 병조 참지로 삼았다.

⑨-B 현종 2년 8월 19일(을축)

정사본》

홍명하洪命夏를 판의금부사로, 민응형閔應亨을 우참찬으로, 민응협閔應協을 대사헌으로, 남노성南老星을 동지의금으로, 홍처량洪處亮을 대사성으로, 유명윤兪命胤·정창도丁昌燾를 지평으로, 이민서李敏叙를 교리로 삼았다.

개수본》

민응협을 대사헌으로, 유명윤·정창도를 지평으로, 홍중보洪重普를 우참찬으로, 홍명하를 겸 판의금으로, 이민서를 부교리로, 홍처량을 대사성으로 삼았다.

⑨-C 현종 4년 1월 21일(경인)

정사본

권우權堣를 도승지로, 오두인吳斗寅을 집의로, 남구만南九萬을 응교로, 박승
건朴承健을 장령으로, 심재沈梓를 지평으로, 이유상李有相을 정언으로 삼고,
안후열安後說을 발탁하여 승지로 임명하였다. 안후열은 나이가 어리지만
문재文才가 있기 때문에 이렇게 제수하는 명이 있게 된 것이다.

개수본

정익鄭梴을 승지로, 이유상을 정언으로, 심재를 지평으로, 원만석元萬石을
형조 참의로, 남구만을 응교로, 박승건을 장령으로, 권우를 도승지로 삼았
다. 집의 안후열을 승서하여 승지로 삼았다. 안후열은 아직 준직准職을 거
치지 않았으므로 애초에는 의망하지 않았는데, 의망에 첨가하라고 특명하
여 제수한 것이다. 오두인을 집의로 삼았다.

　　⑨-A 기사는 『승정원일기』의 같은 날짜 기록을 근거로 삼을 때 개수본
쪽이 정확하다. ⑨-B 기사는 『승정원일기』 기록이 남아 있지 않기 때문에
어느 쪽이 정확한지를 판단하기 어렵다. ⑨-C 기사는 정사본과 개수본 모두
찬수범례에 합당한 기사이다. 안타까운 점은 정사본과 개수본의 정확성을 판
단할 기준이 되는 『승정원일기』가 불타 없어진 부분이 많은 탓에, 인사 기록
의 경우 어느 쪽이 정확한지를 대강이나마 파악할 수 없다는 사실이다.

실록찬수범례 ⑩조: 과거 급제자

　⑩ 각 연도의 과거에 합격한 인원은 '아무개 등, 몇 사람'이라고 적는다.

찬수범례 ⑩조와 관련해서는 정사본과 개수본에 특이 사항이 없다.

실록찬수범례 ⑪조: 군병, 호구

⑪ 군병의 숫자, 서울과 지방의 법제, 호구 숫자에 대해서는 각 해당 문서를 상고하여 상세히 기록한다.

⑪-A 현종 2년 윤7월 3일(경진)

정사본》

애통해하는 교서를 내려 부디 (백성이) 흩어지지 말라는 뜻으로 유시하기를 홍명하가 청하니, 상이 따랐다. 이완李浣이 훈련도감의 군병 중에서 노쇠하고 잔약한 자들을 감하여 조금이라도 폐단을 덜 것을 청하니, 상이 윤허하였는데, 600명을 감하였다.

개수본》

훈련대장 이완이 훈련도감의 군병 중 늙고 병든 자 500명을 면직하여 돌려보내서 경비를 줄일 것을 청하고, 병조 판서 홍명하가 금군禁軍의 수를 줄일 것을 청하니, 상이 모두 따랐다.

⑪-A 기사는 훈련도감의 군병 수를 줄인 내용이다. 내용 전체로 볼 때 개수본이 상세한 편이다. 의미 있는 큰 차이라고 할 수는 없지만 정사본과 개수본에 나오는 훈련도감의 줄인 군병 숫자가 상이하다. 현재로서는 그 차이의 이유를 확인할 수 없다.

⑪-B 개수본》 현종 4년 9월 11일(을해)

흉년으로 인하여 어공御供을 감하고 또 백관들 녹봉도 각기 1석씩 감할 것을 명하였다. 당시 삼남에 큰 기근이 들어 진휼청을 개설하고 조복양趙復陽·유계俞棨·민정중閔鼎重을 당상으로 삼았으며, 또 호조 판서 정치화鄭致和로 하여금 함께 관장하게 하였다. 어공을 감하는 것과 녹봉을 받는 백관들 및 반료頒料에 따라 요료를 받는 자들에 대한 감량은 모두 신축년(현종 2년, 1661)의 예에 준하였고, 호남·영남은 더욱 심하다 하여 대동미 징수의 수를 감했으며, 신역身役 대신 베를 바치는 자들도 그가 당한 재이의 경중에 따라 혹은 전감全減 혹은 감봉減捧을 하였다. 그리고 관작을 팔고 직첩을 주어 곡식과 바꾸게 하였는데, 노직老職으로 통정通政이 되는 경우 60세 이상은 쌀 4석, 70세 이상은 3석, 80세 이상은 2석을 각각 바치도록 하였으며, 통정에서 가선嘉善으로 오를 때는 2석을 바치게 하였다. 그리고 실직實職 종류를 더 두어 찰방察訪·별좌別坐·주부主簿는 쌀 10석을 바치고 판관判官은 11석, 첨정僉正은 13석, 부정副正은 14석, 통례通禮와 정正은 15석, 첨지僉知는 30석, 동지同知는 40석이었으며, 사은謝恩이나 봉증封贈의 경우에도 정관正官과 똑같이 취급하였는데, 다만 사족士族에 한하여 허락하였다.

추증追贈의 경우, 직장直長·참군參軍·도사都事·별좌別坐는 쌀 2석을 바치고 정랑正郎·좌랑佐郎·감찰監察은 쌀 3석, 통례·첨정 이상은 4석, 판결사判決事는 5석, 참의參議·동지同知는 6석, 좌·우윤左右尹과 참판參判은 7석이었으며, 참하參下에서 5품·6품으로 오르거나 5품·6품에서 3품으로 오를 경우는 모두 1석, 3품·4품에서 질秩이 오르는 자는 2석이었고, 서얼로서 허통許通되는 경우 양첩 자식은 4석, 천첩 자식은 6석이었다. 이미 상직賞職을 받고서 가설된 동지同知를 올려 받으려면 25석을 바쳐야 하고, 승僧으로서 통정을 받으려면 8석, 교생校生은 10년 면강免講의 경우 4석, 종신 면강의 경우는 8석을 바쳐야 하며, 보충대補充隊는 남자는 베 4필, 여자는 2필이었다.

각 관아의 공물값을 재감하여 진휼청에서 옮겨다 쓴 것으로는 전생서典
牲署의 것이 560석 10말, 풍저창豊儲倉의 것이 845석 5말, 장흥고長興庫가
2,584석, 상의원尙衣院에서는 베 1,098필, 교서관校書館이 798석 9말, 관상
감觀象監이 147석, 예빈시禮賓寺가 97석, 제용감濟用監이 1,916석 10말, 공조
工曹가 359석 5말, 선공감繕工監이 653석 4말, 조지서造紙署가 43석 5말, 사
도시司導寺가 193석 10말, 상의원이 151석 1말, 의영고義盈庫가 86석 10말,
내섬시內贍寺가 146석 7말, 사재감司宰監이 1,913석, 전의감典醫監이 707석
6말, 혜민서惠民署가 1,398석 11말, 와서瓦署가 461석 14말, 귀후서歸厚署가
53석 10말, 군기시軍器寺가 4,082석 7말로, 이상 쌀의 통계가 1만 7,200석
이었다.

또한 기인其人의 가포價布도 840필을 감했고, 전남도에서 감영·병영·수
영 및 각 읍의 관수미官需米 7,858석을, 충청도에서 6,291석을 감했으며 각
아문과 각 영에서 가져다 쓴 은포銀布로는 충익부忠翊府에서 베 1,250필,
사복시司僕寺에서 백금 1,500냥, 베 1,250필, 상의원에서 베 1,250필, 백금
200냥, 공조에서 베 350필, 사옹원에서 베 268필, 상평청常平廳에서 백금
5,000냥, 병조에서 여정포餘丁布 5,000필, 전남도 감영에서 군포 2,500필,
병영에서 1,250필, 좌수영·우수영에서 각각 500필이고, 경상도 감영에서
2,500필, 통영에서 2,500필, 좌병영·우병영에서 각각 1,000필, 평안도 병
영에서 1,500필, 비변사가 관리하는 베 5,000필, 황해도 감영에서 1,500필,
병영에서 1,000필, 충청도 감영에서 신선포新選布 500필, 병영에서 750필,
수영에서 500필이었다.

각 고을의 저치미儲置米로서 감량된 것과 첩가帖價의 쌀도 그 도에다 쌓
아두고 굶주린 백성을 나누어 먹이도록 했으며, 각 아문 각 도에서 온 쌀

과 베로는 재해를 당한 각 도의 공물값과 각종 수요에 필요한 비용을 대신 대주었다. 이상이 진휼한 규모의 대략이다.

⑪-B 기사는 실록찬수범례의 군병·법제·호구 등에 정확히 들어맞는 사례는 아니다. 다만, 흉년으로 어공과 백관들의 녹봉을 감하고 진휼을 시행하면서 파악된 통계이므로 부분적으로는 ⑪조에 포함되기도 하고, 중요도도 높은 기사이다. 이 기사는 정사본의 같은 날에 "어공 및 백관의 녹봉에서 각 1석씩 감하라고 명하였는데, 흉년이 들었기 때문이었다."라고 한 줄만 나올 뿐이다. 꼭 이 기사가 아니더라도 재정·민생 부문에 대한 정사본 기록은 취약하다. 이 문제는 뒤에서 사안별로 검토할 때 다시 논의하겠지만 실록찬수범례 ⑪조에서 요구하는 지침을 정사본이 충족시키지 못한 것으로 볼 수 있다.

⑪-C 개수본》 현종 5년 6월 22일(계축)

인조조 이후로 강도江都를 보장保障으로 삼아 40, 50년 사이에 물자를 옮겨 저축하여 국력을 크게 갖추었었는데, 중간에 정축년(인조 15년, 1637)의 병란을 겪어 완전히 없어졌다. 그 뒤 정세가 조금 안정이 되자 더욱 잘 계획하여 거두어 모아 한결같이 완전하게 수선하고 저축하는 것을 급선무로 삼았다. 유수留守는 반드시 재능과 명망이 있는 사람으로 가려서 보내고 또 중신重臣 한 사람에게 그 일을 관장하게 하였는데, 각사에 있던 기계와 재화도 또한 모두 나누어 보내서 저축을 하게 하였다. 내탕고의 어용에 쓸 여러 물품들까지도 나누어 보내서 저축을 한 것이 많았다. 저축해 모은 것이 많고보니, 더러 빈 장부 및 이용에 합당하지 않은 기계들이 있었다. 이에 민유중을 보내어 점검하고 조사하여 아뢰게 한 것이다.

본부에는 각궁角弓과 목궁木弓이 모두 517장張, 장전長箭 4,530부部, 편전

片箭 7,377부, 조총 674자루, 연환鉛丸 87만 2,400개, 진천뢰震天雷 140좌坐, 대완구大碗口 및 대포와 중포가 모두 65좌, 소완구小甸口 30좌, 호준포虎蹲砲 37좌, 화약 2만 6,892근斤, 석류황石硫黃 7,572근, 염초焰硝 7,116근, 철갑鐵甲 52벌이었다.

월곶月串, 제물濟物, 용진龍津, 초지草芝, 광성廣城, 사각史閣, 승천昇天, 인화寅火 등의 각 보에 나누어 둔 것은, 흑각궁黑角弓 1,350장, 교자궁交子弓 450장, 목궁 150장, 장전 2,100부, 편전 900부, 대조총 584자루, 소조총 2,150자루, 대포 179좌, 진천뢰 63좌, 남만 대포 12좌, 불랑기佛狼機 244좌, 화약 1만 6,200근, 군향미 11만 2,347석, 콩 2만 8,228석, 조租 5,456석이었다. 호조에서 이송한 은銀 1만 3,000냥, 면포 10만 8,000필이었다. 기타 주사舟師의 비용과 깃발이나 그릇 등의 물건은 다 기록하지 않는다.

⑪-D 개수본》 현종 12년 12월 30일(정미)

이해 진휼에 소용된 것은 쌀 4만 2,400석, 콩 6,570석, 좁쌀 1만 1,200석, 보리 9,800석, 밀 900석, 은 6만 6,800냥, 무명 45동, 포 280동, 소금 500석이었다.【외방에서 쓰느라 내려보낸 것은 여기에 들어 있지 않다.】

⑪-C와 D는 모두 개수본에만 나오며, C는 강도(강화)의 군비에 관한 내용, D는 진휼에 사용된 곡물과 은·무명·베·소금의 수량이다. 강도는 전략적 요충지이므로 그에 대한 보고는 수록하는 것이 찬수범례의 취지에 합당하며, 진휼의 경우도 현종 11년(1670)과 현종 12년에 이른바 '경신대기근'[91]이라 불

---

91 김덕진, 『대기근, 조선을 뒤덮다 ── 우리가 몰랐던 17세기의 또 다른 역사』, 푸른역사, 2008.

릴 정도로 극심한 기아와 궁핍을 겪은 점을 고려할 때 실록에 수록하는 것이
역사를 편찬하는 취지에 맞다.

⑪-E 개수본》현종 12년 2월 10일(임진)

이때 국가의 재정이 바닥났다. 호조의 삼창三倉에 저축된 것이 4만 석도
채 못 되어 두어 달도 버틸 수가 없었으므로 강도江都의 군향미軍餉米 3만
석과 관서의 쌀 3만 9,500석을 가져다 경비로 보충하고, 또 강도의 쌀 2만
4,000석과 관서의 쌀 1만 500석을 가져오고, 또 어영청의 보미保米 5,000
석을 대여하여 진휼 자원을 채웠다.

　서울의 기근이 날로 심하여 한 곡斛의 쌀값이 은으로 3냥이었으므로 진
휼청이 쌀 8,300여 석을 내되 한 석의 값을 1냥 8전으로 정하였다. 또 무
명으로 계산하여 바치는 것을 허용하여 백성을 편리하게 하되 한 사람이
1냥을 넘지 못하게 하여 때를 타서 이익을 노리는 폐단을 막았다. 또 쌀 1
만 2,800여 석을 내어 서울 백성에게 대여하되 호수戶數를 계산하고 등급
을 나누어 대호大戶는 1석, 중호는 10말, 소호는 5말, 독호獨戶는 2말을 주
고, 봉료俸料를 받는 군사는 대호·중호·소호를 막론하고 모두 3말을 주었
다. 그리하여 굶주리는 자가 상당히 구제되었다.

⑪-F 정사본》현종 13년 10월 30일(신미)

한성부에서 호구의 수를 올렸는데 식년式年이기 때문이다.

　경중 5부京中五部는 원래 호수가 2만 4,800호인데, 남자는 9만 8,713명
이고, 여자는 9만 3,441명이다.

　경기는 호수가 10만 7,186호인데, 인구는 46만 9,331명이다.

　관동은 호수가 4만 6,145호인데, 인구는 21만 7,400명이다.

해서는 호수가 9만 6,049호인데, 인구는 38만 6,685명이다.

관북은 호수가 6만 8,493호인데, 인구는 29만 614명이다.

호서는 호수가 17만 8,444호인데, 인구는 65만 2,800명이다.

영남은 호수가 26만 5,800호인데, 인구는 96만 60명이다.

호남은 호수가 23만 6,963호인데, 인구는 84만 9,944명이다.

관서는 호수가 15만 4,264호인데, 인구는 68만 2,371명이다.

경외 도합은 호수가 117만 6,917호인데, 인구는 469만 5,611명으로, 남자가 254만 1,552명이고, 여자는 215만 4,059명이다.

제주는 호수가 8,490호인데, 인구는 남자가 1만 2,557명이고, 여자가 1만 7,021명이다.

대체로 우리나라는 여자가 많고 남자가 적은데 호적에 들어 있지 않은 여자가 매우 많다. 신해년(현종 12년, 1671)의 기근과 전염병에 죽은 백성이 즐비하고 떠돌아다니는 자가 잇따랐다. 그런데 이것은 호적에 들어 있는 숫자만 의거해서 기록한 것이다.

⑪-E와 F 기사는 정사본과 개수본 모두에 수록되어 있으며, 찬수범례에 합당하다. 차이가 있다면, ⑪-E의 경우 정사본에 두 개의 기사(국가의 재정을 보충하다 / 서울을 구휼하다)로 분리되어 수록되어 있다는 점이다.

실록찬수범례 ⑫조: 기사의 압축

⑫ 도움이 되지 않는 번잡하고 쓸데없는 문자는 참작하여 다듬어서 간결하고 압축적인 문장이 되도록 힘쓴다.

실록찬수범례 ⑫조는 편찬 과정의 일반적인 원칙이고 '번잡하고 쓸데없는 문자'의 기준이 애매하다는 점에서 구체적인 사례를 선별하는 것이 억지스러울 수밖에 없다. 이에 따로 논하지 않는다.

실록찬수범례 ⑬조: 의례 등 헌장

⑬ 조정(朝家)의 길흉 등 여러 의례 중에서 나라의 헌장憲章에 관계되어 후세 사람들에게 남겨 보여줄 만한 것은 문장이 비록 번거롭고 잡다해도 갖추어 기재하지 않으면 안 된다.

⑬-A 개수본》 현종 즉위년 5월 11일(신미)

○ 이경석李景奭을 시장 제술관諡狀製述官으로, 조경趙絅·채유후蔡裕後·윤순지尹順之·이일상李一相·조수익趙壽益·조한영曺漢英·김수항金壽恒·조복양趙復陽·유계兪棨·이정기李廷夔를 찬집청 당상으로, 이단상李端相·조귀석趙龜錫·안후열安後說·김만기金萬基·김만균金萬均·임한백任翰伯·목내선睦來善·김익렴金益廉·오시수吳始壽·이정李程·황준구黃儁耉·정인경鄭麟卿을 낭청으로 삼았다.

○ 대신 및 정부 당상, 6조 참판 이상, 관각 당상이 모여 대행 대왕의 시호를 의정하여 '선문장무신성현인宣文章武神聖顯仁'【선을 베풀어 두루 계발해주는 것을 선宣이라 하고, 영민하고 학문 좋아하는 것을 문文이라 하고, 법도를 성대하게 밝히는 것을 장章이라 하고, 큰일을 결정하는 것을 무武라 하고, 백성을 잘 다스려 무사하게 하는 것을 신神이라 하고, 선행을 포양하고 부세를 가벼이 하는 것을 성聖이라 한다.】으로, 묘호廟號를 효종孝宗으로, 전호殿號를 경모敬慕로, 능호陵號를 영寧으로 하였다. 대신이 아뢰기

를 "신들이 삼가 열성 휘호徽號의 끝 글자를 상고해보니 모두 효孝 자가 있었는데, 지금은 효 자로 묘호를 삼았으므로 거듭 쓸 필요가 없습니다. 또 중국의 시호를 상고하니, 모두 효 자가 있으나 유독 효종에게만 다른 글자로 고쳤습니다. 이를 근거하여 신들이 의논해 확정하여 인仁 자로 효 자를 대신하였습니다." 하였다. 시호는 처음 '열문의무신성지인烈文毅武神聖至仁'으로 정하였으나 '열문의무지인'은 모두 열성의 휘호를 범하기 때문에 고쳤고, 능호는 처음 익翼 자로 정하였으나 상이 미흡하다고 생각하기 때문에 또한 고쳤다. 상이 영寧 자가 무슨 뜻이냐고 묻자, 여러 신하들이 영寧은 곧 안녕의 뜻으로 마치 『서경書經』에서 말한 영고寧考·영왕寧王과 같고, 본조의 영녕永寧·숙녕肅寧 등의 전호가 또한 이 뜻이라고 대답하였다. 상이 이에 좋다고 하였다.

⑬-B 현종 즉위년 12월 1일(정해)

정사본》

태학생 윤항尹抗 등이 고故 재신宰臣 이이·성혼을 문묘에 종사할 것을 청하는 상소를 다섯 차례나 올렸으나, 끝내 허락하지 않았다.

개수본》

관학館學 유생 윤항 등이 문성공文成公 이이와 문간공文簡公 성혼을 문묘에 종사할 것을 청하니, 상이 답하기를 "선조先朝 때 허락하지 않았던 일을 경솔하게 처리할 수 없다." 하였다. 소를 다섯 차례 올리고, 파주 및 황해도 유생들도 누차 소를 진달하여 청하였으나, 상이 모두 윤허하지 않았다.

⑬-C 현종 2년 8월 20일(병인)

정사본》

『효종대왕실록』을 태백산과 오대산에 봉안하였다.

개수본》

『효종대왕실록』을 강도江都 및 오대산, 적상산, 태백산 등에 봉안하였다.

⑬-A의 첫 번째 기사, 즉 시장 제술관 등을 임명하는 명단은 정사본에 누락되었고, 두 번째 기사인 대행 대왕(효종)의 시호·묘호 등을 정하는 내용은 정사본과 개수본에 모두 나온다. ⑬-B 기사는 정사본에서 이이와 성혼의 시호를 밝히지 않은 점이 개수본과 다를 뿐 대체적인 내용은 같다. ⑬-C 기사는 정사본이 불충분하다. 『효종실록』을 봉안한 내용인데, 정사본은 실록 보관 사고史庫를 태백산과 오대산 두 곳만 기록했다.

⑬-D 개수본》 현종 원년 1월 28일(갑신)

전남도 유생 신성윤愼聖尹 등 340명이 상소하여 선정신先正臣 이이와 성혼을 문묘에 종사할 것을 청하니, 상이 번거롭게 하지 말라고 답하였다.

⑬-E 정사본》 현종 2년 4월 17일(병신)

고故 필선 윤전尹烇과 유생 권순장權順長·김익겸金益兼을 강도江都 충렬사忠烈祠에【충렬사는 곧 순절한 신하 김상용金尙容·심현沈誢·이시직李時稷·송시영宋時英 등 여러 사람을 제사지내는 곳이다.】종향從享하였다. 윤전은 고 참의 윤황尹煌의 아우로, 다른 재능은 없었으나 사람이 순박하고 근실하였다. 정축년(인조 15년, 1637)에 궁관宮官으로 강도에 들어갔다가 청나라 군대가 철수해 돌아갈 때 성 밖으로 끌려 나가 그대로 살해되었다. 권순장은 고 감사 권진기權盡己의 아들이고, 김익겸은 고 참판 김반金槃의 아들로, 태학太學에서 학업을 닦으며 모두 이름이 있었다. 김상용이 남루南樓에 있을 때

두 사람도 같이 누 위에 있다가 불길이 치솟아도 피하지 않고 죽었는데, 뒤에 사헌부 관직에 추증되었다. 그런데 강도의 선비들이 윤전의 죽음은 분명치 못한 점이 있고 권순장 등은 어머니가 있는데도 먼저 죽은 혐의가 있다는 이유로 충렬사에 들이지 않았는데, 이때에 이르러 연신筵臣 유계의 진언에 따라 이렇게 명한 것이다.

⑬-D 기사는 문묘종사를 청하는 사안이기 때문에 이이와 성혼의 문묘종사에 찬성하든 반대하든 그 사실을 수록했어야 한다. 하지만 정사본은 이 내용을 기록하지 않았다. ⑬-E 기사는 윤전 등 세 사람을 강도 충렬사에 배향하는 사안인데, ⑬-D와 반대로 정사본에는 있지만 개수본에 실리지 않았다. 이 역시 수록하는 것이 타당하다.

국가의 전례나 의례 기록의 경우 개수본이 대체로 갖추어 수록했으나, 개수본에 빠진 것이 정사본에 수록된 경우도 있다. 전체적으로 볼 때는 개수본이 좀 더 충실한 편이다.

실록찬수범례 ⑭조: 관리의 출척 및 시비

⑭ 서울과 지방의 관리 출척黜陟이나 공적·사적 시비는 반드시 그 대략을 뽑아 기록한다.

실록찬수범례 ⑭조는 정사본과 개수본의 견해 차이가 가장 큰 범주로 보인다. 그렇지만 두 실록이 다른 평가만 있지는 않다. 정사본의 사론을 개수본에서 그대로 가져다가 쓴 경우도 있다. 현종 연간의 주요 사안이나 인물에 대한 평가는 따로 논의하기로 했으므로 일단 여기서는 몇몇 사례를 통해 상이점과 공통점을 알아보겠다. 먼저 정사본에서 아예 사론이 잘못 달린 경우를 보자.

⑭-A 현종 9년 5월 13일(경술)

정사본

충청도 15고을의 각사 노비 신공身貢 가운데 일정하게 징수할 곳이 없는 것을 이미 견감토록 허락하였는데, 내수사가 직공 아문直貢衙門이라는 이유로 견감치 말도록 하였다. 이에 감사 민유중이 사유를 갖추어 아뢰니, 탕감하도록 명하였다.

사신은 논한다. 위에서 과연 이동로李東老가 법을 굽힌 것이 가증스럽고 대관이 논하지 않은 일이 옳지 않았음을 알았다면 대관을 심하게 책하여 말하지 않은 잘못을 바로잡고, 인하여 이동로를 다스려 법을 무너뜨린 폐단을 징계했어야 하였다. 그런데 어찌하여 처음에는 죄수를 석방하라는 이동로의 논의를 따르고, 뒤에는 대신의 말에 따라 벌을 시행한단 말인가? 이와 같이 하면 비록 사흉四凶과 같은 죄를 지은 자에게 곧장 찬축하는 법을 시행하더라도 사람들은 '죄를 준 자는 재상이다'고 할 것이니, 위복威福의 권한이 아래로 옮겨가지 않음이 얼마나 되겠는가?

개수본

상이 양심합養心閤에 나아가 대신 및 비변사의 여러 신하, 삼사를 인견하였다. 좌상 허적이 아뢰기를 "대간은 충분히 잘 가려서 임용해야 합니다. 소결疏決할 때 이동로가 집의로서 입시하여 살인한 죄수인 이세공李世恭을 풀어주기를 청하였는데, 어찌 이와 같은 대간이 있단 말입니까? 이미 지나간 일이나, 중한 벌을 내려 뒷사람을 징계하는 것이 마땅합니다. 파직하십시오." 하니, 상이 이르기를 "법을 집행하는 관원이 살인한 죄수를 구원하려고 하였는데도 대관이 논계하지 않았으니 괴이하다. 이는 실로 뒤 폐단에 관계되니, 파직하라." 하였다. ……

사신은 논한다. 위에서 과연 이동로가 법을 굽힌 것이 가증스럽고 대관이 논하지 않은 일이 옳지 않았음을 알았다면 대관을 심하게 책하여 말하지 않은 잘못을 바로잡고, 인하여 이동로를 다스려 법을 무너뜨린 폐단을 징계했어야 하였다. 그런데 어찌하여 처음에는 죄수를 석방하라는 이동로의 논의를 따르고, 뒤에는 대신의 말에 따라 벌을 시행한단 말인가? 이와 같이 하면 위복威福의 권한이 아래로 옮겨가지 않음이 얼마나 되겠는가?

⑭-A에서 보듯 똑같은 사론이 정사본과 개수본에 수록되어 있으나, 기사 내용은 두 개가 전혀 다르다. 이는 정사본의 사론 위치가 잘못된 것이다. 개수본처럼 양심합에서 이동로에 대한 징계 논의가 있고 난 다음에 사평이 달려야 맞다.

한편 국사편찬위원회가 제공하는 '웹 조선왕조실록'에서는 『현종실록』의 위 사론에 대한 국역을 이동로의 잘못을 논계하지 않았다는 이유로 지평 오시복吳始復과 신후재申厚載를 면직한 기사의 아래로 옮겼는데, 이 역시 맞지 않다.

⑭-B 현종 2년 4월 26일(을사)

정사본》

이조 판서 정치화鄭致和가 병을 이유로 사직하여 면직되었다.

사신은 논한다. 정치화는 영상 정태화鄭太和의 아우이다. 사람됨이 영민하고 일 처리하는 솜씨가 있어 내외의 관직을 두루 역임하면서 모두 잘 다스렸다는 명성이 있었다. 그러나 여색에 골몰하고 성품 또한 거칠고 속되었다. 궁관宮官으로 심양瀋陽에 오래 있으면서 소현세자에게 장난거리를 만들어 주어 영합하였다는 비난이 꽤나 있었다. 또 김자점金自點에 빌붙어 자리를 차지하였으므로 청의淸議에게 천시되었다. 문벌이 좋은 덕에 거듭해서 양사兩司의 장관을 역임하였지만, 처음부터 상당히 저지를 받았고 급기야 이조 판서(銓長)에 제수된 뒤로 세상 인심이 그를 더욱 싫어하였다. 대간의 논계에서 은근히 그런 뜻을 내비치자, 정치화가 병을 이유로 들어앉아 몇 차례 사직한 끝에 체직된 것이다.

개수본》

이조 판서 정치화가 병으로 면직되었다.

　삼가 상고하건대, 정치화는 영상 정태화의 아우이다. 사람됨이 주도면밀하고 관리의 재간이 있으며, 또 영갑令甲(법령)을 조심스레 지키고 청렴과 검소(廉約)로 자신을 지켰다. 중앙과 지방의 관직을 두루 거치면서 상당히 명성을 드러냈으나 풍절風節이 적고 학술이 없었으므로 세상에서 그를 속리俗吏로 일컬었다. 문벌 덕분에 화려한 벼슬을 두루 거쳐 이조 판서에 이르자 여론이 크게 불만스러워하였다. 대간의 논계에서 그런 뜻을 은근히 보이니, 정치화가 병을 이유로 누차 사직하였는데 이때에 와서 체직되었다. 어떤 이는 말하기를 "정치화가 궁관으로 소현세자를 모시고 심양에 들어갔을 때 영합하였던 일이 있고, 또 김자점에게 빌붙었다." 하는데, 이는 사실과 다르다.

　⑭-B는 정사본과 개수본의 사론이 다르게 쓰였음을 보여준다. 개수본은 '어떤 이의 말'이라는 표현을 통해 정사본에 실린 사론을 간접적으로 지목하여 이견을 표시했다. 정치화는 형 정태화의 막내아들 정재륜鄭載崙을 입양했으며, 정재륜이 효종의 딸 숙정공주와 혼인하여 동평위東平尉에 봉해짐으로

써 효종과 사돈 관계를 맺었다. 정치화가 심양에서 소현세자를 보필한 적은 있으나 정사본 사론에 언급된 것처럼 실제로 그러했는지는 확인되지 않는다. 정사본의 사론이 사실이라 하더라도 그 전후로 정치화가 홍문관 응교와 이조 좌랑 등을 역임했던[92] 것으로 미루어 보면 청의에 용납되지 못할 정도는 아니었던 듯하다.

'김자점에게 빌붙었다'는 정사본의 지적 역시 이해되지 않는 대목이다. 왜냐하면 효종 2년(1651)~3년에 있었던 김자점의 옥사는, 김자점이 청나라와 내통한 일로도 모자라 신면申冕 등과 반역을 도모함으로써 조선의 조정과 재야로부터 공분을 산 사건이었기 때문이다.[93] 정치화가 김자점에게 동조했거나 '빌붙었다'면 애당초 그의 아들 정재륜이 효종의 부마로 간택되는 일도 불가능했을 뿐 아니라, 김자점 옥사 때 이미 처분이 내려졌을 것이다.

⑭-C 현종 즉위년 6월 21일(경술)

정사본》

함릉군咸陵君 이해李澥가 상소하였는데, 그 대략에 "수원은 바로 3도道의 도회지로서 분명히 5환患의 자리입니다. 그뿐만 아니라 예로부터 덕망 있고 준걸한 인물이 그 고장에서 나왔다고 들은 바도 없습니다. 지난 일들을 증험해보면 장래도 미루어 알 수 있는 일입니다." 하고, 이어 윤강尹絳에게 지리를 보는 법을 배우지 못했다고 꾸짖고는 홍제동을 극구 찬미한 다음 그 상소문을 내려 대신大臣·유신儒臣들과 반복하여 논의할 것을 청했는데, 상이 내용을 알았다고만 답하였다.

---

92 『인조실록』, 19년 5월 15일(기축) 등.

93 『효종실록』, 2년 12월 13일(병진)·15일(무오); 『연려실기술』 권30 「김자점의 옥사」.

이상진李尙眞과 이해는 송시열의 논의에 동조하는 자들로서, 기한을 늦추어 널리 찾아보자는 이상진의 말은 그런대로 핑계라도 된다지만, 이해는 곧바로 논의를 해보자고 주장했으니, 그 한두 유신들이 과연 얼마만큼 훤히 아는 법안法眼을 가졌는지는 모르겠다. 그러나 그때 여러 지관이 찬미하는 곳은 홍제동 아니면 수원 두 곳 뿐이었다. 홍제동은 선왕으로부터 거리가 멀어 쓸 곳이 못 된다는 하교가 있었다지만, 수원은 만세 이후에 5환이 있을지라도 의관衣冠을 간직해둘 곳으로서 여기 말고 어디로 갈 것인가. 그런데 송시열이 쓸 수 없는 자리임을 한 번 선창하자 조정 전체가 그리로 쏠려서 수원을 쓰지 말자는 말이 무슨 청의淸議라도 되는 양하고 있는 것이다. 이해의 상소도 그러한 맥락에서 나온 것으로 어리석은 짓이라 하겠다.

개수본》

함릉군 이해가 상소하였는데, 그 대략에 "지리학을 신은 알지 못하지만, 일찍이 수원에 부임하였을 때 그곳의 형세를 익히 보았는데 이를 인사로 미루어 볼 때 결단코 국장에 합당치 못함을 알 수 있습니다. 대개 수원은 3도의 경계를 접하고 땅은 모두 평야인데 그 읍거邑居만이 몇몇 작은 산들에 두어 겹 둘러싸여 있을 뿐입니다. 이른바 피해야 하는 5환이라는 것이 이런 곳을 가리켜 말한 것이 아니겠습니까? 또 국초 이래로 한 사람의 뛰어난 인물이 이곳에서 나왔다는 말을 듣지 못하였고, 오직 무부武夫만 나왔을 뿐입니다. 반드시 닥쳐올 환란을 헤아리고 지난날의 징험으로 논할 때 결코 쓸 수 없는 점이 있습니다. 윤강은 홍제동이 나쁘다고 하며 모르는 것을 아는 체하고 있습니다. 신의 상소를 내려 다시 여러 대신 및 유신으로 하여금 반복해가며 논의하게 하소서." 하니, 상이 알았다고 답하였다.

삼가 상고하건대, 이해는 훈구勳舊로 병을 핑계대고 두문불출한 지 10년이 거의 되도록 입을 막고 세상일을 말하지 않았는데, 이에 이르러 소를 올려 산릉을 수원에 쓸 수 없음을 극언하니, 그는 반드시 국가를 위한 원대한 생각이 있는 사람이다. 혹자는 그를 공격하여 송시열의 논의를 두둔하는 것이라고 한다. 세상에 욕심이 없는 이해도 오히려 이와 같은 비난을 받았으니 그 나머지는 말할 게 뭐 있겠는가?

⑭-C 기사도 정사본의 사론에 대해 개수본에서 이의를 제기한 사론을 붙인 경우이다. 그 무렵 효종의 능을 수원에다 쓰는 문제를 두고 논의가 분분했는데, 현종은 수원을 쓰려 했던 반면, 송시열은 수원을 산릉 자리로 삼는다면 그로 인해 군민軍民이 흩어질 것이라면서 부정적인 의견을 제시했다.[94] 당시 왕릉을 조성하면서 병풍석을 없애고 석물을 간소하게 제작하려는 흐름이 송시열 등의 건의에 따라 추진되었거니와,[95] 이해가 효종의 산릉 자리와 관련하여 송시열과 같은 견해를 낸 것을 두고 정사본 사론에서는 송시열의 의견에 쏠려 그렇게 되었다고 했다. 하지만 이 사론은 지나친 해석이다. 이해는 인조 때의 정사공신이자[96] 종친이고, 게다가 효종의 산릉을 쓰는 문제에 대해서는 여러 사람들이 각자 의견을 제시하던 중이었으므로 이해를 비롯한 조정 신하들이 송시열의 권위에 좌우되었다고 보기에는 무리가 있다.

정사본 사론에는 종종 이렇듯 송시열이나 송준길에게 혐의를 돌리는 논의가 적지 않게 발견되지만, 그것을 뒷받침하는 합리적 정황이나 실제 증거가 제시된 경우는 드물다. 현종 원년(1660) 홍주세洪柱世가 청직淸職의 후보에

---

94 『현종실록』, 즉위년 6월 16일(을사).

95 김민규, 「朝鮮 王陵 長明燈 研究」, 『美術史學研究』 274, 2012, 66~67쪽.

96 『인조실록』, 6년 9월 26일(계미).

들었다가 대간의 탄핵을 받은 사건에 달아놓은 사론[97] 등 정사본에는 그런 식의 평가와 해석을 보인 사론이 매우 많다. 위에서 살펴본 함릉군 이해의 경우가 대표적이다. 특히 이해가 죽었을 때 정사본의 위 사론을 적었던 동일한 편찬자들이 쓴 줄기에서 "이해는 공훈이 있는 귀족으로서 겸손으로 자신을 지켰기 때문에, 비록 기국과 도량이 보통보다 뛰어났으나 권력 있는 직위에 쓰이지 않았다. 나이 일흔이 된 뒤에 연달아 소장을 올려 치사하기를 청해 끝내 사대부의 표준이 되었으므로 식견 있는 자들이 옳게 여겼다."[98]라고 평한 것은 ⑭-C의 정사본 사론에서 서술한 이해의 성격과 배치된다.

⑭-D 정사본》 현종 3년 8월 14일(갑인)

안후열安後說을 장령으로 삼고, 조복양趙復陽을 예조 참판에 특별히 제수하였다.

　　사신은 논한다. 김수항金壽恒과 조복양은 모두 명가의 자제들로서 당시 명예가 상당하였으니 다른 사람의 입김이 없이도 스스로 평탄하게 진출할 수 있었다. 그런데 원두표元斗杓가 발탁해서 임용하라고 청한 데 따라 서로 연달아 승진했으니, 두 신하의 입장에서 부끄러움이 없을 수 있겠는가. 사람들이 모두 비웃었다.

　　⑭-D 기사의 경우 정사본에는 위와 같은 사론이 있지만 개수본에서는

---

97 『현종실록』, 1년 6월 10일(계사). "홍주세가 송시열 등이 항상 유자의 이름을 빌려 조권朝權을 멋대로 한다고 미워하여 상소문을 썼는데, 미처 올리기 전에 김익렴金益廉이 훔쳐보고서는 사람들에게 누설했기 때문에 대관들이 홍주세를 탄핵했던 것이다. 그러나 사실은 송시열을 위하여 원한을 갚은 것이다."
98 『현종실록』, 11년 윤2월 3일(경인).

사론을 삭제하고 임명 기록만 남겨두었다. 정사본의 사론에는 두 가지 문제점이 있다. 첫째, 사론에 나오는 김수항은 해당 인사 조치와 상관없는 인물인데도 조복양과 함께 들어가 있다. 이는 기사에 대한 일반적인 사론의 성격에서 벗어난다. 둘째, 김수항의 이력과 관련하여 사론의 신뢰도에 의심을 살 수 있다는 점이다. 김수항은 인조 24년(1646) 반시泮試 수석, 진사시 장원, 효종 2년(1651) 알성문과에 장원급제하고 홍문관 사가독서賜暇讀書 이후 부제학을 지냈으며, 현종대에 들어와 도승지를 지냈다.[99] 이 기사가 있기 몇 달 전 김수항은 34세의 나이로 이미 대제학에 임명되었는데, 이런 그를 두고 원두표의 천거 운운하는 사론을 쓰면 도리어 그 신뢰도가 떨어질 수밖에 없다. 왜냐하면 대제학에 임명될 때 우의정 원두표뿐 아니라 영의정 정태화의 추천도 있었으며, 특히 그때 시점에서 벼슬이 없는 이(罷散人)까지 대상으로 삼아 대제학을 임명하라는 영부사領府事 이경석의 건의가 주효했기 때문이다.[100]

조복양의 경우도 마찬가지다. 그는 조익趙翼의 아들로, 명문가 출신이며 홍문관 부제학을 지냈고, 허적이 예조 판서였을 때 예조 참의를 지낸 바 있다.[101] 이 같은 이력의 조복양을 원두표가 예조 참판으로 추천한 것이 정사본의 사론에서 말하는 것처럼 흠이 되는 일인지 모르겠다. 오히려 이 사론은 조복양과 김수항에 대한 평가라기보다는 원두표에 대한 비판으로 보인다. 뒤에서 살펴보겠지만 『현종실록』에서 유독 비판적으로 논평하고 있는 인물이 바로 원두표이기 때문이다.

한편, 개수본은 다음과 같이 정사본 사론을 그대로 채택한 경우도 있다.

---

99 오항녕, 「文谷 金壽恒과 己巳士禍」, 『한국인물사연구』 25, 2016.

100 『현종실록』, 3년 4월 17일(경신).

101 『현종실록』, 3년 2월 26일(경오).

⑭-E 정사본》 현종 2년 8월 3일(기유)

사신은 논한다. 상이 정태화의 체직을 허락한 것은 단지 그의 마음을 편안
케 해주었다가 훗날 다시 정승으로 삼으려는 계책에서 나온 것이었다. 그
런데 서필원이 조금도 가차 없이 몰아붙이며 소를 올렸기 때문에 이와 같
이 꾸짖은 것이다. 이해 겨울에 정태화가 과연 정승으로 들어왔는데, 서필
원의 소가 비록 법도에 맞지는 않았어도 그가 곧이곧대로 감히 말한 것에
대해서는 사론이 대단하게 여겼다.

⑭-F 정사본》 현종 2년 10월 1일(정미)

사신은 논한다. 심백沈栢은 전 승지 심광수沈光洙의 아들이다. 문사文詞의
능력이 모자랐다. 영남의 사인士人 정려鄭欐라는 자가 글을 매우 잘 지었는
데 환경이 불우하여 오랫동안 심백의 집에 기숙하였다. 그러다가 이때에
이르러 심백이 장원급제를 하자 사람들이 꽤나 의심하였다.

⑭-E는 정태화의 체직에 대한 서필원의 상소를 논평한 사론이고, ⑭-F
는 알성시에서 우등한 심백을 전시殿試에 곧장 응시하게 한 일에 대한 사론
인데, 정사본과 개수본의 내용이 완전히 똑같다.

이제 또 다른 사례를 검토하자. 개수본 편찬자들은 상황 이해를 위해서
정사본에 없는 사론을 새로이 덧붙이기도 했다. 다음이 그 사례이다.

⑭-G 현종 11년 4월 24일(경술)

정사본》

상이 양심합에 나아가 좌참찬 송준길을 인견하였는데, 승정원에서도 뵙기
를 청하여 입시하였다. 상이 술을 내오도록 명하고 여러 신료들로 하여금

각기 주량껏 마시게 하였다. 신료들이 모두 흠뻑 취해서 나왔다.

개수본》

상이 양심합에 나아가 좌참찬 송준길을 인견하였다. 이때 여러 승지들이 모두 면대를 청하고 입시하여 준길을 만류하고자 하였다. 도승지 장선징이, 세자를 보도하는 일이 급하니 지금 준길이 떠나는 것을 허락해서는 안 된다고 말하니, 상이 이르기를 "개인의 사정이 절박하기 때문에 거듭 그러한 뜻을 참아가며 허락을 해야겠다." 하니, 준길이 사례하며 아뢰기를 "신이 외람되이 여러 조정의 은혜를 입었고 산림에서 고고하게 지내는 처사는 아닌지라 세자가 관례를 하는 때에 마지못해 올라왔습니다만, 질병이 이와 같으니 참으로 조금도 억지로 머물 수가 없습니다." 하고, 또 아뢰기를 "예전에 선조께서 이황을 부르자, 기대승이 아뢰기를 '이황이 오면 특별한 예우를 지나치게 해서는 안 됩니다. 그가 반드시 마음이 편치 못하여 오래 머물지 않을 것입니다.'라고 하였습니다. 지금 상께서는 은혜와 예우가 천고에 뛰어나시니, 이 때문에 더욱 마음이 편치 않습니다. 그러나 신이 어찌 영원히 폐하를 사직할 뜻을 가지겠습니까?' 하였다. 파하려 함에 상이 명하여 술을 내렸다. 송준길이 나가니, 상이 두 도道로 하여금 말을 지급하게 하고, 내의內醫로 하여금 약물을 싸가지고 따라가게 하였다.

살피건대, 효종 이후로 산림처사를 우대하는 것이 전례 없이 뛰어나, 특별한 예우를 진실로 쉽게 받아들일 수가 없었다. 이 때문에 송준길이 마음이 편치 못하여 이러한 청을 한 것이다. 예전에 선조대왕께서 선정신先正臣 이이에게 하문하시기를 '성혼의 사람됨이 어떠한가?' 하자, 이이가 '혼자서 경제經濟를 담당하는 것이라면 잘할 것이라고 감히 말하지 못하겠으나, 그로 하여금 경연에 출입하며 상을 보도하게 한다면 보탬이 어찌 적겠습니까?'라고 대답하였다. 성혼도 그러하였는데, 하물며 다른 사람임에랴. 세속이 자세히 살피지 못하고 왕왕 배해裴楷같이 훌륭한 사람이 되기를 요구하니, 이 때문에 송준길 등이 조정에 있는 것을 더욱 불안하게 여겼다.

⑭-G의 정사본은 현종이 양심합에서 송준길을 인견하고 술을 마신 사실만 기록한 데 비해, 개수본은 인견했을 때의 대화까지 수록함으로써 기사가 풍부해졌다. 개수본의 사론 마지막 부분에 언급된 배해裴楷는 중국 서진西晉 때의 뛰어난 정치가로, 인품이 고결하고 사리를 밝게 통달했으며 옥으로 빚은 사람 같다고 하여 '옥인玉人'이라는 칭호를 얻었던 인물이다.[102] 배해라는 인물의 수준까지 요구하는 분위기 및 그로 인해 송준길이 조정에서 불안해했던 이유를 사론으로 부연 설명함으로써 상황에 대한 이해를 돕고 있다.

2) 기사 분할 및 기사 순서의 차이

앞에서는 실록찬수범례 14개조를 기준으로 『현종실록』(정사본)과 『현종개수실록』(개수본)의 특징을 살펴보았다. 그런데 이 외에 두 가지 더 고민해볼 문제가 있다. 하나는 기사 분할과 관련된 문제로서, 결론적으로 말하면 정사본이 개수본보다 기사를 분리하는 경향이 강하다. 다른 하나는 같은 날의 기사인데 정사본과 개수본의 기사 순서가 다르다는 점이다. 하나씩 살펴보자.

⑮-A 현종 즉위년 6월 10일(기해)
정사본》
○ 승정원이 아뢰기를 "지금 듣건대 이유태李惟泰가 현재 성 밖에 있으면

---

102 『진서晉書』 권35 「배해전裴楷傳」.

서 소를 올리고 아주 돌아가려 한다고 하는데, 그에 대하여 입성을 하도록 권유하는 조치가 있어야 할 것 같습니다." 하니, 상이 곧 사관 유명윤
兪命胤을 보내 들어오도록 유시를 내렸는데, 이유태가 답하기를 "성상의 유시가 그와 같은데 어찌 감히 그냥 돌아가겠습니까? 삼가 다시 성중에 들어가 또 한번 절박한 사정을 아뢴 다음 물러가겠습니다." 하였다.

○ 집의 이유태가 상소하여, 돌아가 노모를 모실 것을 다시 청하니, 상이 영원히 갈 생각은 말라며 유시하고, 이어 본도로 하여금 음식물을 제급하게 하였다.

개수본》

승정원이 아뢰기를 "이유태가 지금 도성 밖에 있는데 소를 올리고 귀향할 계획이라 합니다. 마땅히 권유하여 도성으로 불러들이는 거조가 있어야 할 것 같습니다." 하니, 상이 즉시 사관 유명윤을 보내 권유하여 들어오게 하였다. 이에 이유태가 답하기를 "성상의 권유가 이에 이르니 어찌 감히 성급히 귀향하겠는가?" 하고 도성에 들어와 다시 소를 올리고 귀향을 청하였다. 상이 영원히 떠나갈 생각을 말라며 회유하고, 이어 하교하기를 "유태에게 노모가 있다고 하니 본도로 하여금 음식물을 주게 하라." 하였다.

⑮-B 정사본》 현종 즉위년 7월 2일(신유)

○ 심지원이 건원릉 서동과 불암산 화접동을 살펴보게 하도록 청하다
○ 윤선도로 하여금 산을 보러 간 일행들과 함께 가게 하라고 승정원에 하교하다.

이유태가 귀향을 청하는 기사는 ⑮-A의 정사본처럼 두 개로 분리하는 것보다 개수본처럼 합치는 편이 흐름상 자연스럽고 이해도 쉽다. ⑮-B 역시

산릉을 살피라는 심지원의 청과 함께 그와 관련하여 윤선도에게 내리는 현종의 전교가 있었으므로 두 개의 기사를 합치는 편이 상황을 파악하기에 낫다. 정사본은 사헌부·사간원의 인피 상황에 대한 기사를 수록할 때 이런 문제점을 자주 드러낸다.

⑮-C 정사본》 현종 3년 12월 25일(갑자)

○ 사간 김우형金宇亨이 이어 (곽제화의) 숙배 단자를 봉입한 승지를 추고하라고 청했는데, 상이 답하기를 "승지를 추고하라고 청함으로써 (곽제화의) 배사拜辭를 견제하고 당류를 비호하다니, 어찌 그리 교묘한가? 그대들의 의도를 내가 해괴하게 여긴다." 하였다.

○ 상이 승정원에 하교하였다. "경성 판관鏡城判官 곽제화郭齊華를 제수한 지 여러 날이 지났고 또 벌써 사은숙배를 해놓고서 자기 당류를 믿고 꼼짝하지 않은 채 움직이지 않다니, 매우 밉고 놀랍다. 마땅히 죄를 주어야 되겠지만, 우선 앞으로 어떻게 하는지 살펴보겠다. 오늘 안으로 떠나도록 하라."

○ 좌승지 이홍연李弘淵 등이 진달하였는데, 그 대략에 "대계臺啓가 정지되기 전에는 봉행할 수 없는 것이 예로부터 내려온 예입니다. 그런데 하루 아침에 그 예를 폐지시켜버린다면 대각을 설치하여 임금의 잘못을 구제하는 책임을 맡긴 뜻이 결코 못 될 것입니다. 그래서 곽제화가 방금 배사 단자를 가져와 바쳤습니다만, 감히 옛사람들이 반대 의견을 아뢰던 뜻을 본받아 성상의 하교를 봉환하면서 긍정적인 방향으로 결재해주시기 바라는 바입니다." 하니, 답하기를 "그대들이 추고를 청하는 논의를 당할까 매우 두려워하는데, 하든 말든 마음대로들 해보라." 하였다.

대사헌 조복양 등이 인피하면서 '강제로 배사하게 하는 것은 부당하다'

고 극구 진달하고, 이어 '지나친 거조를 눈으로 보고서도 바로잡아 구제
하지 못했다'는 이유로 파직해주기를 청하고 물러가 의론을 기다렸다.

⑮-C는 정사본의 기사인데, 개수본과 비교할 때 글자의 출입이 있기는
하지만 내용이 대동소이하다. 다만 정사본에는 위에 보이는 것처럼 곽제화의
논계 사건이 세 기사로 나뉘어 있고, 개수본에는 하나의 기사로 통합되어 있
다. 이 경우에는 일련의 사건이므로 개수본처럼 하나의 기사에 통합하는 편
이 합리적이다.

⑮-D 개수본》 현종 3년 12월 25일(갑자)

○ 사헌부의 궁가宮家에 대한 논계에 엄히 답하자, 조복양趙復陽과 이후李厚
가 인피하여 파직을 청하다

위 기사도 마찬가지의 경우이다. 정사본에는 정언 이하李夏, 대사헌 조복
양, 집의 이후 등의 인피 기사가 27일에 나오는데, 실제로 간원에 대한 현종
의 엄한 비답이 25일에 내려지고 나서 인피를 이틀이나 지난 27일에 했는지
의심스럽다. 오히려 개수본처럼 25일에 함께 수록함으로써 사건 진행 상황
을 알게 해주는 것이 효율적인 편집으로 판단된다.

⑮-E 개수본》 현종 6년 3월 28일(갑인)

대사헌 정지화鄭知和는 또 지난 일로 인피하고, 집의 송시철宋時喆, 지평 어
진익魚震翼은 엄한 분부를 내려 감히 편히 있을 수 없다고 하고, 정언 이익
상李翊相은 논의해야 하는데 논의하지 않아 비판을 받는 중에 있다는 이유
로 처치할 수 없다고 하여 모두 인피하였다.

사간 이정李程이 정지화는 한 가지 일로 네 번이나 인피하였으니 대관의 체례에 비추어 보면 번거로움을 면할 수 없다 하여 그를 체차해주기를 청하고, 편치 않은 전교가 뜻밖에 나오자 혐의하여 처치하지 못한 것은 형세가 그럴 수밖에 없다고 하여 송시철·어진익·이익상을 출사시키기를 청하니, 상이 답하기를 "아뢴 대로 하라. 의견을 같이할 수 없어 입락立落을 정한다고 한다면 오히려 가할 것이다. 미안스런 일이 있으며 일을 연유하여 번거롭게 하는 것이 근래 대각이 숭상하는 바가 되었으니, 괴이하게 여길 일도 아니다. 이른바 '대각의 체면에 비추어 볼 때 번거로움을 면하기 어렵다'는 등의 말은 실로 모호한 듯하다. 정지화도 출사시키도록 하라." 하였는데, 정지화가 얼마 뒤 '이미 체차하고서 다시 그대로 두는 이치는 결단코 없다' 하고, 다시 인피하여 체직되었다.

위 기사 중 정지화가 자신은 이미 체차되었으므로 그대로 재직할 수 없다며 인피하는 마지막 부분의 내용은 정사본에는 3월 29일 자에 따로 수록되어 있다. 그러나 『승정원일기』에 따르면 정지화는 28일에 체직을 청했으므로, 정사본이 오류일 뿐 아니라 동일 사건에 대한 인피 기사를 구태여 분리하는 것도 효율적이지 않은 듯하다.

다음은 양사兩司의 논계나 인피 기사가 아닌, 대신이나 당상을 인견했을 때의 기사를 분할한 경우이다.

⑮-F 개수본》 현종 11년 10월 13일(정유)

상이 양심합에 나아가 대신과 비변사 당상을 인견하였다. 호조 판서 권대운權大運이 아뢰기를 "가을 석 달 동안에 사용한 쌀이 이미 3만 석을 넘었는데, 과외의 용도가 많아 이렇게 된 것입니다. 저축이 바닥날 판이어서 백관의 봉록도 지급하지 못하게 되었고, 군병의 급료는 더욱 잇기 어렵게 되었습니다. 나랏일이 참으로 말로 할 수 없을 정도입니다." 하였다.

교리 김석주가 아뢰기를 "석 달 동안 사용한 쌀이 이미 3만 석을 넘어섰다면, 이것은 상께서 절약하지 못하여 그렇게 된 것입니다. 지금 만약 궐내에서 먼저 검소한 생활을 하시어 비용을 힘써 줄이시고 지성으로 백성을 구제한다면 나라의 비용을 혹 잇댈 수 있을 것입니다." 하였다.

당시에 기근이 극심하였는데도 공주의 집을 짓는 일을 그치지 않아 공력과 비용이 수만 금이 들었기 때문에 신료들의 말이 이와 같았다.

좌의정 허적이 아뢰기를 "오늘날의 급한 일은 신역을 감면하는 일만 한 것이 없습니다만 신료들의 의견이 각기 다릅니다. 조복양은 재해의 경중을 막론하고 일체의 역을 모두 감해야 하며 앞으로 용도를 지속할 수 있는지의 여부는 논할 거를이 없다고 합니다. 그러나 신의 어리석은 생각은 그렇지 않습니다. 한 해의 경비에는 반드시 7, 8천 동同의 목면이 있어야 용도에 잇댈 수 있는데, 지금 만약 한꺼번에 이를 감한다면 나라의 계책이 또한 어찌할 수가 없게 됩니다. 그러므로 특히 심한 고을은 전부 감하고 그 다음은 반만 감한다면 혹 마땅할 듯합니다." 하였다. ……

신하들을 인견하여 국정을 논의하는 내용은 전체를 싣지 않고 요약하는 경우가 있더라도 대개 같은 날 하나의 기사로 처리하는 것이 원칙이다. 그런데 정사본에서는 ⑮-F 기사를 분리하여 실었다. 즉, 개수본 기사에서 좌의정 허적이 각 도 신역의 감면에 대해 논의하는 내용 이후부터는 정사본의 10월 15일에 나온다. 이는 적절하지 못한 편찬이다. 그뿐 아니라 『승정원일기』를 참고하면 재정 상황에 대한 호조 판서 권대운의 논의와 허적의 발언이 모두 13일 자에 실려 있다. 이는 개수본이 정확한 사실을 알려주는 셈이다.

한편, 정사본과 개수본에서 같은 날짜에 실려 있는 기사라도 그 순서가
서로 다른 경우도 있다.

⑮-G 현종 8년 12월 20일(경인)

정사본》

○ 도목정을 하다

○ 장령 최문식崔文湜이 박사 이석번李碩蕃과 전라 병사 민진익閔震益을 탄핵
  하다

○ 영녕전을 중건하고 담당자에게 상을 내리다

개수본》

○ 전라 병사 민진익을 추고하다

○ 영녕전을 중건하고 도감 도제조 이하에게 상을 내리다

○ 도목정을 하다

⑮-H 현종 10년 5월 18일(경술)

정사본》

○『심경心經』을 강론하고, 송준길의 귀향 만류, 북도北道 정역의 괴로움을
  논의하다

○ 전 판서 서필원徐必遠을 삭출하자는 논의를 중지하다

○ 우참찬 조복양이 송준길을 만류하도록 청하다

○ 신정申最·윤이성尹以性 등이 송준길을 만류하도록 청하다

○ 지평 김덕원金德遠이 방목榜目을 잘못 쓴 이유로 피혐하다

개수본》

○ 문학 신정 등이 찬선 송준길을 만류하기를 청하다

○ 관학 유생 윤이성이 좌참찬 송준길을 만류하도록 청하다

○ 우참찬 조복양이 송준길을 머무르게 하라고 청하다

○ 영중추 이경석이 세 번 사직상소를 올리다

○ 지평 김덕원이 감시 회시의 시관이었을 때 방목을 잘못 썼다면서 인피하다

○ 전 판서 서필원의 삭출을 정계하다

○ 『심경』을 강론하고, 송준길의 귀향 만류, 북도北道 정역의 괴로움을 논의하다

⑮-G 기사는 정사본과 개수본의 내용이 거의 같다. 하지만 같은 날짜임에도 불구하고 기사 순서가 바뀐 경우인데, 그 이유를 모르겠다.

⑮-H 기사 중 송준길을 만류하여 세자를 보도하도록 신정과 윤이성이 상소한 것은 정사본에 하나의 기사로 나오지만 개수본에서는 분리했다. 또 개수본 18일에 이경석이 사직상소를 올린 일은 정사본 18일에는 없고 사흘 뒤인 21일에 실려 있다. 이 두 가지를 제외하면 역시 정사본과 개수본의 내용이 거의 같으며, ⑮-G와 마찬가지로 기사 순서가 바뀌었을 뿐이다. 다만 ⑮-H 기사의 경우 『심경』을 강론한 경연 기사가 통상 맨 앞에 오는 점을 고려하면 정사본이 타당한 편집을 한 듯하지만, 단정하기는 어려운 사안이다.

2. 주요 현안에 대한 기록

실록찬수범례 14개조를 기준으로 『현종실록』과 『현종개수실록』을 비교하는 방법을 통해 두 실록의 장단점과 보완점을 확인해보았다. 그런데 찬수

범례만 기준으로 삼아 비교하기에는 주요 현안이나 인물에 대한 두 실록의 차이점을 명확히 드러내기가 부족하다. 지금부터는 현종 연간의 중요 현안이었던 두 차례의 예송과 대동법·호포법 등 민생 및 재정에 관련된 사안이 정사본과 개수본에 어떻게 반영되었는지를 알아보자.

1) 예송

①-A 현종 1년 2월 4일(기축)

정사본》

우의정 이후원李厚源이 졸하여 승지를 보내 조의를 표하였다.

삼가 살펴보건대, 이후원이 정사훈靖社勳에 들었기 때문에 과거 급제가 늦었어도 벼슬이 빠른 속도로 올라갔다. 비록 지론은 대단히 각박하였으나 그렇다고 남을 해치는 일은 없었다. 그러나 자기 처남인 김익희金益熙와 함께 힘과 마음을 합하여 송시열·송준길의 뒤를 적극 밀었고 입이 마르도록 그들을 찬양하여, 드디어 임금이 신임하고 온 조정이 무턱대고 따르게 만들었다가, 끝에 가서 예를 그르치고 정통을 어지럽게 하고야 말았으니, 이후원도 그 점에서는 그 죄 어찌 적다고 할 것인가?

개수본》

원임原任 우의정 완남부원군完南府院君 이후원이 졸하였다. 후원의 자는 사심士深이다. 체격은 옷을 못 이길 것 같았으나 기상은 사람을 쏘는 듯 빛이 났다. 나이 26세 때 정사공신에 참록되었는데 늑장을 부리며 지방에서 살다가 만년에 급제하였으며, 대성臺省을 두루 역임하는 동안 엄격한 풍도로 스스로를 견지하였다. 젊어서 문원공文元公 김장생金長生의 문하로 수학했는데, 김장생이 극구 칭찬하였으며 송시열 등과도 벗으로 친하게 지냈다.

송시열 등이 조정에 있게 되면서는 서로 공동으로 의논을 하였는데, 이 때문에 상대편 사람들의 질시를 받게 되었고 급기야는 홍여하洪汝河로부터 나라를 그르친다는 배척까지 받았지만 사류士類의 추중을 받은 것 또한 바로 이 점에서였다. 당시 부귀에 탐닉하지 않은 훈신勳臣과 귀척貴戚이 드물었건만 이후원만은 청렴하고 절약하는 생활을 고수하면서 끝까지 아름다운 이름을 잃지 않았으며, 고사故事를 익히 알고 사리를 분명하게 따지는 점에서는 조정의 신하들 가운데 비견될 만한 자가 흔치 않았다. 임종할 때 유차遺箚 8조를 진달했는데, 상이 보고 나서 승정원에 하교하기를 "간절하기 그지없는 충성심이 언외言外에 넘쳐흐르니 더욱 비감이 든다. 늘 좌우명으로 삼아 가슴에 새기지 않을 수 있겠는가." 하였다. 추후에 충정忠貞이라는 시호를 그에게 내렸다.

①-A의 정사본에서는 이후원이 송시열·송준길을 밀어주었다는 말과 함께 예론에서 정통을 어지럽혔다고 강조했다. 기해예송(현종 즉위년, 1659)에서 자의대비의 복제를 두고 서인과 남인이 각각 기년복(1년복)과 자최齊衰 삼년복을 주장했기 때문에 의견이 갈리고 평가가 갈리는 것은 당연한 일이었다. 그러나 예송과 관련된 이 사안을 정통이냐 아니냐의 문제로 제기하는 것은 차원이 다르다. 예송은 본래 복제 논쟁의 성격을 띠고 있었다. 이런 예송 논쟁의 성격을 심각한 정치 현안으로 전환시킨 것이 윤선도의 예설禮說이었다.[103]

윤선도는 효종 승하에 따른 자의대비의 상복이 차장자에 해당하는 자최 삼년복이라는 점에서는 허목과 의견이 같았다. 반면, 효종이 종통을 이었지

---

103 『현종실록』, 1년 4월 18일(임인).

만 장자가 아니므로 자의대비의 상복은 기년복이라는 송시열의 주장에 대해서는 효종의 적통을 부정하는 격이라고 강하게 몰아붙였다. 아울러 그는 상소 끝에 "신은, 이 상소가 받아들여지느냐 않느냐, 이 말대로 실현이 되느냐 안 되느냐로 군주의 세력이 군건한지 그렇지 못한지의 여부 및 국운(國祚)이 연장되는지 안 되는지의 여부를 점칠 것"이라고 못 박음으로써 문제의 성격을 확대하고 논쟁을 극단화했다.

그러나 윤선도의 상소가 올라온 현종 원년(1660) 4월 무렵, 적어도 표면적으로는 윤선도를 제외한 어느 누구도 이 사안이 더 이상 확대되기를 바라지 않았다. 그렇기 때문에 권시權謚도 삼년상을 옹호하기는 했지만 윤선도의 과격한 언사를 비판했고, 원두표 등 대신들은 물론 논쟁 당사자인 윤휴마저 이 사안이 사화士禍의 수준으로 전개되는 것을 꺼렸다.[104]

윤선도는 결국 이 일로 귀양을 갔으며 현종 12년(1671)에 세상을 떴다. 하지만 그가 기년복제를 주장한 사람들에 대해 '군주를 비하하고 종통을 두 갈래로 나눈다(卑主貳宗)'[105]고 비난했던 논거는 그 자신이 개입할 수 없었던 갑인예송(현종 15년, 1674)의 불씨가 되었고, 악화된 모습으로 재현되었음은 주지의 사실이다.

①-B 정사본》 현종 4년 4월 19일(병진)

수찬 홍우원洪宇遠이 상소하였다. ……

삼가 살피건대, 기해년 초에 대례大禮가 어긋나고 잘못된 이래 윤선도의

---

104 현종 또한 윤선도의 상소를 왜 받아들였느냐고 승정원을 힐책했다. 당시 많은 사람이 복제 논쟁을 정통성의 문제와 관련지어 생각하지 않았던 것이다. 『현종실록』, 1년 4월 18일·24일; 『현종개수실록』, 1년 5월 3일.

105 『명재연보明齋年譜』 권1, 33년(1660) 현종대왕 원년(경자) 4월.

소에 이르러서 비로소 장자와 서자를 구분하고 종통과 적통을 구별하는 내용이 완비되었는데, 송시열의 무리가 이 때문에 죄를 얻을까 두려워하여 윤선도를 특히 심하게 다스렸다. 이에 조경趙絅이 상소하여 윤선도를 구해 보려고 했었으며, 이번에는 홍우원이 또 조경을 이어 말을 한 것이다. 그가 예를 논한 곳을 보건대 명백하고 꼭 알맞아 단안斷案이라 할 만했으며, 또한 그 곧은 기상이 늠름하여 범하지 못할 바가 있었으니, 참으로 명언이라고 해야 할 것이다. 조경과 홍우원이 대죄大罪를 면할 수 있었던 것은 또한 천운이라고 하겠다.

승지 서필원徐必遠 등이 아뢰기를 "윤선도가 앞의 상소에서 예를 논하기만 한 정도라면, 사람마다 각기 소견이 다른 만큼 구차하게 동조할 수 없어서 빚어진 일이라고 할 수도 있을 것입니다. 그런데 오히려 그만 종통·적통의 설을 만들어내었는데, 이는 요컨대 위로는 전하께서 듣고 의혹하게 만들고 아래로는 뭇사람들을 동요시키면서 단연코 송시열의 죄안罪案을 삼으려 했던 것이니, 그의 음험한 의도가 과연 어떠했다 하겠습니까? 윤선도가 이런 설을 내놓게 된 본래의 목적은 성상으로 하여금 이런 이야기를 듣는 즉시로 노여움을 발동하여 일망타진케 하려는 것이었습니다. 따라서 물정物情이 분개하며 놀라워했던 것도 바로 이 점 때문이었다고 할 것입니다. 그런데 홍우원은 그만 이에 대해 '명백하고 적확하여 뒤바꿀 수 없는 의견이다' 하고, 또 '어찌 그에게 사림의 화를 일으킬 뜻이 있었겠는가'라고 하였으니, 어쩌면 이토록까지 사람이 혼폐昏蔽하단 말입니까?

기년期年으로 복제를 정하는 것은 국전國典상에 근거할 대목이 있는 반면, 삼년복으로 단정할 경우에는 『예경禮經』상으로 증거 댈 만한 것이 없는데, 송시열이 시종 삼년복에 어려워하는 입장을 보인 것은 대체로 이 때문이었습니다. 그리고 복제 문제와 종통·적통 문제는 본래 아무 상관없는 것인데, 윤선도는 그만 복제를 가벼운 쪽으로 의논한 것을 가지고 종통과 적통을 어지럽히는 것으로 귀결시켰습니다. 이는 인심이 미혹되기 쉽고 관계되는 것이 작지 않은 일이기 때문에 전후에 걸쳐 대신大臣이 입이 닳도록 극력 쟁집하였던 것인데, 그 이유는 대체로 공의를 따르고 국시를 정하려고 해서였습니다. 그런데 홍우원이 말하기를 '송시열을 위해 그 잘못을 덮어두었다'고 하였으니, 아, 사람의 착하지 못함이 또 이런 지경에까지 이를 수 있단 말입니까?

윤선도의 이 말이 본래는 송시열을 무함하기 위해서 나온 것이었지만 그 귀결점을 찾아보면 그야말로 종사에 관계되는 일이었습니다. 따라서 사형을 감해주어 유배만 보낸 것도 살리기 좋아하시는 임금의 덕 아닌 것이 없는데, 홍우원은 그만 함부로 말하다가 죄를 얻었다고 하였으니, 아, 또한 괴이하다고 하겠습니다. 도신道臣이 현도縣道를 통해 올려보낸 소장이라서 감히 퇴각시킬 수 없기에 한편으로 봉입하면서 소회를 아울러 진달드립니다." 하였다.

삼가 살피건대, 예禮에 장자를 위해서는 삼년복을 입어준다고 하였는데, 이는 종통과 적통을 중요시해서이다. 그런데 지금 말하기를 '복제의 경중과 종통·적통 문제는 본래 상관이 없는 일이다.'라고 하였으니, 이렇게 해서 누구를 속이자는 것인가? 하늘도 속일 수 있을 것인가? 서필원은 무엇에도 자기 뜻을 굽히지 않는 항직함으로 자임하는 사람인데, 그런 자마저 이런 말을 하다니, 어찌 통탄을 금할 수 있겠는가?

정사본의 현종 4년 4월 19일 자에 실린 위 ①-B 기사는 세자 책봉을 청하고 윤선도의 예설을 옹호하는 홍우원의 상소와 그에 반론을 펼치는 서필원의 계 및 서필원을 비판하는 사론이 함께 실려 있는데, 개수본은 사론 없이 기재했다. 위 기사의 마지막 부분 사론, 즉 "예禮에 장자를 위해서는 삼년 복을 입어준다고 하였는데, 이는 종통과 적통을 중요시해서이다. 그런데 지금 말하기를 '복제의 경중과 종통·적통 문제는 본래 상관이 없는 일이다.'라고 하였으니, 이렇게 해서 누구를 속이자는 것인가?'라는 말은 윤선도의 상소를 계기로 복제 논쟁이 종통·적통의 문제로 바뀌었음을 보여준다. 따라서 『현종실록』의 편찬자들은 기해예송이 벌어졌던 현종 원년(1660)과 윤선도의 상소가 올라왔던 현종 4년(1663) 당시와 달리 복제 논쟁을 효종의 정통성 문제로 단정 지었음을 알려준다.

①-C 개수본》 현종 4년 8월 5일(경자)

전 부사 허목이 상소하였다. ……

당시 윤선도 등이 의례를 틀리게 했다는 것을 공박하면서 모두 종통과 적자를 언질로 삼았는데, 그들 뜻은 은연중 마치 대통이 다른 곳으로 귀속이라도 될 염려가 있는 것처럼 하여 겁을 주고 모함을 했다. 나라의 뿌리가 내려지지 않았다는 허목의 이 말도 그 뒤를 이어 나온 언사였다. 이보다 앞서 유언비어가 이미 나돌고 있었는데, 송시열을 헐뜯는 자들이 '송시열이 원자 탄생 소식을 듣고는 좋아하지 않았으며, 밖에 있으면서 소장을 올릴 때도 하례를 하지 않았다'는 말을 만들어내어 중외에 퍼뜨림으로써 헐뜯고 이간질을 하였다. 허목의 상소 내용 또한 이와 같아서 머리와 꼬리가 서로 호응하여 후일 재앙이 자리 잡을 발판을 만들었던 것이다. 흉악한 사람들의 마음 쓰임이와 생각하는 것들이야말로 참으로 참혹하다 하겠다.

개수본의 현종 4년 8월 5일 자에 실린 위 기사에서는 복제 논쟁이 '대통=정통'과 상관없는 문제였음을 밝히고, 윤선도가 이 문제를 효종의 정통성 문제로 비화시켰음을 지적했다. 개수본 편찬자들은 바로 정사본 편찬자들의 입장 변화 및 그에 따라 예송이 사화가 되었음을 지적한 것이다.

①-D 현종 12년 3월 8일(기미)

정사본》

겸 병조 판서 김좌명金佐明이 졸하였다. 김좌명은 영의정 김육金堉의 아들이고 왕비의 백부인데, 사람됨이 총명하고 재주가 많으며 모습이 아름다웠다. 젊어서 급제하고 이어서 중시重試에 뽑혔으며 집에서는 행실이 있고 부지런하게 직책을 수행하였다. 일에 밝고 익숙하며 잘 살폈으므로 맡은 곳마다 잘 다스려졌다. 호조 판서였을 때는 서리들이 꾀를 부리지 못하였고, 병조 판서였을 때는 무사가 두려워 복종하였다. 아버지의 상을 당하여 수선 묘도隧羨墓道의 제도를 썼으므로 대관 민유중閔維重에게 탄핵을 받았고, 또 등대登對할 때 번번이 당론이 나라를 망치게 할 것이라고 극구 말하고, 또 당시 무리들과 기해년(현종 즉위년, 1659)의 상복 제도에 대해 논하면서 윤선도의 말이 옳다고 하였는데, 이 때문에 당시 의논에 크게 미움을 받았으나 또한 굽힌 적이 없었다. 중요한 일들을 오래 맡아 심력을 기울이다 병이 되어 죽었다. 그러나 성질이 거만하고 자신의 의견대로 하였으며 귀공자의 버릇을 털어버리지 못하였으므로 사람들이 이를 단점으로 여겼다. 대례大禮가 바로잡힌 뒤에 그가 삼년설을 주장하였기 때문에 현종의 묘정에 배향되었다. 시호는 충숙忠肅이다.

개수본》

병조 판서 김좌명이 졸하였다. 김좌명은 자가 일정一正이고, 영의정 김육의 아들이며 왕비의 백부이다. 사람됨이 총명하고 재능이 많았으며 모습이 아름다웠다. 어려서 과거에 급제하였고 이어서 중시에 발탁되었으며, 집에 있을 때는 행실이 훌륭하였고 직무에 종사할 때는 부지런하였다. 사람됨이 분명하고 빈틈이 없어서, 전후로 호조 판서와 병조 판서를 지낼 때 직무를 잘 수행하였다. 그러나 지나치게 간소하고 고집스러워 논의가 편협되어 사류와 서로 의견이 맞지 않았다. 또한 사치스러운 습성을 벗어버리지 못하였는데, 일찍이 아비의 초상을 당하였을 때 수선繡扇의 제도를 사용한 일로 간관 민유중에게 탄핵을 받았다. 기해년에 복제의 논의가 일어났을 때 자신의 소견을 치우치게 고집하며 윤선도의 말을 옳다고 하여 청론으로부터 크게 비난을 받았다. 을묘 간당乙卯奸黨들이, 예론禮論에 공이 있다고 하여 묘정에 배향하였다. 충숙이란 시호를 내렸다.

①-D의 정사본과 개수본에 모두 나오는 김좌명의 졸기는 예송에 대한 양측의 상반된 입장 차이를 잘 보여준다. 전자는 김좌명이 기해예송에서 삼년복을 주장했기에 현종 묘정에 배향되었다 하고, 후자는 같은 이유에서 김좌명을 현종 묘정에 배향한 일을 두고 '간당'의 행위로 이해하고 있다. 다만 이 두 졸기의 어디에도 김좌명이 복제 논쟁을 '정통성=대통'의 문제로 인식했다는 내용은 보이지 않는다. 실제로 삼년복을 주장했던 사람들 가운데서도 복제 논쟁을 정통성과 연관 지어 이해한 사람은 많지 않았다.

2) 진휼과 군역

②-A

정사본》 현종 즉위년 6월 2일(신묘)

이해 봄에 기근이 들어 상평청이 3월부터 죽을 쑤어 기민을 먹이다가 6월에 와서야 정지하였다.

개수본》 현종 즉위년 5월 27일(정해)

이해 봄에 기근이 들어 상평청이 3월부터 죽을 쑤어 기민을 구제하였다. 평안도 안주 등 25읍도 3월부터 구제를 실시하다가 이에 이르러 그만두었다.

②-B 현종 즉위년 6월 18일(정미)

정사본》

비변사가 문서를 첨부하여 계하기를 "상주의 군보軍保 강사인姜士仁이 태어나기도 전에 역役이 정해졌던 정상이 감사 홍위洪蔿의 계본 안에 이미 나타나 있습니다. 강사인에 대해서는 아약兒弱의 예에 의하여 군포를 견감해주시고, 그 당시의 목사는 조사해내어 죄를 내리소서." 하니, 그대로 따랐다.

개수본》

조정朝廷에서 듣기를, 상주의 군보 강사인이 그 어미의 배 안에 있을 때 남의 고소를 당하여 군역에 정해졌다고 한다. 이에 도신道臣으로 하여금 조사하여 아뢰게 하니, 곧 태어난 지 한 달이 안 된 자였다. 즉시 군포를 감해주도록 하고, 또 그 당시 수령의 처벌을 명하였다.

　살피건대, 어린아이에게 군포를 징수하는 것은 민생의 큰 폐단인데 심지어 태어난 지 한 달도 안 되는 아이에게까지 역무를 배정했으니 이는 고금에 없었던 일로서 참으로 한심하다고 하겠다.

　②-A는 상평청 활동 기사로서 정사본과 개수본의 내용이 같지만 날짜가 다르다. ②-B 기사는 어린아이에게도 군포를 징수했던 폐단을 언급하고 있다. 정사본과 개수본에 모두 실려 있으며, 개수본에는 특히 사론이 첨부되어 있다.

3) 대동법

③-A 개수본》현종 원년 1월 7일(계해)

좌참찬 송시열이 상소하여 사직하고, 또 아뢰기를 "신이 어제 들건대, 상신이 공안貢案을 개정할 일로 연석筵席에서 진달했는데, 말하는 과정에서 사소하나마 사실과 다르게 말한 것이 있었기에 신이 부득불 대략적으로 진달할까 합니다.

신이 선조 때 공안에 대해 언급하자 선왕께서 신을 돌아보며 이르시기를 '이 일은 열성조列聖朝에서 늘 변통시키려고 했던 것이다. 경이 시험 삼아 몇 사람과 함께 개인적으로 서로들 상의하여 고칠 수 있으면 고치고, 불가능하면 그냥 놔둬도 무방하다. 오늘날은 인정이 걸핏하면 분분해지니, 이서배吏胥輩들이 만약 공안을 장차 고친다는 말을 들으면 필시 시끄럽게 될 것이다. 그렇게 되면 불편해질 듯싶다. 따라서 아직 확정되지도 않은 일을 가지고 먼저 헛소문을 내어 듣는 이들을 놀라게 하고 싶지 않다.' 하였습니다.

이에 신이 분부를 받들고 나와, 지금 우의정인 신 정유성鄭維城 및 연성군延城君 신 이시방李時昉과 함께 자세히 살폈습니다. 그러고 나서 신이 다시 연중筵中에서 아뢰기를 '이는 많은 것을 덜어 적은 것에 보태고, 저쪽에서 이쪽으로 옮겨 균등하게 해주려는 것일 뿐이니, 크게 견감할 곳은 없을 듯합니다. 다만 그 가운데 어공御供과 그다지 관계가 없는 데도 재물을 허비하는 것들이 이루 헤아릴 수 없이 많습니다. 가장 심한 경우를 말씀드린다면 천하기 짝이 없는 도라지나물 같은 것이 그 사례입니다. 여염의 하천배도 싫증을 내고 내버리는 물건인데, 1년 동안 어공에 쓰느라고 드는 비용이 무려 백미白米로 390석이나 됩니다. 또 이시방의 말을 듣건대, 어공을 담당하는 곳에서 그것도 오히려 부족하다고 하기 때문에 호조에서 매년 더 지급해준다고 합니다.' 하였더니, 선왕께서 크게 놀라며 이르시기를 '이렇게까지 되었단 말인가. 이런 종류는 일일이 써서 가지고 오라. 긴요하지 않은 것들은 내가 모조리 감하겠다.' 하고, 또 분부하시기를 '외방에서 진상하는 물건 가운데 혹 냄새가 좋지 못하다 하여 내버리는 것들도 있는데, 이런 식으로 재물을 소비하는 것이 적지 않으니 매우 아까운 일이다.' 하였습니다.

그래서 신이 대답하기를 '오늘날의 일은 모름지기 명나라의 법을 준용하여 공상供上에 관계되는 일체의 물건은 모두 안에서 사서 쓰도록 한 뒤에야 백성들이 그나마 실질적인 혜택을 받을 수 있을 것입니다.' 하니, 선왕께서 분부하시기를 '앞으로 조용히 상량해보도록 하자.' 하였는데, 그 뒤 일이 완결되기도 전에 선왕의 건강이 갑자기 악화되고 말았습니다. 아, 비통한 일입니다. 따라서 오늘날 상신이 말한 바 '그 뒤 계달하지 않은 까닭은 필시 편리하지 못한 점이 있어서 그리하였을 것입니다.'라고 한 것은 실상을 파악하지 못한 소치인 듯합니다.

『주역』에 말하기를 '궁하면 변하고 변하면 통한다(窮則變, 變則通)' 하였는데, 정자程子는 말하기를 '적게 변하면 적은 이익이 있고 크게 변하면 큰 이익이 있다(小變則小益, 大變則大益)' 하였습니다. 대체로 볼 때 백성의 곤궁함과 재물의 고갈됨이 이렇게 극도에 이르렀는데, 팔짱만 끼고 바라만 본 채 끝내 아무 조치도 취하지 않는다면 선왕께서 당시에 가지셨던 마음과 매우 배치된다 할 것입니다. 신이 직접 덕음을 받든 것이 늘 귀에 들리는 듯하기에 지금 감히 눈물을 흘리며 진달하였습니다. 바라건대 성명께서는 양찰하시어 용서해주소서." 하였다.

상이 답하기를 "진달한 말들은 곧 경이 선조先朝 때 명을 받든 일인데,

경이 있지 않다면 아무리 우의정과 연성군이 있다 하더라도 장차 그들만
으로 어떻게 해나가겠는가? 바라건대 경은 흉측한 말에 동요되지 말고 마
음을 바꿔 올라와서 국가의 대사가 선조의 뜻에 어긋나지 않도록 하라. 오
로지 경에게 기대하는 바이다." 하였다.

③-B 개수본》 현종 4년 3월 12일(경진)

호남에 대동법을 설행하였다. 1결당 가을에 쌀 7말, 봄에 6말을 봉납하되
올 10월부터 신결新結에서 수확한 쌀을 봉납하여 내년 9월까지로 하였다.

본도는 임인년(현종 3년, 1662) 시기전時起田이 19만 855결인데 복호전復
戶田 2만 1,084결을 제외하면 실결수는 16만 9,771결이다. 1결마다 13말
을 거두면 14만 7,134석이 되는데 6만 1,280석은 상납하고 8만 5,916석
은 본도에 유치하여 중외의 비용에 충당한다. 28사司【봉상시·기인其人·제
용감·장흥고·의영고·풍저창·사포서·사도시·예빈시·공조·사축서·선공감·전
설사·내섬시·전생서·내의원·혜민서·사재감·전의감·군기시·교서관·상의원·
내자시·분봉상시分奉常寺·조지서·장원서·귀후서歸厚署·와서瓦署】의 원공물元
貢物 및 전세 조공물田稅條貢物, 예조와 관상감의 각종 종이, 공조의 칠전漆
田 전칠全漆과 기인 작지其人作紙, 호조의 역가 작지役價作紙, 각 관아의 경주
인방자京主人房子의 고가雇價, 조지서의 저전楮田 소출所出, 장원서의 과원果
園 결실結實, 비변사의 유지의襦紙衣와 세폐상차목歲幣上次木, 내궁방의 부레
풀(魚膠)과 정근正筋, 탄일과 삼명일三名日【설날·단오·동지】에 진상하는 갑
옷·투구·말과 마장馬裝, 사복시의 분양마分養馬와 마장에 대한 작지作紙, 훈
련도감의 진사眞絲와 부레풀, 인수궁의 물선物膳, 종묘에 천신하는 고사리,
내의원의 우황·웅담·사향, 영접도감의 경비京婢와 방자房子의 대가는 모두
쌀로 마련하는데, 본청에서 지급한다. 1년에 지급하는 수를 통계하면 5만

6,889석이다.

전선戰船과 병선兵船의 신조新造와 개삭, 본도의 정해진 삭선朔膳과 진상 방물, 내의원의 약재와 청대죽靑大竹, 종묘에 천신하는 물선, 감사가 임지에 도착하여 진상하는 단오 부채, 내궁방의 유물油物, 공조에서 진상하는 부채, 감영·병영·수영의 영수營需와 오영장五營將 및 군관의 요미料米, 각 관아에서 쓰이는 유청지지油淸紙地, 사객使客 및 감사에게 지공하는 가교駕轎·모물毛物·종이, 석전제의 폐백과 우포牛脯, 사직과 사액서원의 폐백, 봄·가을로 군사훈련할 때의 호궤犒饋값, 경기전의 제물과 참봉의 양찬값, 월과·군량·군기값, 해운 판관의 지지가미紙地價米를 모두 계산하면 3만 7,732석인데 본도에 유치한 쌀로 충당한다.

그런 뒤에 8,184석이 남는데 이 남은 쌀로 1년 동안 드는 각종의 쇄마와 서울에 상납하는 미포의 운송비인 선가船價·마가馬價와 기타 별역別役에 책응하는 비용을 삼는다.

연해의 읍은 쌀로 상납하고 산군山郡은 베로 환산하여 상납하는데, 쌀은 먹을 수 있는 쌀로 하고, 베는 다섯 새(五升) 35척 베로 한다. 풍흉을 가리지 않고 쌀 6말 5되에 베 1필로 환산한다. 각사各司의 공물가는 해읍과 산군을 가리지 않고 미포로 바꾸어 지급하여 풍흉에 조절하는 바탕을 삼는다. 아록전衙祿田·공수전公須田·위전位田의 3세稅도 본관에 정해진 대로 지급한다. 관아에서 쓰는 마태馬駄와 인부는 모두 대가를 치르고 사용하게 하여 말 한 마리, 인부 한 사람도 백성에게서 사사로이 차출하지 못하게 한다. 내외의 크고 작은 비용은 모두 선혜청에서 재량을 받고, 연말에 문서를 정리하여 대조 조사한 뒤에 남은 쌀이 있으면 회록한다. 과외로 민력을 사용할 경우 연호烟戶를 반드시 아뢰어 분부를 받고 나서 쓰는 것으로 정식定式을 삼는다. 삼공三公을 도제조로 삼고, 또 중신 2명을 제조로 삼되 호조 판서는 예겸例兼한다. 호서의 대동법과 함께 선혜청에 합설한다.

③-C 개수본》 현종 5년 11월 1일(무자)

이보다 앞서 대사간 남구만南九萬이 공안을 개정하기를 계청하였는데, 상
이 의정부로 하여금 의논해 처리하게 하였다. …… 그러나 그 후에 묘당에
서 끝내 시행하지 않았다.

살펴보건대, 우리나라 근래의 폐단 중에서 백성들로 하여금 피폐해져
조석도 보전하지 못하게 하는 것은, 모두가 흘러온 폐단이 점차 쌓여 문득
전례가 되어 위아래가 모두 준행하여서 고칠 수 없게 된 데에서 말미암은
것이다. 삼사의 관원이 혹 한 해가 넘도록 쟁집하고 입이 닳도록 말하여
허락받은 것을 의정부에서 매번 이리 돌리고 저리 돌려 오랫동안 방치하
면서 위로는 임금의 명을 폐기시키고 아래로는 물의를 막는 것을 좋은 계
책으로 여기고 있다. 그러니 국사가 어찌 해볼 만할 리가 있겠는가? 시장
柴場이나 염분鹽盆·어전漁箭을 혁파하는 일에서도 처음에는 모두 윤허를 받
았으나 끝내는 실효가 없었으며, 이른바 소결청疏決廳 및 공안을 개정하는
일에서도 윤허가 내린 후에 또한 모두 폐기하였으니, 대신들이 국사를 꾀
함에 불충스럽고 명령을 어김에 거리낌이 없는 바, 통탄스러움을 금치 못
하겠다.

정사본과 개수본을 비교할 때 가장 이해하기 어려운 차이점이 ③-A나 B
기사 같은 경우이다. 인조대부터 대동법 시행을 주도했던 김육은 효종 9년
(1658) 9월 5일에 세상을 떴다.[106] 호서 대동법을 추진하던 중 신임 감사로 대

---

[106] 『효종실록』, 9년 9월 5일(기해).

동법 반대론자인 권우權堣가 천거되자, 김육은 현지 실정을 잘 아는 감사가 중요하다면서 서필원徐必遠을 다시 천거했다. 효종을 포함하여 누구도 김육이 대동법을 추진하는 진정성을 의심하지 않았다.[107]

송시열은 스승인 김집金集과 김육 사이에 불화가 생겼을 때도 김육의 의도에 대해 조금도 의심하지 않았다. 오히려 김육의 마음 역시 공도公道에서 나왔다고 평가했으며,[108] 김육도 유소遺疏에서 세자(후일의 현종)의 교육을 맡길 찬선贊善으로 송시열을 천거했다. 훗날 송시열은 현종대 추진된 대동법의 후원자가 되었다.

대동법은 양전을 바탕으로 전결에 대한 공물 분정이 이루어지면서 가능해졌다. 대동법 실행 일반에 대한 규정인 '사목事目(호서대동절목)'에 따르면, 호서 대동법에서는 결당 10두씩 거두어 총 8만 3,164석을 거두었다고 한다.[109] 이는 기존 공물 및 진상의 액수와 대체로 일치했다. 그러나 전결에 따라 부과되었으므로 가난한 백성이 실감하는 감세 효과는 그보다 훨씬 크게 느껴졌을 터다.

송시열의 상소는 바로 이런 시점에서 작성되었다. 공안을 개정해야 전세로 상정할 공물의 숫자가 줄고, 그 숫자가 줄어야 전세로 납부할 대동미 징수액도 줄어들기 때문에, 공안 개정은 대동법과 배치되는 것이 아니라 선행 조건에 가깝다는 것이 그의 주장이었다. 특히 진상進上 공물은 대동법에 포함되지 않았으므로 진상 공물의 개정은 그 자체로 백성의 부담을 줄일 수 있

---

107 『효종실록』, 10년 2월 13일(갑술).

108 『효종실록』, 1년 1월 21일(을해).

109 이정철, 『대동법, 조선 최고의 개혁 — 백성은 먹는 것을 하늘로 삼는다』, 역사비평사, 2010, 309~310쪽.

는 조처이기도 했다. ③-C 남구만의 상소와 그에 관한 사론은 바로 그런 맥락을 보여주는 기사이다. 정사본에는 남구만의 상소 사실이 기록되어 있으나, 공안 개정이 잘 추진되지 못하고 있는 상황을 비판한 사론은 없다.

효종 때 호서 대동법이 호응을 얻고 정착되어가자 호남 지방에서도 대동법 시행을 원하는 목소리가 높아졌다. 그동안 대동법에 반대했던 산군山郡까지 찬성으로 돌아섰다. 그리하여 호남 산군 대동법은 효종 10년(1659) 가을부터 시작할 계획이었으나, 효종이 그해 5월에 세상을 떠서 실현되지 못했다.

현종이 즉위한 뒤, 김육과 함께 효종대 대동법을 추진했던 주역인 이시방은 송시열을 만나서 이 문제를 논의했다. 송시열은 곧 대동법 실시를 요구하는 차자를 올렸다. 이것이 ③-A 기사이다. 이에 조정의 논의를 거쳐 전라 감사에게 의견을 물은 뒤, 가을부터 실시하기로 결정했다. 그런데 이 무렵 주무 당상관인 이시방이 세상을 뜨고 말았다.

더욱이 현종 원년의 흉년은 대동법 실시를 반대하는 세력에게 좋은 빌미가 되었다. 그즈음 전염병까지 창궐했기 때문에 대동법은 다시 연기될 수밖에 없었다. 현종 4년(1663)에 이르러서야 드디어 호남 산군 대동법이 결정되었다. 그에 따라 거둬들일 세부 항목을 정리한 것이 ③-B 기사이다. 이런 중차대한 기사가 정사본에서 누락된 것은 이해하기 어렵다.

③-D 개수본》 현종 7년 10월 26일(계유)

상이 희정당에 나아가 대신과 비국의 신하들을 인견하였다. 상이 표류해 온 남만인南蠻人에 대해 답할 서계의 일을 물으니, 영상 정태화가 아뢰기를 "지난해 청나라 사신이 나올 때 남만인들이 갑자기 홍제교의 주변에 나와 갖가지로 호소하였기 때문에 전라도에 나누어 두었는데, 왜국으로 도망쳐 들어간 자들은 필시 이 무리일 것입니다." 하고, 승지 민유중이 아뢰기를

"신이 호남에 있을 때 보았는데, 이 무리들이 연로에서 구걸하다가 신에게 호소하기를 '만약 저희들을 왜국으로 보내준다면 저희 나라로 돌아갈 수 있을 것이다' 하였는데, 그들이 도망쳐서 왜국으로 들어간 것이 의심할 게 없습니다." 하자, 좌상 홍명하가 아뢰기를 "남만인이 타국으로 도주하였는 데도 지방 관원이 아직까지 보고하지 않았으니, 정말 한심스럽습니다." 하니, 상이 본도에 명해 조사하여 아뢴 다음에 치죄하라고 하였다. ……

홍명하가 아뢰기를 "각 관서에서 노비를 허명으로 기록하는 폐단을 한 번 정리하지 않을 수 없습니다. 선대 조정에서 일찍이 조사하여 정리한 적 이 있었으니, 지금 도감이 또한 이에 따라 국局을 설치하여 그 일을 맡아 하게 하는 것이 어떠하겠습니까?" 하자, 정태화가 아뢰기를 "별도로 청廳 하나를 설치할 것 없이 본도로 하여금 문안을 수정하여 비국에 보내게 한 다음 비국의 당상이 주관하게 하되, 비국의 당상 이외에도 이 직임에 합당 한 사람이 있으면 별도로 임명하시어 그들과 상의하게 하는 것이 옳을 듯 합니다." 하니, 상이 따랐다.

상이 이르기를 "호남 산간 고을에 끼치는 대동법의 폐단에 대해 사람들 이 많이 말하였기 때문에 막 폐지하였다. 그런데 지금 어사 신명규申命圭가 올린 서계를 보니 '백성들이 다시 시행하였으면 한다' 하였는데, 이 일의 이해가 어떠한가?" 하니, 홍명하가 아뢰기를 "산간 고을에 대동법을 폐지 한 뒤로 호남 사람이 심지어 신에게 허물을 돌리면서 편지를 보내 책망하 였는데, 대체로 당초에 폐지하기를 원한 고을은 다만 두서너 개의 큰 읍뿐 이었고 그 나머지 작은 읍들은 모두 원하지 않았다고 합니다." 하였다.

정태화가 아뢰기를 "신의 뜻으로는 폐지하는 것을 어렵게 여겼는데, 삼 사의 신하가 서로 앞을 다투어 불편하다고 하였고 관찰사도 마땅히 폐지 해야 한다고 하였기 때문에 부득불 폐지하였던 것입니다. 그리고 민유중은 그 당시 감사였는데 지금에 와서는 그도 전일에 경솔하게 폐지하자고 청한 것을 후회하고 있습니다." 하자, 민유중이 아뢰기를 "신이 서울에 있을 때 이미 산간 고을에는 대동법이 불편하다는 말을 들었습니다. 본도에 안찰사로 나가 고을들을 죽 돌아볼 때 곳곳마다 하소연하는 글을 올려 모두 폐지하기를 원하였기 때문에, 조정에서 대동법의 편리 여부에 대해 물을 때 민정을 자세히 열거한 다음 치계하여 폐지하자고 청하였던 것입니다. 그런데 폐지한 뒤에 또 들으니, 민간에서 도리어 불편하다고 하였습니다. 폐지하기 전에 크고 작은 고을들이 모두 일시에 쌀을 많이 내는 것과 목면으로 바꾸기 어려운 것을 큰 폐단으로 여겼습니다. 폐지한 뒤에는 경각사京各司가 상납하는 공물의 값을 모두 면포로 준비하였기 때문에 상납할 때 뇌물로 쓰는 것과 퇴자를 받는 폐단은 대동법에 없었고 공물로 바치는 베 품질이 전보다 더 정밀하고 좋아야 했으므로, 사실 이로 말미암아 백성들이 불편하다고 한 것입니다. 경각사 주인 무리들도 공물의 가격이 대동법을 시행할 때보다 못하다고 원망한다고 합니다." 하니, 상이 백성의 소원에 따라 다시 시행하라고 명하였다.

민유중이 또 아뢰기를 "단 본도의 대동법에 매긴 1결에 납부하는 13두를 올봄부터 영원히 1두를 감해줄 것입니다마는, 12두도 여전히 너무 많다고 봅니다. 지금 1결에 11두의 제도로 정한다면 크고 작은 고을을 막론하고 백성들이 반드시 편리하다고 할 것입니다." 하자, 정태화가 아뢰기를 "12두의 제도는 처음에 비해 감해졌는데 지금 또 1두를 감해준다면 백성들이 어찌 기뻐하지 않겠습니까마는, 필시 용도에 부족한 우환이 있을 것입니다. 그리고 조금씩 남은 쌀을 모아두어 불시의 수용으로 삼되, 만일 여유가 있을 경우에는 한 차례 거두어들일 쌀을 감해줌으로써 백성의 힘을 덜어주도록 한 것은 선대 조정에서 대동법을 시행할 때의 본뜻이었으니, 지금 다시 더 감할 수는 없습니다." 하였다.

홍명하가 아뢰기를 "산간 고을에 대동법을 다시 시행하기로 의논해 정하였으니, 다음 해 봄부터 시작할 것입니까, 아니면 다음 해 가을까지 기다릴 것입니까?" 하자, 정태화가 아뢰기를 "다음 해 목화가 나오기 전에는 결코 받아들이기가 어려울 터이니, 가을이 된 뒤에 받기로 기한을 물려야 할 것입니다." 하였다.

민유중이 아뢰기를 "대동의 쌀을 봄가을로 나누어 받아들이는 것은 사목으로 되어 있습니다. 호서는 이에 따라 나누어서 받아들이기 때문에 백성들이 편리하다고 하나, 호남은 구결舊結은 줄어들고 신결新結이 늘어난 까닭에 해당 관청에서 신결에 따라 두 분기에 낼 쌀을 춘궁기에 모두 받아들이기 때문에 백성들이 모두 괴롭게 여긴 것입니다. 지금 호서의 예에 의하여 가을의 쌀은 구결의 수로, 봄의 쌀은 신결의 수로 나누어 받아들이는 것이 마땅할 것 같습니다." 하니, 상이 모두 따랐다.

호조 판서 김수홍이 아뢰기를 "각사가 공물을 상정한 원래 수량 이외에 모두 더 적용하는 수량이 있으므로 사실 지탱하기 어려운 형세입니다. 공물 주인 무리들이 날마다 하소연하자 할 수 없어서 삼분의 일을 주기도 하고 사분의 일을 주기도 하는데, 일이 매우 구차하고 소략합니다. 대체로 그 값을 베로 계산하면 300여 동이나 되고 쌀로 계산하더라도 5,000여 석에 밑돌지 않고 있습니다. 이미 이것을 백성에게 더 부과할 수 없으며, 그렇다고 다른 데서 재물이 생길 길도 없습니다. 삼가 보건대, 평안도의 전세는 으레 받아서 각 고을에다 놔두고 회록會錄하고 있으므로 본도에서 곡식이 많아 늘 괴롭게 여기고 있습니다. 만약 본도의 전세로 연도를 한정하여 가져다가 사용한다면 지탱해나갈 수 있을 것입니다." 하자, 정태화가 아뢰기를 "이 일은 변통하지 않을 수 없습니다. 평안도 전세는 연해안과 강변 그리고 직로直路를 제외한 그 나머지 고을들은 2년을 한도로 가져다 쓰도록 허락해야 하겠습니다." 하니, 상이 따랐다.

③-E 개수본》현종 8년 2월 9일(갑인)

선혜청이 아뢰기를 "지난해 온천에 거둥하신 뒤로 본도의 역役을 견감해주고자 온 도내의 받아들일 대동미에 대해 1결당 2두를 감해주었으며, 부근의 14개 고을은 1결당 3두를 감해주기도 하고 2결당 2두 5승을 감해주기도 하였습니다. 이를 모두 합계하면 1만 8,218석인데, 두 해에 감해준 것이 무려 3만 6,400여 석이나 됩니다. 본청의 수용需用이 형편없는 데다 지금 각사에 줄 공물가의 수량이 매우 많으나 다른 데서 가져다 쓸 길도 없습니다. 호조에서 세금으로 받아놓은 콩 8,263석을 가져다가 사용하여 만분의 일이나마 보탬이 되게 해주소서." 하니, 상이 윤허하였다.

현종 4년(1663)에 결정된 호남 산군 대동법은 ③-D 기사의 뒷부분에서 볼 수 있듯이 공물가를 조정하는 과정을 거쳐 현종 7년(1666)에 다시 확정되었다. 그런데 정사본에서는 ③-D 기사 앞부분에 기술된 남만南蠻 표류인의 처리에 관한 내용을 간략하게나마 남겨두었으면서도 바로 이어지는 호남 산군 대동법에 대한 논의는 수록하지 않았는데, 기사의 중요성에 비추어 이해하기 어려운 편찬이다.

대동법은 꾸준한 논의를 거듭해가며 이루어졌다. 현종 3년(1662)에 양전이 실시되고 공물가는 결당 12두로 의견이 모아졌으며, 현종 5년(1664)에는 경기 선혜법이 재정비되었다. 규정 외의 부과액은 대동미로 통합되었고, 백성들에 대한 추가 수취가 금지되었다. ③-E 기사는 그 과정에서 선혜청의 운영을 보여주는 생생한 자료이다. 그러나 이 역시 정사본에는 누락되었다.

4) 내수사

④-A 개수본》현종 3년 4월 12일(을묘)

사헌부가 아뢰기를 "내수사에 옥獄을 설치하는 일이 언제부터 시작되었는지 모르겠습니다만 오늘날에 이르러 그 폐단이 더욱 심합니다. 사람을 잡아 가두어 고문을 가하고 법률을 적용하여 죄의 등급을 결단하는 것이 형조와 다름없으니, 이는 성조聖朝에 불미스러운 일입니다. 지난번 대신의 진달에 따라 전하께서는 앞으로 내수사에서 죄인을 처결할 경우 형조의 도류안徒流案에 기재하도록 하라는 하교가 있었습니다. 그러나 죄인이 있으면 내수사에서 논죄하여 결단한 뒤 다만 문안文案을 형조로 이송할 뿐이니 사체가 당치 않을 뿐만 아니라 전과 다름없는 폐단이 없지 않습니다. 앞으로는 내수사의 옥과 내수사 관원의 인신印信을 일체 혁파하여 임금이 사사로움이 없다는 뜻을 보이십시오." 하였으나, 상이 따르지 않았다.

④-B 개수본》현종 4년 11월 4일(무진)

그 이튿날에도 남구만이 입대하여 차자의 뜻을 일일이 아뢰었는데, 상이 조종조 때 내려준 것은 그대로 놔두고 이제부터 새로 떼어주는 것은 금지하겠다는 뜻으로 타이르면서 끝내 듣지 않았다.

산림과 천택은, 오랜 옛날에는 우형虞衡이 관장하였는데 어염魚鹽에서 생기는 이익의 경우는 관중管仲이 제齊나라를 풍요롭게 만든 기반이었으며, 한漢나라 때 제도에도 수형 소부水衡少府에 귀속시킴으로써 국가의 재용에 보탰다. 그러나 우리나라에서는 우형의 직임도 활용하지 못하였고, 어염에서 산출되는 이익을 모조리 사실私室에 돌아가게 함으로써 산림의 경우 불을 질러서 개간한 곳까지도 모두 제궁諸宮의 둔장을 설치하는 데로 들어가고, 바다에 인접한 어염의 경우는 모두 세력자에게 떼어주는 명목으로 들어갔다. 시폐를 논의하는 자들은 예외 없이 이런 문제를 지적하였으니, 그야말로 나라를 좀먹고 백성을 병들게 하는 커다란 폐단이었다. 양사가 1년이 넘게 쟁집하였지만 상은 견제하는 것으로 끝내면서 용단을 못 내렸다. 간혹 처음에는 혁파하였다가도 끝내는 예전처럼 그대로 두어 누적되는 폐단이 나날이 불어나고 백성의 산업이 갈수록 궁해져서 양민은 갈수록 줄어들고 공법公法은 시행되지 않았으니 이루 다 탄식할 수 있겠는가.

④-A와 B 기사는 크게 설명이 필요 없을 것이다. 왕실 재정의 관리를 맡아보는 내수사는 선조 후반~광해군대부터 면세 특권의 재산과 토지를 불리면서 왕실의 권위를 뒷배 삼아 백성들에게 폐단을 끼치기 시작했다.[110] 내수사가 어장과 천택, 개간지를 절수折受 받았기에, 백성들이 기존에 누리던 공유지의 혜택은 축소되었다.

왕실 재산을 관리했던 만큼 내수사에 대한 혁파는 민감하고 어려운 문제였다. 오히려 왕실에서는 내수사를 유지하고자 했다. 반정을 통해 즉위한 중종은 내수사의 어전漁箭을 가급적 그대로 유지하려고 했으며, 이전 연산군대절수된 어전도 국용國用, 즉 공유지로 환수하기보다는 자신의 측근에게 재분급하려고 했다. 중종은 내수사를 통해 어전 등 산림천택을 경제 기반으로 확보하고, 이를 공신들에게 분급하여 친위 세력을 강화했다고 할 수 있다.[111]

---

110 내수사의 절수를 두고 사관은 "내수사가 토지를 겸병하는 시초가 되었다."고 했다. 『광해군일기』, 즉위년 10월 14일(무진); 최주희, 「조선후기 宣惠廳의 운영과 중앙재정구조의 변화」, 고려대학교 박사학위논문, 2013, 41쪽.

111 윤정, 「조선 중종대 훈구파의 산림천택山林川澤 운영과 재정확충책」, 『역사와 현실』 29, 1998, 154쪽.

광해군 때는 내수사 노비의 복호復戶(부세 면제)[112] 및 내수사 서리의 횡포 등이 계속 문제되어 논란이 일었다.[113] 이 때문에 조선 후기에 이르러서도 뜻있는 관료나 학자들은 끊임없이 내수사 혁파를 주장했던 것이다.[114]

④-A 기사는 내수사가 별도의 행형권行刑權을 가지고 옥獄을 운영하는 폐단을, ④-B 기사는 둔전·어염을 내수사가 특권적으로 전유하고 있음을 비판했다. 이 기사는 모두 정사본에서 누락되었다. 민생과 재정의 변통에 대한 기사는 정사본에서 누락되었거나, 아니면 소략하게 수록된 것이 특징이다.

④-C 정사본》 현종 6년 10월 10일(임술)

부제학 조복양 등이 차자를 올려, 학문에 힘쓰고 덕정을 힘써 닦을 것을 청하였으며, 또 호오好惡를 분명히 하고 유현을 나오게 하고, 민역民役을 견감해주고 공안을 고치고, 양사의 계사를 따르고 이무李楘의 죄를 풀어주고 옥송獄訟을 잘 다스리고, 교화를 밝히고 진연을 정지하는 등의 일에 대해 누누이 진달하였다.

끝에 아뢰기를 "진실로 원컨대 전하께서는 큰 뜻을 진작하여 통렬히 스스로 책임지시고 기왕의 잘못을 깊이 징계하여 전일과 같은 행동을 하지 마소서. 그리고 천도天道를 높고도 멀다고 여겨 경외하는 마음을 늦추지 말고, 민사民事를 완만히 해도 된다고 여겨 보호하고 구휼하는 생각을 소홀히 하지 말고, 유신이 이미 떠났다고 하여 학문에 힘쓰는 정성을 태만

---

112 『광해군일기』, 즉위년 5월 7일(임진).

113 『광해군일기』, 즉위년 9월 3일(정해).

114 송양섭, 「藥泉 南九萬의 王室財政改革論」, 『한국인물사연구』 3, 2005; 문광균, 「南坡 洪宇遠의 經世論 ― 安民策을 중심으로」, 『한국사학보』 67, 2017, 44~46쪽.

히 하지 말고, 국세가 돌이키기 어렵다고 여겨 큰일을 하려는 뜻을 포기하지 마소서. 이것으로 신하와 백관을 책려하고 이것으로 사물에 수응한다면 자신도 모르게 덕이 연마되어 민심이 기뻐하고 천의天意를 돌릴 수 있게 될 것입니다." 하니, 상의 답이 양사에 내린 것과 같았다.

조복양 등의 상차上箚는 대동 수미·양역·공안·수포收布·조적糶糴에 나타난 폐단을 논하는 매우 풍부한 내용으로 구성되어 있지만, 정사본에서는 위와 같이 간단히 개혁 내용만 언급한 뒤 오히려 그다지 중요하지 않은 끝부분만 실었다. 반면 상차의 중요성 때문인지 개수본에서는 전재했다.

3. 상이한 인물 평가

앞서 주요 현안에 대한 『현종실록』(정사본)과 『현종개수실록』(개수본)의 서술 차이를 살펴보았다면 이제는 주요 인물을 어떻게 서술하고 있는지 검토할 차례다. 송시열, 송준길, 원두표, 조복양, 윤선도, 권시, 허적, 조경 등은 정사본과 개수본에서 평가가 엇갈리는 대표적인 인물이다. 거기에는 선과 악의 양 극단으로 구분하는 논리도 있지만, 정치적 입장에 따라 그 나름의 논거가 엿보이는 평가도 있고, 해석을 할 때 새로운 관점이 필요한 대목도 있다.

1) 송시열

①-A 현종 즉위년 5월 16일(병자)

○ 이판 송시열이 대행 대왕(효종)의 지문誌文 찬술을 사양하였으나, 사양하

지 말라고 유시하다

①-B 현종 즉위년 6월 4일(계사)

○ 이조 판서 송시열이 홍여하의 상소에 자신을 배척하는 내용이 있다면서
체직을 청하며 사직상소를 올리다

①-A와 B는 정사본과 개수본이 거의 같다. 송시열과 관련된 사실은 이
밖에도 두 실록이 같은 경우가 많다. 차이는 ①-C 기사처럼 사론에서 나타
난다.

①-C 현종 즉위년 6월 12일(신축)

정사본》

비변사가 송시열을 본사의 제조로 임명할 것을 청하였다. 송시열이 얼마
후 귀향하여 여러 해를 두고 오지 않았는데도 제조의 직은 그대로 띠고 있
는 채 한 번도 사의를 표한 일이 없었고, 비국에서도 감히 그의 체직을 아
뢰지 못했는데, 그의 기염이 대단하기가 이 정도였다.

개수본》

비변사가 송시열을 그대로 본사의 제조에 차임할 것을 청하였으니, 대개
이판을 체직하면 겸직한 제조도 함께 체직되기 때문이다.

　삼가 상고하건대, 송시열이 물러난 후 이공貳公·중추中樞 등의 직임을 간
절히 사양하였으나 조정은 직무가 없다는 이유로 체직을 허락하지 않았
다. 비변사 당상의 직임도 일찍이 사양하였으나 면직을 얻지 못하였다. 조
정이 체직하지 않는 것은 또한 성상의 예우가 쇠하지 않아 부름의 명령을
계속하면서 다시 돌아오기를 기대했기 때문인데, 질투하는 자들은 이를 두

고 송시열을 질시하여 기염이 이렇게 대단했다고까지 하니 매우 심하다.

정사본에는 비변사가 송시열의 겸직 체직을 청하지 않은 이유에 대해 그의 '기염이 대단했기 때문'이라고 했으나, 현종 즉위년(1659) 초라는 시기를 고려하면 논거가 자못 약하다. 오히려 개수본의 사론에서 말하고 있듯이 송시열에게 직무를 띠게 하려는 뜻과 흔히 있는 예우로 보는 것이 적절하다. 그렇기에 개수본에서 정사본의 사론을 염두에 두고 '송시열을 질시'했다고 한 표현은 그리 과하지 않은 반박으로 보인다.

①-D 현종 즉위년 7월 29일(무자)

정사본》

심유沈攸의 조부 심집沈諿이 남한산성에서 강화할 때 임시 대신大臣의 직함을 지니고 오랑캐 진중으로 갔었는데, 그들과 대화하면서 형편없는 모습을 많이 내보였다. 이에 효종이 나라를 팔고 구차히 살기를 꾀했다 하여 관작을 추탈할 것을 명하였는데, 이때 와서 심유가 송시열의 기세를 빌려 신원을 하려다가 뜻을 이루지 못한 것이다.

개수본》

삼가 살피건대, 『승정원일기』에 "심집이 오랑캐의 진영에 이르자 강화하는 일을 가지고 마부대馬夫大가 묻기를 '너희 나라가 저번에도 가짜 왕자로 우리를 속였는데, 이번에 온 왕자는 진짜 왕자인가?' 하니, 심집이 두려워 어쩔 줄 모르다가 답하기를 '이번 역시 가짜 왕자이다.' 했다. 오랑캐가 크게 화를 내고 즉시 돌려보내면서 말하기를 '세자가 나온 연후에야 강화를 허락할 수 있다.'고 하였다." 했고, 정축년(인조 15년, 1637) 겨울 사헌부의 계사에 "심집이 감히 왕의 가짜 동생이니 임시 대신이니 하는 말을 청인淸人에게 한 결과 박난영朴蘭英이 왕의 진짜 동생이고 진짜 대신이라고 답한 말과 크게 어긋나게 되었는데, 이 때문에 그들을 화나게 만들어서 박난영이 해를 입기까지 하였습니다. 그가 사행使行을 면하고자 하며 나라를 팔아먹고 화를 일으킨 정상이 지극히 형편없는데, 단지 관직만 삭탈하는 것은 아이들 장난과 같습니다. 먼 변방으로 정배하십시오." 하니, 상이 답하기를 "심집의 죄가 비록 무거우나 사실상 다른 마음이 없었으니 번거롭게 논하지 말라." 하였다.

무인년(인조 16년, 1638) 2월에 이르러 사헌부 관원들이 탑전에서 연달아 아뢰니, 상이 답하기를 "심집의 일에 대한 논계는 지나친 듯하다. 나라를 팔아먹으려 한 것도 아니고, 또 사행을 면하고자 한 것도 아니다. 그 정상을 참작하지 않고 갑자기 논죄한다면 죽어도 지하에서 눈을 감지 못할 것이다. 또 그 사람을 보건대 간사한 마음이 없는 자이다. 지금에 이르러 논집하는 것은 부당하다." 하였다.

그 후 대각의 논계에 또 "설사 두려워서 말을 잘못한 것이라 하더라도 일을 그르치고 나라를 욕되게 한 죄는 역시 큽니다." 하니, 이튿날 상이 비로소 문외출송을 명하였고, 오래지 않아 예조 판서로 삼았다.

이상 대각의 계사 및 성상의 비답을 보면 심집의 일에 대해 당시의 실정을 미루어 알 수 있다. 그의 아들 심동귀沈東龜가 효행이 있었는데, 아비가 관직을 추탈당한 것을 억울하게 여겨 등에 종기가 나기까지 하였다. (심집이) 죽음에 임해 그 아들에게 "나는 죽어도 반드시 눈을 감지 못할 것이다." 했는데, 죽은 뒤 과연 그러하였다. 그 아들이 감겨주려고 했으나 감겨지지 않았는데, 듣는 자들이 슬퍼하였다. 송시열이 이 일을 경연에서 아뢰었으나 (심집은) 신원되지 못하였고, 오랜 뒤에 좌의정 민정중이 그 억울한 상황을 진달하니, 특별히 그의 관직을 회복시켜주었다.

①-D의 정사본에서는 심유가 그의 조부 심집의 신원을 송시열의 기세를 빌려 청하고자 했다며 비판했는데, 개수본에서는 『승정원일기』의 기록을 인용하고 당시 정황을 좀 더 자세히 서술하여 심집의 신원을 청한 사유 및 그 결과를 설명하고 있다. 정사본에서 근거를 제시하지 않은 채 추정하는 것보다 개수본의 이와 같은 서술 방식이 더 설득력을 갖고 있다.

①-E 정사본》 현종 1년 11월 15일(병인)

이조 판서 송시열이 회덕에 있으면서 소를 올려 체직을 청하였는데, 윤선도의 상소 내용을 길게 인용하여 피혐하니, 상이 우악하게 비답하고 불허하였다. 이때 송시열이 사직소를 여러 차례 올림에 따라 당시 사필史筆을 잡은 자가 필시 충실히 기록했을 터인데 이때에 이르러 기록하지 않았으니, 너무 거칠고 포악하여 일부러 덮어버린 것이 아니겠는가?

이 사평은 좀 억지스럽다. 송시열이 올린 상소의 내용이 거칠고 포악했다면 틀림없이 논란이 불거졌을 것이다. 또한 인혐하여 사직하는 상소는 내용이 이전 상소와 같을 경우 상소한 사실만 기록하고 내용은 수록하지 않는 경우가 많다. 이 점을 고려할 때 정사본은 송시열의 상소가 실리지 않은 이유를 타당하게 설명했다고 보기 어렵다.

2) 송준길

송준길에 대한 정사본의 사론은 송시열을 서술한 관점과 매우 흡사하다. 현종 즉위년(1659) 6월 5일에 올린 송준길의 차자가 정사본보다 개수본에 더 상세히 기록된 것은 두 실록의 일반적인 차이, 즉 상소나 차자를 개수본이 비교적 꼼꼼히 수록했던 편찬 방침과 상관이 있기 때문에 굳이 여기서 검토할 필요는 없을 듯하다. 그에 대한 사론·사평을 중심으로 살펴보도록 하자.

②-A 정사본》 현종 즉위년 7월 11일(경오)

이조 판서 송준길이 청대하고 입시하여 …… "건좌乾坐의 산은 모든 면이 편리하고 수원 산은 하나하나가 불편하므로 어느 것을 취하고 어느 것을 버려야 할지는 알기 어려운 일이 아닙니다. 여러 신하들이 꼭 수원을 쓰지 말자고 하는 데는 깊은 뜻이 따로 있으나, 그것을 감히 소장이나 차자에다 번거롭게 쓰지 못하고 있습니다." 하니, 상이 무슨 뜻이냐고 물었다.

송준길이 대답하기를 "우리나라 비기秘記에 '국가에 일이 있으면 수원에서 변이 일어나 서울과 나라 안이 불안해질 것이다.'라고 한 말이 있는데, 그 때문에 모두 우려를 품고 있습니다." 하자, 상이 이르기를 "나는 듣지 못했던 말인데 사실이 그렇다면 경들이 뜻이 있어 한 일이구나." 하였다. ……

수원은 서울 인접의 중요한 진鎭으로서 하루아침에 읍을 옮긴다면 폐단이 적지 않을 것이기 때문에 당시 조정 신료들 가운데 난색을 표하는 자가 많았고, 그리하여 산릉을 정하는 논의가 오래도록 결정이 나지 못하였던 것이다. 송준길이 유자儒者라는 이름을 가지고 이렇게 허무맹랑한 말을 하여 마치 화복禍福을 근거로 남에게 충격을 줘서 마음을 움직이게 하려는 듯이 하였으므로 식자들이 비웃었다.

②-A 기사는 효종의 산릉을 선택하는 논의 과정에서 나온 말이다. 정사본 사론에서 송준길의 의견에 대해 허무맹랑하다는 지적은 일리가 있다. 송준길이 비기秘記를 근거로 들었기 때문에 그 비합리성을 비판한 것으로 보인

다. 유가儒家의 합리주의 관점으로 보면 비판할 법한 사론이다.

②-B 정사본》 현종 즉위년 12월 5일(신묘)

신은 삼가 살피건대, 윤문거尹文擧가 비록 조용히 물러나 있는 사람으로 자처하고는 있으나 다릿병으로 걷지 못하고 있으니, 그에게 무슨 계책이 있다면 문의하면 될 것인데 그를 대사헌으로 추천하였으니 의의가 없는 일이다. 그리고 박장원朴長遠을 발탁하여 (예조) 참판으로 제수했다가 금방 지방의 감사에 그대로 두었으니, 관동關東의 구임舊任으로서 예조의 새 자급을 띠어서는 안 된다는 것을 그 누가 모르겠는가? 그런데 송준길이 한마디하자 대신들도 감히 이의를 제기하지 못하였다. 이 시기의 일들이 대체로 이 모양이었다.

②-C 개수본》 현종 즉위년 12월 19일(을사)

○ 상이 이조 판서 송준길을 인견하다

②-B 기사의 사론에서 송준길을 두고 '송준길이 한마디 하자 대신들도 감히 이의를 제기하지 못하였다.'고 한 것은 지나친 과장인 듯싶다. 송준길이 산림으로 인정받기는 했으나 대신들이 이의를 제기하지 못할 정도의 상황은 아니었기 때문이다. 이렇듯 근거가 부실한 확대해석이나 비난이 정사본의 사론에는 곧잘 보이는데, 이는 당초 개수를 주장했던 사람들의 논거이기도 했다. ②-C 기사는 상당히 긴 내용이지만 여기서는 제목만 제시했다. 이 인견에서 실덕實德의 강조, 송시열의 귀향, 노인과 기민飢民 진휼 등이 논의되었는데, 정사본에서 이러한 기록을 싣지 않은 것 역시 마찬가지 흠이라고 볼 수 있다.

3) 원두표

개수본의 원두표 졸기에는 "성질이 자못 거칠고 오만하여 사론의 추앙을 받지 못하였다. 인조 말년에 김자점과 틈이 벌어져서 각각 붕당을 세워 배척을 하였는데, 얼마 뒤에 김자점이 모역으로 죽음을 당하자 의논하는 자들은 또한 원두표를 군자의 당이라고 여기지 않았다."[115]라고 했듯이, 『현종개수실록』을 편찬했던 사람들에게 그는 높은 평가를 받지 못했다. 그렇다고 정사본 사론에서 그가 좋은 평가를 받은 것도 아니었다.

이런 점에서 보면 분명 개수본에 나타난 원두표의 사론은 송시열이나 송준길에 대한 정사본의 사론과 다른 배경을 가진 듯하다. 현재로서는 그 배경이 분명하지 않다.

③-A 정사본》 현종 3년 6월 3일(갑진)

사신은 논한다. 상이 궁가宮家의 일에 대해 편파적으로 처리하는 병통을 아직 없애지 못한 까닭에 그 일이 조금이라도 언급되기만 하면 번번이 미안한 분부를 내리곤 하였다. 조복양이 매우 간절하게 진언했는데도 막연하게만 듣고 살피지 않았다. 그런데 원두표는 나라의 인친姻親으로서 정승의 자리에 몸담고 있는 신분인 만큼 그의 한마디가 성상의 뜻을 유도하기에 충분할 텐데, 그런 말을 개진하지도 않았을뿐더러 성상을 따라 대관臺官을 비난하고 배척함으로써 인군人君이 대각臺閣을 경시하는 폐단을 열어놓았으니, 그야말로 같이 임금을 섬길 수 없는 자라 하겠다.

---

115 『현종개수실록』, 5년 6월 27일(무오).

위 정사본 기사에서는 원두표를 가리켜 '인군人君이 대각을 경시하는 폐단을 열어놓았으니, 그야말로 같이 임금을 섬길 수 없는 자'라고 극언했다. 개수본의 졸기에서도 "지위에 오른 지가 오래지 않아 정승으로서 한 일이 드러낼 만한 것은 없었다."라고 하여 정승으로서 그의 직무 수행에 대한 평가가 회의적이었지만, 정사본의 사론만큼 노골적인 반감을 드러내지는 않았다.

③-B 정사본》현종 3년 6월 25일(병인)

사신은 논한다. 원두표가 전례까지 인용하면서 스스로 변명하려고 한 그 의도가 교묘하기도 하다만, 그 말은 공격하지 않아도 저절로 무너지게 되어 있다. 서필원이 상소한 내용을 보건대, 대체로 원만리元萬里를 상신의 아들이라고 배척하면서 본관록本館錄에도 끼이지 못하게 했는데 도당록都堂錄에는 참여되었다는 것이었다. 모르겠다만, 윤훤尹喧 등 제인諸人도 모두 본관록에 끼이지 못했는데 원만리는 집안의 형세를 발판 삼아 무턱대고 도당록에 참여되었던 것이 아닌가. …… 원만리가 궁액宮掖과 인척으로 연결되고 원두표의 위세가 융성해지자 서로들 다투어 아첨하는 모습을 보이려고만 했을 뿐 수치스럽기 그지없다는 사실은 알지 못하였으니, 애석한 일이다. 원두표가 일찍이 선조 때 병조 판서로 있으면서 선왕의 뜻이 융무戎務에 있음을 눈치채고는 문득 뜻을 맞춰 호감을 사며 능력을 과시할 계책을 내어 총애를 굳히고 진출할 발판을 삼으려 하였다. 그리하여 삼남에 영장營將 설치를 건의했던 것인데, 명분이야 군대를 훈련시킨다는 것이었지만 실제로는 아무 효과도 거두지 못한 채 백성만 병들게 함으로써 국가에 원망이 돌아가게 했었다. …… 여기에 또 그의 손자가 의빈까지 되자 그 위세가 하늘을 찌를 듯해지면서 끝없이 탐욕스러운 행동을 자행하여 뇌물이 공공연히 행해지곤 하였다. 그런가 하면 요망한 첩에게 푹 빠져서 그를 부유하게 만들어줄 심산으로 남의 노비와 토지를 약탈하여 욕심을 채워주었으며, 저택이 너무 사치스럽고 논밭도 매우 광활하였으므로 사람들이 모두 말하기를 '김자점이 죽고 나자 또 다른 김자점이 나왔다.'고 하였다. 윤선도가 일찍이 선조 때 상소를 올려 원두표를 논하기를 '그의 사람됨을 보건대, 재주는 많으나 덕은 적고, 이익을 좋아하여 의로움을 해치고, 사납고 음흉하며, 포학하고 꿍꿍이를 품고 있다.' 하였는데, 조금도 틀리지 않고 그의 모습을 그려냈다고 하겠다.

정사본에서 원두표를 폄하하는 배경의 일단을 ③-B 기사에서 확인할 수 있다. 위의 사론에서는 효종 때 윤선도가 원두표의 인물 됨됨이를 평한 내용은 선견지명과 같이 틀리지 않다고 말한다.

효종 2년(1651)에 친청파親淸派인 김자점金自點의 역모 사건이 발생했다. 김자점의 둘째 아들 김식金鉽이 자복했듯이, 이 사건은 '원두표와 산당(山人)인 송시열·송준길' 등 서인 청론淸論을 제거하려 한 사건이었다. 김자점 역모 사건을 계기로 효종은 김육이나 정태화 같은 대신 외에, 당색에서 자유로웠던 심지원沈之源 및 인척이자 산당을 보호하는 입장에 서 있던 원두표를 정치 기반으로 삼았다.[116] 효종 3년(1652)에는 북인계의 정세규鄭世規를 이조 판서로, 심지원을 이조 참판으로 삼았다. 윤선도는 효종의 이와 같은 조제보합調劑保合 정책, 즉 붕당 간의 조정과 화합을 배경으로 조정에 나온 인물이다. 그런데 효종의 정국 운영 구상을 깨는 사건이 발생했으니, 그것은 바로 윤선

---

116 심지원과 원두표는 모두 효종과 사돈 관계이다. 심지원의 셋째 아들 심익현沈益顯이 효종의 셋째 딸 숙명공주와 혼인했고, 원두표의 손자 원몽린元夢鱗은 효종의 여섯째 딸 숙경공주와 혼인했다. 정태화의 아들 정재륜鄭載崙도 효종의 다섯째 딸 숙정공주와 혼인했다.

도가 원두표를 비판한 일 때문이었다.

윤선도는 효종에게 올리는 상소에 "원평부원군原平府院君 원두표는 재주는 많으나 덕이 적고, 이익을 좋아하여 의로움을 해치고, 사납고 음흉하며, 포학하고 꿍꿍이를 품고 있으므로, 거리에서 이야기하는 사람들은 장차 원두표가 화를 면하지 못할 것이라 하고, 길게 보는 안목이 있는 사람은 원두표가 제대로 죽기 어려울 것이라고 염려합니다. …… 전하께서는 빨리 원두표를 먼 지방에서 한가히 살도록 명하여 연말까지 한가롭게 놀게 하다가 나라의 형세가 굳어지고 조정이 안정된 뒤에 그가 새로워지거든 다시 등용하십시오."[117]라고 통렬히 비난했다.

원두표는 인척이자 정사靖社 2등공신인 데다 서인 청론인 산당山黨을 김자점과 청나라로부터 보호했던 인물로, 효종의 정국 운영에서 빼놓을 수 없는 한 축이었다. 개수본의 원두표 졸기에서 "집에서는 효성과 우애가 매우 돈독하고 기백과 재주가 남보다 뛰어났다. 임종에 임해 올린 상소에서 간절하게 사류를 키워야 한다는 것을 말하였는데, 사류들도 이것을 훌륭하게 여겼다."라고 평가한 대목은 이를 두고 한 말이었다.

결국 윤선도는 원두표를 비판한 위의 상소로 인해 체직되었다. 그런데 윤선도가 원두표를 이토록 정면으로 비판한 이유가 석연치 않다.[118] 상소를 보면 알 수 있듯이 원두표에게 뚜렷하게 드러난 혐의가 있었던 것도 아니기 때문이다.

---

117 『효종실록』, 3년 11월 7일(을해).

118 허목이 말했듯이, '매사에 남들과 다르려고만 했다'는 윤선도의 성격도 하나의 이유가 될지 모르겠다. 『해남윤씨문헌海南尹氏文獻』 권14 「충헌공유사忠憲公遺事」.

4) 조복양

원두표와 함께 정사본의 사론에서 두드러지게 폄하한 인물은 조복양이다. 당시 이유태, 유계, 김수항, 김수홍 등 많은 서인계 관료와 산림이 있었음에도 불구하고, (물론 그들에 대해서도 폄하하는 사론이 있지만) 정사본에서 사론을 통해 비판한 인물은 몇몇에 국한된다.

④-A 정사본》 현종 1년 9월 16일(무진)

이조 참의 조복양이 분부에 따라 수천 마디 말을 진언하고, 자기 아버지 조익趙翼이 저술한 『심학도설心學圖說』을 올렸다. 그가 논한 구황의 계책이란 병조가 비축한 오래된 면포와 사복시가 저장한 은화를 각종 군포와 노비의 신공으로 대체하라는 것, 남한산성과 강도江都의 비축미를 방출하여 양호兩湖의 대동미로 대체하고 그곳의 본곡本穀은 수량을 감하여 거두어 각 도 각 고을에 그대로 남겨두었다가 다음 해 봄에 진휼하는 밑천으로 삼게 하자는 것이었다. 이는 대체로 다른 사람이 이미 논한 것이거나 혹은 비국에서 이미 강구한 진부한 말들이었다.

④-B 개수본》 현종 2년 12월 16일(신유)

○ 이조 참의 조복양이 상소하다

④-C 현종 12년 1월 10일(임술)

정사본》

예조 판서 조복양이 졸하였다. 조복양은 좌의정 조익의 아들인데 병이 난지 며칠 안 되어 죽었다. 상이 상襄을 치르는 데 필요한 물품을 주라고 명하고 세자도 관재棺材를 내렸다. 조복양은 젊어서 글재주가 있어 호화로운 관직을 두루 거쳤으나 조정에 있는 동안 일컬을 만한 일은 없었고 당론만 좋아하였다. 전조銓曹의 권한을 잡게 되어서는 벼슬을 판다는 비방이 많이 있었으므로 식자가 비루하게 여겼다.

개수본》

예조 판서 조복양이 졸하였다. 조복양은 자가 중초仲初이며 좌의정 조익의 아들이다. 법도 있는 가문에서 생장하여 일찍 명성이 있었고 벼슬에 오른 이래로 화려한 관직을 두루 거쳤다. 전부銓部의 장관과 문형文衡을 담당하고 있으면서 사론士論을 힘껏 받쳐주어 여러 동료들에게 중망을 얻었다. 오래도록 추밀樞密에 있으면서 실시한 일이 많았고, 누차 진휼청 당상이 되어 마음을 다해 진구하여 전후로 백성을 살려낸 일이 매우 많았다. 이해에 또 큰 흉년이 들어 백성들이 굶어 죽게 되자, 조복양이 전세田稅를 감면하여 조금이나마 백성들의 힘을 퍼지게 하는 것이 마땅하다고 하다가 대신과 탁지度支의 반대에 부딪쳐 탄식해 마지않았다. 병이 위독해짐에 이르러서도 그 일을 잊지 못하고 상소를 하여 그 이해득실을 진달하여 상께서 깨달으시기를 바랐으니, 그가 지극한 정성으로 백성을 사랑한 것이 이와 같았다. 조복양이 죽자 상이 그가 아뢴 말을 생각하고 묘당에 의논하여 시행하였다. 뒤에 문간文簡이라는 시호를 내렸다.

④-A 기사는 조복양의 구황책에 대한 비판인데, 다른 사람들이 이미 말했던 진부한 내용이라면서 냉소적으로 소개했다. ④-B 기사는 조복양이 자신의 직명을 삭탈해달라는 상소로서 여기서는 제목만 제시했는데, 정사본에서 누락했다. 조복양에 대한 정사본의 냉소적 뉘앙스는 ④-C 졸기에도 이어진다. 정사본 졸기에서는 조복양이 당론을 좋아했다고 비난했지만, 개수본에

서는 사론을 지지하고 백성들을 진휼한 인물로 평가했다.

5) 허적

바로 위에서 정사본과 개수본이 조복양을 어떻게 평가했는지를 살펴보았다. 마침 허적으로 인해 그에 대한 평가가 상반되게 나타난 사료가 있으니 이를 검토해보자.

⑤-A 현종 9년 4월 26일(갑오)

정사본》

사신은 논한다. 허적이 정승에 제수되어 등대하면서 먼저 이 일을 발론하여 조복양에게 무함죄를 가하려고 하였는데, 대개 조복양이 당론에 몹시 준열하여 한쪽 편 사람들에게 미움을 받았기 때문이었다. 김좌명과 조복양이 동서 편당의 유무로 탑전에서 서로 다투었으니, 이 한 가지 일만 보더라도 조정이 존엄하지 못하고 기강이 해이해졌음을 알 수 있다. 더구나 조복양은 감히 동인과 서인을 두루 등용하여 적체됨이 없다는 말을 진달하였는데, 이 당시에 말로 죄를 받은 자가 몇 사람이며, 재주가 있으면서도 배척을 받은 자가 몇 사람이었던가? 그런데도 감히 임금 앞에서 이렇게까지 속였으니, 몹시도 거리낌이 없는 자라고 하겠다. 그런데 위에서는 죄를 주지 못하고 아래에서는 감히 다 말하지 못하니, 아, 나라가 위태롭다고 하겠다.

개수본》

또 논한다. 허적이 정승에 제수되어 등대하면서 가장 먼저 이 일을 발론하여 조복양에게 무함죄를 가하려고 하였는데, 이는 대개 조복양이 당론에 몹시 준열하여 한쪽 편 사람들에게 미움을 받았기 때문이었다. 삼가 살펴보건대, 허적은 처음에는 반드시 조복양을, 임금을 속이고 당파를 비호한 죄에 빠뜨리려고 하였다. 그러다가 상의 뜻을 끝내 움직이게 하지 못할 것을 안 다음에는 이에 다시 폐단을 일으키려는 것이 아니라 자신의 뜻이 서로 화합시키는 데 있었다고 대답하였으니, 간사하고 변화무쌍한 작태를 여기에서도 볼 수가 있다.

⑤-A 기사에서 정사본은 '조복양은 감히 동인과 서인을 두루 등용하여 적체됨이 없다는 말을 진달하였다'며 비판했다. 그러나 개수본에서는 조복양보다는 허적에 비판의 초점을 맞춘다. 즉, '허적은 처음에는 반드시 조복양을, 임금을 속이고 당파를 비호한 죄에 빠뜨리려고 하였다'라면서, 허적의 처신을 두고 '간사하고 변화무쌍한 작태'라고 비판했다.

⑤-B 정사본》 현종 10년 1월 21일(을묘)

사신은 논한다. 허적은 대신의 신분이므로 말을 하면 반드시 쓰이게 되어 있었다. 그런데 작은 선인善人 하나도 추천하지 못하고서 탐학하고 추악한 일개 음관蔭官을 서용하라 청하니 식자들이 비루하게 여겼다. 어떤 사람이 허적에게 묻기를 "공은 어째서 김익훈金益勳을 서용하라 청하여 여론을 놀라게 하였습니까?" 하니, 허적이 말하기를 "내가 어찌 그가 재주가 있음을 알겠는가? 우암尤菴【송시열의 별호이다】이 권하기에 부득불 그렇게 하였다." 하여 듣는 이들이 웃었다.

⑤-C 개수본》 현종 11년 2월 29일(정해)

○ 허적이 유군포留軍布를 거두지 않은 수령에게 죄줄 것을 청하다

⑤-B 기사는 허적을 비판하는 정사본의 사론인데, '어떤 사람이 허적에게 묻기를' 이하의 내용이 개수본에도 똑같이 실려 있다. 허적이 김익훈을 서용하라고 청하여 사람들이 놀랐던 모양인데, 사론에서는 허적이 송시열의 권유에 따라 그렇게 했다는 대답을 비웃고 있다.

⑤-C 기사는 정사본에 아예 없다. 유군포란 각 보堡에 소속되어 매년 열두 달 분방分防하는 정병正兵을 제외한 일번一番의 나머지 군정으로부터 거둬들인 군포를 해당 읍에 유치한 것을 말한다. 그 수가 한 해에 1만여 필이나 되었으며 조정에서 매번 가져가다 갑작스러운 상황에 소요되는 경비로 쓰곤 하였다.[119] 이렇듯 정사본에는 허적 관련 기사가 누락되거나 그리 우호적이지 않다. 이유는 무엇일까?

우선, 처음에 허적이 『현종실록』 편찬 총재관이었지만 나중에는 권대운으로 바뀌었다는 사실을 감안해야 한다. 달리 말해 『현종실록』 편찬 사업과 허적은 거리가 있었던 셈이다. 둘째, 경신환국 직전에 허적은 체찰부 설치 등 국정 운영을 둘러싸고 윤휴와 의견을 달리했던 적이 많았다. 특히 윤휴가 오정창의 사객私客인 이서우를 홍문관에 추천했을 때 허적은 '대북의 자손을 갑자기 청요직에 등용할 수 없다'고 반대했다.[120] 북인, 특히 대북에서 기호 남인으로 변모하면서 영남 남인과 제휴를 모색했던 윤휴 등이 보기에 허적의 이런 태도는 불만스러웠을 수도 있다. 아마도 그 같은 불만이 사론에도 반영되지 않았을까 추정해본다.

---

119 『현종개수실록』, 4년 11월 8일(임신). 유군포에 대한 논의도 『현종실록』(정사본)에 보이지 않는 기사 중 하나이다.

120 『숙종실록』, 6년 10월 2일(정해).

6) 윤선도

　윤선도에 대한 정사본과 개수본의 기사는 예송을 다룰 때 일부 언급했으므로 여기서는 몇몇 자료로 보완하는 선에서 살펴보겠다.

⑥-A 개수본》 현종 즉위년 8월 30일(무오)[121]

고 판서 김시양金時讓의 『부계기문涪溪記聞』【부계涪溪는 종성鍾城의 지명이다】에 이르기를 "윤선도가 상소하여 이이첨의 죄를 논하면서 아울러 박승종朴承宗과 유희분柳希奮이 이이첨의 간사함을 알고서도 말하지 않음을 논하였다. 윤선도는 유가柳家와 인척 관계로 그의 뜻을 받아 상소했기 때문에 이런 말로써 그의 흔적을 가렸던 것이다. 이이첨의 무리가 탄핵하여 (윤선도가) 경원으로 유배되었을 때 나는 부계에 유배되어 있었다. 윤선도와 친척의 친분이 있어 서로 왕래하였는데, 곧은 말을 하여 죄를 입었다는 식으로 고상한 척하는 태도가 있었다. 내가 말하기를 '공의 상소는 여러 신하는 그냥 두고 유희분과 박승종이 이이첨에 대해 논변하지 않은 것만 따졌으니, 역시 쇠퇴한 세상의 논의이다.' 하였다. 이극건李克健 역시 상소하여 이이첨을 논핵하다가 종성으로 유배되었는데 자신이 유희분과 상의하여 상소했다고 자랑하였다. 내가 우연히 묻기를 '공은 윤상尹相(윤선도)과 아는가?' 하니, 이극건이 말하기를 '상소할 때 자주 유희분의 집에서 모였으므로 매우 잘 알고 있다.' 하였다. 내가 윤선도와 대화하면서 이극건의 말을 언급했더니, 윤선도는 안색이 변하면서 부끄러워 대답하지 못하였다. 반정 초기, (광해군대에) 상소했다가 유배된 유생들이 모두 6품직에 초배超拜

---

121 『현종실록』에는 즉위년 9월 1일(기미)에 실려 있다.

되었는데, 지평 임숙영任叔英이 말하기를 '윤선도의 상소는 유희분의 뜻을 받든 것으로 〈김제남金悌男이 역모한 것은 나라 사람들이 다 알고 있다〉는 말을 했으니, 죄를 면한 일만도 다행입니다. 포상해 발탁해서는 안 됩니다.'고 하였다. 깨끗한 인사들이 이 의논을 옳게 여겼으므로 단지 금오랑金 吾郎(의금부 도사)을 제배했다."고 하였다. 김시양이 윤선도와 친척의 친분이 있어 서로 가까웠는데도 기록한 바가 이상과 같으니, 당시 윤선도의 마음 씀씀이를 대개 알 수가 있다.

⑥-A 기사는 흥미롭지만 논란의 여지가 있는 자료이다. 어찌된 일인지 현존하는 『대동야승大東野乘』에 수록된 『부계기문』에는 이 내용이 없다. 『연려실기술』에는 김시양의 『하담록荷潭錄』, 즉 『부계기문』을 인용하여 같은 내용을 싣고 있지만,[122] 윤선도가 썼다고 전해지는 연월年月을 알 수 없는 편지에는 유희분이나 박승종과 상의하지 않았다고 강력히 부인하면서 김시양의 말은 시배들이 지어낸 것이라고 했다.[123]

광해군 8년(1616) 12월 21일, 윤선도는 당대 최고의 권신 이이첨을 정면으로 겨누어 "신하 된 자가 나라의 권력을 혼자 쥐게 되면 자기의 복심을 요직에 포진시키고 상과 벌(威福)을 자신을 통해 행사합니다. 어진 자가 이렇게 해도 안 될 일인데, 만약 어질지 못한 자가 이렇게 한다면 어찌 나라가 위태롭지 않겠습니까. 지금 훌륭하신 상께서 위에 계시어 임금과 신하가 각기 자신의 직분을 다하고 있으니 이러한 자가 없어야 마땅하겠습니다만, 신이 삼가 예조 판서 이이첨의 하는 짓을 보니 불행히도 이에 가깝습니다."라고 상

---

122 『연려실기술』 권21 「윤선도가 소를 올려 이이첨을 논하였다」.

123 『고산유고孤山遺稿』 권5 「어떤 사람에게 보내는 글(抵人書)」.

소했다.[124] 이 상소로 윤선도는 청론의 명예를 얻었고, 김제남 옥사를 역모로 인정했음에도 불구하고 폐모론에 참여하지 않았던 까닭에 인조대에 등용되어 효종의 사부가 될 수 있었다.[125]

　이이첨을 비판할 당시 윤선도가 유희분이나 박승종의 사주를 받았다는 말이 나돌았으며, 후대에도 그들의 사주에 따른 것이라는 말이 있었다.[126] 김시양의 『부계기문』은 이런 말을 뒷받침하는 기록으로 개수본에 제시되었을 것이다. 이를 근거로 개수본에서는 이이첨에 대한 윤선도의 비판을 '소인이 소인을 비판한 것'이라고 평가했다.

⑥-B 현종 1년 10월 28일(경술)

정사본》

지평 윤원거尹元擧가 이산에 있으면서 소를 올려 사직하니, 상이 우악한 비답을 내리고 허락하지 않았다. 윤원거는 정축년(인조 15년, 1637) 이후 과거를 보지 않고 또 조정에 나오지도 않아 상당히 명망이 있었으며, 권시·윤휴와 친했다. 두 사람이 윤선도를 두둔하여 송시열의 비위에 거슬렸는데, 윤원거가 매번 두 사람을 구원하는 말을 하여 동배들의 큰 배척을 받았다.

개수본》

지평 윤원거가 연산에서, 자신이 학문을 닦은 실상도 없이 허명으로 징사徵士의 예우를 받는 것이 참람하다며 소를 올려 면직을 청하니, 상이 너그러운 비답으로 윤허하지 않았다.

---

124 『광해군일기』, 8년 12월 21일(임자).

125 오항녕, 「고산 윤선도尹善道의 정치활동과 경세론經世論」, 『한국사학보』 46, 2012.

126 『효종실록』, 3년 4월 11일(임자), 대사헌 윤강尹絳의 계.

윤원거는 윤전尹烇의 아들이다. 윤전이 궁관宮官(세자 관속)으로서 강화도에서 순절하자 윤원거가 정축년 이후로 과거에도 응하지 않고 벼슬도 하지 않았는데, 비록 정밀한 학문은 없어도 사람됨이 강개하고 기절이 있어서 사류의 인정을 받았다. 효종 말년에 비로소 대간의 선발 물망에 올라 앞뒤로 여러 차례 벼슬에 제수되었으나 다 부임하지 않았다.

⑥-C 정사본》 현종 6년 2월 27일(갑신)

윤선도를 광양으로 옮겨 유배하였다. 윤선도를 옮겨 유배할 때 처음에는 상이 단지 남쪽 지방에 정배하라고만 말하고 안치를 감등하라는 말을 하지 않았으므로 의금부가 정배 단자에 안치로 써넣었다. 이에 상이 승정원에 묻기를 "이미 정배로 전교하였는데 금부에서는 성명成命이 없었는데도 안치로 써넣었으며, 정원에서는 어찌하여 들여왔는가?" 하니, 정원이 아뢰기를 "당초에 안치를 감등하라는 분부가 없었으므로 금부에서 이와 같이 써넣은 것이며 신들도 봉입한 것입니다. 성상의 분부가 이와 같으니 해당 부서로 하여금 고쳐 써서 들이게 하소서." 하였다.

상이 하교하기를 "일의 대소를 막론하고 이미 명이 있었으면 거기에 의거하여 거행하는 것이 마땅하다. 그런데 이미 정배로 부표하여 내린 뒤에 금부가 감히 이배 안치移配安置로 써넣은 것은 무슨 의도인가?" 하니, 판의금 홍중보洪重普 등이 황공하여 도리어 도사都事와 하리下吏에게 허물을 돌리면서 "막중한 정배 단자를, 전지 안의 내용을 제대로 살피지 않고 단지 전안前案에 따라 '안치' 두 자로 대충 써넣었으니, 일이 몹시 놀랍습니다. 해당 도사는 태거汰去시키고 본부의 아전은 중한 쪽으로 죄를 다스리십시오." 하였다.

이에 윤선도를 광양으로 옮겨 유배하였다. 윤선도의 집이 해남에 있어서 광양과 몹시 가까웠으므로 당시 사람들이 모두 분통해하였으나 감히 말하는 자가 없었다.

⑥-B 정사본 기사는 윤선도를 두둔하던 윤휴와 권시를 옹호하다가 동년 배의 배척을 받은 윤원거의 사례를 들고 있으나, 개수본에는 그런 내용이 빠졌다. ⑥-C 기사는 윤선도가 광양으로 이배된 내용을 담고 있다. 개수본에서는 "윤선도를 광양으로 옮겨 유배하였다."고 짤막하게 기록한 반면, 정사본에서는 이배 논의와 배경까지 상세히 기록해놓았다. 윤선도의 귀양지가 집에서 가까웠던 탓에 사람들이 대부분 분통해했다는 서술은 윤선도의 예송에 대한 정사본의 관점과 배치되는 면이 있다.

7) 허목

허목은 윤선도와 마찬가지로 예론을 사화로 끌고 갔다는 비판을 듣는 인물이다. 그에 대한 정사본의 평가는 윤선도를 평가한 논조와 같고, 개수본의 평가 역시 윤선도를 비판한 논조와 비슷하다.

⑦ 현종 1년 9월 24일(병자)

정사본》

삼척 부사 허목이 사은한 뒤에, 나이가 이미 지났으니 외직을 제수함은 관례가 아니라고 이조에 정장星狀하였다. 이조가 '허목은 조정에서 특별히 등용한 인물이라 보통 관원과는 다르고, 나이는 이미 넘었으나 근력이 쇠하지 않았으며 본부 또한 번잡한 곳이 아니니, 그대로 부임시키는 것이 혹 온당할 듯하다. 그러나 수령의 나이는 근래에 거듭 밝힌 일이니 고쳐 차임하는 것이 타당하다.'는 뜻으로 말을 만들어 계품하니, 답하기를 "그렇다면 그대로 임명하는 것이 가하다." 하였다.

　허목이 예禮를 논하여 소를 올린 뒤로 다시는 대간의 직에 의망되지 않았는데, 이는 송시열의 의논과 상반되어 송시열에게 붙은 자들이 모두들 눈을 부릅뜨고 도왔기 때문이다. 그 소는 예의 본의가 이와 같다고 논했을 뿐 한마디도 송시열을 침해한 말이 없었는데, 이렇게 극도로 미워하여 끝내 외직에 보임시키기에 이르렀으며, 이후 15년 동안 이름이 사판仕版에 오르지도 못하였다. 송시열의 시기심이 이와 같았으니, 윤선도가 먼 변방에 안치된 일쯤이야 무슨 괴이할 것이 있겠는가? 아, 너무 심하도다.

개수본》

삼척 부사 허목이 연한이 이미 지났다는 것으로 이조에 정장하였다. 이조에서 허목은 보통 관원들과 다른 점이 있고 또 근력도 쇠하지 않았다는 것으로 계품하여 부임하게 하였다.

　허목이 처음 의례소議禮疏를 올렸을 적에 사람들은 그가 다른 뜻을 품은 것이 없다고 했었는데, 그 뒤 본심이 점점 노출되어 나라의 근본이 정해지지 않았다는 이야기로 조정을 떨리게 한 데 이르러서는 윤선도의 종통·적통에 대한 이야기와 서로 합치되었으므로 사람들이 비로소 그가 간특하다는 것을 알았다.

8) 윤휴

　현종 15년(1674) 7월 1일의 기사는 윤휴가 비밀 상소(密疏)를 올린 내용이다. 개수본에는 상소를 수록하지 않고 사론만 수록했다. 반대로 정사본에는 상소만 수록하고 아무런 사론도 달지 않았다. 개수본만 살펴보겠다.

⑧ 《개수본》 현종 15년 7월 1일(계해)

윤휴가 밀소密疏를 올렸는데, 답하지 않았다.

윤휴는 얼신孽臣의 자식으로서 유자의 이름을 빌려 집에 있으면서도 불의를 자행하였고, 또 선유先儒의 학설을 공척하였다. 송시열 등도 처음에는 그에게 속아 추중 장허를 하였고, 민유중은 심지어 율곡이 다시 태어났다고까지 칭도하였는데, 그 후 송시열이 그의 마음 씀씀이에 의심이 가서 그길로 절교를 하였던 것이다. 급기야 기해년 예론이 있은 후로는 사람들도 모두 윤휴가 화심禍心을 품고 있음을 알고 그를 다 곁눈으로 보았으며, 제명除命도 끊기고 말았는데, 그는 암암리에 이정李楨·이남李枏 두 형제와 인연을 맺기 시작하였다. 그의 집이 이정·이남이 사는 곳과 멀지 않기 때문에 밤이면 서로 찾아 그들 사이가 매우 비밀스러웠다.

언젠가는 이정의 집 어귀에서 나졸들에게 체포되었다가 스스로 윤 장령尹掌令이라고 말하고 풀려난 적도 있었으며, 금상 초기에는 이정을 위하여 모사를 꾸미고 양궁兩宮을 이간질하기 위하여 상에게 자전의 동정을 잘 살필 것을 권하기도 하였다. 그리고 또 사람을 시켜 익명으로 상변上變을 하게 하고, 자기는 밀소를 올려 자기와 의견을 달리 한 조정 신료들을 모조리 죽이려고 하였는데, 경신년에 이르러 대신臺臣이 그의 죄상을 논하였고, 상은 그에게 사사를 명하였던 것이다. 그런데 윤휴가 죽고 나자 그가 이정·이남과 역모를 꾀했던 일이 점점 드러나게 되었으므로 사람들은 오히려 그에게 정형正刑을 집행하지 못한 것을 한스럽게 여기기도 하였다.

갑인년(숙종 즉위년, 1674)에 조정 논의가 크게 달라지고 있을 때 민정중이 숭릉崇陵(현종 능)의 장사葬事를 감독하고 있으면서 저보邸報를 보고는 사람들에게 이르기를 "윤희중尹希仲(윤휴)이 장령이 되었는데, 그 사람이 근래에 비록 잘못 들어갔지만 그렇다고 염치가 전혀 없는 사람은 아니어서 그가 이번에 틀림없이 나오지 않을 것으로 나는 알고 있다." 하여, 그 말을 듣고 웃지 않은 자가 없었다.

혹자는 이 일을 두고서, 소인에게 속임을 당한 군자가 옛날부터 얼마나 많은데 이번 일이 민정중 등에게 흠이 될 수는 없다고 말하기도 하지만, 그는 그렇지가 않은 것이다. 사마온공司馬溫公이 채경蔡京에게, 문정호공文定胡公이 진회秦檜에게 다 속임을 당하기는 하였으나, 그 당시는 이 두 사람의 악한 점은 아직 드러나지 않았고 재주는 쓸 만한 점이 있었으므로 두 공公이 사람을 잘못 알아본 과실을 질 수 밖에 없었던 것이 당연하지만, 윤휴는 방자하여 거리낌이 없고 많은 불법을 자행하고 있는 것을 김좌명 이하 여러 사람들이 지적하여 말한 이가 많았고, 이일상李一相의 아우 이단상李端相 등도 처음에는 윤휴를 좋은 선비로 여겼었는데 이일상이 극구 그렇지 않다고 하면서 보통 말할 때도 반드시 윤휴가 역적이 될 것이라고 했다는 것이다. 이일상이 사람을 알아보는 지감이 꼭 민정중 등보다 나아서가 아니라 다만 윤휴에게 아무것도 바라는 바가 없었기 때문에 그가 본 것이 분명했고 그가 말한 것이 공정했던 것이다.

대체로 사대부로서 윤휴를 사실 이상으로 추켜세웠던 자들은 모두가 윤휴와 성세聲勢를 서로 의지하여 자기 이름을 높이기에 노력하였다. 윤휴같이 허풍스럽고 망녕스럽고 어리석은 패륜자가 몇 해 사이에 포의布衣로 시작하여 경상卿相이 되고 오만하게 대현大賢으로 자처할 수 있었던 것은 이정·이남 무리들이 그를 끼워 올려준 힘뿐만 아니라 평일에 사류들이 역시 그를 추중하고 장허해왔기 때문이다. 그 결과 그가 허명을 키워 천총天聰을 형혹할 수 있었으니, 아마 그럴 수밖에 없었으리라.

이 외에도 정사본과 개수본에서 서로 다른 평가를 받는 인물이 많다. 조경趙絅과 권시權諰도 그런 사람에 속한다. 이들은 주로 윤선도의 예론을 옹호했던 전력으로 인해 정사본의 사론에서는 높임을, 개수본의 사론에서는 폄하를 당했다.

9) 조경과 권시

⑨-A 현종 5년 1월 9일(임신) : 부호군 조경의 상소문과 사론

정사본》

부호군 조경趙絅이 상소하기를 "신축년(현종 2년, 1661)에 한마디 말씀을 올렸다가 죄를 얻었습니다만, 이는 대체로 변치 못한 의견이나마 정성껏 바치려는 뜻에서였지 다른 의도는 없었습니다. 그런데 마음속에 늘 담고 있는 충성심을 제대로 펼쳐내지 못한 채 세상의 표적이 되고 말았는데, 이는 실로 늙고 망령된 나머지 나온 발언인 만큼 비록 삼위三危에 귀양을 갔다 하더라도 신이 어떻게 감히 원망을 하겠습니까? 다행히도 전하의 호생지덕好生之德에 힘입어 거의 다 죽어가는 어리석은 신하를 기보圻輔에서 전대로 눌러 살게 해주시어 나이 아흔이 된 노모에게 변변찮은 음식이나마 아침저녁으로 보살펴드리게 해주셨으니, 하늘과 같은 성은에 대해서는 신의 몸이 부서져 가루가 되어도 제대로 보답하지 못할 것입니다. 그런데 오늘날 서용하는 명을 내리기까지 하셨으니, 아무리 일월의 비침에 사사로움이 없고 봄 우레가 칩거하던 생물을 깨움에 미미한 곤충도 제외시키지 않는다 하더라도 국법이 너무 관대하여 유사有司가 의혹할까 삼가 두렵기만 합니다." 하니, 상이 몸을 조리하고 올라오라고 답하였다.

조경이 경인년(효종 1년, 1660) 이후로 시골에 물러가 있었지만 조야朝野에서 그를 중하게 의지하고 있었는데, 신축년에 한번 소를 올리면서 시의時議

에 중하게 거슬림을 받아 그의 아들 조위봉趙威鳳과 함께 폐고되고 말았으므로 사류가 매우 애석하게 여겼었다. 이때에 이르러 서용하라는 명이 있게 되었으므로 이렇게 상소한 것이다.

개수본》

처음에 윤선도가 예론을 빌려 사림을 화로 얽으려 하였는데 조경이 그 논의에 부회하여 흉악한 윤선도를 구원하고자 직언을 하였다고 하면서, 심지어 이존오李存吾가 고려가 망해가던 무렵에 항언抗言하던 것에 비유하기까지 하였으니 그 사람의 편파성이야 진실로 책망할 것이 없지만, 상서롭지 못한 그의 말은 더욱 놀랍다. 예론의 득실에 대해서는 시비가 분분하여 분변하기 어렵다 하더라도 윤선도가 화를 떠넘길 계획을 하였다는 것을 사람 마음이 조금이라도 있는 자라면 그 누가 그의 속셈을 환히 알지 못하겠는가? 그의 당여가 된 자 중에 약한 자는 몰래 도와주고 강한 자는 드러내서 구원하였는데, 장문을 드러내어 정직하다고 신구한 경우는 조경으로부터 출발하였으니 그의 마음이 비꼬이고 기탄없음이 너무도 심하다.

⑨-B 현종 13년 1월 24일(신미) : 권시의 졸기

정사본》

우윤右尹 권시가 졸하였다. 권시는 젊어서부터 몸가짐이 구차하지 않고 언론이 편벽되지 않아 벗들에게 추앙을 받았다. 병자호란 뒤에는 과거 공부를 그만두고 문경의 산중에 살면서 경서와 사서를 즐겨 보며 노년을 마치려고 하였는데, 효종조에 이르러 산림의 선비로 부름을 받아 수년 내에 참판의 지위에 이르렀으니, 임금과의 만남이 융성하다고 하겠다. 기해년 예론이 일어났을 때 송시열·송준길과 대립하였고, 소를 올려 윤선도를 구원하다가 당시 사람들의 비위를 거슬려 폐고당한 채 죽었다.

개수본》

전 우윤 권시가 졸하였다. 권시는 고 좌랑 권득기權得己의 아들이다. 젊어
서부터 또래들 사이에 유명하였고, 정축년(인조 15년, 1637) 이후 식구가 모
두 문경의 산속에 들어가 살다가 나중에 공주로 돌아가니, 이유태李惟泰가
그를 보고 나서 송시열·송준길 등에게 칭찬을 하였다. 송시열이 드디어
그와 더불어 서로 사이좋게 지내게 되었고, 이어 자기 딸을 권시의 아들에
게 혼인시켰다. 사류 가운데 송시열을 믿고 따르는 자들이 너나없이 권시
를 조정에 추천하여 기축년(효종 즉위년, 1649)부터 누차 현직顯職에 제수하
여 불렀고 예우까지 덧붙였다.

정유년(효종 8년, 1657)에는 송준길과 함께 잇따라 조정에 나아가 벼슬을
하고 몇 년 안 되는 사이에 재신의 반열에 뛰어올랐다. 그러나 학술이 허
술하고 문사가 난잡하였으며, 그저 술이나 좋아하고 사람들과 농담이나 즐
길 따름이었다.

급기야 경자년(현종 1년, 1660)에 소를 올려 윤선도를 두둔할 때 그 내세
운 논의에 더욱 조리가 없어, 마침내 청의로부터 욕을 먹고 여러 해 동안
이름이 조적朝籍에 끊겼다가 만년에 송준길의 두둔으로 다시 기용되어 우
윤에 제수되었으나 취임하지 않았고, 이때 와서 졸하였다.

권시가 재학과 견식에서는 비록 입에 올릴 만하지 못하였으나, 불우하
게 지낼 때도 끝까지 그 일로 유감을 품거나 신세를 한탄하는 말을 하지
않았으니, 대개 그의 성품이 무던하고 모나지 않았던 까닭이었다.

지금까지 『현종실록』(정사본)의 편찬 과정과 개수 논의 및 그 실제를 살펴
보았다. 『현종실록』은 숙종 1년(1675) 편찬을 시작하여 숙종 3년(1677)에 편찬
을 마쳤고, 갑인예송으로 대거 등용된 남인 주도로 편찬되었다.

경신환국 이후 시작된『현종실록』의 개수 결과 수량은 22권에서 28권으로 6권이 늘었고, 인물·사건에 대한 기사도 내용이 풍부해졌다. 김수항 등 개수론자들이 지적한『현종실록』의 약점, 즉 '일정한 범례나 사실 기재의 요령이 없다', '『승정원일기』만 증빙 자료로 이용해서 경솔하게 만들었다', '상소 등의 기록이 곡절을 알 수 없을 정도로 소략하다', '인대·입시 설화의 기록이 맥락이 없다', '주요 전장典章을 상고하기 어렵다', '찬술한 뒤 교정이 제대로 이루어지지 않았다'와 같은 문제에 대해서도 보완이 이루어졌다.

『승정원일기』를 재참조하면서『현종개수실록』의 편찬이 이루어졌고, 장계狀啓·졸기·상소문 등이 대폭 보완되었을 뿐 아니라 날짜 수정, 재변 보완, 관직 임명, 기타 통계자료도 보강되었다. 다만 재변 기록의 경우에는『현종실록』이나『현종개수실록』모두 일관성이 결여되어 있다. 아마 편찬자들 간에 정확한 지침이 전달되지 않은 듯하다.

역시 중요한 것은 인물에 대한 평가이다. 송시열·송준길에 대해 남인이 편찬한『현종실록』에서 부정적으로 평가되리라는 것은 충분히 예측할 수 있는 일이었다. 그러나 그것이 어떤 논리에 기반했는지는 또 다른 문제이고, 그밖의 다른 인물들, 예컨대 원두표나 조복양 등 뜻밖의 인물에 대한 평가를 검토한 것은 이 시기 정치사를 좀 더 깊이 있게 이해하는 계기를 마련했으리라고 본다.『현종개수실록』에서는 이들에 대한『현종실록』의 평가를 뒤집으면서도 비판의 논리와 강도에서 사안 및 인물에 따라 차이를 드러냈다. 이는『현종실록』과『현종개수실록』의 기록에 현상적으로만 접근할 경우, 한층 풍부한 논의의 가능성을 놓칠 수 있음을 알려준다.

『현종개수실록』이『현종실록』을 개수했다지만, 첫째, 사실을 보완했을 뿐이고, 둘째, 수정은 주로 사안이나 인물에 대한 평가에서 이루어졌다. 경우에 따라서는 사실과 사론을 엄밀히 구분하기 어려운 내용도 있지만, 사론이나 평가가 포함되지 않은 사실의 경우에 사실 자체를 왜곡하는 일은 정사본이나 개수본 모두에서 거의 나타나지 않는다. 물론 이 문제는 각각 '기억의 범위'를 어떻게 이해하는가에 달려 있기 때문에 별도로 더 고구해야 할 주제이다. 이는 이전의 『선조실록』 수정, 이후의 『숙종실록』에 대한 보궐정오나 『경종실록』의 수정에서도 동일하게 나타나는 현상이다.

제4부
『숙종실록』의 편찬과 보궐정오

조선 후기 사림 사이에 학파(정파)의 구분이 나타나면서 조정에서도 정치 세력의 변동이 생기는 것은 자연스러운 현상이었다. 정책과 이상의 차이가 드러나는 곳이 정치의 공간인 조정이기 때문이다.

앞서 살펴본 『선조실록』의 수정이나 『현종실록』의 개수에서 살펴보았듯이, 실록을 수정 또는 개수할 때 사실의 보완과 사론의 수정이라는 재편찬의 기본 방향은 큰 차이가 없다. 사실 보완은 주요 사건을 중심으로 이루어지게 마련이다. 관점의 차이를 드러내는 사론·사평 역시 그 주요 사건을 중심으로 작성되었다.

실록을 수정하고 개수하더라도 원본과 수정본을 모두 남겨놓는 '주묵사' 방식을 선택했다는 점은 당대의 높은 문화 의식을 보여준다. 후대 사람들이 판단할 수 있도록 상반된 두 기록을 남겨야 한다는 판단은 자신들의 행동을 객관화할 수 있는 교양과 사회적 규범 아래 가능하기 때문이다.

『숙종실록』 재편찬의 계기에는 경종 연간의 신임사화辛壬士禍, 영조의 즉위, 영조 3년(1727)의 정미환국이 중첩되어 있다. 경종 때 편찬이 시작되어 약 8년을 끈 『숙종실록』의 편찬이 마무리될 무렵, 정미환국으로 등장한 소론계 인사들이 『숙종실록』 수정을 주장하고 나선 것이다.

　'수정'의 성격을 어떻게 볼 것인가를 놓고 논란 끝에 '보궐정오補闕正誤'로 결론이 났지만, '보궐補闕'은 빠진 기록을 보완한다는 뜻이고, '정오正誤'는 잘못을 바로잡는다는 뜻이므로 이전의 실록 수정과 큰 차이가 있는 것은 아니다. 재편찬의 범위는 소규모였는데, 당시 인쇄를 마친 『숙종실록』이 장황粧繢에 들어가지 않은 상태였기 때문에 '보궐정오'라는 이름 아래 관련 내용을 『숙종실록』의 매 권 말미에 수록하는 형식을 취했다.

1장 『숙종실록』의 편찬과 개수

1. 『숙종실록』의 편찬

『숙종실록』은 조선 제19대 국왕 숙종의 재위 기간(1674~1720) 역사를 편년체로 기록했다. 『숙종실록』은 숙종이 승하한 뒤 실록을 편찬하는 관례에 따라 반년 후인 경종 즉위년(1720) 11월부터 편찬에 착수하여 영조 3년(1727) 9월에 완성했다. 이하에서는 완성된 연도의 간지를 따서 편의상 '정미본'으로도 부르겠다. 정미본만 편찬하는 데 8년의 세월이 소요되었는데, 이는 숙종의 재위 연수가 47년이나 되어 기사의 분량이 많고, 편찬 도중에 노론·소론의 정쟁으로 신임옥사(경종 1~2년, 1721~1722)가 벌어지는 등 정국이 자주 바뀌고 편찬 책임자가 여러 번 바뀌었기 때문이다.[1]

영조 3년(1727) 9월에 『숙종실록』 편찬이 끝나고 인쇄를 마쳤는데, 바로

---

1 『숙종대왕실록찬수청의궤肅宗大王實錄纂修廳儀軌』(규장각 14165). 이하 편찬 과정에 대한 서술에서 특별한 각주가 없으면 이 의궤에 따른 것이다.

전인 7월에 정미환국이 발생하여 노론의 정호鄭澔·민진원閔鎭遠 등 100여 명이 파면되고, 소론의 이광좌李光佐·조태억趙泰億 등이 중심이 된 정국이 전개되었다. 이들은 정미본에 고의로 사실을 왜곡한 데가 많다면서 개수改修하려고 했으나 『현종실록』의 개수에서 보듯이 결코 녹록한 일이 아니었다. 게다가 『숙종실록』은 워낙 분량이 많아 섣불리 재편찬을 감행하기 어려웠다. 이때문에 빠진 기사를 보충하여 추가하고 잘못된 부분을 바로잡는다는 '보궐정오補闕正誤'를 편찬하기로 결론이 났다. 이 '보궐정오'는 별책으로 편철하지 않고 『숙종실록』의 각 권 말미에 첨부했다. 영조 4년(1728)에 편찬된 이 『숙종실록보궐정오』를 이하에서는 약칭하여 '보궐본'으로도 부르겠다.

다른 실록의 개수·수정 사례와 마찬가지로 학계에서는 『숙종실록』에 대한 보궐정오가 소론의 발의로 편찬되었다는 사실, 그리고 『숙종실록』에 노론 중심의 시각으로 서술된 사안에 대한 수정 및 빠진 기록을 보충하는 방식으로 이루어졌다는 점은 잘 알려져 있지만, 실제로 정사본과 보궐본의 기사를 확인하면서 그 차이와 성격을 연구하여 정리해낸 글은 없었다. 물론 개별 연구자들은 당연히 사안별로 이러한 차이를 인식하고 있었을 터다. 그러나 일반적인 수준에서 정미본과 보궐본에 대한 이해의 기반은 마련되지 않았다고 할 수 있다.

이러한 문제의식을 갖고 제4부는 다음과 같은 방향으로 서술할 것이다. 첫째, 『숙종실록』의 편찬과 개수 논의 과정을 살펴본다. 보궐정오를 편찬할 때 어떤 배경과 관점에서 개수에 임했는지를 확인하려는 것이다. 둘째, 『숙종실록』과 『숙종실록보궐정오』의 차이점이 무엇인지 검토한다. 두 실록의 기사를 날짜별로 비교한 자료를 바탕으로 어떤 방향에서 어떻게 수정이 이루어졌는지를 살펴보겠다. 이 역시 『현종실록』과 마찬가지로 14개조 실록찬수 범례를 염두에 두고 『숙종실록』과 『숙종실록보궐정오』를 비교해보겠다. 그러나 『현종개수실록』과 달리 『숙종실록보궐정오』는 보궐과 정오, 즉 빠진 기록을 보완하고 잘못된 기록을 바로잡는다는 두 방향에서 찬수되었기 때문에, 14개조의 실록찬수범례에 따라 일일이 기사를 비교하는 것보다는 주요 사건이나 사안을 각기 어떻게 기록했는지 파악하는 일이 좀 더 중요하다. 따라서 주로 두 실록에서 사실 기술이나 평가에 차이가 나는 주요 사건과 인물을 확인하고, 그 배경과 이유를 검토하는 데 치중할 것이다.

『숙종실록』의 정식 명칭은 『숙종현의광륜예성영렬장문헌무경명원효대왕실록肅宗顯義光倫睿聖英烈章文憲武敬明元孝大王實錄』이며, 모두 65권 73책으로 간행되었다.[2] 경종 즉위년(1720) 11월, 『숙종실록』 편찬을 위해 총재관으로 김창집金昌集을 임명했다. 김창집은 11월 28일에 경종으로부터 당상과 낭청 구성을 허락받았지만 실록 편찬에 착수할 수 없었다. 호서의 유생 이몽인李夢寅 등이 소를 올려 김창집이 윤지술尹志述을 구원한 일과 청나라 사신에게 글을 써주어 임금을 욕보였다고 탄핵했기 때문이다.[3]

경종 즉위년에 김창집의 사임으로 공백이 되었던 실록청은 이듬해 4월 1일 당상과 낭청의 구성을 마쳤다. 이후 구성원에 숱한 변동을 겪지만 일단 이 시기 임명된 사람들은 다음과 같다.

도청

● **당상**

행 이조 판서 　　　　송상기宋相琦

2 　권1·2를 1책으로 묶고, 권13·14·15·32·34·38·50은 상·하 2책으로 각각 나누었다. 권35는 상·중·하 3책으로 만들어졌다.

3 　『경종실록』, 즉위년 12월 16일(무신).

행 사직   이관명李觀命

행 도승지   이광좌李光佐

● **낭청**

홍문관 교리   김제겸金濟謙

부사직   유척기兪拓基

사헌부 지평   이덕수李德秀

전 부수찬   조문명趙文命

1방

● **당상**

행 병조 판서   최석항崔錫恒

의정부 좌참찬   조도빈趙道彬

이조 참판   심택현沈宅賢

예조 참판   이조李肇

● **낭청**

홍문관 부교리   신방申昉

전 현령   윤순尹淳

전 수찬   홍현보洪鉉輔

부사과   홍용조洪龍祚

사간원 정언   서종급徐宗伋

2방

● **당상**

행 호조 판서   민진원閔鎮遠

한성부 관윤	이만성李晩成
형조 참판	이태좌李台佐
이조 참의	김재노金在魯

● **낭청**

홍문관 교리	신석申晳
홍문관 부수찬	서종섭徐宗燮
전 수찬	김민택金民澤
부사과	김고金㮩
부사과	정석오鄭錫五

3방

● **당상**

예조 판서	이의현李宜顯
사헌부 대사헌	이재李縡
호조 참판	홍치중洪致中
행 홍문관 부제학	김운택金雲澤

● **낭청**

홍문관 수찬	이중협李重協
사간원 헌납	어유룡魚有龍
전 지평	임징하任徵夏
전 지평	김용경金龍慶
전 사서	이봉년李鳳年

실록청 관원이 갖추어지자, 이어 4월 6일 실록청 응행사목應行事目을 확

정했다. 응행사목은 이전의 실록을 편찬할 때와 대체로 같지만 장소 등 몇 군데 차이가 있는데, 내용은 다음과 같다.

1. 설치할 장소는 창덕궁 비변사로 하며, 각 방은 의금부 당직, 사복시 직방, 상의원 직방에 나누어 설치하되 실록청이라고 부른다.

1. 당상과 낭청은 본직으로 있는 관청에 직숙하는 일을 면제해주고, 모든 공식 회의에 참여하지 말도록 하며, 제사祭祀에 차출하지 않으며, 복제服制와 식가式暇도 면제하며, 조사반을 인원은 공사죄公私罪를 막론하고 공무를 보도록 한다. 승지나 대간으로 임명했더라도 이전의 관례에 따라 교체하지 말고, 낭청 중에서 파직을 당한 경우가 있으면 입계하여 군직軍職에 부쳐 관직을 유지하고 근무하게 한다.

1. 한림 1명이 옛 규례에 따라 항상 근무하면서 임무를 살핀다.

1. 별공작 감역원 1명은 선공감으로 하여금 전례에 따라 나누어 정송한다.

1. 당상과 낭청의 인신印信 각 1과顆는 해당 관청에서 가져오도록 한다.

1. 각 방의 서리 17명은 각사의 요포料布를 받는 서리를 분정하여 일을 시키고, 서사書寫 1명과 고지기(庫直) 4명 및 사령 17명은 호조와 병조에서 급료를 지급한다.

1. 사초를 등록할 때 쓰일 종이와 붓, 먹, 기타 물품 및 아문이 없는 관원의 자리 등은 담당 관청(該曹)에서 준비한다.

1. 수직할 군사와 다모 등은 각 담당 관청(該司)에서 정송한다.

1. 미진한 조건은 추후에 마련하여 시행한다.

4월 8일에는 숙종 때의 시정기를, 달수를 계산하여 차례로 내오기로 했다. 5월 4일 지춘추관사 권상유權尙游와 동지춘추관사 조도빈趙道彬을 불러들이고 시정기를 내왔다. 그런데 숙종대의 시정기가 워낙 많다보니 한꺼번에 내오지 못했다. 이에 갑인년(숙종 즉위년, 1674)부터 정사년(숙종 3년, 1677)까지 4년 동안의 시정기를 우선 내오고, 『승정원일기』도 함께 가져오게 했다. 특이한 점은 시정기를 옮겨 올 때 신방申昉을 '별겸춘추別兼春秋'로 삼아 그 일을 수행하도록 했는데, 이렇게 따로 직명을 만든 것은 이전에는 없었다. 시정기와 『승정원일기』를 내오는 것과 동시에, 관원들로 하여금 날마다 출퇴근하고 묘시에 출근하여 유시에 퇴근한다는 '묘사유파卯仕酉罷'(오전 5~7시 출근, 오후 5~7시 퇴근)를 제대로 시행하게끔 했다.

아울러 실록찬수범례를 정하였다. 찬수범례도 다른 실록을 편찬할 때와 비교하여 큰 변동이 없었다. 시정기에 대한 산절을 시작하고 나서 불과 채 한 달이 안 되어 각 방에 나누어 준 시정기의 산절이 거의 끝났다. 물론 지난번에 꺼내온 4년분의 시정기이다. 이어 6월 11일에 대교 박사성朴師聖이 무오년(숙종 4년, 1678)부터 신유년(숙종 7년, 1681)까지의 4년간 시정기를 이봉했고, 이 시정기의 산절 작업도 한 달 뒤인 7월 10일쯤 끝났다.

이 시기에도 실록청에서 늘 발생하는 문제, 즉 실록청 관원들이 모두 겸관이기 때문에 본직과 관련된 업무를 동시에 수행할 수밖에 없는 상황이었으며, 또 인사이동에 따른 잦은 변동 때문에 생기는 업무 공백이 많았다. 그뿐만 아니라 각 방별로 시정기 산절에 편차도 생겼다.[4]

무엇보다 이 시기의 정치 상황이 순탄하게 실록을 편찬할 분위기가 못 되었다. 경종은 33세가 되도록 후사가 없자 동생 연잉군(뒷날 영조)을 왕세제로 책봉했다. 소론 측은 반대했지만, 경종 1년(1721) 8월에 경종은 대비 김씨의

---

4 『숙종대왕실록찬수청의궤』, 신축년(경종 1년, 1721) 11월 5일. 2방의 서역書役이 가장 적체되어 있었다.

동의를 얻어 이를 실현시켰다. 이후 실록청의 대다수 관원이 세제를 위한 관원에 차출되었다.[5] 이어 10월에 경종은 세제에게 청정聽政하도록 했다.[6] 신료들의 반대로 왕세제 청정을 환수하는 등 여러 번 번복되기도 했으나, 10월 28일 마침내 청나라에 왕세제 책봉을 알렸다.

그런데 12월, 사직司直 김일경金一鏡과 박필몽朴弼夢 등이 소를 올려 세제 청정을 상소한 조성복趙聖復과 청정을 하게 한 노론 4대신을 파직하라고 청했다.[7] 결국 노론 4대신인 김창집金昌集·이이명李頤命·이건명李健命·조태채趙泰采가 유배를 갔고, 노론의 다수 인물이 삭직되었다. 게다가 경종 2년(1722) 3월, 목호룡睦虎龍이 노론 측에서 세자 시절의 경종을 시해하려고 모의했다는 고변을 올리자[8] 당국자들은 이를 기화로 노론 4대신을 사사했다.[9] 바로 신임옥사라 일컫는 사건이다.

어수선하게 돌아가는 정국임에도 이 기간에 실록청은 계속 업무를 수행했다. 목호룡의 고변이 터진 경종 2년 3월에도 작업은 계속되어 임신년(숙종

---

5 『경종실록』, 1년 8월 23일(신사). 이날 세제를 맞이할 관직을 제수했는데, 대부분이 실록청 당상과 낭청을 겸하고 있는 사람이었다. 그 명단은 다음과 같다. "김창집을 세제사世弟師로, 이건명李健命을 세제부世弟傅로, 송상기宋相琦를 좌빈객左賓客으로, 최석항崔錫恒을 우빈객右賓客으로, 이관명李觀命을 좌부빈객左副賓客으로, 이만성李晚成을 우부빈객右副賓客으로, 이희조李喜朝를 찬선贊善으로, 박사익朴師益을 보덕輔德으로, 김제겸金濟謙을 겸보덕兼輔德으로, 신절申晢을 겸필선兼弼善으로, 조문명趙文命을 문학文學으로, 윤순尹淳을 사서司書로, 황재黃梓를 설서說書로, 유숭兪崇을 대사간大司諫으로, 홍정필洪廷弼을 부교리副校理로, 이덕수李德壽를 수찬修撰으로 삼았다."

6 『경종실록』, 1년 10월 13일(경오).

7 『경종실록』, 1년 12월 6일(임술).

8 『경종실록』, 2년 3월 27일(임자).

9 『경종실록』, 2년 4월 23일(정축). 이이명과 김창집은 이날 사사했고, 이건명은 8월 19일 참형에 처했으며, 조태채는 10월 29일에 사사했다.

18년, 1692)부터 정축년(숙종 23년, 1697)까지 6년간의 시정기를 거의 산절했고, 무인년(숙종 24년, 1698)부터 계미년(숙종 29년, 1703)까지 6년간의 시정기를 다시 실록청으로 이봉했다. 5월 20일에는 무인년부터 계미년까지 시정기 산절을 마친 뒤 갑신년(숙종 30년, 1704)부터 기축년(숙종 35년, 1709)까지 6년간의 시정기를 이봉했다. 또 7월 21일에는 이들 시정기 산절을 마치고 다시 나머지 숙종 연간 11년분(1710~1720)의 시정기를 마저 한꺼번에 이봉했다.

이후 경종 3년(1723) 1월 6일, 3방이 먼저 시정기 산절 서역書役을 거의 마쳤고, 15일에는 1방도 서역을 마쳤다고 알려왔다. 2방도 2월 7일에 산절 서역을 끝냈다고 보고한 것으로 미루어, 이 무렵 시정기 산절에 관한 한 거의 마무리되었다고 볼 수 있다. 그러나 이후 아홉 달 동안은 실록 편찬이 지지부진했다. 신임사화로 인해 편찬에 동원할 수 있는 인원이 대폭 줄어들었으며, 김창집에 이어 총재관이 된 조태구趙泰耉는 경종 3년(1723) 5월에 물러나고 6월에는 좌의정 최규서崔奎瑞가 총재관직을 맡았다가, 9월에 또다시 최석항崔錫恒으로 바뀌는 등 지휘 체계도 혼란을 거듭했기 때문이다.

이렇게 별다른 진전이 없는 상태에서 경종 4년(1724) 5월 25일 실록청 총재관이 다시 이광좌로 바뀌었다. 실록청의궤에 서술되어 있듯이, 이 사이에는 실록 편찬이 늦어지고 있다는 걱정과 총재관의 빈번한 변경을 제외하면 막상 실록 편찬과 관련된 기사는 보이지 않는다. 그러다가 그해 8월에 경종이 세상을 뜨고 영조가 즉위했다.

영조가 즉위한 뒤 이광좌는 대제학 조태억을 다시 신칙하여 『숙종실록』을 부지런히 찬수하기를 청했다. 그러나 조태억은 일이 많다면서 젊고 벼슬이 낮은 사람을 얻어 위임해달라고 요청했다. 영조가 즉위한 그해(1724) 11월 이광좌는 실록청 당상에 이조李肇 한 사람밖에 없으므로 간성 군수 이덕수李德壽와 승지 윤순尹淳을 실록청 당상관에 보임해달라고 청하여 허락을 얻었다.[10] 영조 1년(1725) 2월 28일 노론의 정호鄭澔가 총재관으로 임명되었으나 얼마 안 있다가 5월에 이관명李觀命이 총재관을 맡았다. 그렇지만 이해 9월에 이르러서도 실록 편찬이 끝날 날은 요원했다.

올해 9월 25일에 대신과 비국 당상을 인견하여 입시하였을 때 기사관 신노申魯가 아뢰기를 "…… 실록을 주관하는 낭청이 연이어 나갔으니 실록 편찬의 기약이 없어 참으로 걱정스럽습니다. 실록 당상은 본래 6명인데, (현재) 3명이 외방에 있고, 출근하는 사람은 3명뿐입니다. 하루에 찬수하는 분량이 불과 사흘치의 실록이니, 이렇게 계산해보면 1년이 되어도 겨우 3년분의 실록만 찬수할 수 있을 뿐이고, 45년간의 실록을 다 완성하려면 15년이 걸릴 것입니다. …… 그 사이에 또 공사公私의 일로 개좌할 수 없을 터이니, 몇 십 년이 걸려도 필시 실록을 완성할 가망이 없을 것입니다.

우리나라 역사에서 말하자면 『현종실록』은 갑인년(숙종 즉위년, 1674) 이후 소인배(群王)들이 찬수했기 때문에 경신년(숙종 6년, 1680) 이후 개수하였습니다. 옛날로 예를 들면 송나라 철종 원우元祐 실록은 채변蔡卞 등이 수정했기 때문에 고종 때 개수하려고 했으나 이미 원본이 없었던 탓에 상고할 수가 없었습니다. …… 지금 만약 실록이 수십 년 늦어지면 이전의 우환이 장차 끝이 없을 것이니, …… 현재 조정 신하 중 당상에 합당한 사람이 없지 않을 터이니, …… 숫자에 제한하지 말고 더 늘리는(加定) 것이 사의에 합당할 듯합니다." 하였다.[11]

---

10 『영조실록』, 즉위년 11월 20일(경신).
11 『숙종대왕실록찬수청의궤』, 을사년(영조 1년, 1725) 9월 25일.

신노의 말은 설명이 필요 없을 만큼 실록 편찬에 관한 당시의 절박한 상황을 알려주고 있다. 아직『숙종실록』조차 완성하지 못했는데, 경종의 졸곡이 끝났으니『경종실록』도 편찬해야 해서 일이 겹쳤던 것이다. 다시 실록청에 박차를 가하여『숙종실록』편찬을 추진했지만, 당연히『경종실록』편찬은 영조 2년(1726) 4월이 되도록 시작하지도 못했다. 이에 따라『경종실록』편찬을 위한 시정기의 산절과『숙종실록』찬수가 함께 진행될 수밖에 없었다.

이후 민진원閔鎭遠이 총재관이 되고, 이의현李宜顯·이재李縡·이병상李秉相·김재로金在魯·유척기兪拓基 등이 도청 당상이 되어 실록 편찬을 계속했다. 그리하여 영조 3년(1727) 2월에『숙종실록』편찬이 거의 완료되기에 이르렀다. 이때 의견들이『숙종실록』의 간행을 먼저 마친 뒤에『경종실록』을 찬수하자는 견해가 많았다.『경종실록』의 권질이 많지 않았으므로 부담을 크게 느끼지 않았던 것인지『숙종실록』편찬을 마치고 하기로 의견이 모아졌다. 이해 9월에 인쇄까지 끝낸『숙종실록』은 11월 3일경 표지를 씌우는 장황粧䌙에 들어갈 참이었다.

그러나 불과 몇 달 전 7월에 영부사 민진원과 판부사 이관명, 우의정 이의현 등 101명을 파면하는 환국이 단행되었다.[12] 영조가 노론을 배척하고 소론을 등용하는 정국 변동, 즉 정미환국을 단행한 것이다. 이때 조정에 들어온 소론 중심의 인사들은 영조 즉위 후에 찬수된『숙종실록』의 공정성에 의문을 제기했고, 이것이『숙종실록보궐정오』의 편찬으로 이어졌다. 결국『숙종실록』의 최종 간행은『숙종실록보궐정오』의 편찬을 기다려야 했다.

---

12 『영조실록』, 3년 7월 5일(기미).

2. 『숙종실록보궐정오』의 편찬

영조 3년(1727) 2월에 찬수가 끝난 『숙종실록』은 이후 인쇄 절차를 밟아야 했다. 시정기 산절부터 초초初草, 중초中草, 정초正草까지를 통상 좁은 의미의 찬수라고 하는데, 이 일이 끝나면 인쇄할 분판에 활자를 배치하고 간인하여 교정하는 과정을 거친다. 간인과 교정 과정이 끝나면 인쇄만 남는다. 그러나 이해 7월의 정미환국은 『현종실록』 개수 때와 마찬가지로 『숙종실록』에 대한 공정성 문제를 제기하는 계기가 되었다. 이해 9월 21일에 영조와 대제학 윤순이 나눈 대화를 보자. 이 자리에는 사관 이광부李光溥와 이성기李聖起가 입시했다.[13]

영조 ······ 지금 역사 편찬이 거의 끝났으나, 세도世道가 공평하지 못하여 기재된 내용에 혼탁한 것이 많을 터이니 참으로 한심하다. 보궐補闕이 하루가 급하다. 경이 숙배한 뒤이니 다시 혐의할 바는 없을 것이다. 이후의 실록 사안은 경이 힘쓰도록 하라.

윤순 신은 선조 때 ······ 오래 낙향해 있었습니다. ······ 밖에 또 분수가 아닌 명을 내리시니 한층 황송합니다. ······ 그렇지만 실록청은 신이 정세에 구애되어 여전히 한번 근무하러 갈 생각도 없습니다. ······ 다만 선왕의 50년 위대한 업적에 대해 신의 불학무식한 재주로 어찌 그 만분의 일이나마

---

13 『승정원일기』, 영조 3년 9월 21일. 실록에는 '대화가 사사史事에 언급되자' 윤순이 먼저 '보궐정오'를 만들자고 건의한 것으로 기록되어 있다. 『영조실록』 9월 21일(갑술). 그러나 의궤에는 『승정원일기』와 똑같이 영조가 먼저 '보궐' 발언을 한 것으로 적혀 있다. 『숙종대왕실록찬수청의궤』에는 이 대화가 정미년(영조 3년, 1727) 9월 24일에 나오지만, 실제 대화가 이루어진 날짜는 21일이었다.

본받아 성상의 부탁하시는 뜻에 부응하겠습니까? 또한 그중 빠진 곳을 보완하는 일이 진실로 무슨 일인지 모르겠습니다만, 신이 또한 어찌 감히 시비를 분별하여 망령되이 증보하겠습니까? 대개 당목黨目이 나뉜 지 오래되어 사람들이 각각 문견聞見에 익숙하여 그 잘못을 스스로 알지 못하고 앞 사람들이 편찬한 것에 치우친 곳이 없지 않을 터이니, 신이 비록 이정釐正하고자 하여도 신 또한 당목을 표방하고 있는 사람으로서 백대 이후에 어찌 반드시 공론이 되겠습니까? …… 신이 갑진년(영조 즉위년, 1724) 겨울 조정에 나왔을 때도 잠시 맡았었는데, 지금까지 몇 년이 지나도록 아직 완성되지 않았으니 신하의 마음에 어찌 일시가 급함을 모르겠습니까? 지금 신에게 내리신 명은 대개 빠지거나 누락된 데(闕遺)를 보충하고 시비를 바로잡으라는 뜻이니, 신의 식견이 얕은데 장차 신이 어떻게 백대의 신사信史를 바로잡겠습니까?

영조 이번 일이 지극히 중대하기 때문에 경에게 권하는 것이다. 내가 경 등 두 사람에게 맡기는 이유는 단지 문학文學만 취한 것이 아니다.

윤순 신이 어찌 주상의 뜻이 어디에 있는지 모르겠습니까. 상교가 이에 이르렀으니, 신이 감히 힘을 다해 나중에라도 갚는 의리를 다하겠습니다.

영조 실록 편찬을 경이 담당하겠다는 뜻이 있으니 참으로 기쁘다.

윤순 실록 찬수의 규정은, 당상은 단지 문자만 모으고 총재관에게 물어서 정하는 것입니다. 전 총재관은 처음부터 실록 편찬을 담당했으므로 전말을 상세히 알고 있을 것입니다. 지금 절목을 새로 정하였지만 총재관 직임은 이미 교체되었기 때문에, 송인명宋寅明의 말로 미루어 날마다 근무하더라도 할 일이 없습니다. 총재관을 차출한 뒤에야 절목을 강정講定하여 보완하고 고칠 수 있을 것이며, 공역工役이 쉽게 끝날 것입니다.

영조 전 총재관은 비상한 상황을 만나 의리에 처하는 도리를 다하고자 하고 있다. …… 총재관이 대신 나오지 못하였지만 시임과 원임은 본래 이동이 없으니 수보修補할 때 그들과 함께하면 좋을 것이다.

영조 보궐할 때 40년분 시정기를 실록과 서로 비교하여 두 초본을 써서 전 총재관에게 보이고 만들면 유실할 우려가 없을 듯하다.

윤순 보궐이라 함은 단지 누락된 것을 첨가하는 일일뿐입니다. 그 밖에 혹 잘못된 데가 있어서 고쳐야 할 부분이 생기면 신 등 몇몇 사람만으로서는 임의로 고치기 어려울 듯하니, 이 또한 총재관이 있어야 강정할 수 있습니다.

영조 교정 여부는 대신을 기다려야 할 것이다. 지난번 연석筵席에서 보궐과 정오의 뜻 때문에 서로 의논했는데, 단지 첨가하는 글자의 숫자가 조금 많은 것은 보궐이라는 두 글자로 이름 붙이더라도 정오란 뜻이 저절로 그 가운데 들어 있게 될 것이다.

윤순 참교參校할 때 혹 시비가 치우친 곳을 발견하게 되면, 이는 사실이 누락된 경우와 더욱 달라서 바르게 고치지 않으면 안 됩니다. 보궐과 정오는 명목이 각각 다릅니다. 개정한 것을 보궐 아래 붙여놓으면 대단히 부합하지 않습니다. 『자치통감강목』을 보더라도 역시 허다한 명목이 있기 때문에 감히 진달합니다.

영조 경이 『강목』의 일로 말했으니, 어떻게 하면 좋겠는가?

윤순 『강목』의 경우는 후세의 학자들이 논증하였기 때문에 『정오正誤』라 부르기도 하고 『발명發明』이라 부르기도 하였으나, 이번 실록의 경우는 이와 다릅니다. 지난번에 이 일을 주관했던 사람들이 어찌 사필에다 사심을 부리려고 했겠습니까마는, 다만 당의黨議가 이미 나누어지고 문견이 같지 않은 탓으로 시비와 여탈이 올바르게 되지 못하였던 것입니다. 이제 별도로 수찬하여, 첨부할 때 옳기도 하고 그르기도 한 것을 둘 다 보존해두려고 하는데, 다만 이것을 보궐하는 아래에다 섞어 기록하는 것은 편치 않은 일입니다.

영조 경이 실록청에 가서 편찬된 실록 하나를 본 다음, 그중 교정할 일을 요지로 적은 뒤 총재관이 나오기를 기다려서 처리하라. 명칭을 정하는 일은 우선 원임과 시임에게 묻되 청대請對하든지 초기草記로 품계하면 될 것이다.

위 대화에 언급된 '전 총재관'이란 파직된 민진원을 가리키는 듯하다. 대화 내용을 통해 알 수 있듯, 윤순을 인견한 자리에서 『숙종실록』의 개정을 언급한 이는 영조이다. 또한 『숙종실록』 개정에 '보궐'과 '정오'의 두 가지 의미가 다 들어 있다고 생각한 이도 영조였다. 윤순은 수정본 『숙종실록』의 명칭에 대해 보궐과 정오의 명목은 각기 다르다면서 두 단어를 함께 배치하는 것은 적절하지 않다고 이의를 제기했다. 『발명』이나 『정오』 같은 『자치통감강목』에 대한 주석서[14]의 경우를 예로 들어 명칭을 단일화할 것을 요청했다. 그런데 이때의 인견은 9월 18일 영조가 송인명宋寅明과 이광좌를 만났을 때 이미 예견되었던 것이다. 그때의 기록을 보자.

실록청 당상 송인명이 『숙종실록』을 개수할 것을 청하였으나, 상이 윤허하지 않았다. 영의정 이광좌를 불러서 하문하니 이광좌도 개수할 것을 청하므로, 상이 편차에 따라 '빠진 데를 보완할(補闕)' 것만을 허락하였다. 이때

---

14 『발명發明』은 중국 송나라 윤기신尹起莘이 쓴 『자치통감강목』의 주석서로, '뜻을 밝힌다'는 의미이고, 『정오』는 청나라 진경운陳景雲이 쓴 『자치통감강목』의 주석서 『강목정오綱目訂誤』를 가리킨다.

실록이 거의 완성되어가고 있었는데, 국면이 갑자기 바뀌어 역사를 찬수하던 여러 신하들이 모두 논척을 받아 물러나고 당상과 낭청들이 모두 시인時人으로 차임되었다.

송인명이 청대하여 아뢰기를 "실록은 백세百世의 공론이 있는 것이므로 양쪽의 시비가 치우쳐 있는 부분은 마땅히 산삭刪削해야 됩니다. 숙종의 처분은 춘하추동이 각기 질서를 이루고 있는 것과 같아서 출척黜陟과 진퇴進退가 모두 사의事宜에 맞게 되어 있는데도, 한쪽에 좋게 되어 있는 것은 기재하고, 좋게 되어 있지 않은 것은 뽑아버렸기 때문에 의논이 분분하여 귀결되지 않고 있으니, 조정에서 처분이 있은 후에야 받들 수 있습니다. 총재관이 혐의를 이유로 근무하러 나오지 않고 있으니 진실로 안타깝습니다." 하니, 상이 말하기를 "진달한 내용이 이러하니 마땅히 헤아려 조처하겠다. 개수하고 하지 않는 것은 반드시 총재관이 들어온 뒤에 결정하도록 하겠다." 하고, 이어 총재관 이광좌와 당상·낭청들을 불렀다.

이광좌가 인혐하였기 때문에 총재관의 직임을 면직시켰는데, 그제야 입시하였다. 상이 이광좌에게 이르기를 "조금 전에 송인명의 말을 듣고서 이미 그 대체적인 사실은 알았다. 근래 당의黨議가 횡행하고 있어 실록 또한 모두 사의私意를 따르고 있기 때문에 전부터 신칙했던 것이다." 하니, 이광좌가 말하기를 "신이 본 내용도 송인명이 진달한 것과 같았습니다." 하였다. 상이 이르기를 "본 것이 어느 해의 책이었는가?" 하니, 대답하기를 "병신년(숙종 42년, 1716)·정유년(숙종 43년, 1717)과 신사년(숙종 27년, 1701)의 기록이었습니다. 상소를 지엽적인 말만 기재하였으며, 사람의 생몰도 간혹 누락된 경우가 있고 혹은 꾸며서 지은 것도 있으니, 지금의 도리로서는 개수하는 것이 온당할 것 같습니다." 하였다. 상이 이르기를 "전부 개수해야 되겠는가, 아니면 따로 기록하려고 하는가?" 하니, 이광좌가 말하기를 "외간의 의논들이 모두들 말하기를 '귀중한 실록을 이런 식으로 남겨 전하게 할 수는 없으니 고쳐야 할 부분은 개수하는 것이 마땅하다.' 하기도 하고, 어떤 이는 말하기를 '대략 산삭하는 것보다는 전부 다 개수하는 것이 좋겠다.'라고도 합니다. 이 밖에도 편 끝에 부록하는 법규가 있습니다. 여러 사람들의 의논이 이와 같으니 우선 의논들을 다 들어본 뒤에 다시 여쭙겠습니다." 하였다. 상이 이르기를 "경은 어떻게 생각하고 있는가?" 하니, 대답하기를 "신은, 당당한 실록인 만큼 전부 개수해야 된다고 여깁니다. 『현종실록』(정사본)은 이미 완성되어 비장秘藏했기 때문에 부득이 다시 별록別錄(별도의 개수본을 말함)을 수찬하였습니다만, 지금의 경우는 실록을 아직 완전히 끝내지 않은 상태이니 고쳐 찬수해야 합니다. 국가에 혹시 전란이 발생할 수도 있고, 이들 무리가 다시 들어오는 일이 있을 수도 있으니, 반드시 고쳐 찬수해야 합니다. 그러나 입시한 여러 신하들에게 하문해보셔야 합니다." 하였다.

이집李㙫이 말하기를 "전부 고쳐 찬수하려고 하면 시일이 오래 걸리는데, 세상의 변화는 알기 어렵습니다. 신의 의견으로는 이미 완성된 책자는 고쳐 찬수하지 말고 누락된 것만을 별록하는 편이 사의에 마땅할 것 같습니다." 하고, 황정黃晸은 말하기를 "국가의 중대한 처분과 중대한 관계가 있는 부분을 모두 호오에 따라 기재하였으니, 고쳐 찬수하지 않을 수 없습니다." 하였다. 이집이 말하기를 "대신의 의향은 비록 이러하지만 만약 다 고쳐 찬수한다면 어찌 나라의 체모에 손상이 있지 않겠습니까?" 하였다. 이광좌가 말하기를 "그렇다면 누락된 데 따라서 편 끝에 별록하는 것이 양쪽 모두가 온편하겠습니다." 하고, 송인명은 말하기를 "누락된 부분을 따로 첨가하여 편 말에 붙인다면 뒷날 다시 고쳐 찬수할 걱정이 없을 듯합니다." 하였다.

상이 이르기를 "대신이 본 병신년 조가 그러하다면 그 밖의 다른 것은 알 수가 있겠다. 그 당시의 당상은 한결같이 모두 삭출하라. 이미 완성된 책은 단연코 개수할 수 없으니, 각각 편 끝에 별록을 붙이게 하라." 하였다. 이광좌가 말하기를 "담당 당상을 삭출하는 것은 뒷날의 폐단에 관계가 있습니다." 하고, 송인명은 말하기를 "비사秘史는 원래 국가에서 알아서는 안 되는 것이니, 이제 역사 편찬 때문에 죄를 주는 것은 옳지 못합니다." 하니, 상이 마침내 삭출하라는 명령을 정지하였다.[15]

결국 『숙종실록보궐정오』의 편찬은 송인명의 발의에 따라 이광좌가 재청함으로써 이루어졌다. 이광좌는 자신이 본 『숙종실록』 일부를 근거로 기록에 왜곡이 있음을 지적했고, 그에 따라 개수의 범위와 방법에 대한 논의가 이어졌다. 이광좌는 처음에 전면 개수를 주장했지만 이집은 별록을 만들어 첨부하는 방식을 제시했는데, 영조는 전부 개수하는 것을 받아들이지 않고 보궐 방식으로 논의를 유도했다.

이광좌와 송인명은 『숙종실록』의 개수를 요청하면서도 이전에 편찬을 맡았던 당상관들에게 죄를 주는 것은 옳지 않다며 삭출에 반대했다. 왕권이 역사 편찬에 개입하거나 역사 편찬으로 인해 처벌당하는 전례를 만들지 말아야 한다는 입장을 분명히 한 것이다.

한편, 『숙종실록』의 보궐정오 논의에 반대하는 의견도 제출되었다. 사관인 검열 정익하鄭益河는, 개수를 허락하지 않은 것은 임금이 비사秘史를 중히 여기는 뜻이지만 보궐이라고 부르는 것도 작은 일이 아니며, 비사의 내용은 외인外人이 알 바가 아닌데 지금 보궐을 주장하는 사람은 모두가 평소의 구

---

15 『영조실록』, 3년 9월 18일(신미).

적仇敵이었던 자들이므로 그 주장이 과연 신뢰할 만한 것인지 모르겠다고 말했다. 이어, 보궐을 주장하는 사람들에 대해 일곱 가지의 의혹을 제기했다. 다음은 정익하의 상소 내용 중 일부이다.

46년간의 실록 권질이 모두 74편인데, 그들이 기필코 병신년·정유년·신사년의 것만을 먼저 가져다가 본 것은 무슨 까닭입니까? 이것이 신이 의심하는 것 중 첫 번째입니다.

허다한 권질에 기재되어 있는 것이 천만 가지의 일뿐만이 아닌데, 지금 빠지고 소략하다고 말하는 것이 군국軍國의 중대한 일과 국가의 전례典禮에 관한 것이 아니고 단지 신하들의 소차疏箚와 죽은 신하를 측은히 여기는 특은特恩에만 있는 것은 무슨 까닭입니까? 이것이 신이 의심하는 것 중 두 번째입니다.

8년에 걸쳐 가까스로 완성한 서책을 감히 전부 개수하자고 청하면서 혹시 다른 사람들이 자신을 비평할까 두려워하여 이에 말하기를 '오늘날 고쳐 찬수한 뒤에 만일 다시 고쳐 찬수하기를 청하는 자가 있게 된다면 어찌 나라의 체모에 큰 손상을 입지 않겠는가?' 했는데, 개수하기는 똑같은데도 나라의 체모에 손상되는 것이 유독 전후에 차별이 있다는 것은 무슨 까닭입니까? 이것이 신이 의심하는 것 중 세 번째입니다.

처음에는 전부 개수하기를 청했다가 성의聖意가 망설이시고 자기들 중에서도 의견을 달리하는 자가 있음을 보고서는 이에 보궐이 정오의 뜻을 겸하는 것으로 우물쭈물 말을 했는데, 보補와 정正, 궐闕과 오誤는 그 뜻이 같지 않습니다. 그런데도 기필코 두 가지의 뜻을 억지로 합쳐 공교하게 하나의 명칭으로 만들려고 하였으니, 이것이 신이 의심하는 것 중 네 번째입니다.

'이것이 어찌 큰일이겠느냐'는 등의 말을 가지고 살펴본다면, 마치 떠벌릴 의도가 없는 것 같았으나 아침에 청대하였다가 저녁에 또 같이 들어가서 비사의 내용을 전하고 말하여 임금의 귀를 놀라게 하면서도 조금도 돌아보며 꺼리는 바가 없었던 것은 무슨 까닭입니까? 이것이 신이 의심하는 것 중 다섯 번째입니다.

역사 편찬은 역사 편찬이고 조정은 조정인데, 조정의 번복이 역사 편찬과 무슨 관계가 있기에 우려가 없을 수 없다는 말을 한단 말입니까? 편찬 사업을 빙자하여 성의를 염탐하고 시험해본 정상이 현저히 드러났으니, 이것이 신이 의심하는 것 중 여섯 번째입니다.

남의 불공정에 대해서는 진실로 말하기 쉽지만 자신이 공평무사하게 한다는 것을 또한 어떻게 알 수 있느냐고 한 것은, 바로 한 무제 때 승상인 공손홍公孫弘이 '어떻게 신이 거짓을 하는지 알겠습니까?'라고 한 말과 같은 맥락입니다. 자신의 사심私心과 무사無私에 대해 기필할 수 없다면 남의 공정과 불공정을 어떻게 알 수 있겠습니까? 이것이 신이 의심하는 것 중 일곱 번째입니다.[16]

정익하는 사가史家의 필법은 매우 엄중하고도 비밀스럽게 해야 하는데 개수를 주장하는 이들이 '아무 일, 아무 일'이라고 직접 임금 앞에서 지적한 과실도 비판했다. 그가 정철鄭澈의 5대손이고 정종명鄭宗溟의 현손으로 노론에 속한 인물이기 때문에 『숙종실록』 개수(보궐)에 반대했을 수도 있지만, 그렇

---

16 『영조실록』, 3년 9월 18일(신미). 마지막에 사신은 이렇게 덧붙였다. "이 소장疏章이 이미 승정원에 도착하였는데, 정익하가 어떤 일로 인하여 죄에 걸려 파직되었기 때문에 승정원에서 봉입하지 않았다."

다고 그의 이런 우려가 부당한 것 같지는 않다. 그가 제기한 일곱 가지 의혹은 그 나름대로 이유가 있어 보인다.

특히 개수의 근거로 병신년·정유년·신사년만 거론한 이유나, 군국의 중대한 일과 국가의 전례에 관한 것이 아니고 단지 신하들의 소차만 문제 삼은 이유를 따져 물은 것은 개수하려는 의도에 대한 질문이었다. 또, 개수를 주장하는 사람들 사이에서도 의견이 일치하지 않아 '보궐정오'라는 애매한 이름으로 귀결된 점도 정익하에게는 개수론의 논리적 약점을 보여주는 것으로 인식되었다.

『숙종실록』 보궐에 대한 반대는 정익하에 그치지 않았다. 승문원 정자 윤득징尹得徵·김약로金若魯·이성해李聖海 등도 상소하여 "『숙종실록』은 이미 편찬이 끝나서 50년 동안의 훌륭한 공과 아름다운 업적이 70여 편 가운데 환히 나열되어 있으니, 그 선악·여탈의 신중함과 조심한 것과 상략詳略·취사取捨의 고찰에 각기 모두 균형을 갖추었는데 이제 치우친 마음을 가지고 감히 이를 변개할 계책을 내었습니다. 그리하여 마음대로 무함하는가 하면, 쓸데없는 말로 강청하면서 사체의 엄중함은 돌아보지 않은 채 자신의 마음만 통쾌하게 하려고 힘쓰고 있으니, 어찌 통분한 일이 아니겠습니까?"라며, 한두 사람의 사적인 호오 때문에 멋대로 나중에 논의하여 사안에 따라 첨가하고 편차에 따라 늘려서는 안 된다고 주장했다.[17]

윤득징 등 상소한 이들은 모두 섬에 정배되었다. 하지만 보궐 반대론은 계속되었다. 부사직 김유경金有慶도 『숙종실록』 보궐에 반대하면서, 이를 두고 김종직金宗直의 「조의제문弔義帝文」을 연산군에게 무고하여 무오사화을 일으켰던 유자광柳子光과 같은 화禍에 비유했다. 특히 그는 신임사화로 『숙종

---

17 『영조실록』, 3년 9월 25일(무인).

실록』 편찬 담당자들이 노론 중심에서 소론으로 대거 바뀌었을 때, 그 누구도 아닌 신임사화의 단초를 연 김일경을 실록청 당상으로 삼았던 사실을 거론하여 보궐을 주장하는 사람들의 정당성에 문제를 제기했다. 김일경은 목호룡을 사주하여 고변하게 한 뒤 노론 4대신을 죽게 한 일로 영조 즉위년(1724)에 참형을 당한 터였다. 김유경의 상소를 본 영조는 그를 제주 대정현 절도에 안치시켰다.[18]

반대론을 물리치고 마침내 시작된 『숙종실록보궐정오』의 편찬은 세 개 방으로 나눠 편찬하는 일반적인 방식으로 하지 않고 도청만 운영하여 진행되었다. 보궐 총재관에 이광좌, 도청 당상에 윤순과 송인명이 임명되었으며, 낭청은 6명을 정원으로 삼았는데 서명빈徐命彬, 이종성李宗城, 정우량鄭羽良, 조현명趙顯命, 이정응李挺應, 황정黃晸이다.[19] 『숙종실록보궐정오』를 편찬하는 과정에서 윤순은 긴요한 부분을 추려 서책을 인출한 뒤 이를 어람할 수 있게 하자고 건의하여 영조의 허락을 얻었다.[20]

이듬해인 영조 4년(1728) 2월 25일에는 찬수가 거의 끝나서 인쇄를 시작하기 위해 분판등록 낭청을 차임했다. 7명의 낭청에 13명을 더 임명하여 인쇄를 제때 끝내도록 조치했다. 아울러 기존에 찬수가 끝난 『숙종실록』과 새로 만든 '보궐정오'를 어떤 방식으로 편집할지에 대한 논의가 이어졌다.[21] 이대화는 기존 정미본 『숙종실록』에 대해 보궐본을 만든 사람들이 어떻게 평가

---

18 『영조실록』, 3년 10월 26일(무신).

19 『숙종대왕실록찬수청의궤』에는 별도로 명단이 나와 있지 않으며, 『숙종실록보궐정오』에 연인원이 기록되어 있을 뿐이다. 낭청 6명은 『숙종대왕실록찬수청의궤』, 정미년(영조 3년, 1727) 12월 26일 기사의 춘추관 계에서 따로 확인한 것이다.

20 『영조실록』, 3년 12월 26일(정미).

21 『승정원일기』, 영조 4년 2월 27일.

했는지, 또 '보궐정오'를 편찬하는 과정에서 어떤 태도를 취했는지도 보여주고 있으므로 주목할 필요가 있다.

이광좌 사국史局의 보완 작업이 거의 끝났으므로 오늘부터 써내어 인쇄 작업을 병행하려고 합니다. 책명을 의논하여 정해야 하는데 어쩌다보니 미처 하지 못하였습니다.

영조 지난번에 물어보려다가 미처 묻지 못하였다. '보궐'을 권마다 첨입하는가, 아니면 따로 한 부를 만드는가?

이광좌 당초 한 부를 따로 만들려고 하였으나, 고열考閱에 편하기 때문에 각 권말에 넣으려고 합니다. 본 책이 매우 상세하여 (별책으로 만들 경우 쌓아놓으면) 하단 한두 길에 들어가거나 네댓 길에 들어가기도 하여 보완하는 뜻이 아닌 듯하고, 또한 시비 득실도 쉽게 알 수 없습니다. ……

윤순 책명을 '보궐'로 하려고 했는데, 찬수한 뒤 다시 보니 추후에 고친 데가 있어 대신이 이미 진달하였습니다. …… '보궐'이라고 이름하면 포괄하지 못할 듯하여 아뢰어 정하고자 합니다.

송인명 …… 자연 누락된 곳이 있어서 거두어 기록하였으니 보궐인데, 왕왕 시비가 사실과 다른 곳은 부득불 고쳐 기록하였기 때문에 '보궐'이라고 하면 명실名實에 차이가 있습니다. 만일 '정오正誤'라고 이름하면 또한 포함되지 않는 것이 있으니, 이 둘 중에서 하나를 택하겠습니까, 아니면 네 글자를 합쳐서 이름을 짓겠습니까?

영조 비사秘史에 관한 일은 물을 수 없다. 수찬의 규칙에 대해서는 옛 역사 기록과 같은가?

윤순 『자치통감資治通鑑』과 같습니다.

영조 강綱이 있는가?

송인명 『자치통감강목資治通鑑綱目』은 큰 글자로 강綱을 썼지만, 『자치통감』은 큰 요지를 써서 서술하였습니다. 이는 큰 요지를 쓰고 아래에 서술하면서, 역사를 편수한 사람이 자신의 소견을 써서 논평(史斷)으로 삼았습니다.

윤순 논평은 사마광司馬光이 지은 사론史論 같은 것입니다.

송인명 …… 이전 사람들의 역사 편수는 빠트리고 기재하지 않은 경우도 있고 시비에 오류가 있는 경우도 있었으니, 부득이 거두어 기록하기도 하고 개정하기도 했습니다만 문자가 많지는 않았습니다.

영조 한 부의 책에도 시비에 서로 피차가 있다.

이광좌 한쪽 편의 사람이라도 칭찬한 경우도 있고 깎아내린 경우도 있습니다.

영조 지난번 찬수한 것 중에는 없는가?

이광좌 당색(色目)이 같아도 그중에 포폄이 있었습니다.

영조 궐루된 것 중 칭찬한 것은 원래 넣었을 테지만 깎아내린 기사는 넣지 않았는가?

윤순 지난날에는 위태로운 말이 되었다 해도, 역사를 편수할 때 어찌 감히 당색을 돌아보겠습니까? 같은 당색끼리라도 옳은 것은 옳은 것이라고 하고 그른 것은 그르다고 하였으며, 항상 사람의 말을 따지지 않고 모두 기록하였습니다. 당색이 같든 다르든 기록하지 않은 바가 없으나, 그중 너무 심한 사안도 더러 있고, 또한 사실이 그렇지 않은 것도 있기에 부득불 추후 변별하였습니다. 단점이 있어서 기록하지 않았던 것도 거두어 넣었기 때문에 시비가 상반된 곳이 있지만, 또한 그대로 두었습니다.

송인명 지난번 사람들은 자신과 같은 입장의 사람에 대해 극히 찬동하였으니 다시 할 만한 말이 없습니다. 그러나 자신과 다른 입장의 사람에 대해서는 기린 곳이 없으니, (이번에) 고쳐 쓴 데는 겹치는 말이 없습니다. 그 때문에 자연 이와 같습니다.

영조 경 등은 사필에 사사로운 뜻을 개입해서는 안 된다. 피차의 소견이 같지 않으니 포폄의 차이가 이상할 것이 없다. 시비에 옳은 것은 옳다 하고 그렇지 않은 것은 그렇지 않다고 하여 그만두려고 해도 그만둘 수 없는 것이어야 한다. 경 등의 뜻은 어떻게 하면 좋겠는가?

이광좌 윤순과 송인명은 모두 책명에 두 글자를 쓰면 포괄하지 못하니, 네 글자를 다 쓰는 것이 의당하다고 합니다.

윤순 실록 하단에 보완하고 첨가한 데다 따로 이름을 붙이지 않으면 구별할 수가 없습니다. 보궐이라고 하면 정오의 뜻이 들어가지 않고, 정오라고 쓰면 보궐의 뜻이 들어가지 않습니다.

영조 네 글자 중 두 글자를 빼자는 것은 무슨 뜻인가?

송인명 네 글자 중 두 글자를 빼는 것은 어렵습니다. 두 글자를 빼면 결국 치우치게 됩니다. 네 글자를 다 쓴 뒤에야 비로소 포괄할 수 있습니다.

영조 네 글자 중 두 글자를 빼는 것이 어렵다면 합쳐서 이름을 붙이겠는 가?

송인명 '보정補正'으로 하면 어떻겠습니까?

이광좌 '알존遏存'과 같습니다. 『맹자』에 "인욕을 막고 천리를 보존한다.(遏人欲存天理)"고 하였는데, 후대 사람들이 두 글자만 잘라내어 '알존'이라고 하기 때문에 웃음을 샀습니다. 지금 '궐오闕誤'라는 글자가 있기에 문자가 되는 것이고, 만일 단지 '보정'이란 글자만 쓰면 '알존'과 같기 때문에 네 글자를 모두 쓴 뒤에야 포괄할 수 있습니다.

영조 '보정'이라고 쓰는 것이 의미가 없다고까지는 할 수 없다만, 보정이란 명칭은 좋지 않다. 호의戶議(호조 참의 송인명)가 두 글자를 뺀 '보정'을 제시했지만, 오십보백보이다. '보궐정오'라고 시원하게 쓰는 것이 좋겠다.

이광좌 이전 사람들이 쓸 때 사건을 거론하지 않고 대략 총괄해서 말하였습니다. 예로부터 국가에서는 비사를 보지 않았으며, 당나라 임금(당 태종)이 국사國史를 보려고 했을 때 사관 방현령房玄齡이 죽기로 다투었고, 선유先儒 범조우范祖禹도 비판하였습니다. 본다면 많은 폐단이 생기기 때문에 고례와 국법이 모두 이와 같았습니다. ……

영조 나도 헤아리고 있고, 비사이기 때문에 묻지 않는 것이다. 장차 책명을 정해야 하기 때문에 규모를 묻는 것이다. 실록 중의 사실은 모르더라도 알아야 할 데는 있는 법이다.

이광좌 한림의 시정기 역시 오류가 많습니다. 피차에 각각 시비가 있는 탓에 적절히 따르기 어려우며, 또한 단지 날씨만 기록한 곳도 있고, 상소 역시 다 빼버리고 기록하지 않아서 『승정원일기』가 없었으면 역사 편수가 어려울 뻔하였습니다. 선조의 46년 동안 한림도 피차 당색이 다른 사람이 반반이었으므로, 상세한 데도 있고 소략한 데도 있어서 본래 사초를 보존한다면 좋을 듯합니다.

영조 보존하면 폐단이 적지 않을 것이다. 경의 말에 일리가 있지만 세도가 이와 같아서 보존하면 반드시 폐단이 있을 것이다. 또한 그 사실이 모두 전사全史에 들어가 있으니 반드시 보존할 필요는 없다.

이광좌 그때의 역사 찬수에 사사로운 뜻이 있으면 그 포폄과 시비가 한 편만 남을 것이니, 세초한 뒤에는 장차 어떻게 알겠습니까?

영조 산야山野에 절로 공론이 있을 것이다.

이광좌 옛날에는 있었다고 합니다. 선조宣祖 임진년(선조 25년, 1592) 전부터 고려 때의 시정기가 많이 있었다고 전해지는데, 병화에 휩쓸렸고 그 나머지는 사관들이 태웠기 때문에 전혀 남아 있지 않게 되었습니다. 그에 더하여 갑오년(선조 27년, 1594) 환도還都 이후 시정기는 갑진년(선조 37년, 1604)까지 모두 15년 동안의 분량이 있었습니다만, 광해군 초기 대북이 선조 말년의 시정기에 자신들의 악행이 직서되어 있었기 때문에 불태워버렸다고 합니다.

윤순 세초라는 것은 중초中草를 씻는 일이므로 최근의 사례에서 나온 것이지, 옛날에는 그렇지 않았다고 합니다.

송인명 자고로 명신名臣은 대부분 본초本草(본래 사초)를 보존하기를 청하였지만, 열성列聖께서 모두 허락하지 않으셨습니다.

윤순 그렇게 하면 한림을 군이 선택할 필요가 없습니다. 백대의 시비에 대해 『승정원일기』처럼 고루 갖추지 못하면 그 논의는 훗날 모두 믿지 못할 것입니다. 국사를 만든 뒤에 태워버리면 일기처럼 오래 전해질 수 없을 것입니다. 본래의 의도는 사관을 별도로 두어 오래 전해질 사실을 기록하기 때문에 시정기를 사각史閣에 두지 않고 춘추관에 두었던 것입니다.

이광좌 양편의 사초를 모두 둔다면 혐의가 없을 것입니다.

위의 대화는 이광좌가 『숙종실록보궐정오』의 편찬이 끝났으니 총재관 직임을 사직하려 한다고 하자 영조가 『경종실록』 편찬이 남았다며 만류하는 것으로 마쳤다. 다소 긴 내용임에도 인용한 까닭은 대화 자체가 설명이 필요 없을 만큼 상세하고 분명하기 때문이다.

『숙종실록』에 대한 불신을 배경으로 『숙종실록보궐정오』의 편찬을 시작했지만, 이광좌·윤순·송인명은 '보궐', '정오', '보정', '보궐정오' 등 그 이름을 놓고도 치열하게 명실을 일치시키려는 노력을 기울였다. 윤순은 각기 듣고 본 바가 다르므로 당색에 따라 견해가 달라지는 것은 당연하다며 『숙종실록』의 존재 가치를 부정하지 않았다.

한림의 시정기, 즉 사초를 세초하지 말자는 주장이 새롭지만, 이 주장 역시 만세의 공론인 역사의 공정성을 보장하기 위한 방안으로 제시된 의견이었다. 세초를 하지 말자는 논의는 『숙종실록』을 찬수한 뒤인 영조 3년(1727) 11월에도 윤순이 이미 제기한 바 있다. 거의 같은 논리를 가지고 해를 넘겨 다시 제기한 셈인데, 전례가 없던 일이기 때문에 이들의 의견은 받아들여지지 않았다. 하지만 역사 기록을 제대로 보존하여 공론을 유지하자는 취지에는 영조도 공감했다.

이 논의가 있고 이튿날 『숙종실록보궐정오』의 인쇄 작업에 들어갔다. 영조 4년(1728) 3월에 '보궐정오'의 인쇄분을 합철한 『숙종실록』은 총 73책, 다섯 곳의 사고에 분장할 권수 도합 365책을 장황 작업까지 마쳤고, 3월 26일 춘추관에 봉안했다. 또한 상례대로 시정기와 중초 등 편찬 자료를 세초하기로 했으며, 관례대로 의궤를 작성했다.

이리하여 곧 세초를 마치고 외방 4사고에 봉안하려던 실록은 10월에 이르러서도 정작 세초를 하지 못했는데, 이는 무신란戊申亂 때문이었다. '이인좌李麟佐의 난'으로도 불리는 이 정변은 3월 26일 이인좌가 체포되어 공초를 받고 일단락되었지만,[22] 이후 추국이 이어지는 등 사건 처리를 두고 시간을 오래 끌었다.

결국 10월에도 세초를 하지 못하고, 『경종실록』 편찬이 완료되면 그때 다 함께 세초하려 했다. 그러나 『경종실록』을 완성하기 직전인 영조 7년(1731) 6월에 드디어 세초하고 상전賞典을 내렸다. 이때 『숙종실록보궐정오』의 편찬 참여자들은 물론이요 『숙종실록』 편찬에 참여했던 인물들에게도 같이 포상했다.

---

22 『영조실록』, 4년 3월 26일(병자).

2장 『숙종실록』과 『숙종실록보궐정오』의 비교

1. 숙종 초년에 대한 인식

『숙종실록보궐정오』는 숙종대 역사에서 소론 측의 입장을 천명하고 옹호하기 위해 편찬되었다. 정미환국으로 정국의 주도권을 잡은 소론은 『숙종실록』에 오류와 왜곡이 많다고 판단하여 자신들의 입장에서 이를 수정하고 보완하고자 했다. 그러므로 『숙종실록보궐정오』에는 소론 측의 당론이 반영되었을 것이라는 합리적인 의심을 가질 수 있다. 앞서 실록의 명칭에 대한 논의에서 살펴보았듯이 『숙종실록』에 대한 보궐-정오, 즉 빠진 기록을 보완하고(보궐補闕) 잘못된 기록을 바로잡는다는(정오正誤) 두 방향에서 편찬된 것이 『숙종실록보궐정오』였다. 따라서 이후 살펴볼 논의에서도 이런 두 가지 측면에 주목할 필요가 있다.

또한 이광좌가 신사년(숙종 27년, 1701)·병신년(숙종 42년, 1716)·정유년(숙종 43년, 1717)을 언급하면서 『숙종실록』의 불공정성과 불완전성을 지적했던 것처럼 특정 시기의 사건에 대한 '보궐정오'를 눈여겨보아야 한다. 숙종 초반 남인 정권에 대한 인식, 숙종 6년(1680)의 경신환국 이후 노소 분당 과정에서 빚어진 일련의 사건, 숙종 20년(1694)의 갑술환국 이후 세자(훗날 경종)의 보호와 희빈 장씨禧嬪張氏의 처리 문제, 병신처분丙申處分(숙종 42년, 1716) 등 주요 사건이 그 대상이다.

먼저, 숙종 초년에 대한 인식을 『숙종실록』(정미본)과 『숙종실록보궐정오』(보궐본)의 기사를 비교해가며 검토해보자.

다음의 ①-A~D는 윤휴에 대한 평가, 또는 윤휴와 관계를 맺었던 인물들에 대한 평가를 포함하고 있으며, ①-E는 허목의 졸기인데 정미본에 단 한 줄만 기록되어 있는 반면 보궐본에서는 비교적 상세히 평론했다.

①-A 숙종 1년 4월 25일(계축)

정미본》

이옥李沃을 헌납으로, 남천택南天澤을 장령으로 삼았다. 남천택은 남천한南天漢의 아우이다. 또 특별히 윤휴尹鑴를 승진시켜 우윤으로 삼았다. 윤휴의 아버지 윤효전尹孝全은 광해군 때 위훈偽勳에 서록되어 벼슬이 대사헌이었고 대북파大北派였다. 윤휴는 어려서 아버지를 여의었고, 병자년(인조 14년, 1636)과 정축년(인조 15년, 1637)의 호란을 당한 뒤 호서湖西에 살면서 송시열宋時烈·송준길宋浚吉·권시權諰·이유태李惟泰·윤선거尹宣擧 등과 교유하였으며, 이이李珥·성혼成渾을 추존하였다. 송시열 등은 그의 재주와 학문을 사랑하여 나이를 잊고 사귀었다. 윤선거가 윤휴를 더욱 존중하여 경국제세經國濟世할 인재로 인정하였다. 그 뒤 민정중閔鼎重이 효종조에 천거하자 친히 가서 만나보겠노라고 하시기에 이르렀고, 송시열 등은 그를 추천하여 지평으로 삼으려고 하였으나 스스로 포의布衣라 일컫고는 끝내 나오지 아니하였다. 이에 그의 명성이 너욱 크게 떨치어 먼 데서나 가까운 데서나 모두 '윤 포의'라고 일컬으면서 그 얼굴을 서로 알기를 원하였다. 그러나 이일상李一相 형제만은 한마을에 살았기에 윤휴가 착하지 못함을 알고서 항상 말하기를 '이 사람이 출세를 하면 반드시 일을 그르칠 것이다.' 하였다. 이단상李端相이 일찍이 궁궐에서 민정중을 책망하기를 '들으니, 그대가 희중希仲을 혹 백이伯夷에 비기고 혹 제갈양諸葛亮에 견준다고 하는데, 이 무슨 말인가?' 하였다. 희중은 윤휴의 자이다. …… 다만 윤선거와 이유李橝와 오정창吳挺昌 등 약간의 사람들만이 그를 사랑하고 중하게 여겼다.

보궐본》

특별히 윤휴를 승진시켜 우윤으로 삼았다. 윤휴가 예제禮制를 의논할 때 본래 화禍를 일으킬 마음이 있었으니, 평일에 교유하던 자가 진실로 작은 조짐을 보고서 크게 나타날 것을 알아 일찍 절교하였더라면 진실로 선견지명이 되었을 것이다. 그런데 갑인년(현종 15년, 1674) 이전의 윤휴의 죄는 다만 예제를 의논하였던 일 하나뿐이었으니, '대고大故가 아니면 절교하지 않는다'는 뜻으로 의논하든지, '숙계宿契를 추념하여 차마 갑자기 절교하지 못하였다'고 했다면, 이는 또한 충후힘을 해치지 않는 것이다. 더구나 윤선거가 윤휴에게 글로 경계하였건만 경계를 하여도 듣지 않아서 또 그와 절교하였는데, 윤선거가 정성스러운 편지로 송시열에게 권면하여 송시열로 하여금 윤휴의 잘못을 용서하여 죄고罪錮를 관대하게 하려고 한 것은 또한 세도를 근심하고 당화黨禍를 염려한 뜻에 지나지 않는다. 이것이 어찌 뜻을 얻은 뒤에 서로 붙어서 악惡을 함께 한 무리들과 유사한 것이겠는가? 그런데 초사初史(정미본 『숙종실록』)를 편수한 자가 반드시 이유와 오정창 등을 끌어다가 기록하였으며, 심지어 '윤선거가 윤휴를 사랑하고 중하게 여겼다'고 말함으로써 윤선거를 더럽히려는 계책으로 삼기까지 했다는 것은 또한 놀라운 일이다.

①-A 기사는 정미본과 보궐본 모두 윤휴에 대한 비판을 깔고 있다. 하지만 보궐본에서는, 윤선거가 윤휴에게 글로써 경계했지만 윤휴가 듣지 않자 절교했고, 그럼에도 불구하고 송시열에게 윤휴의 잘못을 용서해주라고 했는데, 이는 단지 세도世道를 근심해서 비롯된 일이라고 했다. 송시열이 생각하듯 윤선거가 윤휴와 절교하지 않았다고 보는 것은 잘못이라는 점을 드러낸 서술이다. 윤선거-윤증尹拯으로 이어지는 소론의 명분을 정당화한 것이다.

①-B 숙종 2년 1월 6일(기축)

정미본〉

이때 윤휴가 여러 번 사직상소를 올려 자기 말이 채용되지 아니함을 이유로 물러가기를 청하였는데, 재차 사관을 보내어 일러서 머물게 하였다.

보궐본〉

윤휴가 병거兵車의 제조를 정지했다 하여 소를 올렸다. 그 가운데 눈물을 뿌리고 영결永訣한다는 말이 있어 상이 연달아 비망기를 내렸는데, 그 말의 뜻이 특별히 융숭하였다. 사관을 보내어 유지諭旨를 전하니, 윤휴가 오랜만에 나왔다. 윤휴의 이른바 대계大計라는 것은 병거를 만드는 한 가지 일에 지나지 아니하였는데, 기근도 헤아리지 아니하고 오직 많이 만드는 데만 힘썼기 때문에 상의 뜻이 조금만 어려워하면 언제나 퇴임하겠다고 상에게 청하였으니, 그 패망悖妄됨이 심하였다. 무릇 송시열이 고론高論을 제창한 뒤로 자취를 산림에 의탁한 자가 언제나 이를 빙자하여 출세하는 길로 삼았다. 송시열은 효종의 분발하여 유위有爲하려는 뜻을 만났던 것이니 본래 이러한 말을 올릴 만하였지만, 윤휴의 경우는 시기적으로 나이 어린 임금(숙종)이 새로 왕위를 이어 국세國勢가 위태로웠으니 주자가 이른바 '구구한 동남東南의 일을 이루 다 근심할 수 없다'는 것이다. 윤휴가 큰소리로 공갈하여 간과干戈를 움직여보려고 꾀했으나, 다행히 당시의 여론이 허여하지 아니하였으니, 그가 나라를 그르치고 일을 낭패시킨 죄는 그 살덩이를 먹는다고 하더라도 어떻게 보상되겠는가? 아! 윤휴는 특별히 창자 없는 한 사람일 뿐인데, 처음에 어떻게 하여 이름을 도둑질한 것이 여기에 이르렀단 말인가?

①-B의 정미본은 단순 사실만 기록했을 뿐이다. 얼핏 보기에 보궐본은 윤휴가 조정에 나온 일 자체를 비판하고 있지만, 사실은 그렇지 않다. 송시열이 고론을 제창한 뒤로 산림이라고 일컫는 자가 이를 빙자하여 조정에 나아가는 길로 삼았다고 한 데서 알 수 있듯이, 보궐본의 기사는 이중적인 의미를 갖고 있다. 먼저 윤휴를 천거한 사람이 송시열임을 드러냈다. 송시열의 제자인 민정중이 효종에게 윤휴를 천거했고,[23] 송시열은 이조 판서로 있으면서 세자 교육을 맡는 진선進善(정4품)으로 윤휴를 초탁超擢했다.[24] 송시열에 대한 비판은 다음 절에서 살펴볼 '노소老小 분당과 외척 비판'에서도 몇 군데 더 볼 수 있는데, 한 가지 사례만 먼저 예시한다.

숙종 원년(1675), 경기 진사 성호석成虎錫 등이 소를 올려 송시열의 석방을 청하면서 그를 귀양 보낸 까닭에 재변이 발생했다고 한 적이 있다. 보궐본에서는 "송시열이 예론 때문에 죄를 입었음은 진실로 너무 억울하였다. 그러나 초사初史(정미본 『숙종실록』)를 편수한 자가 당시의 재이만을 나열하여 써서 송시열을 멀리 귀양 보낸 탓에 발생한 징험이라 한 것은 견강부회에 지나지 않

---

23 『효종실록』, 3년 4월 26일(정묘).
24 『승정원일기』, 효종 9년 11월 21일(갑인).

았다. 식자들이 비웃었다."는 비평을 첨부했다.[25] 성호석 등의 논리는 정책이나 처분을 비판하는 상소에서 자주 볼 수 있는 천인감응론天人感應論이었지만, 보궐본 편찬자들은 견강부회라고 치부했다.

①-C 보궐본》 숙종 2년 7월 12일(임진)

○ 윤휴를 배척하는 임금의 유지에 대해 탁남濁南과 청남淸南으로 갈리다

위 기사는 제목만 밝혔지만 내용 끝부분에 "이때에 윤휴를 도운 자를 탁남이라 하고, 윤휴를 배척하고 허목을 높인 자를 청남이라 일컬었다고 한다."라는 서술이 나오는데, 이는 『숙종실록보궐정오』의 편찬자들이 착각한 듯하다. 청남과 탁남은 갑인예송(현종 15년, 1674) 후 숙종 원년(1675) 남인이 정권을 쥐면서 송시열을 유배 보낼 때 그의 처벌을 둘러싸고 허목·윤휴 등의 강경론(청론)과 허적으로 대표되는 온건론(탁론)을 가리킨다. 이 시기 『숙종실록』에 관련된 기사가 확인되지 않기 때문에 다른 사연이 있는지는 모르겠다.

①-D 숙종 4년 6월 12일(신사)

정미본》

판중추부사 민정중이 상소하기를 "…… 신이 젊었을 때에 윤휴의 명망을 듣고 그와 교유하여 정이 돈독하였고, 깊이 인정하여 효종께 천거하여 반드시 크게 써야 할 사람이라고 하였습니다. …… 그런데 뒤로 예론이 일어나자 윤휴는 바로 강론하는 것 외에 위험한 말을 많이 하고 일세를 떠들썩하게 하여 모두 좋지 못한 계략을 꾀하는 마음을 간직하였다고 지목하였

---

25 『숙종실록보궐정오』, 1년 4월 10일(무술).

으나, 신만은 홀로 그가 반드시 그렇게까지 되지는 않을 것이라고 생각하였습니다. …… 신의 죄가 여기에 이르렀으니 더욱 피할 길이 없습니다." 하였다. 상이 답하기를 "이번 한재旱災가 몹시 참혹하여 국사國事가 안정되지 않은 날을 당하여 삼가고 협동할 의리는 생각하지 아니하고, 오직 당을 한 가지로 하여 다른 이를 벌하는 것으로 급선무를 삼으니 내가 실로 개탄스럽다." 하였다.

보궐본》

판중추부사 민정중이 상소하여 윤휴가 패륜하고 의義를 업신여긴 상황을 극론하고, 일찍이 그와 더불어 교유하고 천거한 일로 책임지고 사직하니, 상이 비답하기를 "동료 사이에 서로 삼가고 화합하기를 생각하지 않으니, 내가 실로 개탄하여 이를 책망한다.【원래의 상소와 비답은 위에 보인다.】 민정중의 이 소疏를 보면, 윤휴가 『중용』의 주注를 고치고 예禮를 논한 뒤에 끊지 못하였음을 알 수 있다. 송시열이 어찌 당여로서 배척하지 않고 도리어 유독 갑인년(숙종 즉위년, 1674) 전에 이미 죽은 윤선거만을 미워하며 싫어하였으니 어찌된 것인가? 이와 같이 하면서 공정한 마음이라고 생각하니, 사람들이 누가 믿겠는가?" 하였다.

사신은 논한다. 민정중은 윤휴와 교유한 지 가장 오래되었으며, 매우 공손히 섬겼다. 일찍이 윤휴가 사는 곁에다 집을 짓고, 경서를 들고 배우기를 청하여 문하생으로 자칭하더니, 이때 이르러 결국 배반하였고 또 소를 올려 윤휴를 배척하였으니, 시의時議가 잘못이라고 하였다.

①-D 기사는 흥미로운 데가 많다. 먼저, 보궐본에서 민정중의 상소에 대한 숙종의 비답 중 정미본에 없는 내용이 들어가 있는데, 그것은 다름 아닌 송시열을 책망하고 윤선거를 옹호하는 말이다. 이는 ①-A 기사에도 나타난

기조이다. 둘째, 보궐본에서 주목을 끄는 대목은 첨부된 사론으로, 민정중에 대해 '시의時議가 잘못이라고 하였다'라고 한 구절이다. 민정중은 윤휴를 효종에게 추천했던 당사자이고, 효종 9년(1658) 이조 판서 송시열로 하여금 윤휴를 진선進善으로 임명하게 하는 데 기여했다. 그러나 뒤에 민정중은 두 차례의 예송을 거치면서, 귀양 가 있던 송시열의 논의를 지지하고 윤휴의 견해와 처신을 비판했다.

이때는 김석주金錫胄, 허적許積 등 남인, 삼복三福(인평대군의 세 아들인 복창군·복선군·복평군)이 연대하여 정권을 담당했던 시기이기 때문에 '시의'라 함은 곧 이들을 가리킨다. 그러므로 보궐본에서는 민정중이 허적이나 윤휴 등으로부터 비판을 듣는 것을 민정중에 대한 사론의 논거로 삼은 셈이다. 이런 사실은 노론과 소론의 분당을 경신대출척 이후 남인과 삼복에 대한 처벌의 강온론으로 해석하거나 숙종 7년(1681) 윤증이 송시열을 비판한 '신유의서辛酉擬書'에서 비롯된 회니시비懷尼是非로 보는 것이 매우 현상적인 관찰임을 알려준다. 즉, 이미 숙종 초년의 인식에서 소론은 남인에 접근하고 있었던 것이다. 아니면 적어도 영조 초반 『숙종실록보궐정오』 편찬자들의 기억에서는 그러했다. 이는 또 다른 연구 주제가 될 것이다.

①-E 숙종 8년 4월 27일(갑진)

정미본》

문외출송된 죄인 허목이 죽었는데(死), 나이는 88세였다.

보궐본》

허목이 졸하였다. 허목은 옛날 사람의 풍모와 흰 털이 섞인 눈썹을 갖고 있어 학과 같은 자태가 있었다. 학식이 넓고 성품이 아담하며 옛것을 좋아하였다. 문장은 고상하고 간결하였으며 전법篆法은 매우 기이하였고, 속류에 비하여 특별히 다른 것이 있다고는 하나 학문에는 실지의 공부가 없었다. 대개 송시열이 예론으로써 효종을 깎고 박대하였다면서 반드시 고묘告廟하여 법대로 적용하려고 한 것은, 그가 중한 일이라 핑계를 대며 남을 얽어 해치는 죄과에 스스로 들어감을 몰랐던 것이다. 또한 허목은 조경趙絅과 함께 묘문墓文을 많이 지었는데, 혼조昏朝(광해군대)의 남은 파당에 대해 조경은 기준이 매우 엄하였으나, 허목은 그렇지 못하여 사물의 청탁淸濁에 대한 분별이 부족하였다. 만년인 갑인년(숙종 즉위년, 1674) 이후에 여러 사람을 따라 조정에 들어간 지 반년 만에 경상卿相에 이르렀는데, 자기의 역량을 헤아리지 않은 채 직임을 받아놓고는 늙어 쇠약하여 일이 전도되고 착오가 나서 하는 일마다 웃음거리를 남겼다. 그러므로 세 사람(윤휴·허목·조경)의 마음 수양의 깊고 얕음을 볼 수 있다. 그러나 윤휴나 허적과는 다른 점이 있어서 이따금 좋은 언론이 있기도 하였다. 그 일을 논한 차자에 "남구만이 유배되고 허견許堅의 무리가 마침내 무사하였다." 하는 것을 사람들이 대부분 입에서 입으로 전하여 외게 되었다. 애당초 사서史書에서는 '사死'라고 썼는데, 이후 당론黨論으로 유배된 이하진李夏鎭의 경우에도 모두 이 예例를 썼으니, 얼마나 심한 일인가?

①-E 기사의 정미본에는 위와 같이 허목의 졸기가 한 문장뿐이다. 허목의 죽음과 관련하여 내용이 거의 없는 셈이나 마찬가지다. 아마 삭탈관작되어 귀양 가 있었기 때문에 '졸기'로 생각하지 않았던 듯하다. 그의 죽음을 두고 정미본은 '사死'라고 썼으며, 보궐본은 '졸卒'이라고 하여 인식의 차이를 드러냈다. 또한 보궐본에서는 허목과 같은 당론을 지녀 유배 간 이하진李夏鎭의 죽음에 대해서도 정미본에 '사死'라고 썼음을 지적하여 심하다고 비판했다. 정미본의 해당 기사는 "운산으로 멀리 귀양 보냈던 죄인 이하진이 죽으

니, 나이가 55세였다.(雲山遠竄罪人李夏鎭死, 年五十五)"[26]라는 기록을 가리킨다.

보궐본은 허목이 송시열을 처단하여 종묘에 고하자는 고묘론을 주장한 것이 죄라는 소론 측의 인식을 보여주면서, 또한 허목과 조경이 광해군대 주도 세력이었던 북인, 특히 대북에 대해 서로 다른 태도를 지녔다는 사실을 보여준다. 또한 ①-E 보궐에서도 윤휴에 대한 기술은 ①-A~D의 기사에 암묵적으로, 또는 명시적으로 깔린 기조와 일치한다.

훗날 소론의 영수가 되는 윤증은 두 차례의 복제 논쟁(기해예송·갑인예송) 당시 예송을 사화로 비화시키는 윤선도에 대해 비판적이었다. 그는 기해예송 때 윤선도를 귀양 보내는 일에 반대했던 권시에게 보낸 편지에서 "3년이 옳다는 견해를 기년朞年이 옳다는 견해로 바꾸실 것을 청하려는 뜻이 아닙니다. 이 일이 이미 크게 확정되었음에도 불구하고 서로 공격하여 끝없는 화근을 만들어내고 있습니다만, 처음으로 돌아가서 살펴보면 그 발단은 단지 조금도 긴요하지 않은 복제 한 가지 일일 뿐입니다."라고 하여, 단순한 복제 논쟁이 정쟁의 화근이 되었다고 우려하면서도 기해예송에서 이미 확정된 논의, 즉 기년복의 입장을 견지했다. 그렇기 때문에 "단번에 다툼의 실마리를 막지 못하고, 눈을 부릅뜨고 호기를 부려 죽음에 이르도록 연연해하며 지키면서 결국 성취한 것은 겨우 선류를 해치는 윤선도를 구호하고, 참소하는 유세철柳世哲을 도와주는 일뿐인지요?"라고 하여 윤선도를 옹호하는 권시의 입장을 비판했다.[27]

언뜻 보면 경신대출척 이전의 숙종 초년에 대한 보궐본의 인식은 일관성 면에서 이해하기 어려운 점이 있다. 즉, 서인이나 남인 모두 우려했던 예송이

---

26 『숙종실록』, 8년 6월 26일(임인).

27 『명재유고明齋遺稿』권9 「탄옹炭翁에게 올리다」. 탄옹은 권시의 호이다.

사화로 비화할 가능성을 보여준 윤선도의 상소나, 그 현실화인 갑인예송과 그 이후 정국에서 실제로 사화 수준의 정변을 보인 세력에 대한 비판 의식은 상당히 낮아졌거나 없다는 점이다. 그러나 이는 숙종 당시 살았던 서인과 영조 당시 『숙종실록보궐정오』를 편찬하던 소론 사이의 인식 차이를 고려하여 접근해야 할 문제이다.

한 가지 더 첨언하면, '보궐정오'가 '보궐'과 '정오'뿐만 아니라, '포폄'을 담고 있다는 점이다. '오류를 바로잡는다(正誤)'는 일이 사론을 대상으로 할 경우에 포폄을 피할 수 없었을 것이다. ①-C처럼 보궐한 기사도 있지만, ①의 나머지 기사는 보궐도 정오도 아닌, 사론을 통한 포폄 기사를 추가한 것이다. 사론을 통한 포폄도 보궐로 볼 수 있으므로 '보궐정오'가 명실상부하지 않다고는 말할 수 없겠지만, '보궐정오'의 성격을 이해하기 위해 확인해두고 넘어간다.

2. 노소 분당과 외척 비판

1) 노소 분당의 배경

②-A 보궐본》숙종 8년 8월 16일(신묘)

전 집의 윤증이 상소하여 사직하니, 특별히 유지諭旨를 내렸다. 이어서 재앙을 그치게 할 방책을 아뢰기를 "임금과 신하가 위아래에서 함께 서로 경계하고 행동하여 한결같은 마음의 성실이 하늘과 서로 통한 후에야 진실한 사업이 시행되고 실제 효과가 나타나게 될 것입니다. 대개 이를 어찌 다른 것에서 구하겠습니까? 오직 성상께서 뜻을 세우는 여하에 달려 있으

며, 성상의 뜻을 세우는 것은 실로 성상의 학문 정진에 달려 있습니다." 하

였다. 상이 우악한 비답을 내려서 속히 서울로 올라오게 하였다. 얼마 안

되어 호조 참의에 발탁하여 임명되었으나, 또한 명을 받들지 않았다.

②-B 보궐본》숙종 10년 5월 11일(병자)

○ 좨주祭酒 박세채朴世采가 상소하여 윤증을 구원하였다.

②-A와 B 기사는 모두 정미본에 없는 내용으로, 이른바 '보궐'에 해당한

다. 숙종 초년 보궐본의 기사에서 윤선거의 처신을 모범적으로 평가했던 연

장선에서 윤증에 대한 기사도 작성되었다. ②-A 기사처럼 정미본에 없는 기

록이지만 윤증을 부르는 숙종의 명을 보궐하거나[28] 정미본에 있다라도 훨씬

상세하게 보궐하면서 윤증에 대한 숙종의 예우를 강조한 기사도 있다.[29]

②-B 기사는 박세채가 윤증의 입장을 옹호하며 신구伸救하는 내용인데,

이 역시 정미본에 없는 기사를 보충한 것으로, 보궐본 편찬자들의 시각을 드

러낸다. 이 책에서 따로 다루지는 않지만 윤증뿐 아니라 박세채에 대한 기사

도 보충되었거나[30] 정미본에 비해 상세하다.[31]

----

28 ②-A 기사 외에도 『숙종실록보궐정오』, 9년 2월 4일(병자) 기사 역시 숙종이 행 호군
    윤증을 불렀지만 이를 사양한 내용이 기록되어 있다. 『숙종실록』에는 없는 기사이다.

29 『숙종실록보궐정오』, 9년 2월 10일(임오); 9년 3월 23일(을축). 두 기사 모두 숙종이 수
    찰手札을 내려 윤증에게 전유한 기사로, 2월 10일 기사의 경우 『숙종실록』에도 있지만
    『숙종실록보궐정오』의 전유 내용이 간곡하고 상세하다.

30 『숙종실록보궐정오』, 11년 5월 13일(임신). 박세채가 김익훈金益勳 사건으로 송시열과
    대립하면서 향리로 물러가 있던 상황에 대한 기사는 정미본에 없다.

31 『숙종실록보궐정오』, 9년 2월 4일(병자). 박세채가 조정에 나아가 올린 세 조목의 차자
    역시 정미본은 요약해서 수록한 반면, 보궐정오에서는 전재했다.

②-C 숙종 7년 7월 21일(임신)

정미본》

주강에 나아갔다. 동지사 이민서李敏敍가 송시열·박세채·윤증을 부르도록 청하고, 시독관 오도일吳道一도 그렇게 말을 하였으므로 상이 받아들였다. 상이 말하기를 "정비正妃가 낳은 자식은 대군·공주라고 일컬으니, 노산군魯山君도 당연히 대군으로 일컬어야 한다. 그것을 대신에게 의논하도록 하라." 하였다. 대신이 모두 타당하게 여기자 마침내 대군으로 추가하여 일컫도록 명하고, 승지를 보내어 그의 묘에 제사를 지냈다.

　이민서가 윤선거의 처 이씨李氏를 정려하도록 청하자, 그대로 따랐다. 윤선거가 병자호란 때 망령되게 북지왕北地王 유심劉諶의 일을 흉내 내려다가 이씨가 마침내 죽음에 이르렀다. 이씨는 죽었으나 윤선거는 죽지 못하고 그 때문에 부끄럽고 한스럽게 여겨 스스로 낙심하였었는데, 이때에 이르러 이민서가 이씨의 억울한 죽음을 민망하게 여겨 임금에게 아뢰고 정표하게 하였는데, 그 사건을 아는 사람들은 정려하는 것을 너무 지나치다고들 하였다.

보궐본》

고 집의 윤선거의 처 이씨를 정려하도록 명하였다. 주강 때 지사 이민서가 아뢰기를 "병자년·정축년 호란 뒤에 절의가 두드러지게 나타난 이들은 거의 모두 정문을 세워주고 포상하였는데, 윤선거의 처 이씨만 빠졌습니다. 대체로 이씨가 적의 칼날이 급박하게 닥치려는 때를 당하여 자신이 더럽혀지고 욕을 당할까 두려워해서 먼저 스스로 결단하여 조용히 죽음을 택하였으니, 의열이 더욱 뛰어납니다. 윤선거는 그와 약속을 하였지만 함께 죽을 수 없었으므로 몹시 한스럽게 여기며 일생을 죄인으로 자처하면서 이러한 사실을 조정에 올려 청하려고 하지 않았기 때문에, 그 집안에서도 여지껏 감히 진달하여 알리지 못하였던 것입니다. 의열이 두드러지게 드러난 것은 온 세상이 알고 있는 바이니, 정려하는 전례典禮가 있어야 마땅합니다." 하니, 상이 담당 관청으로 하여금 특별히 정려하도록 하였다.

　이씨는 바로 징사徵士 윤증의 어머니이다. 이씨가 절의에 죽은 일이 애당초 어찌 윤선거와의 약속에 관계되었겠으며, 윤선거가 일생 동안 폐인으로 자처한 것이 어찌 전적으로 이씨를 위하여 몹시 한스러워한 데서 말미암았을 뿐이겠는가? 처음 사초를 정리한 자가 인용한 북지北地의 왕사王事(국사國事)는 만년에 화를 내고 원망하는 송시열의 말씨를 본받아 서술하여 은연중 두 사람을 어두운 데 처하게 하였으나, 공정한 의논은 속일 수 없다는 것을 몰랐으므로 식자들이 그것을 그르게 여겼다.

　윤선거의 처 이씨를 정려하는 내용은 ②-C의 정미본과 보궐본에 모두 나오지만, 보궐본에서는 특히 정려 사실과 관련하여 정미본의 기사를 보충하고 그에 더해 다른 평가 내용까지 전달하고 있다. 즉, '보궐'이면서 동시에 '정오'에 해당하는 기사이다. 보궐본은 이민서가 윤선거의 처 이씨의 절의를 상세히 밝히면서 정려를 청하는 계를 그대로 싣고, 당시의 정황을 설명했다. 아울러 이씨의 죽음과 윤선거의 처신에 대한 정미본의 평가가 왜곡되었음을 지적했다.

2) 송시열에 대한 평론

　앞서 ②-A, B, C의 기사가 윤증과 윤선거에 대한 긍정적이고 우호적 평가라면, 이제부터 살펴볼 송시열·김석주·김만기에 대한 기사와 사론은 그와 대조적이다. 보궐본 편찬의 배경과 과정을 감안하면 당연한 일이지만, 직접 기사를 보면 그런 논리와 근거를 이해할 수 있는 여지가 훨씬 커진다. 먼저 송시열에 대한 기사를 비교해보겠다.

②-D

정미본》숙종 9년 3월 5일(정미)

영중추부사 송시열이 치사致仕하니, 봉조하奉朝賀로 삼았다. 송시열이 조정에 나온 뒤로 연이어 쉬고자 청을 올려서 그 말이 더욱 간절하였으나, 상이 매번 위로하여 유시하고는 윤허하지 않았다. ……

이 뒤에도 성균관 유생 이징주李徵舟 등이 세 번 소를 올려 (송시열에게) 쉬는 것을 윤허하지 말도록 청했으나, 상이 우악한 비답을 내리고 이를 허락하지 않았다. 이때 조지겸趙持謙의 당여들이 매번 쉬기를 윤허한 명을 도로 거두어들이기를 청하였으니, 이는 대개 겉으로는 높이는 체하면서도 속으로는 난처하게 하려는 것이었다. 그들의 심술이 이처럼 좋지 못하였다.

보궐본》숙종 9년 3월 7일(기유)

송시열이 쉬기를 청하였다.【상세한 내용은 위에 보인다.】송시열이 쉬는 것에 대해, 사사로이 좋아하는 사람의 입장에서 말하면 곡진히 그의 소원을 이루려고 한 것이라고 할 수 있으나, 조정의 입장에서 말하면 쉬기를 허락하지 않는 것이 곧 조종조祖宗朝의 옛 법이다. 요행히 얻은 것은 특별한 은혜에서 나왔을 뿐, 연고 때문에 언제나 얻을 수 있는 것은 아니었다. 박세채·조지겸 등 여러 사람이 쉬기를 허락하지 말도록 청한 것은 특별히 사체로서 말한 것인데, 실록을 편찬한 자들이 '겉으로 높이면서 난처하게 한다'고 하였으니, 이는 사실과 다르다. 이때 송시열의 행위를 공의公議가 만족하게 여기지 않았는데, 선비들이 오히려 동조하고 드러나게 배척하지 못한 것은 단지 숭상한 지가 특별히 오래되었으므로 차마 하루아침에 잘라

버리지 못해서였다. 그러므로 가부를 결정짓지 못하고 우물쭈물하는 병통
이 있다고 말하는 것은 가하겠지만, 심술이 아름답지 못하다고 말한다면
이는 역시 당인의 참소로서 얽어매는 수단이니, 분변하지 않을 수 없다.

　김수항이 (송시열이 지닌) 본래 직임의 평소 늠료廩料 외에 주육酒肉과 곡
식을 더 주도록 청한 것은 넉넉히 예우하라는 뜻에서 나온 말이기는 하다.
하지만 녹봉은 그 수고에 대한 보상으로, 이미 정사를 그만두고 벼슬을 쉰
다면 다시 직임을 맡지 않는 것이며, 이미 직임을 맡지 않는다면 또 어찌
그 책임의 녹을 주어야겠는가? 그 직임의 녹뿐만 아니라 평소의 늠료 외에
더 준다면, 이는 명색만 쉬고 식록食祿은 도리어 그 직책을 맡은 사람보다
우대하는 꼴이다. 사양하거나 받는 예절은 구차하지 않도록 해야 하는데
송시열은 전문箋文을 올리고 머리를 조아려 사례했을 뿐 끝내 사양하지 않
고 편안하게 받았으니, 예의를 분변하지 않고 만종萬鍾(많은 봉록)을 받는 자
란 바로 송시열을 가리키는 것이다.

　②-D의 보궐본 기사는 '정오'에 가깝다. 특히 "박세채·조지겸 등 여러
사람이 쉬기를 허락하지 말도록 청한 것은 특별히 사체로서 말한 것인데, 실
록을 편찬한 자들이 '겉으로 높이면서 난처하게 한다'고 하였으니, 이는 사실
과 다르다."라고 하여 정미본의 사론을 비판한 점이 그에 해당한다. 조지겸
은 뒤에 외척 김익훈金益勳을 논핵한 일로도 보궐본에서 높이 평가받는다.[32]

32　『숙종실록보궐정오』, 11년 7월 4일(임술). 조지겸의 졸기에서 "김익훈의 무고誣告 사건
　이 일어났을 때 송시열과 김수항 등이 기구耆舊의 사류로서 그 사건에 끌려 들어가 편
　들게 되는 것을 면하지 못하였는데, 조지겸은 보잘것없는 작은 후진後進이지만 이에
　능히 특립特立하여 흔들리지 않고 청의淸議를 제창하니, 제 몸을 스스로 사랑하는 선
　비들이 바람에 쓸리듯이 따라왔었다."라고 하며, 공명정대했다고 평가했다.

보궐본 사론에서는 또한 송시열에게 늠료 외에 주육酒肉과 곡식을 더 주도록 청한 김수항은 물론 식록을 강력히 사양하지 않은 송시열도 함께 비판했다. 하지만 신하가 치사할 때 조정에서 늠료를 주어 예우하는 것이 상례였다는 사실을 고려하면 보궐본의 비판은 좀 지나친 듯하다.

②-E 숙종 9년 4월 14일(병술)

정미본》

봉조하 송시열이 그 누이를 문병하려고 김화에 갔다. 송시열이 그때 이미 쉬려고 물러 나와 있었기 때문에 출입을 조정에 보고하지 않았다. 상이 처음에는 듣지 못하였는데 좌의정 민정중이 능원陵園에 갔다가 돌아오는 길에 그 일행을 만나고 돌아와서 아뢰고 약품을 지급하도록 청하니, 상이 어의를 보내어 약품을 가지고 따라가게 하였으며, 또 사관을 보내어 빨리 갔다가 돌아오도록 유시하게 하였다.

보궐본》

봉조하 송시열이 관동 지방에 놀러 가면서 조정에 보고하지 않았는데, 좌의정 민정중이 그 사실을 아뢰자, 의원을 보내 보호하면서 가도록 명하였다.

사신은 말한다. 송시열이 조정의 의논에 불평이 쌓여서 누이의 문병을 핑계로 그대로 관동 지방을 유람하였다. 아! 성상의 기대가 이와 같고 시사時事가 이처럼 걱정되는데, 국가의 일에 대해 분명한 말과 바른 의논으로 언급하지도 않고 또 현실을 도피하는 행동을 일으켰으니, 그가 말한 '종국宗國이 장차 망할까 걱정되어 차마 종국을 멀리 떠나지 못한다.'라던 뜻이 과연 어디에 있는가?

②-E의 정미본에서 송시열이 '누이의 병문안을 갔다'고 한 데 비해, 보궐본에서는 '조정의 의논에 불평이 쌓여서 누이의 문병을 핑계로 그대로 관동 지방을 유람하였다'고 했으니, 이쯤이면 불신과 야유가 돌이킬 수 없을 정도의 상황임을 전제로 사료를 읽어야겠다. 정미본대로라면 송시열은 치사한 뒤 앓고 있는 누이에게 간 것이고, 보궐본대로라면 조정에 불만을 품고 무책임하게 떠나 누이의 병문안을 핑계로 놀러간 것이 되기 때문이다.

송시열의 『연보』에는 누이가 아들인 이덕로李德老의 김화 임지에 있어서 누이를 보러 가는 길에 고성 온천에서 목욕도 하고, 풍악楓岳(금강산)에 올랐다고 기록되어 있다. 또 삼부폭三釜瀑, 단발령斷髮嶺, 정양사正陽寺 등 당시 인기 있는 답사지를 여행 다닌 일정도 기록해놓았다.[33] 이를 보면 누이에게 간 것도 맞고 유람을 다닌 것도 맞다. 그런데 보궐본에서 '국가의 일에 대해 분명한 말과 바른 의논으로 언급하지도 않았다'고 쓴 뒤 바로 뒤에 이어서 굳이 온 나라의 기대를 저버린 양 평하는 것은 앞뒤가 맞지 않는다. 게다가 77세로 벼슬을 그만둔 신하가 누이를 찾는 길에 관동 지방을 여행하는 것이 그리 흠이 될 정도의 일일까 싶다.

숙종 13년(1687) 송시열이 상소를 올려 "(윤선거가) 윤휴에게 중독되어 그만 딴 사람이 됨으로써 세도에 방해가 된 것이며 …… 신이 윤선거에 대한 견해는 배치되지만 사귀는 의리는 변함이 없다."라면서 윤선거의 아들인 윤증을 처음처럼 대우하라고 숙종에게 청했을 때도[34] 이런 틈은 메워지지 않았다. 보궐본에서는 "예론이 있기 이전에 송시열이 사문난적斯文亂賊 윤휴를 대우하였을 때 어떻게 했었는가? 진선에 후보로 올렸을 적에는 당시의 공의에

---

33 『국역 송자대전』 부록 권9 『연보』 8, 1683년(숙종 9년, 77세).

34 『숙종실록』, 13년 2월 4일(임자).

몰려서라고 핑계하여 이미 말이 되지 않는 소리를 하였고, 『중용』의 주석을 고친 잘못을 책망할 때에 이르러서는 대략 관대한 말만 하고 지나가 한때 끝내버리고 마는 데 불과했었다."[35]라며 송시열이 일찌감치 윤휴를 내치지 않은 일을 비판했고, 나아가 윤증에게 윤휴를 두둔했다고 말한 송시열에 대해 서운함을 감추지 않았다.

3) 김석주에 대한 평론

②-F 보궐본》 숙종 3년 6월 3일(무신)

병조 판서 김석주가 윤휴·허목이 상소한 말을 가지고 사직하였는데, 대략 이르기를 "재물을 손상하고 나라를 병들게 한 것은 혹 신의 죄라 하더라도 군사를 키우고 권세를 중하게 만들었다는 것은 누구의 말입니까? 여러 사무로부터 벗어나 물러가서 선인先人의 분묘墳墓를 지키게 해주십시오." 하니, 상이 안심하고 사직하지 말라고 답하였다.

　사신은 논한다. 김석주는 지위가 높고 부귀한 집안의 인물로, 나이는 젊지만 품행과 재능이 다른 사람보다 뛰어남이 없었는데도 특별히 임금의 외척이라는 이유로 대신이 된 자이다. …… 김석주 또한 대신으로서 총애를 받아 일을 장악하고 있는 자들과 서로 인연을 맺어서 뜻을 굽혀 받들었고, 교대로 성원하여 그 사사로운 일을 도와주었다. 귀하고 현달한 사람들 중에 이익을 좋아하고 수치를 모르는 무리들이 또 따라서 붙좇아, 두 번이나 체직되었는데도 그대로 있게 하도록 청하여 그 뜻에 아부하였다. 김석주는 교만하고 자부심이 많으며 스스로 방자하여 삼가고 두려워하는 바가

---

35 『숙종실록보궐정오』, 13년 2월 4일(임자).

없어서 둔전屯田을 넓게 만들고 자기가 부리는 하인을 나누어 두었으며, 걸핏하면 토목공사를 일으켜 군사와 백성을 피곤하게 하였다. …… 어떤 한두 사람이 올리는 글이 혹 그의 과실에 미치게 되면 김석주는 아랫사람을 원망하고 윗사람에게 찾아가 크게 떠들었다. …… 아, 또한 이상하도다! 예전에 이르기를 '배우지 못한 원숭이가 나무에 오른다'고 하였는데, 이것이 어찌 김석주의 죄이겠는가?

②-G 보궐본》 숙종 4년 2월 3일(갑진)

상이 편치 않아 약방 제조 허적·김석주 등이 의관을 거느리고 입진하기를 청하니, 상이 의관만 입진하라고 명하였다. 그러나 대내에서 김석주를 불러 아울러 입시하게 하였으니, 김석주가 의술을 잘 알고 있기 때문이었다. 허적과 승지·사관은 모두 입시하지 못하였다.

　　사관은 논한다. 군신의 사이에 접견하는 예는 지극히 엄격하고 또 중하거늘, 더구나 김석주는 외척의 중신으로서 중병中兵(체찰사)을 장악하고 있으니 내전으로부터 부름이 있더라도 예에 따라 승지와 사관을 갖춘 뒤에 입진해야 옳건만 곧장 무단히 입시하였으니, 멀리하고 피험하지 않았을 뿐만 아니라 척리戚里가 사사로이 뵙는 폐단이 이로부터 열리게 되었으므로 듣는 자가 해괴하게 여겼다.

②-H 보궐본》 숙종 7년 5월 3일(을묘)

이때 두 척신戚臣(김만기·김석주)의 기세가 어떠하였는가 하면, 폐부의 친속으로서 세상에 드문 공을 세우자, 주상께서 우러르고 온 세상이 좇아 산과 바다를 옮길 만하고, 음양을 순식간에 바꿀 만하였다. 그런데 두세 청류淸流가 하늘을 태울 만한 불꽃을 돌아보지 아니하며 임금을 거스른 주벌

誅罰을 피하지 않고 조용히 바른말을 하여 그 기세를 꺾고 마침내 청의淸議

를 창도하였다. 풍채가 늠름하여 진심을 다하는 신하의 자세와 전상殿上의

호랑이라고 불린 송나라 유안세劉安世에 부끄럽지 아니하였으니, 기쁘고도

위대하다.

　②-F~H 기사는 김석주에 대한 기록이다. ②-F와 G의 기사는 정미본에
는 없고 보궐본에만 보인다.[36] 김좌명金左明의 아들이자 현종비인 명성왕후
에게는 사촌인 김석주에 대한 보궐본의 평가는 이중적이다. ②-F에서 볼 수
있듯이 윤휴·허목과 대립각을 세우는 김석주를 보는 관점과 척신으로서의
김석주를 보는 관점이 그것이다. 이는 김석주의 졸기에도 그대로 드러난다.[37]
　②-F 기사에 나타난 윤휴·허목에 대한 견제 세력으로서 김석주를 보는
소론의 관점은 경신대출척 전후로 바뀐다. ②-G 기사의 '척리가 사사로이
군주를 만나는 전례'를 만든 사람으로 평가되었다가, ②-H 기사에 이르러서
는 기세가 등등한 외척으로 청류의 비판을 받는 인물이다. 청류의 비판이란
홍문관 관원들이 광성부원군光城府院君 김만기金萬基와 청성부원군淸城府院君
김석주가 병권(兵柄)을 도맡고 전형銓衡을 관장하는 것이 실정에 맞지 않는다
는 내용으로 차자를 올린 일을 가리킨다. 교리 임영林泳·심수량沈壽亮, 부교
리 오도일吳道一, 수찬 심유沈濡, 부수찬 송광연宋光淵이 응지應旨하여 올린 7
조목의 차자였는데, 사관이 ②-H와 같이 끝에 평을 덧붙였다.
　보궐본에는 김석주가 병조 판서나 체찰사로 있으면서 둔전을 개혁하지

---

36 ②-F, ②-G의 김석주에 대한 사관의 논조와 동일한 기사는 여럿 있다. 예를 들어 『숙
　　종실록보궐정오』, 10년 3월 14일(경진) 기사의 사론도 크게 다르지 않다.

37 『숙종실록보궐정오』, 10년 9월 20일(계미).

않은 사실을 비판한 기사도 있다.[38] 둔전을 모두 군문軍門에서 사사로이 관리하면서 김석주가 수안 군수 김도명金道鳴이 둔전을 침탈했다는 사실만 보고했다면, 이는 분명 보궐본에서 김석주를 비판하듯이 본말이 전도된 처사이다. 그런데 숙종 초반 김석주·김만기에 대한 논의 중 외척에 대한 반대가 긍정적 의미의 청론인지 여부는 그리 간단한 문제가 아니다. 특히 숙종 8~10년(1682~1684) 전후에 벌어진 노소 분당의 배경이 복합적이기 때문에 더욱 그러하다. 이는 김만기에 대한 보궐본의 기사를 살펴보면 잘 드러난다.

②-I 보궐본》 숙종 9년 2월 2일(갑술)

지평 박태유朴泰維·유득일兪得一 등이 김익훈에게 법을 시행하고 멀리 귀양 보내도록 발의하기를 "김익훈은 간특한 무리로 훈척의 세력을 끼고 외람되게 장수의 직임을 맡았고, 공과 상을 탐하였습니다. 바로 김환金煥 등이 염탐할 때는 상하가 화답하고 응대하여 마침내 고변서를 급히 올리기에 이르렀습니다. 허새許璽·허영許瑛 등의 무리가 비록 흉계를 모의한 것으로 법에 따라 복주伏誅되었으나, 증거로 끌어낸 여러 사람들이 모두 사실이 아니었습니다. …… 그간의 허실을 김익훈이 어찌 모를 리가 있겠습니까? ……" 하였다.

…… 김수항이라 하더라도 구원할 수 없었으며, 송시열도 처음에는 대간의 의논이 옳다 하였고, 청류들도 흡족히 그를 따랐다. 그때 마침 송시열이 병이 있어 외부 손님을 맞지 않았는데, 김만기 형제만이 밤낮으로 곁에서 간호하며 김익훈을 위해 애걸하였다. …… (송시열이) 사람을 만나면 번번이 '좌의정이 어찌 분명한 외척이 아니겠는가?(左相豈非赤外戚)'라고 말

---

38 『숙종실록보궐정오』, 10년 3월 14일(경신).

하므로,【적赤은 방언에 분명分明이라는 말이다.】민정중이 그 말을 두려워하여 곧 기가 죽었다. 젊은 무리들도 대부분 앞서의 견해를 바꾸고 송시열에게 아부하며 두 마음을 품었으므로 대각臺閣의 의논에 마침내 노론과 소론의 당목黨目이 생겼다. 소론으로 불린 자는 조지겸趙持謙·최석정崔錫鼎·오도일吳道一·한태동韓泰東·박태보朴泰輔·박태유朴泰維·임영林泳·서종태徐宗泰·심수량沈壽亮·신완申琓·유득일兪得一 등이고, 노론이라 불린 자는 이선李選·이수언李秀彦·이이명李頤命·이여李畬 등이다. 연장자인 송시열·김석주 이하는 노론을 돕는 자가 많았고, 소론을 돕는 자는 박세채朴世采·이상진李尙眞·남구만南九萬 등 여러 사람인데, 노론은 훈척을 끼고 세력으로 억누르며 청의를 가진 자를 많이 말살시켰으므로, 이제 송시열을 다시 사류로 여기지 아니하였다.

지평 박태유와 유득일 등이 김익훈을 비판하면서 귀양 보내라는 논계는 정미본에도 실려 있다. 김익훈은 숙종비 인경왕후의 아버지인 김만기의 숙부로서, 숙종이 즉위한 뒤 어영대장을 맡는 등 군권을 잡았다. 김석주와 함께 경신환국에서 주도적인 역할을 했지만, 숙종 8년(1682) 남인 허새許璽의 모역 사건 당시 이 사건을 조작했다는 혐의를 받아 서인 청류(훗날의 소론)에게 비판을 받았다.

②-I 기사에서 무엇보다 주목되는 점은 김만기 형제가 송시열의 제자로 김익훈을 구원했다고 명기한 점이다. 이와 함께, 당시 정치 세력의 구도를 김익훈·김만기(외척) - 김석주 - 송시열로 이어지는 노론과 이를 비판하는 조지겸 등의 소론으로 구분했다.

이러한 관점의 연장에서 김수항에 대해서는 '명색이 사류이지만, 기꺼이 부화뇌동해서 오히려 병권을 두 외척(김석주·김만기)에게 돌아가게 했다'는 비판을 했다.[39] 그뿐만 아니라 "하물며 송시열같이 사림의 중망을 진 사람이나 김수항같이 선왕의 유명遺命을 받은 자가 김익훈을 위하여 구원하는 깃발을 세웠다."는 비판도 한 것이다.[40] 『숙종실록보궐정오』의 편찬자들이 볼 때, 김수항은 송시열과 함께 "문아文雅를 일컬을 만하나 그 기량과 식견이 짧고 얕은 까닭에 옳지 않은 거조가 있어서 끝없는 폐단을 열었던" 인물로 인식되었다.[41]

결국 정미본에서 "나이 젊고 부박한 무리들이 선배에게 반대해서 윤휴와 허목의 당을 몰래 돕고 있었다."[42]는 사평에 대응하여, 보궐본에서는 "처음 실록(初史, 정미본 『숙종실록』)을 수찬한 자가 사류를 원수로 보아서 윤휴와 허목을 몰래 도와주었다는 이유로 공공연히 무함하고는 김수항을 지주砥柱 같은 중진으로 돌리려 하였으나, 어찌 백대의 공안公眼을 속이겠는가?"[43]라고 반론했던 것이다. 여기서 각각 말하는 '나이 젊고 부박한 무리'와 '사류'는 소론이며, '선배'는 노론을 가리킨다. 이때부터 소론은 자신들만을 '사류'로 칭하고 자부한다.[44] 이는 보궐본의 입장에서 보면 '정오'에 해당하는 기사이다.

---

39 『숙종실록보궐정오』, 8년 2월 19일(정유). 훈련대장 김만기가 면직되던 날의 사론이다. 이 사론은 또한 "민정중·민유중도 같은 외척이지만 자기 몸을 단속하는 것은 양김兩金(김익훈·김만기)과 비교하면 차이가 있었다."라고 덧붙였다.

40 『숙종실록보궐정오』, 10년 3월 27일(계사).

41 『숙종실록보궐정오』, 10년 3월 25일(신묘).

42 『숙종실록』, 11년 7월 4일(임술).

43 『숙종실록보궐정오』, 11년 7월 4일(임술).

44 숙종 14년(1688) 영의정 남구만과 우의정 여성제呂聖齊를 북쪽 변방에 안치하라고 명했을 때도 "박세채가 사류의 영수로서 조정에 나가 먼저 의논하였으니"라고 하여 '사류'의 용어를 배타적으로 사용했다. 『숙종실록보궐정오』, 14년 7월 14일(갑신).

3. 장희빈 처분과 세자 보호론

숙종 15년(1689) 기사환국으로 장희빈 집안과 결탁한 남인이 정권을 잡게 된 뒤, 보궐본의 기사와 사론은 정미본과 크게 다르지 않다. 아마 서인 청류를 자부하는 소론 자신들이나 사류가 아닌 훈척으로 분류했던 노론이나 모두 기사환국 과정에 조정에서 물러나야 했기 때문일 것이다. 이 무렵 소론과 노른은 다 함께 장희빈 소생의 원자 책봉도 시기상조라며 반대했고,[45] 인현왕후의 폐비에도 같은 목소리로 반대했다.

> 왕비를 폐하는 교서를 중외에 반포하였는데, 민암閔黯이 지었다. 기사년(숙종 15년, 1689) 중전을 폐하였을 때 흉당이 이미 힘써 다투어서 임금의 마음을 돌이키지 못하고 따라서 종용하였으니, 죄가 진실로 죽어도 용서받을 수 없었다.[46]

정언 송정규宋廷奎가 상소하여 인현왕후에게 은혜를 베풀라고 청했을 때도 보궐본에서는 "송정규는 생각이 윤리(倫義)의 중대함에 미쳐서 감히 첫째 의의를 밝히지는 못하였으나 그래도 금령을 무릅쓰고 이 상소를 하였으므로 사람들이 다 칭찬하였다."라고 높이 평가했다.[47] 그럼에도 불구하고 송시열·김수항·이사명李師命 등에 대한 평가는 앞의 정미본에서 살펴본 사평의 연장

---

45 『숙종실록보궐정오』, 15년 1월 10일(무인). 이날 기사는 『숙종실록』이 더 상세하다. 그래서 왜 보궐정오를 달았는지 의아하다.

46 『숙종실록보궐정오』, 15년 5월 4일(기해).

47 『숙종실록보궐정오』, 16년 9월 15일(임인).

선상에 있었으며,[48] 이들이 원자 책봉 반대에 견지했던 원칙의 측면에는 관심이 없었다.

그런데 5년 뒤 숙종 20년(1694) 갑술환국으로 노론과 소론이 다시 조정에 들어왔을 때는 상황이 달라졌다. 장성한 숙종의 주도로 갑술환국이 이루어졌다는 점에서 노론과 소론 모두 국면의 주도권을 잡지는 못했지만, 폐서인이 된 인현왕후의 복귀, 민암閔黯 등 '군부君父를 우롱한 자'와 '조정 관원을 도륙하려 한 자'들에 대한 처벌, 그리고 무엇보다 세자와 세자 생모(희빈 장씨)의 거취에 대한 논의는 의리와 사회 안정이라는 측면에서 고민해야 할 문제였다. 그 고민과 논리가 『숙종실록』과 『숙종실록보궐정오』의 차이를 가져왔다.

학계에서는 일반적으로 갑술환국 이후 희빈 장씨의 지위와 세자의 보호 문제를 놓고 의리론義理論과 심장려설深長慮說로 크게 나뉘었다고 본다.[49] 의리론은 왕비를 폐위한 처분을 바로잡았으니 희빈 장씨를 벌해야 한다는 주장이고, 심장려설이란 세자의 앞날을 생각하여 희빈 장씨를 벌하지 말아야 한다는 주장이다. 숙종은 갑술환국을 단행하면서 기사환국 이전처럼 남구만을 영의정으로, 박세채를 좌의정으로 삼아 남구만의 심장려설을 말로만 인정하는 것이 아니라 정계 개편 진용으로 보여주었다. 다음 ③-A와 B의 보궐본 기사는 바로 그런 남구만의 심장려설이 정당하다는 전제하에 쓰여진 것이다. 두 기사는 모두 심장려설의 관점에서 의리론의 결함을 예민하게 인식하고 있었다.

48 『숙종실록보궐정오』, 15년 윤3월 28일(을축), 김수항의 졸기; 『숙종실록보궐정오』, 15년 윤3월 6일(계묘), 이사명의 졸기.

49 이상식, 「조선후기 숙종의 정국운영과 왕권 연구」, 고려대학교 박사학위논문, 2005.

③-A 보궐본》 숙종 20년 4월 17일(갑신)

영의정 남구만이 인사하니 임금이 인견하고 위로하였다. 남구만이 임금에게 조당朝堂의 회의를 중지시킬 것을 아뢰고, 이내 승정원의 진계陳啓한 여러 신하들을 문책할 것을 요청하니, 임금이 모두 그대로 따랐다.【경연에서 한 말은 위에 보인다.】 그때 일월이 다시 새로워지고 천지에 태운泰運이 회복되어 명분을 바로잡고 윤리를 펴는 일이 하루가 시급하였다. …… '회의'라는 두 글자에 이르러서는 복위시키고 폐위시킨 일에 대해서 의심하고 논란하려 한 것 같은 점이 있으니 윤리에 크게 어긋나고 더욱 망발이된다. 남구만이 …… 주대奏對한 말에 또한 실수가 있었다. 그의 생각에는, 중전이 이미 복위가 되어 온 나라가 함께 경하하는데, 또 희빈을 죄주어 내보낸다면 아무래도 동궁에게 상처를 입힐 염려가 있을 것이니, 바로 환강還降이라 칭하는 것의 형적이 없게 됨만 같지 못하다고 여겼던 것이다. 그래서 먼저 의리의 바름을 진달하고 다시 안타까이 여기는 말을 하여 곡진하게 보호하려는 의도를 피력했던 것인데, "기사년과 무엇이 다릅니까?" 하는 등의 말은 결국 실언을 면치 못하였다. 처음 실록(정미본)을 찬수한 이가 이것을 가지고 그 과오를 논죄하여 장점은 허여하고 단점은 비평했다면 누가 그 점을 승인하지 않겠는가? 그런데 이제 바로 상도常道를 위반하고 윤리에 어긋나서 신하로서의 예의가 없는 것으로서 단죄하였으니, 이미 실정 외의 죄를 찾았다고 말할 수가 있는 것이다. …… 그렇다면 의논하는 이가 그 괴로운 심정과 피나는 정성을 양해하지 못하고 도리어 보복하는 사정私情에 통쾌하지 못한 것을 가지고 꾸짖고 욕함을 더한 것은 더욱 공평한 마음으로 사람을 논평하는 도리가 아니다. …… 지금 의논하는 자가 이른바 '흉당에게 아부하였다'는 것은 저쪽에 대해서는 꾸짖지 않고 이쪽에 대해서만 책망한 것이니, 그것은 또 무슨 까닭인가? 이와 같이 하고서 스스로 공론이라고 말한다면 사람들이 누가 그것을 믿겠는가? 그 역시 웃을 만한 일이다.

③-B 보궐본》숙종 20년 4월 26일(계사)

영의정 남구만이 청대하였다. 추국청 옥사를 논하여 민암·장희재張希載를 형신하지 말고 여러 가지 증거를 가지고 정죄할 것을 청하니, 임금이 허락하였다.【경연에서 아뢴 내용은 위에 보인다】 세도가 쇠퇴하고 당론이 치성한 뒤로부터 무뢰한 무리들이 매번 모두 득실에 요행을 바라고 혹 치밀하게 은닉하는 자취가 없지 않았는데, 시국이 번복된 뒤로 어지러이 밀고하여 반드시 옥사를 만들었다. …… 갑술년의 옥사는 단서가 뒤섞여 나와 정상이 노출됨에 따라 조정 신하들에게 관련된 부분도 많았는데, 그 근본을 요약해본다면 모두가 당파의 사사로움이라는 잘못된 풍토에서 나온 것이다. …… 남구만이 공평한 마음으로 사실을 조사하여 일체를 당습黨習의 알력으로 돌리고 두세 명의 괴수 외에는 모두 관대하게 처리하여 옥사가 번지지 않도록 하였으니, 죄를 징벌하는 법전에는 시원하지 않은 것 같지만 그 세상의 화를 구원하고 나라의 명맥을 부지한 공로는 가릴 수가 없다. 그러나 한편으로는 전날의 의견은 너무 안배한 것 같고, 팔의八議를 부연하고 양찬兩竄을 구제한 의논은 또한 용서하는 데 지나친 듯하니, 견식이 있는 사람이 그 공을 인정하기도 하지만 그 실수를 비평하기도 하였다.

③-A 기사에서는 남구만이 세자를 곡진하게 보호하려는 의도였다곤 하지만 '기사년과 다를 바가 없다'는 실언을 했다고 지적했다. 정미본에서 이런 실언을 비판했다면 인정할 수 있지만, '상도常道를 위배하고 윤리에 어긋나서 신하의 예의가 없다'고 단죄한 것은 실정에서 벗어났다고 평했다.

③-B 기사의 끝에 언급된 '팔의八議'란 원래 죄에 해당하는 형벌을 받아야 하지만 특별히 그 형벌을 감하는 여덟 가지 은전인데, 위 기사에서는 희빈이 세자의 어머니이기 때문에 은전 대상이라는 뜻이다. '양찬兩竄'은 민암과 장희재를 말한다. 남구만이 옥사가 확대되는 것을 경계했다고 하면서도 장희재 일당을 처리할 때 지나치게 안배하고 용서함으로써 실수했다고 보는 견해가 있음을 인정했다. 장희재의 옥사를 맡았던 판의금부사 신여철申汝哲, 지의금부사 이세백李世白 등 많은 사람이 엄격한 법 적용을 주장했고, 소론에 우호적이었던 대사간 신회申懷도 의리론의 입장에서 남구만과 숙종을 비판했다.

숙종 22년(1696) 이의징李義徵의 아들 이홍발李弘渤이 장희재 집안과 모의하여 종 업동을 시켜 나뭇조각에다 세자의 나이와 이름을 써서 장씨 선영에 묻고, 다른 사람을 사주하여 고변한 일이 발생했다.[50] 남구만과 좌의정 유상운柳尙運은 이 일이 장씨에게 미칠까 걱정하여 업동만 귀양 보내는 것으로 사건을 종결했다. 이인화李仁華 등은 상소를 올려 유상운 등을 통렬히 비판했는데, 이때 보궐본의 논리도 동일했다.[51]

③-C 숙종 27년 10월 12일(을축)

정미본》

○ 중전을 모해한 사건에 대한 유학幼學 박규서朴奎瑞의 상소문

보궐본》

흉인凶人 박규서가 내옥內獄의 일을 가지고 흉악한 상소를 올리고, 이어서

---

50 『숙종실록』, 22년 7월 24일(무인).
51 『숙종실록보궐정오』, 27년 8월 23일(무인).

최석정崔錫鼎 등 여러 사람을 두루 비방하였는데, 승정원에서 계품하니 상이 도로 내주라고 명하였다.【원래의 상소는 위에 보인다.】 그때 변고가 궁위宮闈에서 일어나자 상의 노여움이 대단하여 온전히 은혜를 베풀자고 논한 사람들은 이미 모두 죄를 받았으므로, 세상에서 모두 무서워 떨면서 종사와 나라를 걱정하였다. 이에 불령한 무리들이 바야흐로 또 깊고 어두운 곳에 숨어 있다가 몰래 괴귀怪鬼한 자들을 사주하여 어지럽게 상소하고 큰소리로 떠들며 상을 떠보게 하였으니, 박규서와 임창任敞이 그 창귀倀鬼(앞장선 수괴)였다. 박규서의 상소 가운데 인용한 박소薄昭와 무후武后[52] 등의 말은 더욱 흉패하고 윤기倫紀가 없는 것으로, 상의 뜻을 도발하여 오로지 그 인자한 마음을 상하게 하지 못할까 두려워하였는데, 상의 어질고 밝음에 힘입어 마침내 다른 일은 없었다. 당인들이 돌아보고 바야흐로 은혜를 온전히 하자는 의논을 주장하는 데 힘을 다하였지만 일찍이 박규서를 죄주자는 한마디 말도 나오지 아니하였으니, 나라 사람들의 의혹스러움을 어찌 면할 수가 있었겠는가?

③-D 숙종 27년 11월 9일(임진)

정미본》

좌찬성 윤증이 시골에 있으면서 상소하기를 "세자 저하께서 애통해하시는

---

52 박소는 한 문제漢文帝의 어머니인 박 태후薄太后의 오라비로, 대왕代王으로 있던 한 문제를 맞이하여 황제에 오르게 했지만, 뒤에 불법으로 사자使者를 살해하여 처벌을 받게 되자 자결했다. 『이정문집二程文集』 권9 「한 문제가 박소를 죽인 데 대한 논설(漢文殺薄昭論)」. 무후는 측천무후則天武后를 가리킨다. 당 고종唐高宗의 후궁으로 입궁하여 왕 황후王皇后를 내쫓고 황후가 되었다. 고종이 병든 뒤에는 섭정을 하면서 태자를 마음대로 바꾸는 등 전권을 행사했다. 『구당서』 권6 「측천무후기則天武后紀」.

중에 또 망극한 슬픔을 당하셨으니 그 슬픔과 두려움을 어떻게 견디겠습니까? …… 이제 어린 나이로 험한 일을 당하여 의지하는 것은 오직 지존至尊일 뿐이니, 질병의 근심과 보호하는 방도 등 온갖 것을 살피시는 데 진실로 주상의 심려를 더하셔야 합니다. ……" 하였다. ……

윤증이 일찍이 기사년(숙종 15년, 1689)의 환국 후에 대사헌으로서 글을 올렸으나 한마디도 시사에 대해 언급한 적이 없었는데, 이제 처분이 엄정한 날에 이르러 이 소를 바쳐서 스스로 정성을 다하는 계책을 삼았으니, 그 마음 씀씀이가 바르지 못함을 식자들이 더욱 비루하게 여겼다.

보궐본》

좌찬성 윤증이 시골에 있으면서 상소하여 동궁을 보호하는 뜻으로 진달하니, 상이 유의하겠다고 답하였다.【원래의 상소와 비답은 위에 보인다.】 윤증이 분의分義를 칭탁하고 초야에 있으면서 감히 세도世道로서 자임하지 않았기 때문에 일찍이 한마디 말도 조정에 미치지 않았으나, 이륜彝倫에 관계되는 바에 이르러서는 의리상 또 말하지 않을 수 없었던 것이다.

기사년의 곤극坤極(인현왕후)의 기울어짐과 신사년(숙종 27년, 1701)의 국본國本(세자)의 위태로움은 모두 종사의 존망이 매인 일로서 신하 된 자가 말이 없을 수 없는 일이었다. 그러나 기사년 변고의 경우, 윤증이 갑자년(숙종 10년, 1684)부터 폐고되어 유신儒臣으로 대우를 받지 못하였으므로 의리로 보아 척尺을 굽혀 심尋(8척)을 펼 수 없었으니, 윤증이 말하지 않은 것은 진실로 당연하다.

윤증을 대사헌으로 거두어 부른 일의 경우,[53] 사안이 이미 (기사환국에서)

---

53 기사환국 이후 숙종 16년(1690)에 윤증을 대사헌으로 임명한 일을 말한다. 『숙종실록』 16년 9월 9일(병신).

418 | 후대가 판단케 하라

1년이 지났고 또 역률逆律로써 논하겠다는 금령과 침묵을 지켜야 할 의리가 있었다. 징소에도 나가지 않은 선비가 죄를 지어 폐고되었다가 비로소 한 번 부름을 받았으니 또한 입을 열어 국사를 논할 때가 아니었으나, 다만 사직소의 말미에 직신直臣이 죽기를 무릅쓰고 간한 것을 애도하여 그 일을 깊이 가슴 아파한다는 뜻을 보인 것이다.[54]

신사년의 일은, 잇단 징소의 명이 유달리 융숭한 것이 (갑술환국 이래) 당시 이미 8년이었으니, 몸은 비록 나가지 않았으나 임금이 마음을 기울임이 이와 같았으므로 사안이 국가 존망에 매인 것을 의리상 진실로 말해야 했던 것이다. 그 일이 또한 사화의 기미가 미연에 잠복하고 있어서 세자의 보호에 힘써야 하였으니 이것이 윤증이 경계를 파하고 진언하여 굳이 성인의 자애를 면려하여 충성을 다한 것이다. …… 처음 실록을 수찬한 자가 이미 기사년의 말할 수 없는 처지임을 살피지 않고, 아울러 신사년의 세자 보호 의견과 함께 무함과 비난을 더하여 '스스로 바르지 못한 것을 본받았다'는 등의 말로써 윤증의 마음씨를 단정하였으니, 당인들이 사리를 살피지 않고 억지로 굴레를 씌워 만든 말이란 모두 이와 같으리라.

윤증이 갑자년부터 폐고되었다는 말은, 숙종 10년(1684) 김수항이 송시열을 비난한 윤증을 두고 '세상 도리의 큰 변고'라고 하여 유현儒賢·유신儒臣으로 대우하지 말 것을 청했고, 숙종이 그 청을 따랐던 일을 가리킨다.[55] 최석

---

54 직신은 윤증의 생질 박태보朴泰輔를 가리킨다. 박태보는 인현왕후의 폐위에 반대했다가 숙종의 친국을 받고 귀양 가던 중 세상을 떴다. 윤증은 박태보의 죽음을 듣고 "심신이 놀라서 살 생각이 아예 없어졌다."고 말했다. 『숙종실록』, 16년 9월 30일(정사).

55 『숙종실록』, 10년 5월 13일(무인); 11년 2월 9일(기해); 15년 2월 1일(기해).

정崔錫鼎은 후에 윤증을 구원하면서 김수항을 배척했다. 이것이 보궐본에서 김수항을 폄훼한 이유이다. 기사환국 후 숙종은 윤증에 대한 명을 환수했다. 숙종 16년(1690) 윤증이 대사헌을 맡자[56] 신익상申翼相 등은 우려를 나타냈다.[57] 윤증은 기사환국 후 조정에 들어와 대사헌을 맡았으나 출향된 이이와 성혼의 신원을 청했다가 파직되었고, 갑술환국 뒤 다시 등용되었다.[58] 보궐본은 윤증이 인현왕후의 폐위에 침묵한 일과 대사헌으로 들어간 일에 대해 변론했다.

이후 숙종 27년(1701) 숙종은 세자의 생모인 희빈 장씨로 하여금 자진하라는 명을 내렸다.[59] 왕비 민씨閔氏가 창경궁 경춘전에서 세상을 뜬 8월 14일로부터 한 달 남짓이 지난 뒤의 일이다. 자진하라는 명이 있기 이틀 전에는 "대행 왕비가 병에 걸린 2년 동안 희빈 장씨는 단 한 번도 기거하지 아니하였을 뿐만 아니라, '중궁전'이라고 하지도 않고 반드시 '민씨'라고 일컬었으며, 또 '민씨는 실로 요사스러운 사람이다'라고 하였다. 이뿐만이 아니다. 취선당의 서쪽에다 몰래 신당神堂을 설치하고, 늘 2~3인의 종들과 더불어 사람들을 물리치고 기도하면서 지극히 빈틈없이 일을 꾸몄다. 제주에 유배 보낸 죄인 장희재를 먼저 처형하여 빨리 나라의 형벌을 바로잡도록 하라."는 명을 먼저 내렸다. 희빈 장씨가 인현왕후 민씨를 무고巫蠱한 사건의 결과였다.

이때도 세자 보호론이 등장했다. ③-C의 정미본 기사는 세자 보호의 명

56 『숙종실록』, 16년 9월 9일(병신).

57 『성재유고醒齋遺稿』 4책 「윤 동산에게 보내는 편지 ─ 윤 상국 지완(與尹東山書 ─ 尹相國 趾完)」.

58 『숙종실록』, 16년 9월 30일(정사); 20년 4월 20일(정해).

59 『숙종실록』, 27년 9월 25일(기유).

분 아래 흉역凶逆에 대한 토죄討罪를 늦춘 윤지인尹趾仁·이명세李命世·이봉징李鳳徵을 논핵한 박규서의 상소(제목만 제시했음)이고, 보궐본은 그에 대한 사평이다. 박규서는 이 상소에서 숙종 22년(1696, 병자년) 장씨 선영 흉물 사건 때 상소를 올려 유상운을 비판했던 이인화가 옳았음을 상기시켰다. 그가 올린 상소는 사헌부·사간원에서 이미 논의되고 있다는 이유로 돌려주었지만, 장희빈이 사사된 신사년(숙종 27년, 1701) 사건은 병자년(숙종 22년, 1696)의 상황과 달랐다.

이 같은 상소문을 올렸다고 해서 박규서가 세자의 위상을 흔든 것은 아니었다. "춘궁이 금일에 당한 일은 실로 전에 드문 참혹한 상황이니, 신하들이 춘궁을 위하여 애통해하고 애처롭게 생각하는 것이 어찌 끝이 있겠습니까? 그러하오나 감히 이것만으로 주상의 판단에 곧 쟁집할 수 없었던 것은 의리라는 것이 있기 때문이었습니다."라고 한 데서 알 수 있듯이, 토역의 엄중함과 세자 보위는 별개로 생각했다. 의리로 보면 세자의 어머니는 인현왕후이기 때문이다. 생모는 희빈 장씨이지만 종법상의 어머니는 인현왕후이므로, 장씨 집안을 흉역으로 토죄하는 일은 세자의 지위와 무관하다는 것이 의리론의 출발이었다.

하지만 보궐본의 편찬자들은 그렇게 인식하지 않았다. 윤증의 상소는 편찬자들의 인식을 대변하며, ③-D의 보궐본 사론은 윤증에 대한 변론이기도 하다. 이후 내내 '소론의 심장려설은 세자 보호를 위한 것이고, 노론의 의리론은 세자 폐위를 목적으로 한 것'이라는 단순 도식이 보궐본의 논리 속에 이어졌다. 그 논리는 경종대 신임사화로 이어졌으며, 그런 점에서 보궐본은 신임사화의 합리화이기도 했다.

4. 병신처분과 정유독대

숙종 27년(1701) 장희빈 사사 이후 잠시 소론이 주춤했지만, 물러났던 최석정이 이듬해인 숙종 28년에 복귀하여 영의정에 오르고, 파직되었던 남구만과 유상운도 석방되었다. 그렇지만 숙종은 이전과 같지 않았다. 그는 이미 달라져서 인현왕후에 대한 의리론을 강조했다. 이런 인식의 차이가 존재하기는 했지만, 아직은 그런대로 균형이 이루어졌다.

그러다가 이른바 동궁이 모해될 수 있다는 설이 등장했다. 이는 보궐본 편찬자들의 추정과 일치하는 것이다. 숙종 32년(1706) 충청도 유생 임부林溥 등은 동궁 모해설을 들고나와 숙종 27년(1701)에 사건을 담당했던 관리들을 처벌하라고 주장했다.[60] 그 대상은 대부분 노론이었다. 이 일로 노론의 조태채와 이이명이 체직·파직되었다. 임부의 상소는 그 자신의 유배 및 신사년 옥사의 담당자였던 김춘택金春澤의 정배라는 어정쩡한 절충으로 끝났다. 이는 세자에 대한 충역 의리가 언제든 다시 재발할 수 있음을 보여주는 사건이었다. 이 일은 『가례원류家禮源流』 찬자 논쟁을 계기로 내린 숙종 42년(1716)의 병신처분과 그 이듬해 정유독대 이후 세자의 청정으로 가는 징검다리가 되었다.

이 사이에 영의정 최석정의 조부 최명길崔鳴吉에 대해 병자호란 때 처신을 놓고 논란이 일었는가 하면,[61] 직장直長 이세덕李世德은 임부가 신사년 옥사를 언급하면서 이세덕 자신의 스승인 윤증이 시세時勢 때문에 출사하지 않

---

60 『숙종실록』, 32년 5월 29일(병술).

61 『숙종실록보궐정오』, 32년 3월 9일(정묘). 보궐본의 편찬자들은 이 사안에 대해서도 최석정의 해명 상소를 전재했다.

는다는 등 허망한 말로 끌어들였다며 반론하고 윤증에 대해 변명하는 등[62] 사안이 잠잠해지지 않았다. 마침내 윤증이 스스로 나서서 사정私情이 위태롭고 고달픈 까닭에 산골짜기에서 평생을 보내기로 했다며 해명하기에 이르렀다.[63] 보궐본 편찬자들은 "유현儒賢이 본심을 스스로 밝힌 것을 처음 실록의 편찬자가 알지 못할 리 없는데도 일부로 '와양訛讓(거짓 겸양)' 등의 글자를 써서 모욕하고 희롱하는 뜻을 드러내 보였으니, 이 말을 한 자만 보아도 그가 바른 사람이 아님을 알 수가 있다."라고 했다. 그런데 정미본에는 실상 '와양'이라는 문자로 기록되어 있지 않고 '겸양의 뜻을 깊이 진달하였다(深陳謙讓之意)'고 했다.[64]

숙종 42년(1716), 붕당 간 첨예한 대립의 정국이 전개되는 사건이 터졌으니, 『가례원류』 편찬자를 놓고 벌어진 논쟁과 숙종의 처분, 이른바 '병신처분'이다. 김장생金長生을 필두로 발달한 예학은 주자가 쓴 『가례家禮』의 문헌적 완정성을 확보하고 고례古禮의 원칙을 실현하면서, 도식을 통해 예의 실행을 좀 더 쉽게 하고자 했던 참고문헌으로 발달해왔다.[65] 윤증은 부친인 윤선거를 편찬자로 내세워 『가례원류』를 간행하고자 했는데, 이 책의 본래 편찬자는 유계兪棨이므로 윤증의 그 같은 시도는 잘못이라는 지적이 제기되었다. 원래의 편찬자로 알려진 유계는 금산에 있는 윤선거와 문을 맞대고 살았다. 유계는 조정에 올라가면서 중본中本(중초본)을 문인 윤증에게 맡겨 일을 끝내

---

62 『숙종실록보궐정오』, 32년 6월 11일(정유). 이 기사는 『숙종실록』에 나오지 않는다.

63 『숙종실록보궐정오』, 32년 6월 21일(정미).

64 『숙종실록』, 32년 6월 21일(정미).

65 장동우, 「조선후기 가례 담론의 등장 배경과 지역적 특색」, 『국학연구』 13, 2008, 121 쪽.

도록 부탁했고, 이후 책의 교정과 편찬 과정에서 윤선거도 도왔던 것 같다. 일종의 공동 편찬인 셈인데, 바로 이로부터 편찬자 논란이 벌어졌다. 다음의 ④-A~D는 『가례원류』 편찬자 사건의 발단과 전개, 그리고 '병신처분'에 이르는 핵심 기사이다.

④-A 보궐본》 숙종 41년 11월 10일(임인)

전라도 유생 유규柳奎 등 800여 명이 상소하여 『가례원류』의 일을 변론하였다.【원래의 상소와 비답은 위에 보이는데, 긴요한 단락임에도 삭제된 것은 보충한다.】 그 상소에 대략 이르기를 "그 책은 모두 365절로 되어 있는데, 205절은 바로 윤선거가 쓴 것이고, 109절은 바로 유계가 쓴 것이며, 3절은 결손된 것을 윤증이 보충하여 쓴 것입니다. 그리고 3절은 윤증 및 고 참판 이유태李惟泰와 유상기兪相基(유계의 손자)의 아버지 유명윤兪命胤이 젊었을 때 쓴 것입니다. 『거가잡의居家雜儀』와 『거상잡의居喪雜儀』는 통틀어 12장張인데, 5장은 유계가 쓴 것이고, 7장은 윤선거가 쓴 것입니다. 초본의 수적手蹟이 모두 윤증의 집에 있는데, 어떻게 속일 수 있겠습니까? ……" 하였다.

④-A 기사에서는 유규 등 800여 명이 상소하여 『가례원류』의 각 절을 지은 사람이 누구인지 구체적으로 거론하며 윤선거와 유계의 공동 편찬물인데도 유계의 후손 유상기兪相基가 사실을 왜곡했다고 비판했다. 숙종은 "유상기가 실상을 완전히 숨긴 것은 옳지 않은 일이며, 대사헌(권상하)이 지은 서문은 추후에 보았는데 이른바 서서후문書序後文은 짓지 않았어야 옳았다."라고 답했다. 권상하權尙夏가 지은 서문 뒤에 붙인 작은 글에 "아버지와 스승의 처지에 이런 소진蘇秦·장의張儀의 교묘한 수단을 부렸고 형칠邢七의 낭패가 있

었다."라고 하여 윤증을 비판한 데 대한 중재였다. 소진과 장의는 중국 전국 시대의 대표적인 유세객으로, 장의는 6국을 돌아다니며 진秦나라를 섬기자는 연횡설連橫說을 주장했고, 소진은 제齊·초楚나라 등 6국이 연합해서 진나라에 대항하자는 합종설合縱說을 주장했는데, 권상하의 서문에 쓰인 '소진·장의' 는 인륜의 문제를 이해나 세력 관계로 보는 소인배들을 말한다. 형칠의 낭패 란 송나라의 간신 형칠이 본래 정호程顥에게 배우고 사마광司馬光 등의 문하 에 출입하며 출세했는데, 뒤에 스승을 배반하고 왕안석王安石·채경蔡京 등에 게 붙좇아 스승을 무함한 일을 말한다.

④-B 보궐본》 숙종 42년 1월 25일(병진)

대사헌 권상하가 상소하여 『가례원류』의 일을 논하여 운운하고【원래의 상 소는 위에 보인다.】 비지批旨를 운운하였다.【위에 보인다.】 『가례원류』의 곡 절은 지난겨울 유규가 상소한 데 상세하거니와, 그것은 유계와 윤선거가 함께 쓰고 엮은 것임이 분명하다. 더구나 그 초본이 윤증의 집에 간직되어 있는데, 두 사람의 필적이 분명히 있다. …… 유상기가 남의 종용을 받아 반복反覆하는 것이 변변치 못하다. …… 송시열이 만년에는 혈기로 권세를 부렸고 말씨가 사나웠는데, 문도가 따라 익히고 좇아 행한 것도 오로지 여 기에 있었기 때문에 본바탕이 신중하고 성실한 권상하로서도 말투가 이처 럼 경박하였다. …… 실로 송시열의 유폐流弊가 후학에게 병통이 된 것이 다. ……

결국 권상하는 후서後序를 지은 자신의 처벌을 청하는 상소를 올렸는데, 그 상소의 내용은 정미본에 실려 있다. ④-B의 보궐본에서는 권상하의 상소 를 비판하고, 또한 정미본에 실린 사론 중 "상의 비답이 이러하였으므로 사림이 매우 근심하였다."는 표현을 문제 삼았다. '상의 비답'이란 숙종이 "선정先正의 도덕으로서 어찌 이런 일이 있겠는가?"라고 한 말이었다. 선정은 곧 윤증을 가리키니, 숙종의 말은 윤증이 그렇게 남의 책을 자기 것으로 했을 리 없다는 뜻이었다.

④-C 보궐본》 숙종 42년 3월 4일(을미)

승지 심수현沈壽賢이 김순행金純行의 소疏【김순행의 소는 위에 보인다.】로 인하여 상소하였다. ……

대개 김순행의 무리가 심수현이 윤행교尹行敎의 글 가운데 있는 '오가서吾家書'라는 석 자를 윤증의 말이라고 경연에서 아뢴 것을 가지고 가로챘다고 무함한 일은 참으로 분변할 것도 못 된다. 더구나 김순행의 외할아버지인 윤항尹抗과 그 아우인 윤총尹摠은 윤증의 종형제인데, 송시열이 일찍이 윤휴의 아들이라 욕하여 반드시 항제抗濟·총제摠濟라 불렀으니, 아마도 윤휴의 아들로 의제義濟·하제夏濟가 있기 때문이었다. 이 때문에 윤항의 집 자손이 송시열을 원수로 여겼는데, 김순행은 그 외손으로서 송시열을 위하여 윤증을 무함하는 바가 이에 이르렀으니, 드디어 그 외삼촌에게 절교당하였다.

윤증을 비난한 김순행의 소에 대한 승지 심수현의 비판적 상소문은 정미본에는 없고 보궐본에만 나온다. ④-C는 그 상소 뒤에 쓴 사론이다. 이 역시 『가례원류』의 판본 형성 과정에 대한 사실과 인식 차이에 기초하고 있다. 이 기사가 알려주는 또 하나의 사실은 윤증 집안 내에서조차 『가례원류』의 저자를 둘러싸고 이견이 있었다는 점이다.

④-D 보궐본》숙종 42년 8월 24일(신해)

좌의정 김창집이 상소하여 윤선거 문집의 판板을 헐기를 청하니, 임금이 그 말을 받아들여 그 판을 헐고 소유疏儒 이홍제李弘躋를 태인헌에 유배하였다.【원래의 상소와 비답은 위에 보인다.】

　아! 김창집의 죄를 과연 다 주벌할 수 있겠는가? 사문斯文의 다툼이 30년이 되어도 그치지 않고 점점 더 어그러지고 격렬하여 신구申球의 소에 이르러 극심하였는데, 김창집은 자신이 정승의 자리에 있으면서 막으려 생각하지 않고, 도리어 귀신 같은 무리의 논의를 주워 모아 불어서 불을 일으키고, 흔들어 올려서 물결을 일으키며, 쉽게 풀이하고 억지로 맞추어 유자광의 수단을 마음껏 부려서 이미 죽어 뼈가 된 사람의 화禍를 빚어 만들었다. …… 대신으로서 차마 이런 일을 하니, 세도世道의 변함이, 아! 또한 참혹하다.

　『가례원류』의 저자가 누군인지를 놓고 조정에서 논란이 벌어지자 어떤 식으로든 판단과 정리가 필요했는데, 그 결과가 바로 숙종 42년(1716)의 병신처분이다. 정미본의 숙종 42년(1716) 8월 24일 기사는 김창집이 『가례원류』가 들어간 윤선거 문집의 판을 헐라고 청했고, 숙종이 이를 받아들이는 내용이다. 그러나 ④-D 보궐본의 편찬자들이 "젊은 선비들이 매우 분하고 답답한 마음이 격렬해져서 스스로 왕옥王獄에 갇히게 한 이도 김창집이고, 잇따라 귀양을 보내어 사림이 거의 피를 흘리게 한 이도 김창집이다."라고 했듯이, 신임사화에서 김창집이 맨 먼저 사사되는 빌미는 이로부터 싹텄다고 할 수 있다.

　격화된 사태는 병신처분 직후에도 풀리지 않은 채 오히려 더 심화되었다. 판부사 조상우趙相愚는 윤선거의 문집 판본을 헐라는 명을 거두고 상소에 대한 금령을 풀어주기를 청하면서 아울러 김창집을 공박했다.[66] 판부사 서종태徐宗泰도 차자를 올려 윤선거 문집의 판본을 헐라는 명을 거두어주기를 청했으며,[67] 대사간에 제배된 이세면李世勉은 윤선거 문집의 판본을 헐라는 명을 거행할 수 없다 하여 체직되었다.[68] 병조 참판 이대성李大成의 상소[69]와 좌윤 이광좌李光佐의 상소도 이어졌다.[70]

그러나 병신처분 이전부터 숙종의 태도는 이미 가닥이 잡힌 상태였다. 따라서 윤선거 문집의 판본을 헐라는 명이 부당하다는 상소가 잇달아 올라가도 상황은 바뀌지 않았다. 그해 7월에 도목정都目政을 시작하여 끝내지 못했는데 이조 판서 최석항과 이조 참판 이광좌를 파직함으로써 전관銓官이 다 파직되는 일이 벌어진 것이다.[71] 또 신구申球를 비롯하여 경기·충청·전라 세 도의 유생 60명이 상소하여, 윤선거가 권시에게 보낸 글의 뜻은 효종께 잘못이 있으니 그(윤선거)에게서 벌을 받아야 한다는 이른바 두거설杜擧說을 꺼낸 것이라면서 비판했다.[72] 이에 대해 7월 29일 예조 참판 오명준吳命峻은 윤선

---

66 『숙종실록보궐정오』, 42년 9월 4일(경신).

67 『숙종실록보궐정오』, 42년 9월 8일(갑자).

68 『숙종실록보궐정오』, 42년 9월 10일(병인).

69 『숙종실록보궐정오』, 42년 9월 12일(무진).

70 『숙종실록보궐정오』, 42년 9월 27일(계미).

71 『숙종실록』, 42년 7월 6일(계해).

72 『숙종실록』, 42년 7월 25일(임오). 두거杜擧는 '두궤杜蕢가 들었던 술잔'이라는 뜻이다. 춘추시대에 진晉나라 평공平公이 대부인 지도자知悼子가 죽었는데도 애도의 뜻을 표하지 않고 음주 가무를 즐기자, 음식을 만들던 두궤가 시신侍臣인 사광師曠과 이조李調에게 벌주를 마시게 하고 스스로도 벌주를 마셨다. 평공이 잘못을 깨닫고 벌주를 자청하여 마신 뒤에 그의 충언을 기리기 위해 그 술잔을 영원히 전하게 했다는 고사이다. 『예기禮記』 「단궁 하檀弓下」에 나온다.

거가 단순히 '임금을 경계하는 술잔'의 역할을 자처하고 나선 것이라며 해명했다.

이런 흐름 속에서 숙종이 병신처분을 단행했던 것이다. 윤증과 송시열을 둘러싼 부자父子와 사생師生의 시비에 대한 논란이 두거설로 번지고 군부경중설君父輕重說로까지 번지자, 숙종은 더 이상 조정의 논란으로 확대되는 상황을 방지하기 위해 시비를 결정했던 것으로 보인다. 동시에 숙종의 이 결정은 의리주인義理主人인 군사君師(임금이자 스승)로서의 지위를 확립하려는 시도이기도 했다.[73] 숙종은 홍문관에 송시열이 편찬한 『주자대전차의朱子大全箚疑』를 교정해서 간행하라고 명했고,[74] 송시열과 송준길을 배향한 화양서원華陽書院과 흥암서원興巖書院에 사액했다.

④-E 보궐본》 숙종 43년 7월 19일(신미)

왕세자에게 청정聽政할 것을 명하였다. 이날 아침 약방에서 들어와 진찰하였는데, 임금이 특명으로 좌의정 이이명을 입시하게 하였다. 상이 안질 때문에 수응酬應하기가 어렵다는 이유로 변통시키는 방도가 있어야겠다는 분부가 있자, 이이명이 갑자기 세자를 곁에 두고 참견參見하게 하라는 말을 하였다. 상이 이에 대한 아무런 가부 없이 당나라 때 변통시켰던 일을 바로 하문하였다. 이이명은 세 번이나 기억하지 못하겠다고 대답을 하고 대신을 불러서 의논하게 하자고만 청하였는데, 제조 민진후閔鎭厚의 대답은 도저히 꺾을 수 없는 기색이 있었다. 이들이 물러가고 나자 상이 희정당에 앉아서 유독 이이명만을 부르고 승지와 사관을 막아 입시하지 못하

게 하였다. …… 이날 저녁 임금이 다시 이이명과 이유·김창집 등을 불러서 의논하게 하였는데, 드디어 이 명령이 있게 된 것이다. …… 아! 우리나라 조정의 의논은 광명정대하여 승지와 사관을 들이지 않고는 상하가 접견하지 않았었다. 영릉寧陵(효종) 때 한 번 독대가 있었지만, 이는 극비를 요하는 중대한 계획을 논해야 할 자리였으므로 평상시에 본받을 것이 아니다. …… 그러나 30년 동안 빚어온 흉심을 이때에 마음껏 부릴 뻔하였는데 임인년(경종 2년, 1722)의 옥사에서 그 전모가 다 드러났으니, 그 거괴渠魁를 따져보면 이이명이 앞잡이이다. 백대 뒤에 이것을 가지고 시종 재앙의 사다리가 은밀히 싹터 나오고 흉악한 계획이 크게 발현된 것을 살펴본다면 그 한 가지 맥락이 관통될 뿐만이 아니었으니, 이루 다 주벌할 수가 있겠는가!

정미본의 숙종 43년(1717) 7월 19일 기사는 왕세자 청정 사실만 전달한 데 비해, ④-E의 보궐본은 이이명의 독대 자체에 대한 문제 제기와 함께 왕세자 보호론의 입장에서 청정이 자칫 왕세자에 대한 음해로 내달을 상황을 우려했다. 효종 10년(1659) 송시열과의 기해독대 이후 승지와 사관을 빼고 임금과 신하가 단 둘이 만나지 않았다는 보궐본 사론의 말은 사실이다. 실제로 독대는 조선의 정치 운영에 정당하지도 않았다. 특히 남구만·윤증·최석정·서종태 등 소론의 중역들이 세상을 뜨고, 윤선거·윤증 부자의 관작마저 추탈당한 상황에서[75] 숙종이 이이명과 세자 청정을 논의한 사실만으로도 소론은 정치적 소외감을 크게 느꼈을 것이다. 그러나 경종 1년(1721)부터 김일경의 상소와 그 이듬해 목호룡의 고변으로 시작하여 노론 4대신(이이명·김창집·

---

75 『숙종실록』, 43년 5월 29일(임오).

이건명·조태채)을 포함한 대대적 살육이 벌어진 신임사화가 무옥誣獄이라는 혐의를 벗지 못한다면, 보궐본의 사론은 단지 사론으로만 끝나지 않을 위험한 논지였다. 실제로 영조 16년(1740) 경신처분으로 임인년의 옥사는 무옥으로 판명되었고, 이듬해 옥안獄案을 소각하면서 '어제대훈御製大訓'을 반포하는 데 이르렀으니,[76] 보궐본의 사론은 근거가 약해질 수밖에 없었다.

④-F 보궐본》 숙종 43년 7월 27(기묘)

영중추부사 윤지완尹趾完이 상소했는데,【위에 보인다.】 비답이 있었다.【위에 보인다.】 윤지완은 갑술년(숙종 20년, 1694)에 남구만 등과 함께 세자를 보호해야 한다는 의논을 주장하면서 항상 노론이 하는 일을 우려하였다. 이이명이 독대하였다는 말을 듣자 방금 병으로 누워 있었는데도 벌떡 일어나면서 말하기를 "늙은 신하가 죽을 곳을 얻었다." 하고는 가마를 타고 서둘러 도성으로 들어와 붓을 내둘러 상소를 기초하였는데, 그 말투가 너무도 늠름하였으므로 사류들이 믿고서 걱정을 놓을 수 있었다. 도성 사람들이 그가 왔다는 말을 듣고 서로들 말하기를 "윤 영부사가 들어왔으니 국가가 무사히 보존될 것이다." 하였다.

상이 엄중한 비답을 내려 지적하였지만 은연중 한漢나라 때 사로四老가 태자를 도왔던 공로와 같았다.[77] 이이명도 도성 밖으로 달려 나아가 대죄

---

76 이근호, 「영조대 중반 御製訓書의 간행 양상과 의의―『御製大訓』과 『御製常訓』을 중심으로」, 『장서각』 26, 2011, 76~77쪽; 허태용, 「英祖代 蕩平政局下 國家義理書 편찬과 戊申亂 해석―『勘亂錄』, 『御製大訓』, 『闡義昭鑑』」, 『사학연구』 116, 2014; 최성환, 「정조대의 정국 동향과 벽파僻派」, 『조선시대사학보』 51, 2009, 218쪽.

77 중국 진秦나라 말, 전란을 피해 진령秦嶺 상산商山에 들어가서 은거했던 상산사호商山四皓의 고사이다. 동원공東園公, 기리계綺里季, 하황공夏黃公, 녹리선생甪里先生 등 네

한 채 다시 들어와 정승이 되지 못하였으니, 여론을 진정시키고 간사한 모의를 꺾은 것은 곧 이 한 통 상소의 힘이 크게 작용한 것이다. 아! 윤지완 같은 사람은 나라의 안위를 맡길 만한 중신이라고 할 만하다.

정유독대, 즉 세자의 청정에 관한 논의를 전해 들은 윤지완尹趾完은 "전하께서 어떻게 정승을 사인私人으로 삼을 수가 있으며, 대신大臣도 어떻게 여러 사람들이 바라보는 정승의 지위를 임금의 사신私臣으로 만들 수가 있겠습니까?"라면서 숙종과 이이명의 독대를 비판했다. ④-F의 보궐본 기사는 윤지완의 이 같은 비판을 칭찬하고 있는 것이다. 상황이 심상치 않자, 지사 강현姜鋧이 정사를 대리하게 한 일로 소장을 올려서 궁위宮闈를 엄중히 할 것을 청했다.[78] 숙종은 반교문을 내려 왕세자의 인망이 높고 실덕失德이 없다는 점, 대신들과 논의하기에 앞서 자신이 대리청정을 결심했다는 점을 분명히 함으로써[79] 이이명과의 독대를 통한 의사 결정의 의혹을 차단했다.

지금까지 『숙종실록』과 『숙종실록보궐정오』의 편찬 과정, 그리고 '보궐정오'의 실제를 살펴보았다. '보궐정오'의 탄생은 학문의 연원 및 정치적 입장이 달라진 노론과 소론의 갈등이 낳은 산물이며, 근원적으로 인간의 기억을 둘러싼 투쟁이다. 정치 상황의 변화, 즉 환국은 구체적인 계기이다. 『현종개수실록』처럼 당초에는 『숙종실록』을 개수하려고 했으나, 워낙 분량이 많았기

명은 한 고조漢高祖가 초빙할 때는 응하지 않았다가 나중에 장량張良의 권유를 받고 나와서 태자로 있던 혜제惠帝를 보필했다. 『사기』 권55 「유후세가留侯世家」.

78 『숙종실록보궐정오』, 43년 7월 28일(경진).

79 『숙종실록』, 43년 10월 3일(계미).

때문에 빠진 기사를 보충하여 추가하고 잘못된 부분을 바로잡는 '보궐정오補闕正誤'를 편찬하는 쪽으로 가닥을 잡았다.

빠진 기록을 보완한다는 취지의 '보궐'과 함께 '정오', 즉 잘못된 기록을 바로잡는다는 취지는 『숙종실록보궐정오』를 다양하고 풍부한 내용으로 채울 수 있게 만들었다. 날짜를 바로잡는 일부터[80] 서종태의 졸기에 나타나듯 "처음 실록(初史, 정미본 『숙종실록』)에는 한 가지도 공정한 사필이 없었다. 서종태는 당인을 그다지 미워하지 않았으므로 폄척과 무함이 유독 미치지 않았다. 그러나 드러낸 것이 상세하지 못한 데가 있었으므로 지금 거듭 상세히 기술하여 이를 보충한다."[81]는 식의 적극적인 사론도 추가되었다. 물론 『숙종실록』에 '한 가지도 공정한 사필이 없었다'는 말은 지나친 평인 듯하다.

『숙종실록』의 개수를 논의할 때, 이광좌가 자신이 보았다면서 수정할 필요가 있는 시기로 지목한 것은 신사년(숙종 27년, 1701), 병신년(숙종 42년, 1716), 정유년(숙종 43, 1717)이었다. 이 시기 해당분의 『숙종실록』과 『숙종실록보궐정오』의 사론(사평)은 그 관점이 많이 다르고 내용도 많았으므로 이 책에서 중점적으로 살펴보았다.

---

80 『숙종실록보궐정오』, 41년 2월 1일(무진). "처음 실록(初史)에는 기사己巳로 잘못된 것을 지금 바로잡는다."
81 『숙종실록보궐정오』, 45년 2월 21일(갑자).

제5부
『경종실록』의 편찬과 수정

제5부 들어가는 글

『경종수정실록』의 편찬은 조선 후기 네 차례의 실록 수정 중 맨 마지막에
해당한다. 영조 때 편찬된 『경종실록』을 반백 년쯤 지난 정조 때 재편찬했다.
이후 실록의 수정이나 개수는 다시 벌어지지 않았는데, 이는 그럴 만한 사안
이 없었기 때문이 아니라, 이미 실록이 조선을 대표하는 '기억＝역사'로서의
지위를 상실해갔다고 보아야 할 것이다.

경종은 병약하여 일찍 세상을 떴으나, 동생 연잉군延礽君을 세제로 삼아
후사를 이었다. 그러나 그 사이 경종 1~2년(1721~1722)에 벌어진 신임사화는
김일경金一鏡과 목호룡睦虎龍의 무고로 발발하여 노론老論 4대신(김창집金昌集·
이이명李頤命·이건명李健命·조태채趙泰采)의 사사와 참수를 포함하여 60여 명이 추
국장에 잡혀 가 살아남은 자가 10명 남짓이라는 기록이 있을 정도로 일방적
정치 탄압의 성격을 띠고 전개되었다.

『숙종실록』과 함께 편찬된 『경종실록』은, 『숙종실록』이 찬수 마무리 단계
에서 소론계의 관점이 담긴 '보궐정오'를 붙여 편찬되었듯이, 소론의 시각에
서 편찬되었다. 그것을 정조 즉위 이후 바로잡으려고 편찬한 것이 『경종수정
실록』이었다.

조선 후기 실록의 수정과 개수는 서로 대립적인 정치 세력이 사평·사론

을 통해 사실을 보완하거나 사건의 진상을 각기 다르게 주장할지라도 없는 사실을 지어내는 경우는 거의 없었다. 이는 『경종실록』을 수정할 때도 예외가 아니었다. 신임사화를 무옥으로 규정하는 등 공통된 인식을 보여주는 사례도 적지 않아, 이 시기 탕평蕩平이라는 정치 지향이 구호만은 아니었음을 보여준다.

1장 『경종실록』의 편찬과 수정

1. 『경종실록』의 편찬

1) 영조 초반 정국과 실록찬수청 설치

조선 후기의 네 차례 실록 수정 중 마지막은 『경종실록』의 수정, 곧 정조 초반에 이루어진 『경종수정실록』의 편찬이다. 『경종실록』은 영조 8년(1732) 에 완성되었으므로 이 책에서는 편의상 '영조본'으로 병칭하고, 『경종수정실록』은 정조 5년(1781)에 완성·간행되었으므로 '정조본'으로도 부르겠다. 이와 관련해서는 연구 성과가 제출되어 있는 바,[1] 선행 연구에 기초하여 두 실록을 형식과 내용의 측면에서 비교한 뒤 '수정과 보완'이라는 작업의 성격 및

---

1 허태용, 「『景宗實錄』을 통해서 본 少論의 정치 義理 검토」, 『민족문화연구』 60, 2013; 허태용, 「『景宗實錄』과 『景宗修正實錄』의 비교를 통해서 본 老論의 정치 의리」, 『사학연구』 112, 2013; 오항녕, 「『경종실록』의 편찬과 수정」, 『민족문화』 42, 2013.

몇몇 내용상 특징을 살펴보고자 한다.

먼저, 『경종실록』의 편찬 과정과 수정 논의 및 실제 수정 과정을 살펴볼 것이다. 이는 『경종실록』「부록」과 현존하는 『경종실록찬수청의궤』, 『경종실록수정청의궤』 및 기타 연대기 자료를 통해 확인할 수 있다. 둘째, 수정 대상이 된 주요 사건을 시기별로 살펴보고자 한다. 경종 1년(1721) 왕세제 건저建儲와 청정聽政, 그에 이은 노론 4대신에 대한 김일경金一鏡의 참소, 이듬해 목호룡睦虎龍의 고변과 노론 4대신의 죽음, 윤선거尹宣擧·윤증尹拯 부자의 복권과 송시열宋時烈의 도봉서원道峯書院 출향黜享 등이 그것이다.

이를 위해 『경종실록』과 『경종수정실록』의 기사를 연월일별로 비교하는 방법을 통하여 자료의 특성을 파악했다. 수정 작업의 명칭을 어떻게 표현하든, 빠진 기록의 보완과 잘못된 기록의 수정이라는 두 가지 측면은 다 존재했다. 특히 쟁점 사안에 대한 평가를 담고 있는 사론은 거의 예외 없이 수정 대상이 되었다.

『경종실록』은 조선 제20대 국왕인 경종의 4년 4개월에 걸친 재위 기간(1720~1724) 역사를 기록했다. 정식 이름은 『경종덕문익무순인선효대왕실록景宗德文翼武純仁宣孝大王實錄』이며, 모두 15권 7책으로 간행되었다. 영조 2년(1726)부터 편찬하기 시작하여 영조 8년(1732) 2월에 완성했는데, 불과 7책 분량의 작은 실록임에도 6년이라는 긴 세월이 걸렸다. 무엇보다 가장 큰 이유는 경종이 세상을 뜬 뒤 즉위한 영조 초반에도 『숙종실록』 편찬이 아직 끝나지 않았기 때문이다. 결국 영조 4년(1728)까지 이어진 『숙종실록』('보궐정오' 포함) 편찬 과정 중에 영조 2년부터 『경종실록』 편찬을 함께 진행했다.

그 다음 이유로는 노론-소론 간의 주도권 변동이 심하여 영조 3년(1727)의 정미환국, 영조 4년의 무신란戊申亂(이인좌의 난) 등 몇 차례의 정국 변동이 일어났고, 신임옥사의 후유증을 극복하는 데도 어려움이 컸기 때문이다. 정국 변동의 과정에서 실록청 총재관 이하 당상과 낭청이 갈렸을 뿐만 아니라, 정치 세력이 바뀜에 따라 편찬 방향도 변화했다. 영조 2년 4월 27일, 『경종실록』의 산절刪節에 관한 우의정 홍치중洪致中의 발언, 그리고 이어서 벌어진 논의를 보자.[2]

홍치중 대행조大行朝 실록은 『숙종실록』이 끝나지 않았기 때문에 아직 편찬을 시작하지 못하고 있습니다만, 시정기 산절 역시 아직 청廳을 설치하지 못하여 사안이 편치 않습니다. 지금 실록청 도청 당상 외에 그 나머지 여러 재상도 많이 있고, 또한 산절과 찬수는 차이가 있으므로, 실록은 훗날을 기다리더라도 산절 먼저 하는 것이 어떻겠습니까?

영조 산절할 때도 그것을 작업하는 청의 이름이 따로 있는가?

심택현 찬수청이라고 합니다. 대신의 말로는 도청 당상과 낭청 및 각 방 당상과 낭청 중에서 산절할 사람을 뽑자고 하였습니다.

홍치중 국휼國恤 뒤에 바로 시정기 산절 작업을 시작하고 이어서 실록청을 설치하기 때문에 도청의 당상과 낭청이 있는 것이지만, 단지 산절만 할 경우에는 군이 그 사례에 따라 할 필요가 없습니다.

영조 산절은 찬수와 다른가?

홍치중 다릅니다. 『승정원일기』를 시정기와 함께 참고하여 『승정원일기』 중 실록에 넣지 말아야 할 것을 부표付標합니다. 시정기 중 들어가지 말아야 할 것은 붉은색으로 지워서 찬수할 때 고열하기 편하도록 합니다. 이는 도청 당상이 맡아 하는 일과 사체가 조금 다릅니다.

영조 경자년(경종 즉위년, 1720)에는 산절할 때 몇 사람이 하였는가?

2 『경종대왕실록산절청등록』, 병오년(영조 2년, 1726) 4월 27일.

심택현 대신은 산절이 찬수와 다르다고 합니다만, 그 역시 사체가 가볍지 않습니다. 경자년에도 수년 뒤에야 비로소 산절 작업이 끝났습니다. 당상은 도청 당상 3명, 각 방 당상이 각 3명이었습니다.

홍치중 실록과 관련된 사안은 신이 이미 소회가 있기 때문에 감히 말씀드렸습니다. 총재관에게 물어 처리하는 것이 의당할 듯합니다. 지금 국휼 뒤 바로 할 일인데 3년이 거의 다 되도록 아직도 시작하지 못했으니 어찌 흠이 아니겠습니까? 경종 연간의 연수가 많지 않으니 산절 작업도 분명 많은 시일이 걸리지 않을 것입니다.

영조 당초 『숙종실록』과 함께 편찬하려고 했으나, 대행조 실록이 많지 않기 때문에 그 실록(『숙종실록』)이 완성되기를 기다린 뒤 하려고 했던 것이다. 이는 산절일 뿐이므로 산절 당상만 차출하여 일하고, 실록은 이 작업을 마친 뒤에 하는 것이 좋겠다.

홍치중 단지 산절만 한다면 총재관과 도청 당상을 이전대로 해도 구애될 꼬투리가 없을 듯합니다.

영조 오늘 말한 대로 시행 조목을 내고 실록청에서 참작하여 품처토록 하라.

이렇게 해서 『숙종실록』 완성 후에 편찬하기로 했던 『경종실록』은 홍치중의 의견에 따라 산절만 먼저 하기로 했다. 말하자면 본격적인 실록 편찬 단계인 초초본初草本을 만들기 위해 사초와 공문서를 추려내는 일을 시작했던 것이다. 또한 별도의 실록청을 설치한 것이 아니라, 『숙종실록』 편찬을 진행하고 있는 실록청에서 따로 경종대의 시정기 산절을 담당하는 방식으로 시작했다. 실록청 1방 당상과 낭청을 차출하여 산절을 담당하게 했고 관례대로 응행사목을 정했는데, 사무실인 '실록산절청'은 평시서平市署에 두었다.

그러나 산절청 당상에게 일이 너무 많이 몰린 데다 며칠 사이에 그 당상이 자주 바뀌는 폐단이 생겼다. 이런 사정은 낭청도 마찬가지였다. 실록 편찬의 구조적 문제인 겸직 때문이었다. 그래도 경종의 재위 연수가 짧았기 때문에 시작한 지 두 달 만인 8월 20일, 춘추관에서는 시정기 산절을 마쳤다고 보고했다. 그때 실록산절청 총재관은 민진원閔鎭遠이고, 당상은 김흥경金興慶·심택현沈宅賢 등이었다.

산절을 해놓고 기다리던 차에 영조 3년(1727) 『숙종실록』이 완성되었다는 보고가 있자, 곧바로 『경종실록』의 찬수 당상과 낭청을 겸춘추로 차출했다.

도청

● 당상

예조 판서	이집李㙫
행 부제학	서명균徐命均
전 대사간	송인명宋寅命

● 낭청

홍문관 교리	여선장呂善長
홍문관 부교리	신치운申致雲
홍문관 수찬	임광任珖
전 사서	박문수朴文秀

『경종실록』 찬수청은 별도로 각 방을 두지 않고 도청만 설치했다. 그러나 격식에 맞춰 실록산절청이 아닌 실록청으로 명칭을 바꾼 응행사목을 정하였다. 응행사목은 이전 실록 편찬 때 정한 것과 비교했을 때 관청 명칭만 다르고 나머지는 같으므로 생략한다. 응행사목을 만든 뒤에는 14개조의 실록청

찬수범례를 정했다. 이 역시 전례와 같으므로 생략한다.

산절을 마친 『경종실록』의 초초, 중초, 정초를 만드는 등록 과정은 이듬해인 영조 4년(1728)까지도 계속되었다. 그해는 무신년으로, 이인좌의 난이 일어난 해이다. 사태가 심각했던 만큼 관원들은 당상이든 낭청이든 추국청에 불려가는 일이 잦았기 때문에 찬수에 집중할 수 없었다.

이 무렵인 6월 6일, 『숙종실록』을 봉안하러 강화부 정족산성에 갔던 이주진李周鎭이 실록 상자 48부部 중 손상된 것이 10여 부라고 보고했다. 이를 일시에 수선하기는 어려우니 가장 많이 파손된 태조·세종·성종대 실록을 담은 3부만 『경종실록』을 봉안할 때 교체하기로 했다.

이윽고 12월 14일, 각 방에서 나눠 찬수하던 『경종실록』 편찬이 마무리되어갔다. 『경종실록』은 당초 노론의 민진원이 총재관을 맡았으나 영조 3년(1727) 정미환국으로 소론이 정권을 잡은 된 뒤 좌의정 이집李㙫, 우의정 조문명趙文命이 총재관을 거쳤고, 대제학 이덕수李德壽, 부제학 서명균徐命均 등이 도청 당상이 되어 편찬을 주관했다. 그런데 조문명이나 서명균 등은 소론 가운데서도 완론緩論에 속하는 인물이나. 이런 까닭에 그들이 중심이 되어 편찬한 『경종실록』도 그리 날카롭거나 공격적이지 않은 사론이 많다.

2) 사초에 대한 불신의 시작

한편 영조 3년(1727) 『숙종실록』이 편찬된 뒤, 소론의 이광좌李光佐 등이 『숙종실록』에 빠진 기록과 오류가 많다고 이의를 제기하여 다시 『숙종실록보궐정오』가 편찬되었다. 『경종실록』 편찬 단계에 이르면, 계속된 '실록의 수정'은 이제 서로 관점이 다른 역사 기록을 남긴다는 '주묵사朱墨史의 이상'을 실현하려는 노력이 아닌, 당파 사이의 대립이라는 정치 현실에 휘둘린 결과

라는 혐의 쪽으로 사회적 인식이 바뀌게 된다. 『경종실록』 편찬 이후의 세초
에 대한 논의는 거듭된 실록 수정이 어떤 결과를 초래하는지 함축적으로 보
여준다. 다음의 두 사료를 보자.

① 『영조실록』, 3년 11월 25일(정축)
실록청 당상 윤순尹淳이 말하기를 "연전에 윤상백尹尙白이 예문관에 있을
때 세초하지 말자는 말이 있었는데, 아직 회계하지 못하였습니다." 하니,
…… 영의정 이광좌가 말하기를 "사초에는 한림의 공정한 말과 강직한 필
법이 많으니 세초하지 않는 것이 마땅할 듯합니다." 하였다. 윤순은 말하
기를 "국초에는 세초하는 예가 없었는데, 『선조실록』을 찬수할 때 대북大
北의 당인들이 …… 공의公議가 있을 것을 염려하여 비로소 세초를 창시하
였던 것입니다. 그 때문에 뒤에 그 예에 따라 세초하였으니, 역사의 훌륭
한 필법을 장차 어디에서 찾겠습니까?" 하니, 상이 말하기를 "세초하는 것
은 그 뜻이 있으니 …… 혹은 보고 들은 것이 각기 다름으로 인하여 반드
시 시비를 다투는 폐단이 있을 것이다.……" 하였다.

② 『영조실록』, 4년 2월 27일(무신)
이광좌가 말하기를 "실록을 찬수할 즈음에 만약 사사로운 뜻에 따라 그 포
폄과 시비를 임의로 조종하여 한 조각의 문서를 만든 뒤 시정기의 초고를
세초해버린다면, 참으로 옳고 그른 것을 후세에 어떻게 알 수가 있겠습니
까?" 하였다. 윤순이 말하기를 "세초는 근래의 사례에서 나온 것으로, 예전
에는 그렇지 않았습니다." 하였다.

①에 나오는 영조 3년(1727) 윤순의 말을 먼저 살펴보자. 우선 '국초에는

세초가 없었다'는 그의 말은 사실이 아니다. 세초에 대한 직접적인 자료는 연산군 때 『성종실록』을 편찬하기 전부터 세초했다는 기록이 발견되지만, 대체로 사초의 관리 원칙이 정해진 뒤인 『세종실록』 편찬 무렵부터 세초가 시행되었던 것으로 추정된다. 그 후로 세초는 사초의 누설로 인한 사회문제를 우려한 예방 조치이자, 실록 편찬 마지막 단계의 예식으로서 관례화되었다.

그런데 윤순은 『선조실록』을 편찬한 뒤 대북 정권의 실록 편찬 담당자들에 의해 세초가 시작된 것으로 이해하고 있다. 이는 단순히 세초에 대한 윤순의 지식이 틀렸다고만 단정 짓기가 어렵다. ②의 영조 4년(1728) 논의에서도 윤순은 여전히 세초는 예전에 없던 것으로서 근래에 생긴 규례라고 말하고 있기 때문이다.

그렇다면 윤순이 지닌 높은 학식과 경륜에도 불구하고 세초를 그렇게 이해하게 된 배경에 주목해야 한다. 아마도 그 배경은 계속된 실록의 수정에서 비롯되지 않았을까? 즉, 실록을 수정할 때의 최대 난관은 원본 실록을 편찬한 뒤 사초를 이미 세초해버렸기 때문에 원래의 사초를 수정 과정에 이용할 수 없다는 점이며, 계속되는 수정의 경험은 세초의 애딩초 의미까지 다시 해석하게끔 만들었다고 보는 편이 합리적이다. 윤순은 세초를 하면 '역사의 훌륭한 필법'을 잃는다는 점을 강조했다. 사실 지금까지의 상식은 사초를 근거로 실록을 만들고 나면 그것으로 사초의 효용성은 다했다고 보았기에 굳이 사초를 보존할 이유가 없었다. 세초하지 않고 사초가 남아 있을 경우 불필요한 분란이 발생할 수 있다는 영조의 답변은 그 상식이 이어져온 유력한 이유 가운데 하나였다.

의도했든 아니든 윤순이 사초를 남기자고 한 말에 숨어 있는 함의는 무엇일까? 대화의 맥락으로 보건대, 실록은 편찬 과정에서 당파의 이해가 반영되게 마련이므로 '역사의 훌륭한 필법'을 보장하지 못하기 때문에 사초를 남겨놓아야 한다는 말로 귀결된다. ②의 사료에서 이광좌가 한 말이 또 다른 증거이다.

이광좌는 사관의 사초에 담긴 공정성과 필법을 높이 사는 뜻으로 세초에 이의를 제기했는데, 논의의 핵심은 실록을 편찬할 때 생기는 불공정성이며 그 불공정성을 확인할 수 없게 만드는 세초에 반대한다는 것이었다. 이때의 논의가 『숙종실록』에 대한 수정 논의의 외중에 이루어졌다는 사실은 앞서 지적한 대로 계속된 실록 수정이 세초 논의와 무관하지 않음을 보여준다. 결국 이광좌의 주장은 영조의 반대로 좌절되고 세초는 관례대로 이루어졌다. 세초는 실록 편찬 뒤에나 있는 간헐적인 사안이기 때문에 이후 또다시 세초 논의가 일어나지는 않았다. 그러나 이 논의의 함의는 영조 11년(1735)의 한 사건과 관련하여 음미해볼 필요가 있다.

그 일은 사초를 둘러싸고 벌어졌는데, 주지하듯이 사초는 세종 때 이미 국법으로 엄격히 관리하도록 정해졌고, 이후 연산군 때의 무오사화에 대한 경험에서 중종 2년(1507)에는 편찬 중의 사초를 누설하는 행위도 처벌함으로써 기사 작성부터 세초에 이르기까지 사초 관리가 매우 철저히 이루어졌다. 그런데 사초를 불태운 일이 영조 11년에 발생했다.[3] 무슨 이유인지 알 수 없지만 경연에서 신하가 사초를 태워버릴 것을 주청했고, 이를 영조가 허락했던 것 같다. 실록의 기록만 갖고는 전후 사정을 파악할 수 없고, 또 이 사건이 어떻게 결말났는지도 알 수 없다. 다만 영조는 누차 자신이 시킨 일이 아니라고 하교했다. 이 사건과 관련하여 눈여겨볼 지점은 사초가 불태워지는 과정에서 담당 사관들이 사초의 소각을 방관했다는 사실이다.

영조 3년(1727)과 4년의 세초 논의가 실록 편찬 단계의 문제라면, 영조 11

3 『영조실록』, 11년 2월 13일(갑인).

년(1735)의 사초 소각은 기사記事 단계의 문제로서 사관제도라는 체계의 근저에서 발생한 사건이었다. 다시 말해, 문제의 소재가 전임사관인 한림의 기사 영역으로 옮겨졌음을 의미한다. 그 변화가 사초에서 기인한 문제이든 사관에서 기인한 문제이든, 그것은 그리 중요하지 않다. 핵심은 기록 결과의 불공정성이라는 데 있다.

영조 8년(1732) 2월 14일, 다섯 곳의 사고에 분장할 『경종실록』 35책의 장황을 마쳤다. 18일에는 춘추관에 실록을 봉안했다. 관례대로 의궤를 만들고, 3월 13일에 중초를 합하여 네 궤짝을 세초했다. 16일에는 비망기를 내려 실록 편찬에 참여한 관원들에게 상전을 내림으로써 『경종실록』 편찬이 끝났다. 그러나 아직 끝난 것이 아니었다.

2. 『경종실록』의 수정

1) 미완으로 남은 『경종실록』의 쟁점들

『경종실록』에는 노론과 소론 사이의 대립 및 신임사화의 전개 과정이 주로 수록되어 있다. '사신 왈史臣曰'이나 '근안謹按'으로 시작하는 논평, 즉 사론에는 소론 측의 입장이 대체로 긍정적으로 반영되어 있으며, 노론 측에 대해서는 매우 부정적으로 기술되어 있다. 이는 『경종실록』의 편찬자들이 주로 소론에 속했기 때문이다. 그러므로 『경종실록』을 찬수할 때부터 공정성에 논란이 있었다.

…… 조정이 뒤바뀌는 시기에 …… 신은 생각하건대, 선조의 실록은 지극

히 엄하고 중대한 것이니, 겨우 끝난 찬수와 절반이나 이루어진 인쇄 작업을 전적으로 한쪽 편 사람들이 마음대로 하게 맡겨둘 수 없다고 여겼습니다. 그 때문에 새 당상이 인쇄를 속개한 날, 신은 실제로 옛 동료들을 등 떠밀어서 매일같이 다시 출근하게 하였습니다. …… 하늘을 뒤덮는 한 개의 그물이 사국史局에 높이 펼쳐지자, 권흉에게 굽히려 하지 않는 자는 아주 먼 변방으로 쫓겨났고, 조금이라도 말이 사국의 일에 미치는 자는 외딴 섬에 던져졌습니다. 새로 들어온 한 사람의 낭청이 온 실록청을 속이고 몰래 인판印板을 뽑아냈는데, 신이 교열할 즈음 우연히 알게 되었습니다. 저들이 제멋대로 이미 인쇄한 판을 뽑아낸 것은 필시 이루어진 사책史冊을 변개하려는 의도일 것이라 생각하고 뜻을 같이하는 동료들과 더불어 의견을 모아서 상소를 올려 그 간악함을 적발해내려고 하였습니다. 그러나 또 다른 의견에 '몰래 뽑아낸 뜻은 반드시 개편하려는 계책일 것이니, 그들이 개편하여 바치기를 기다려서 의리義理로 책망하고 보고해도 늦지 않다'고 하였으므로 마음속으로 참고 견디면서 시일을 보냈습니다. ……

실록청의 규정은, 인쇄해야 할 판에 혹 자구가 이상하여 마땅히 총재의 검토를 거쳐야만 할 것이 있을 경우, 분판을 함부로 씻지 못하고 주자鑄字를 감히 치워버리지 못한 채 모두 간수해두고 신중히 기다리는 법이니, 아무리 오래되어도 감히 움직이지 못하는 것입니다. 그런데 지금 곧 서둘러 분판을 씻고 갑작스레 주자를 치워버렸으니, 어찌 세도世道의 큰 변괴가 아니겠습니까? 그리고 등록을 맡은 여러 낭청들을 꾸짖으며 심지어 '이 무리들은 일개 서역書役을 담당한 관원에 불과하니, 사국의 이면은 감히 알 바가 아니다.'라고 하였습니다.

아! 도청 관원 또한 서역을 담당하고 있으니 똑같이 서역을 담당한 관원인데, 자기는 몰래 실록 인쇄판을 뽑아내면서 남에게는 도리어 재갈을 물

리고 굴레를 씌우려 한단 말입니까? 사람의 교만 방자하고 그릇되고 어긋
남이 어찌 이 지경에 이르는 것입니까? 그러나 같은 말로 공초를 바쳤던
사람들이 모두 먼 변방으로 귀양을 가버렸으니, 구차하게 죄를 면한 부끄
러움은 신이 스스로 해명하기가 어렵습니다.[4]

위 글은 『경종실록』 편찬 당시 교정을 맡았던 주서注書 이수해李壽海가 올
린 상소이다. 그의 말에 따르면 전에는 상상도 할 수 없던 일이 실록청에서
벌어지고 있는 셈이다. 이미 정초본까지 만들고 활자로 인쇄하기 위해 준비
해둔 분판을 씻거나 활자를 치워버리는 일이 그것이다. 한술 더 떠서 실록청
겸춘추들을 야단치거나 멸시하는 발언까지 서슴지 않는 모습도 보인다. 이
같은 일이 사실이라면 이수해는 정당한 문제 제기를 한 것이다. 하지만 이수
해는 이 상소를 올린 뒤 당파를 짓는 습관을 버리지 않는다는 이유로 전라도
강진현으로 유배당했다.

영조 5년(1729) 12월에는 숙종의 신사처분辛巳處分(숙종 27년, 1701)에 대한
기록의 친수 여부를 둘러싸고 논의가 있었다. 신사처분이란 희빈 장씨에게
사사賜死를 내린 일을 말한다. 영조는 "강희康熙 40년인 신사년 8월 14일에
인현왕후께서 승하하신 뒤에 곧 이어서 옥사를 처분했던 것이다. 그 대처분
大處分의 내용과 비망기의 말뜻이 지극히 명확하고 엄정하거늘 어찌 후세에
사라지게 할 수 있겠는가? 오늘날 제기하는 것은 차마 할 수 없는 바가 있다.
또한 이미 국사에 자세하게 실려 있기에, 여기에는 갖추어 기록하지 않는다.
대략 이렇게 범례를 기록하여 후세에 남긴다."라고 하여, 그대로 간행하도록

---

4 『영조실록』, 5년 3월 25일(기사).

했다.[5]

영조 7년(1731) 5월 『경종실록』의 찬수가 마무리되자, 이듬해 3월 춘추관의 요청에 따라 실록을 4대 사고史庫에 봉안한 후 시정기와 중초中草를 세초했다. 그러나 그해 4월 헌납 민정閔珽이 다음과 같은 상소를 올렸다.

> 경종의 행록行錄에 박상검朴尙儉의 옥사를 싣지 않았는데, 이것이 참으로 선조의 대처분이기는 하지만 없애버릴 수는 없습니다. 실록을 이미 봉안하였다고는 하지만 행록이 붙어 있는 권卷은 더 써넣고 고쳐서 인쇄하여 뒷날 포쇄할 때 추가로 가져가서 간직하게 하십시오.[6]

영조는 정사에 이미 박상검의 옥사가 실려 있으니 행록에 굳이 다시 넣을 필요가 없다면서 민정의 의견을 받아들이지 않았다. 박상검의 옥사는 노론 4대신을 무함했던 김일경이 왕세제인 연잉군을 해치고자 환관 박상검에게 은화 수천 냥을 건넸고 박상검이 그 돈으로 환관과 궁녀들을 매수한 사건이었다. 이 사건에 대해 『경종실록』의 별록을 만들어야 한다는 주장은 신임사화가 '무함에 의한 옥사誣獄'로 확정된 이후 영조 17년(1741) 10월 헌납 이천보李天輔에 의해 제기되었다.

> 헌납 이천보가 상소하여 『경종실록』의 개보改補를 청하였는데, 그 상소에 대략 이르기를 "무안誣案(무함에 의한 신임사화 관련 추국청 문서)을 불살라버린 뒤에 나라의 기강이 비로소 밝아졌는데, 사국의 전례를 보면 사안이 국시

---

5 『영조실록』, 5년 12월 25일(을축).
6 『영조실록』, 8년 4월 20일(정미).

에 관계된 것은 열성조의 실록을 추후에 별록한 경우도 가끔 있습니다. 대개 의리란 것은 일시의 의리가 아니고 바로 만세의 의리이니, 단지 한 시대에만 펴고 역사책에 명백히 기재하지 않는다면 또한 어찌 만세에 전할 수가 있겠습니까? 무릇 실록은 사체가 비록 지극히 중대하지만, 의리가 이미 정해지면 혹은 그 오류를 바로잡기도 하고 혹은 그 빠진 것을 보충하기도 하는 것은 바로 실록을 소중히 여기는 까닭입니다. 이제 옛 관례를 상고하여 따로 하나의 기록을 만들어서 석실에 보관하지 않을 수 없습니다." 하였다. …… 좌의정 송인명宋寅明이 말하기를 "이것은 진실로 옳지 않습니다. 이미 버려진 것을 보완하여 말할 것이 없는데, 만일 별록을 만든다면 더욱 사리에 맞지 않습니다." 하고, 영의정 김재로金在魯는 말하기를 "『단종대왕실록』은 수말首末을 합하여 하나로 만든 일이 있습니다. 이것은 단지 이를 원용하여 청한 것에 지나지 않는데, 실록의 별록은 사체가 진실로 어떠하겠습니까?' 하였다. 상이 비답을 내리기를 "이번 대훈大訓은 앞으로 만들 실록에서도 이전 기록에 빠진 것을 충분히 보충할 수가 있다. 이번 처분을 가지고 어찌 전록前錄에 이은 속록續錄을 낼 수 있겠는가?' 하였다.[7]

『경종실록』을 개보하여 별록을 만들자는 이천보의 주장에 송인명은 이미 버려진 것을 보완하여(補遺) 말할 것이 없다고 반대 의견을 냈다. 송인명이 말한 '보유補遺'가 정확히 무엇을 가리키는 것인지는 분명하지 않다. 별도로 부록을 만들었다는 말은 아닌 듯하고, 빠진 부분을 보완했다는 말로 보인다.

김재로의 말은 주의해 살펴볼 필요가 있다. 『단종실록』은 『노산군일기』로 내려오다가, 숙종 30년(1704) 노산군을 단종으로 복위시킨 다음 「장릉지莊陵

7 『영조실록』, 17년 10월 30일(신유).

志」를 만들어 『노산군일기』에 덧붙이고 표제만 '단종대왕실록'으로 바꾸었으며, 따로 재간행하지는 않았다.[8] 김재로는 이런 방식을 염두에 두고 이천보의 의견에 동조했던 듯하다. 영조는 속록續錄을 내는 데 반대 의견을 제시함으로써 결국 『경종실록』 별록을 만드는 일은 진행되지 않았다. 영조가 말한 '대훈大訓'이란 『어제대훈御製大訓』으로, 신임사화가 무옥임을 영조 자신이 밝힌 훈유문을 간행한 것이다.

2) 정조 초반의 정국과 『경종실록』의 수정

그러나 이 문제는 형편만 된다면 언제든 다시 제기될 수 있었다. 정조 초반이 바로 그때였다. 영조에 이어 정조가 즉위했는데, 이전 왕대와 마찬가지로 선왕인 영조 시대의 실록을 졸곡을 마친 즉시 편찬해야 했다. 실제로 정조 즉위년(1776)에도 졸곡제가 거행된 8월 9일[9] 이전에 이미 춘추관에서 실록 편찬을 위해 관청을 설치할 것을 제안했다.[10] 그렇지만 이는 제안에 그쳤을 뿐, 정작 편찬은 두 해나 지난 뒤에 시작되었다. 왜 이런 일이 생겼을까? 그것은 바로 '올바른 의리를 밝히는 기록', 즉 『명의록明義錄』 편찬 때문에 발생한 사태였다.

정권 교체가 가져오는 정치 세력의 판도와 지형의 변화는 어느 정치제도 아래서도 피할 수 없지만, 군주제하에서는 최고 권력이 종신제라는 점과 군주권의 상대적 자율성으로 인해 매우 극심하게 나타나기도 한다. 정조는 부

---

8 조계영, 「조선시대 실록부록의 편찬과 보존」, 『한국문화』 62, 2013.
9 『정조실록』, 즉위년 8월 9일(무신).
10 『영종대왕실록청의궤英宗大王實錄廳儀軌』, 병신년(정조 즉위년, 1776) 7월 일.

친인 장헌세자莊獻世子(사도세자)가 뒤주에 갇혀 죽는 비운을 겪었고, 영조 연간에 세손이었던 자신의 대리청정을 둘러싸고 대소 신료들의 찬반 소용돌이도 겪었다. 그 때문에 정조는 다른 어떤 정책보다 왕권의 안정을 최우선으로 삼았다. 즉위 후, 당연히 정조는 자신이 왕세손으로 있을 때부터 지지 세력이던 서명선徐命善·홍국영洪國榮·정민시鄭民始·김종수金鍾秀를 중심으로 정국의 안정을 도모했다.[11] 아울러 홍인한洪麟漢·정후겸鄭厚謙을 사사하는[12] 등 외척인 풍산 홍씨와 경주 김씨를 정계에서 축출했다. 정조 스스로 이들에게서 '시달림을 받았다'고 표현했을 정도니, 그 처리는 이미 예견된 일이었다.

정조의 정국 운영 구상은 '사림의 정치 이념을 지향하고, 척리를 배척한다(右賢左戚)'는 언명으로 나타났다. 『명의록』은 바로 이 같은 정조 즉위 초반의 정치 상황이 기록되어 있는데, 홍인한 등을 역적으로 사사하고 정조를 지지해온 홍국영·정민시 등의 충절을 선양한 뒤 이 사건의 전말을 알리기 위한 목적으로 편찬되었다. 충역을 바로잡아야 한다는 황경원黃景源의 상소를 계기로, 정조는 실록 편찬도 뒤로 미루고 『명의록』 찬집청을 설치했다.[13] 정조 자신도 『명의록』의 자료 수록 우선순위와 체재를 제시하는 등 석극 참여했다. 『명의록』의 자료로는 세손 시절부터 작성해온 자신의 일기인 『존현각일기尊賢閣日記』와 『승정원일기承政院日記』를 참고했다. 『명의록』은 이듬해인 정조 원년(1777) 3월에 완성되었다.[14] 이후 정조 원년 8월에 홍상범洪相範 등의

11 유봉학, 「정조시대 정치론의 추이」, 『정조시대의 사상과 문화』, 돌베개, 1999, 89쪽.

12 『정조실록』, 즉위년 7월 5일(갑술).

13 『정조실록』, 즉위년 8월 24일(계해).

14 『정조실록』, 원년 3월 29일(을미).

반역 사건이[15] 일어나 그 일을 상술한 『속명의록』도 편찬했는데, 이는 그 다음 해인 정조 2년(1778) 2월에 완성되었다.[16]

일반적인 의미에서 볼 때 실록은 정치성을 띤다. 주로 정치 행위를 기록의 대상으로 삼으며, 또 다름 아닌 정치에 참여하고 있는 관료들이 그 정치 행위를 기록으로 남기고 나중에 실록이라는 형태로 편찬하기 때문이다. 그런데 정조가 등극하면서 그동안 실록 편찬의 관례와 다르게 『명의록』 편찬 때문에 실록 편찬이 늦어졌다. 정조 초반의 이러한 상황은 실록이 지닌 일반적 의미의 정치성과는 거리가 있다. 다시 말하면, 실록에 내재한 정치성으로 인해 관례에서 이탈한 것이 아니라, 실록 외적인 정치 상황으로 인해 관례와는 다른 일이 벌어졌다는 뜻이다.

이는 크게 두 가지 측면에서 해석해볼 여지가 있다. 하나는, 말 그대로 정조 초반 긴박한 정국의 특수성이라는 관점에서 이해하는 것이다. 다른 어떤 일보다도 군주 권력의 정립과 정국의 안정이라는 현안이 시급했기 때문으로 보아도 큰 무리가 없기 때문이다. 그러나 실제로 이런 긴박성은 조금 냉정하게 생각하면 어느 군주든 초반에 겪는 일반적인 통과의례이다. 광해군이나 인조 즉위 초반도 모두 그러했다. 요컨대 이러한 긴박성은 상대적인 온도 차이는 인정할 수 있을지언정 다른 시기에는 정조 초반과 같이 다른 책의 편찬에 밀려 실록 편찬이 늦춰지는 이탈이 발생하는 데까지 이르지는 않았다.

이러한 진단은 또 다른 하나의 해석, 즉 영조 이래 실록의 위상이 점차 하강하던 흐름을 고려하면 오히려 이해가 쉽다. 영조 17년(1741), 사관 자천제自薦制가 당색에 좌우된다는 공론이 일어남에 따라 사관의 공정성이 의심되자

---

15 『정조실록』, 원년 8월 11일(갑진).

16 『정조실록』, 2년 2월 27일(무오).

자율성·공정성의 상징인 자천제는 권점제圈點制로 바뀌었다. 이와 같은 흐름은 정조대 『일성록日省錄』의 편찬과 맞물리면서 내용으로 보나 사람들의 인식으로 보나 실록 자체의 위상이 예전만 같지 못한 결과를 낳았던 것으로 보인다. '실록의 정치성'이라는 주제와 함께 검토되어야 한결 정확한 이해에 도달하겠지만, 적어도 위의 두 진단이 일단 정조 초반 『명의록』 편찬에 밀린 실록 편찬의 실상을 이해하는 데 유효한 실마리를 준다고 본다.

정조 원년(1777) 6월에 『영조실록』 편찬을 위한 응행사목이 마련된 뒤에도 몇 가지 일이 생기는 바람에 실록 편찬이 미뤄졌다. 그중 하나는 앞서 언급한 『속명의록』을 편찬하게 된 계기인 홍상범 등의 반역 사건이고, 다른 하나는 『경종실록』에 대한 수정이 제기된 일이었다.

『경종실록』의 수정 논의는 실록청 도청 당상에 임명된 병조 판서 이휘지李徽之가 신임사화 때 화를 입은 노론 4대신 중 이건명李健命이 자신의 종부從父이므로 본인은 공정한 역사 편찬을 하기 어렵다며 사의를 표명한 데서 나타난다.[17] 언뜻 볼 때는 평범한 상소인 듯하지만, 그의 말은 결국 영조대에 있었던 충역 논의를 정리하라는 압박이었고, 이는 불가피하게 『경종실록』의 수정으로 이어질 수밖에 없었다.

『경종실록』의 수정은 정조 즉위년(1776) 8월 3일에 전 정랑 이사렴李師濂이 처음 건의했다. 그가 예문관으로 봉직할 때 태백산사고에 있는 실록을 포쇄하다가 『경종실록』을 보고 다음과 같이 통탄했다.

> 4대신의 곧은 충성과 위대한 의열을 만고의 악한 반역이라 배척하고, 조태구趙泰耈·최석항崔錫恒 등 흉악한 역적의 괴수는 마음을 다하여 종묘사직을

지탱한 것으로 높이고 있습니다. 여타의 거짓으로 기망하며 더럽히는 말
도 한두 가지만이 아니어서 흑백이 뒤바뀌고 충신과 반역이 거꾸로 되어
있습니다.[18]

이러한 배경하에 『속명의록』의 편찬이 끝나갈 무렵 『경종실록』을 수정하
는 논의가 본격적으로 제기되었다.[19] 『영조실록』의 편찬과 『경종실록』의 수
정 중에서 어느 쪽을 먼저 할지를 놓고 논란을 벌이다가, 마침내 일단 동시
에 거행하기로 하고 도청 및 3방의 당상과 낭청을 임명하여 실록 편찬을 시
작했다. 이때 설치한 실록청은 얼마 뒤 용호영龍虎營으로 다시 옮겨졌다.[20] 실
록청과 관련하여 우선 주목되는 점은 실록청 관원의 명칭을 변경한 일이다.
정조는 다음과 같이 명했다.

실록은 이미 역사의 이름이고 춘추도 역사의 이름이니, 지금 '실록'이니
'춘추'니 함으로써 관제官制는 짜임새가 없어지고 관직명은 중첩되는 문제
점이 있다. 이 뒤로 실록청의 여러 신하들 중에서 2품 이상은 '지실록사知
實錄事', '동지실록사同知實錄事'라 부르고, 3품 이하는 '실록수찬', '편수' 등
의 관직을 품계에 따라 계하하라.[21]

---

18 『경종대왕실록수정청의궤景宗大王實錄修正廳儀軌』(藏 2-3691) 병신년(정조 즉위년,
1776) 8월 3일.

19 『영종대왕실록청의궤』, 무술년(정조 2년, 1778) 2월 초4일·초5일.

20 『영종대왕실록청의궤』, 무술년 윤6월 초1일.

21 『영종대왕실록청의궤』, 무술년 2월 24일.

이는 전통적인 '지춘추관사知春秋館事', '동지춘추관사同知春秋館事'라는 명칭을 바꾸는 조치였다. 이 조치가 내려지게 된 배경은 이전에 관직명을 '실록춘추實錄春秋'라고 내용상 중복되게 붙였기 때문이다.[22] 실록청이 이미 춘추관의 소속 기관이므로 큰 의미가 있는 조치는 아니었지만,[23] 관례적인 일이라도 쉽게 넘어가지 않는 정조의 모습을 보여준다.

한편, 편찬관들을 임명하고 『영조실록』 편찬을 시작했으나 순탄하게 추진되지는 못했다. 이미 정조는 『명의록』과 『속명의록』 편찬으로 실록 편찬이 늦어진 데 대한 부담을 느끼고 있었다. 아무리 실록의 위상이 낮아지고 정치 현안이 급박하다고는 하지만 왕조의 선례인 실록 편찬이 늦어지는 일은 사왕嗣王으로서 매우 부담스러운 상황이었다.

이에 반해 실록청 당상과 낭청은 정조와 똑같은 마음을 갖고 있지는 않았던 것 같다. 애당초 실록 편찬은 언제나 지연될 소지를 안고 있는 사업이었다. 실록청이 임시 기관인 탓에 편찬관은 모두 겸직으로 운영되었기 때문이다. 따라서 편찬관들은 본래 관청의 형편, 전직轉職 등 지위 변화, 신병 등의 사유로 변동이 매우 심했다. 실록 편찬관의 겸직이라는 직분상 본래의 한계는 정조 초반 『영조실록』의 편찬에도 영향을 미쳤을 것이다.

하지만 즉위한 지 2년이 지난 시점에서 시작하는 실록 편찬인 데다, 편찬이 예상대로 잘 진척되지 않자 정조는 매우 짜증스러운 반응을 보이기도 했

---

22 『정조실록』, 2년 2월 24일(을묘).

23 명칭과 관련하여 약간의 문제가 일어나기도 했다. 나중에 지실록사知實錄事 김종수金鍾秀와 조준趙㻌이 예문관에서 실록을 상고하려 했을 때 관직명에 '춘추'라는 말이 들어가지 않아 곤란을 겪은 일이 있다. 『영종대왕실록청의궤』, 경자년(정조 4년, 1780) 4월 29일.

다.[24] 정조는 실록청 당상과 낭청이 모두 '영조의 교화 속에서 영향을 받으며
(陶甄) 살았던 사람들'임을 강조하기도 하고, 수시로 신칙하면서 편찬을 독려
했으며, 사관을 보내 실록청을 적간했다. 앞서 실록청 관원의 명칭 변화도 사
실은 이런 독려와 상관이 있다.

> 실록청의 초기草記에 매번 '춘추관 낭청春秋館郎廳'이라고 적는데, 이는 다름
> 이 아니라 본청의 낭청이 와서 바치려 하지 않고 한림을 시켜 대신 바치기
> 때문이다. 몹시 성실하지 못한 태도이므로, 한림을 모두 '실록낭청實錄郎廳'
> 이라 부르라고 전교를 내려라.[25]

실록청의 낭청 운영에 대한 정조의 문제 제기이다. 편찬 사업이 해를 넘
기자 원활한 사업 추진을 위해서 정조는 행 병조 판서 이휘지에게 실록을 편
수할 처소를 따로 서운관書雲觀에 마련해주는 등의 조치를 취했다.[26]
이렇게 이러저러한 정치적 이유나 신병, 관직 이동 등으로 변동이 잦았던
'겸춘추', 즉 실록청 관원을 통해 『영조실록』은 차츰 모습을 갖추어갔다. 정
조 5년(1781) 3월에 이르러, 우선 '교정이 끝난 사초', 즉 '재견본再見本'을 토
대로 인쇄 작업이 시작되었다. 인쇄 작업은 몇 년 몇 월 며칠부터 며칠까지
몇 장을 인출했는지 점검하면서 이루어졌다.[27] 분량이 많았으므로 교정한 부

---

24 편찬이 왜 그렇게 늦어지냐면서 정조가 독촉하는 모습은 여러 군데서 나타난다. 『영종
대왕실록청의궤』 「찬수청등록」, 무술년(정조 2년, 1778) 11월 22일; 기해년(정조 3년,
1779) 8월 26일.

25 『영종대왕실록청의궤』, 무술년 2월 27일.

26 『영종대왕실록청의궤』, 기해년 2월 11일.

27 『영종대왕실록청의궤』, 신축년(정조 5년, 1781) 3월 23일.

분부터 먼저 분판에 옮겨 1년분 단위로 인쇄에 들어가[28] 마침내 총 83책을 인출했다. 이 실록을 다섯 사고史庫에 나눠 보관해야 했으므로 통틀어 415책을 인출했다.[29] 여기에『경종수정실록』을 인출한 15책(3책, 5사고)을 합하여『영조실록』과 함께 7월 초3일에 봉안하기로 했다.[30]

『영조실록』과 동시에 진행된『경종수정실록』의 편찬이 끝나자 구본舊本, 즉『경종실록』의 폐기 여부를 놓고 논란이 벌어졌다. 이 문제에 대해 정조는 다음과 같은 이유를 제시하면서 구본의 폐기에 반대했다. 즉, 우리나라에서도 정본과 구본을 함께 남겨둔 일이 있으며, 송나라 때 범조우范祖禹가 수찬한 사서史書로 말하면 장돈章惇·채변蔡卞 등이 다시 고치고 그 뒤 범충范沖이 또다시 바로잡았는데 전후의 두 가지 본이 함께 유행하였고 그때 사람들이 그를 일컬어 '주묵사朱墨史'라 하였다면, 두 가지 본을 모두 남겨두는 것 또한 고례라는 것이었다.[31] 이로써 현재『경종실록』과『경종수정실록』의 두 본이 함께 전하는 것이다. 이는 조선 후기 실록 수정의 기본 원칙을 재확인하는 일이었으며, 원본과 수정본을 모두 남김으로써 궁극적으로 역사의 평가를 객관화하는 합리적인 처리 방향이었다.

모든 편찬 사업과 행사가 마무리되는 시점에 이르자, 그간의 일을 총정리할 실록청의궤의 편찬이 시작되었다. 실록청의궤의 편찬도 관례에 따라 사목

---

28 『영종대왕실록청의궤』, 신축년 3월 24일.

29 『영종대왕실록청의궤』, 신축년 6월 20일.

30 『영종대왕실록청의궤』, 신축년 7월 초1일.

31 『선조수정실록』이후 조선 후기에 수정·개수된 실록이 원본과 함께 두 가지가 모두 남게 된 것은 바로 이 '주묵사'의 전례에 따른 전통이었다. 오항녕,「『宣祖實錄』修正攷」,『한국사연구』123, 2003.(이 책의 '제2부. 주묵사朱墨史의 출발:『선조수정실록』'에 수정하여 재수록)

事目을 작성했다.

    드디어 실록청의궤의 편찬을 끝내고, 7월 25일에 『경종수정실록』의 초초와 중초, 초견본과 재견본, 영조 때의 시정기, 『영조실록』의 초초와 중초 및 초견본과 재견본을 잘게 잘라 보관하던 19궤짝 분량의 자료를 차일암遮日巖에서 세초했다. 세초와 함께, 관례대로 실록 편찬의 노고를 위로하는 상전과 선온을 내림으로써 하나의 실록 편찬과 다른 하나의 실록 수정을 마감했다.

2장   『경종실록』과 『경종수정실록』의 비교

1. 왕세제 건저

①-A 경종 1년 7월 24일(계축)

영조본》

경은부원군慶恩府院君 김주신金柱臣이 졸하였다. 나이는 61세요, 시호는 효간孝簡이니, 김주신은 숙종 계비의 아버지이다. 천품이 염정恬靜하고 풍도가 단아하였으며, 젊어서부터 문장을 좋아하여 사우士友들이 추앙하고 인정하였다. 국구가 되어서는 더욱 근신하는 마음을 가져 평소에 검약함이 한사寒士와 다름없었고, 벼슬길에 나아가 일을 처리할 적에는 자신을 낮추기에 힘썼으며, 가내의 행위도 독실하여 숙모를 어머니처럼 섬겼고, 형의 자부子婦를 거두어 집을 지어주고 생계를 꾸려주었다. 조정의 일에는 일찍이 간섭함이 없었고 또한 부탁하는 일도 하지 않았으니, 시론時論이 칭찬하지 않는 이가 없었다.

그러나 평소의 친구들도 혐의를 받을까봐 왕래를 끊었음에도 김창집金

昌集만은 친척 관계가 있다며 평계하고 아무 때나 거리낌 없이 왕래하였는데, 간혹 그에게 꾀여 그릇된 방면으로 인도되기도 하였다. 말년에는 세상이 점점 말 못할 지경에 빠져들어 힘으로 만회할 수가 없음을 보고서 근심과 울분으로 어찌할 바를 몰랐으며, 날마다 술만 마시고 여자를 가까이하여 수명을 재촉하였다고 한다.

정조본》

영돈녕부사 김주신이 졸하였다. 김주신의 자는 하경廈卿으로, 인원왕비의 아버지이다. 숙종 22년(1696)에 생원에 합격하여 순안 현령이 되었다가, 인원왕비가 중궁에 정위正位되자 김주신이 영돈녕부사로 승진하고 경은부원군에 봉해졌다. 몸가짐이 조심스러웠고, 지성으로 나라를 위하였다. 성상이 즉위하여 환관이 권세를 부리니, 영의정 김창집이 일찍이 김주신과 말하기를 "왕실이 조석에 장차 망할 것입니다." 하고, 이어 눈물을 흘리니 김주신도 울었다.

김창집이 말하기를 "선왕의 둘째 아들인 연잉군이 어질고 효성스러워 덕행이 있으니, 공이 만약 왕대비께 아뢰어 저사儲嗣로 삼는다면 환관을 베어 죽일 수 있고, 종국宗國도 또한 편안해질 수 있을 것입니다." 하니, 김주신이 말하기를 "힘을 다하지 않을 수 있겠습니까?" 하였다.

얼마 뒤 김주신이 졸하니, 나이 61세였다. 상이 슬픔을 표하고, 소선素膳을 들었으며, 시호를 '효간'이라 하였다. 김주신이 이미 졸한 지 26일 만에 왕대비가 연잉군을 세워 세제로 삼았다. 아! 종사가 오늘날에 이르러 억만년 왕업의 기초를 세우게 된 것은 모두 김주신의 힘이다.

①-A의 기사는 김주신金柱臣의 졸기를 둘러싸고 영조본(『경종실록』)과 정조본(『경종수정실록』)이 보여준 차이를 확인하기 위해 선별했다. 영조본에서는

김주신을 대체로 호평하면서도 김창집에게 잘못 인도되었다고 지적한 반면, 정조본에서는 김주신이 인원왕대비를 통해 왕세제(연잉군, 훗날 영조)를 책봉했기 때문에 그 공로를 기렸다. 또한 김창집과 함께 종묘사직을 걱정하여 왕업을 튼튼히 한 인물로 수정되었다.

①-B 경종 1년 8월 20일(무인)

영조본》

상은 평소에 병이 많아 후사를 두기가 어렵게 되었으니 나라 형세의 위태로움이 철류綴旒(관에 매달린 장식)와 같았다. 삼종三宗(효종·현종·숙종)의 혈맥으로는 다만 주상과 아우 한 분이 있으니 천명과 인심의 스스로 귀착되는 바가 저군儲君이 아니고 누구이겠는가? 이제 종묘사직의 대계가 이미 정해졌으니 명이 한 번 내려지자 온 나라 사람이 기뻐하지 않는 이가 없었다.

그러나 당일 대신들은 조정에 모여 의논을 꺼내려 하지 않았고, 또 교외에 있는 동료 대신에게도 알리지 않았으며, 다만 조정에 있는 4, 5인의 동료와 함께 깊은 밤중에 청대하여 광명정대한 일이 전도되고 소략함을 변치 못하게 하였으며, 심지어 상의 뜻은 물어보지도 않고 굳이 자성慈聖이 직접 쓴 글을 얻은 후에라야 받들겠다고 말하였는데, 이것이 어찌 연석筵席에서 사안을 아뢰는 체통이라 하겠는가?

이때 상은 오래도록 혼전魂殿의 향사享祀에 친히 제사하지 못하였고, 상제祥祭 후에도 아직껏 산릉에 가 뵙지 못하였으므로 신하들이 여러 번 말을 하였었는데, 이날은 갑자기 명릉明陵(숙종과 인현왕후의 능)을 뵙겠다는 명을 내렸다. 이것은 마땅히 여러 사람이 함께 기뻐해야 할 일인데도 김창집은 몸조리에 지장이 있다는 이유로 탑전에서 중지할 것을 청하였으니, 사람들이 이 일 때문에 더욱 그를 의심하였다.

정조본》

훗날 영조(英宗) 계축년(영조 9년, 1733)에 민진원(閔鎭遠)이 영조에게 아뢰기를 "경자년(경종 즉위년, 1720) 국휼 후에 신하들이 만나면 늘 머리를 맞대고 걱정하기를 '사왕(嗣王)의 성후가 편찮으시고, 더욱 후사를 두실 희망이 끊어졌으니, 나랏일을 장차 어찌하겠는가? 하여, 이에 건저의 의논이 있었습니다. 신은 말하기를 '국사가 급하지만 즉위한 지 한 해를 넘기지도 않았는데 바로 건저한다면 중외에서 성상의 건강이 이와 같음을 알지 못하고 있는 터에 반드시 의혹이 있을 것이다. 힘껏 보좌하여 3년이 지난 뒤에 건저를 의논해야 할 것이다.' 하였고, 김창집은 '…… 3년 뒤에 해야 한다는 말이 진실로 옳다.' 하였습니다. …… 신축년(경종 1년, 1721)에 이르러 대간의 상소가 갑자기 나오자 …… 신이 말하기를 '이 논의가 이미 나온 뒤에는 경각도 지연시킬 수 없으니, 반드시 오늘밤 정성을 다하여 극력 진달해서 꼭 정책(定策)(건저)을 해야 할 것이다. 만일 혹시라도 지연된다면 종사의 변이 반드시 생길 것이다.' 하니, 김창집이 그렇게 여기고 곧바로 대궐에 나아가 여러 재신(宰臣)들을 부르기를 청하고 문에서 기다린 다음 들어왔습니다. …… 3, 4경이 되도록 소명(召命)이 내려지지 않으므로, 신이 말하기를 '이 일은 경각이 매우 급하니, 지금 다시 청대하는 것이 마땅하다.' 하니, 조태채가 말하기를 '이와 같이 하면 군부(君父)에게 재촉하는 것 같으니, 그렇게 할 수 없다.' 하였습니다. 파루 뒤 신이 말하기를 '일을 재촉하는 듯싶은 것은 작은 예절이고, 뵙겠다고 하고 입시하는 것은 큰일이니, 곧바로 조속히 청대함이 마땅하다.' 하자, 여러 대신들이 동의하였습니다. 즉시 승전색(承傳色)에게 뵙겠다고 청하여 날이 밝아지려 할 때 입시하니, 어좌의 곁에 서안이 있었고, 서안 위에는 글이 있었습니다. 경종(景廟)께서 서안을 돌아보며 가리키시기에 대신이 가져다가 받들어 보니, 자전의 언교(諺敎)와 경종의 친필이었습니다. 좌의정 이건명이 받들어 읽으니, 입시한 여러 신하들이 모두 말을 잃고 눈물을 흘리며 울고 물러나왔습니다." 하였다.

경종 1년(1721) 8월 20일의 기사는 왕세제 건저에 대한 기록으로, 영조본과 정조본 모두 경종과 대신들의 논의 과정을 수록했다.

①-B의 영조본에는 연잉군을 왕세제로 삼는 논의의 마지막에 위와 같은 사론이 첨부되어 있다. 일부 대신들이 경종의 생각은 물어볼 생각도 하지 않고, 또 널리 논의하지도 않은 채 건저를 경솔히 추진하여 체통을 잃었다고 비판했다. 특히 김창집에 대해서는 사람들이 의심을 품었다고 기록했다.

이를 의식했기 때문일까? 정조본에는 뒷날 영조 9년(1733)에 민진원이 영조에게 아뢴 내용을 덧붙여 수록했다. 여기에는 영조본에 없는 사실이 들어 있다. 민진원과 함께 김창집이 건저를 3년 뒤에 하자고 주장했다는 것, 신축년(경종 1년)에 제기된 건저 논의는 대간의 상소로 시작되었다는 것, 왕세제의 건저 경종에게 뜻을 물어보지 않고 한 일이 아니라 '자전(인원왕대비)의 한글 교서와 경종의 친필'을 보고 진행되었다는 것이다. 영조본 기사를 반박하는 내용이라고 볼 수 있다. 이렇듯 정조본은 경종 연간 이후의 기록이라도 추가로 수록하는 방식을 통해 수정을 진행한 특징이 있다. 이는 말할 것도 없이 경종의 재위 기간이 짧았으므로 신임사화라는 큰 사건의 결말이 나지 않았기 때문이다.

①-C 정조본》 경종 1년 8월 21일(기묘)

㉮ 신이 살펴보건대, 옛적에 송나라의 한기韓琦가 영종英宗을 책립할 때 일찍이 장승張昇과 더불어 평소에 의논하지 않았으므로, 장승이 한기를 보고 '공은 어찌 나와 평소에 의논하지 않았는가?' 하였다. 한기가 응답하지 않

다가 장승이 물러가자 그제야 웃으면서 말하기를 '평소에 의논했다면 어찌 사직의 일을 무너뜨리지 않았겠는가?' 하였다. 김 충헌공金忠獻公(김창집)이 조급하게 서둘러서 밤중에 정책定策한 일이 너무 성급한 것 같지만, 또 조태구와 평소에 의논하지 않았으니, 그도 한기의 지혜가 있었다고 할 것이다.

㉯ 사신은 논한다. 처음에 상이 동궁으로 있을 때 이이명이 와내臥內에서 독대하니, 사람들이 혹 '이이명이 연잉군을 익대翼戴하려 한다'고 의심하였는데, 오직 상만은 이이명이 독대한 까닭을 알고 있었다. 상이 즉위하자 영의정 김창집 등이 저사儲嗣를 세울 것을 청하니, 상이 흔연하게 연잉군을 세워 세제로 삼고, 마치 독대의 일을 알지 못하는 것같이 하여 일찍이 추호도 꺼림칙하게 여기지 않았으니, 천하의 지극히 인자하고 크나큰 도량이 아니라면 어찌 이와 같았겠는가?'

경종 1년(1721) 8월 21일 경종의 명에 따라 저사儲嗣가 결정되자 연잉군은 명을 거두어달라고 상소했지만, 경종은 자신의 후사가 없고 질병이 있다는 이유로 연잉군을 왕세제로 세웠다. 사저에 머물던 연잉군을 궐내에 들어와 거처하게 하고 위호를 왕세제로 결정한 날, 정조본에는 사론이 두 편 실렸다. ①-C의 ㉮, ㉯가 그것이다. ㉮는 건저를 논의했던 당일 김창집의 정책定策(건저) 판단이 옳았다는 것이고, ㉯는 경종이 동궁으로 있을 때 이이명이 숙종과 정유독대(숙종 43년, 1717)를 했음에도 남들의 의심과 달리 이미 그 시절부터 이이명을 신뢰했기 때문에 이때 와서도 흔쾌히 연잉군을 세제로 삼았음을 강조하고 있다.

왕세제 결정 사안은 『경종실록』(영조본) 편찬자들도 부정적으로만 볼 수 없는 노릇이었다. 왜냐하면 『경종실록』은 당시 왕세제로 결정되고 이후 왕위에 오른 영조 치하에서 편찬되었기 때문이다. 그런 까닭인지 유봉휘柳鳳輝가 왕세제 책정이 사리에 합당하지 않다는 뜻으로 상소했을 때, 영조본에서는 '건저하는 일이란, 임금의 질환이 끝내 후사를 둘 수 없는 상태라면 차례대로 계승하게 되는 것은 늦고 빠른 차이가 있을 뿐이고, 지금 미리 세운 것은 나라 형세를 더욱 공고히 하자는 것'이라며 그의 상소를 망령되다고 평했다. 아울러 유봉휘의 상소는 김창집의 무리가 경종에게 무례했음을 분하게 여기고 믿게 본 데서 나왔지만 이 역시 당론 때문에 비롯되었다며,[32] 양비론을 통해 여전히 김창집을 비난하는 논조를 유지했다.

2. 김일경과 목호룡의 고변

영조의 재위 중에 선왕인 경종 시대의 왕세제 건저에 대한 논의는 『경종실록』과 『경종수정실록』의 차이가 비교적 절차 문제나 확인할 수 없는 관련 자들의 의도에 국한된 측면이 있다. 반면, 신임사화에 대한 기록은 첨예하게 대립한다. 경종 1년(1721) 10월, 경종은 왕세제에게 정사政事를 대행하게 하는 명을 내렸다.

②-A 경종 1년 10월 17일(갑술)
영조본》

㉮ 살펴보건대 예로부터 임금에게 질병이 있을 경우 태자가 청정聽政하고 선위받았던 사례는 당나라에 순종이 있고 송나라에 광종이 있었다. ……

---

32 『경종실록』, 1년 8월 23일(신사).

돌아보건대 이이명과 김창집은 죄와 허물이 쌓이고 쌓여 항상 스스로 위태로워하는 마음을 품고 감히 이런 일을 하였던 것이다. 하물며 그 자제와 문객의 흉측한 계획 및 사악한 모의가 또 역안逆案에 낭자한 경우임에랴. 정무를 놓는 명이 있었는데도 정청庭請을 또 거두니, 중외의 인심이 비분하고 대소 신민은 분주하여 허둥지둥하였다. 제생諸生 중에는 대궐을 지키면서 울부짖는 자까지 있었는데, 조태구가 대궐에 나아가 입대하자 취소의 명령이 있음을 듣고서는 모두 기뻐하여 뛰어 마지않았으니, 경종의 거룩한 덕이야말로 전傳에서 말한 '슬픔을 백성에게 베풀지 아니하여도 백성이 슬퍼하고, 공경을 백성에게 베풀지 아니하여도 백성이 공경한다.'는 것이 어찌 아니겠는가?

㉯ 사신은 말한다. 성상께서 즉위하신 이래 마음의 병이 갑절이나 심해져 신하들을 대할 때는 말이 혹 뒤바뀌는 경우가 있고 만기萬機에 임할 때는 살피지 못함이 많았다. 진실로 두려워할 만한 종사의 근심이 있었으니, 이는 조성복趙聖復의 상소와 4대신의 차자에서 빙자하여 말한 바이다. 청정은 선조로부터 이미 이루어진 법이 있고 세제의 영명함은 족히 큰 임무를 맡아 감당할 만하니, 성상께서 정무를 놓고 한가로운 데 나아가 조섭에 전심하되 조금의 차도가 있다면 어찌 종묘사직과 신민의 다행이 아니겠는가? …… 무릇 임금에게 질병이 있어 세자가 수고로움을 대신하는 것은 바로 나라의 큰 정사이니, 또한 숨기고 덮어서 비밀로 할 만한 것이 아니다. 대신이 애초에 바로 청하지 아니하고 다른 사람의 입을 빌려 은미하게 말을 낸 것은 무엇 때문인가? 3일 동안 정청하여 힘써 다투고 고집한 것은 무엇 때문인가? 이미 절목을 올렸는데 또 도로 거두기를 청한 것은 무엇 때문인가? 대신의 변하지 아니하는 충성된 마음으로 종사를 위해 큰 의논을 세우는 것이 또한 이와 같은가? …… 경經에 이르기를 '그 큰 괴수를 죽

인다.' 하였으니, 어찌 수종首從의 구분이 없겠는가? 더욱이 애초에 옥안獄
案에 관련되지 아니한 자는 더욱 구별하는 것이 마땅한데, 이제 한꺼번에
4대신을 함께 죽였으니 그 또한 참혹하다.

정조본》

사신은 논한다. 병을 숨길 수 있는가? 성인도 질병이 있다. 그러므로 『서
경』「고명顧命」에 "이제 하늘이 나에게 질병을 내려 장차 일어나지 못하
고 깨어나지 못할 것이다." 하였으니, 이것은 (주나라) 성왕이 그 병을 숨기
지 않은 것이다. 임금에게 질병이 있으면 신하가 숨길 수 있겠는가? ……
임금에게 불행히 병이 있는데 좌우에서 나라의 주권을 도둑질하여 사직
이 망하게 되었다면, 즉위한 원년일지라도 저사儲嗣를 세울 수가 있는 것
이고, 저사를 세웠다면 어찌 국정을 섭정하지 못하겠는가? 그러므로 군주
가 병이 있는데도 동궁이 섭정할 수 없다고 말하는 이는 난신亂臣이고, 군
주가 병이 없는데도 동궁이 섭정을 할 수 있다고 말하는 이 또한 난신이
다. …… 나라가 반드시 멸망할 것을 보고도 오히려 하루아침의 화를 고려
하여 왕세제를 떠받들어 국정을 섭정하기를 4대신이 청하지 않았다면, 그
들의 불충한 죄가 저들의 무리와 무엇이 다르겠는가? 조태구 등이 승정원
을 경유하지 않고 들어와 위기가 위로 동궁에게 닥쳐서 실로 말하기 어려
운 우려가 있었다. 그러므로 김창집 등이 창황히 따라 들어가 같은 목소리
로 청정의 환수를 청하였으니, 또한 그 형세가 그렇게 하지 않을 수가 없
었던 것이다. 바야흐로 그들이 멋대로 장살狀殺을 행하는 데 오로지 연명
차자를 죄안으로 삼았고, 을사년(영조 1년, 1725) 이후에 이르러서는 스스로
연명차자를 위배한 자가 도리어 그들의 역안이 될 줄 알았기 때문에 드디
어 삼변三變의 설을 만들어내 처벌하였다. 삼변은 바로 정청庭請·연차聯箚·
수환收還이다. 이른바 '삼변'이란 그것이 변한 것이 아니고 단지 충성을 하

는 데 한결같았던 것을 볼 수 있다.

②-A 기사는 왕세제 대리청정을 둘러싸고 소론과 노론이 각각 영조본과 정조본을 통해 상이한 관점을 보여주고 있다. 영조본에는 사론이 ㉮, ㉯ 두 편이 달려 있다. ㉯에서 제기한 "대신이 애초에 바로 청하지 아니하고 다른 사람의 입을 빌려 은미하게 말을 낸 것은 무엇 때문인가? 3일 동안 정청庭請하여 힘써 다투고 고집한 것은 무엇 때문인가? 이미 절목을 올렸는데 또 도로 거두기를 청한 것은 무엇 때문인가? 대신의 변하지 아니하는 충성된 마음으로 종사를 위해 큰 의논을 세우는 것이 또한 이와 같은가?"라는 의문은 정조본에서 곧 삼변三變, 정청庭請·연차聯箚·수환收還이라고 수정하여 정리했다. 삼변을 좀 더 구체적으로 말하면 김창집 등이 정청을 하다가 거두고 연명차자를 올렸으며, 결국 경종으로 하여금 왕세제의 청정 자체를 거둬들이도록 했다는 말이다. 정조본의 편찬자들은 이를 한결같은 충성으로 보았던 반면, 영조본의 편찬자들은 변심이자 역심이라 보았다. 서로의 견해가 대립했던 것이다.

한편 영조본에서 ㉮와 달리 ㉯에서는 수종首從(수범자와 종범자)의 구분이 있고 애초 옥안獄案에 관련되지 않은 자는 구별해야 하는데 한꺼번에 4대신을 함께 죽인 일은 참혹하다고 보았다. 즉, 이 사태가 노론 4대신의 사사나 참수에 이를 일까지는 아니었다고 본 것이다. 혹시 ㉮는 경종 당시의 사론이고, ㉯는 편찬하던 무렵, 즉 영조 때의 사론이기 때문은 아닐까?

소론과 노론의 팽팽한 긴장 속에서 발생한 사건이 김일경·목호룡의 고변으로 인한 대대적인 노론 숙청, 즉 신임사화였다. 사건은 12월 6일 김일경 등이 조성복과 그 무리를 처벌하라고 올린 상소에서 발단했다. 조성복이 그해 10월 10일 왕세제의 참정參政을 요청하는 상소를 올렸는데 경종이 그날 바로

세제로 하여금 대리청정하라는 명을 내렸기 때문이다.

②-B 영조본》경종 1년 12월 6일(임술)

사직司直 김일경金一鏡·박필몽朴弼夢·이명의李明誼·이진유李眞儒·윤성시尹聖時·정해鄭楷·서종하徐宗廈 등이 상소하기를 ……

처음 김일경의 상소가 들어오자, 승지 신사철申思喆·이교악李喬岳·조영복趙榮福·조명겸趙鳴謙 등이 아뢰기를 "김일경의 상소는 가리킨 뜻이 흉참하여 4대신을 해치고자 하는 데 있을 뿐만이 아닙니다. ……"

상이 하교하여 '나의 생각을 엿본다.'며 꾸짖고 승지들을 아울러 파직하였으며, 이어 삼사의 여러 신하를 모두 삭출하라고 명하였다. 서소 위장西所衛將 심필기沈必沂를 가승지假承旨에 차임하였는데, 심필기가 계달에 참여하지 아니한 승지 이정주李挺周·김제겸金濟謙을 입시하도록 청하였다. 이정주가 부름을 받고 입궐하자, 상이 이정주를 사판仕版에서 깎아내고 김제겸을 파직하라고 명하였다. 김창집·이이명·조태채가 의금부 밖에 나아가서 명을 기다리니, 상이 그러지 말라고 명하였다. 김창집 등이 드디어 성 밖으로 물러가서 대죄하였다.

삼가 살펴보건대 김일경은 본래 위험한 소인으로, 젊어서 김춘택金春澤을 따라다니며 좋게 지냈다. 오도일吳道一이 대제학이 되자 문장으로 교분을 맺어 마침내 문과 장원을 훔쳤고, 대관臺官이 되자 이정익李楨益 등이 분수를 범한 죄를 논하였다. …… 또 그 집에서의 행동이 더럽고 악하였는데, 벼슬살이하면서부터 탐욕스럽고 방종하여 사람들이 모두 더럽게 여겼다. 숙종 또한 그 사람됨을 미워하여 물리쳐 버려두고 쓰지 아니하니 김일경이 항상 불평하고 원망하였다. …… 김일경이 이이명·김창집의 죄를 상소에다 논하기를 "지금 전하께 불충한 자는 바로 선왕에게 불충한 것이다."라고 하였으니, 그 말이 진실로 옳다. 하지만 김일경이 숙종께 불충함이 이와 같은데, 또한 어찌 경종께 충성할 리가 있겠는가? …… 이이명과 김창집의 패배에 김일경의 힘이 어찌 있었겠는가마는 당시의 의논을 돌아보건대 그 공이 토역討逆에 있으므로 감히 제재해 누르지 못하였으나, 기세를 부려 나라를 어지럽혔으니 통탄스러움을 금할 수 있겠는가?

②-B 기사는 조성복에 대한 김일경 등의 비판 상소를 수록하고 마지막에 사론을 덧붙였다. 위 인용문에는 사론을 중심으로 소개했다. 이 사론에서는 이이명·김창집 등의 패배는 정당하다고 하면서도 김일경 또한 소인이며 숙종에게 충성스럽지 않았으니 경종에게도 충성할 리가 없다고 단정했다. 양비론이다.

이날로 경종은 심단沈檀을 이조 판서로, 김일경을 이조 참판으로 임명했다. 병조 판서 이만성李晩成, 예조 판서 이의현李宜顯, 호조 판서 민진원閔鎭遠, 형조 판서 홍치중洪致中을 체직시키고, 그 자리에 최석항崔錫恒, 이광좌李光佐, 이조李肇, 김연金演을 임명했다. 환국이었다. 훈련대장 이홍술李弘述, 총융사 윤각尹慤을 문외출송시키고, 부제학 홍계적洪啓迪을 나주 흑산도에 안치했으며, 어유룡魚有龍·박치원朴致遠·이중협李重協 등을 의금부에 하옥하고, 이의천李倚天을 영암에 정배했다.

사흘 뒤 12월 9일에는 영의정 김창집, 좌의정 이건명을 면직했다. 민진원·이우항李宇恒·서종급徐宗伋 등은 12일에 성주와 강진 고금도로, 홍석보洪錫輔는 영암으로, 김제겸金濟謙은 울산으로, 황선黃璿은 무장으로 귀양 보냈다. 또 김창집은 거제에, 이이명은 남해에, 조태채는 진도에 안치했다. 윤지술尹志述은 17일에 형을 받고 죽었다.

12월 22일, 환관 박상검朴尙儉과 문유도文有道 등이 왕세제를 살해하려는 음모가 발각되었으나, 관련자인 궁인 석렬石烈과 필정必貞이 자결하여 사건의 진상을 밝히지 못하고 말았다. 미심쩍은 일이었다. 이에 정호鄭澔는 상소를 올려 박상검 사건을 엄중히 처리하고 효우하는 마음을 돈독히 하라고 진언했다.[33] 그러나 이듬해 경종 2년(1722) 1월 6일 박상검을 사형하고 김몽상金夢祥과 박찬문朴贊文을 풀어주는 것으로 사건을 마무리했다.

②-C 경종 2년 3월 27일(임자)

영조본》

목호룡의 진술 끝에 동궁을 핍박하는 단서가 되는 말이 있었으므로 추국청의 추안推案에는 삭제해버리고 기록하지 않았다. 목호룡은 남인의 천한 후손으로서 백망白望과 결탁하여 김용택金龍澤·이천기李天紀·오서종吳瑞鍾·유경유柳慶裕의 사이에서 순간순간 형적을 바꾸며 어울렸고 흉역의 계획과 음비陰秘한 모의에 어지럽게 참여하여 관계하지 아니함이 없었다. 그러고는 마침내 또다시 김일경·박상검과 투합하여 동궁을 위태하게 할 계책을 도모하였다. …… 김일경·박상검과 안팎으로 호응하여 말을 만듦으로써 그 무욕誣辱하고 더럽히며 위태롭게 하고 핍박하는 계책을 성사시키려고 했기 때문인데, 그때 옥사를 조사하던 여러 신하들이 비로소 고변서 가운데 동궁을 핍박하는 말을 삭제해버리기를 청한 일은 진실로 체모를 얻은 것이라 하겠다. 그러나 그 실상을 끝까지 조사하여 그 죄를 성토하지 못하고 전례에 따라 공훈을 인정하기에 이르렀으니, 비록 중대한 점이 있는 것이라고는 하나 옥정獄情을 완전히 조사한 뒤에도 유독 그 무고하며 핍박한

---

33 『경종실록』, 2년 1월 2일(무자). 『경종수정실록』에도 정호의 상소가 상세히 수록되어 있다.

죄는 밝혀서 바로잡을 수 없다는 것인가? 식자로서 한탄하지 않는 이가 없었다. ……

정조본》

㉮ 목호룡이 상변하여 무옥을 일으켰다. 박상검이 복주伏誅되어 왕세제를 동요시킬 계책을 이루지 못하게 되었고, 또 주청사奏請使가 일을 끝내고 먼저 오는 관원이 이미 돌아왔다는 말을 듣고는 드디어 천한 자인 목호룡을 불러 고변을 하도록 사주하여 여러 사람의 자제·문객과 왕세제의 겸속儷屬, 겸속들과 연관된 나인, 빈궁의 친조카(親姪), 사저의 차지 중관次知中官을 고발하였으므로, 모두 옥에 갇혀 고통을 받았다. 이는 왕세제를 무함하기 위한 계책이었으나, 결국 그들의 흉악한 모의가 이루어지지 않은 것은 하늘의 뜻이었다.

㉯ 이때 왕옥王獄(의금부)에 형구을 갖추고서 말할 수 없이 혹독히 고문하였는데, 이를 빌미로 신문하여 죄에 얽어 넣는 일이 3년이나 계속되었다. 체포된 사람들 가운데는 자복하지 않고 죽은 사람도 있고, 거의 죽을 지경에 이르러 억지로 지만遲晚(자백)한 사람도 있고, 이미 죽었는데도 죄를 얽어 결안結案한 사람도 있고, 심지어 장형을 견디지 못하여 거짓 자복한 사람도 있었으니, 이렇게 허황한 옥안은 예전에 없던 것이었다. 이른바 공사供辭(진술)니 결안이니 하는 것은 구본 실록에 상세히 기재되어 있는데, 영조께서 보위에 오른 데 이르러 차례로 억울함을 펴주었다.

㉰ 그 옥사에 들어간 사람 가운데 정인중鄭麟重은 바로 고故 충신 정발鄭撥의 손자이고, 김용택金龍澤은 곧 김만중金萬重의 손자이자 이이명의 사위이다. 이천기李天紀는 곧 이사영李思永의 아들로 김춘택金春澤의 처제이고, 심상길沈尙吉은 심진沈槇의 조카이고, 이희지李喜之는 곧 이사명李師命의 아들이다. 홍의인洪義人은 홍언도洪彦度의 아들이고, 이기지李器之는 이이명의

아들이다. 서덕수徐德修는 서종제徐宗悌의 손자이고, 김성행金省行은 김창집의 손자이다. 이만성李晚成·홍계적洪啓迪·김운택金雲澤·김민택金民澤·조성복趙聖復·김제겸金濟謙·홍석보洪錫輔는 문신들로서 현직顯職에 오른 사람들이고, 이홍술李弘述·윤각尹慤·이우항李宇恒·이상집李尙䏁·백시구白時耉·유취장柳就章·심진·이헌李瀗·김시태金時泰는 무신들 가운데 벼슬이 높은 사람들이며, 유성추柳星樞·양익표梁益標·이명좌李明佐·조흡趙洽·유후장柳厚章은 무가武家 사람들이다. 이정식李正植·이만성은 문중 형제인데, 이건명과는 내외형제이다. 김창도金昌道는 김창집의 서종형제庶從兄弟이고, 조송趙松은 조영복趙榮福의 서숙庶叔이고, 김성절金盛節은 김성적金盛迪의 서제庶弟이며, 이세복李世福은 조송의 생질이다. 이상건李尙建·김수천金壽天·이삼석李三錫·김극복金克復·우홍채禹洪采·전인좌錢仁佐·현덕명玄德明·김진석金震錫·형의빈邢儀賓·홍순택洪舜澤은 역관이다. 백망白望은 잠저 때의 하인이고, 정우관鄭宇寬·김일관金一觀이 있으며, 업봉業奉은 여인이다. 이영二英은 백망의 처이고, 업이業伊는 이영의 어미이다. 백열白烈은 궁인으로 백망의 족속이고, 묵세墨世는 이영의 족속으로 궁인이 되었는데 나이 겨우 14세였다. 일정一貞은 장세상張世相의 여종인 일업一業이고, 장세상은 잠저 때의 차지 중관이다. 김덕기金德器는 장세상의 양자이다. 또 최홍崔泓 등이 있는데, 모두 60여 인이 전후 체포되었다. 그러나 생존자는 10인도 못 되었다.

②-C 정조본의 ㉠, ㉡, ㉢는 같은 날 기사이지만 별도의 항목으로 기술되어 있다. 영조본은 목호룡이 김일경·박상검과 안팎으로 서로 호응하면서 말을 지어내어 무함하고 위태롭게 했다며 신임사화가 무옥이었음을 밝히고 있다. 이 대목에 대한 영조본과 정조본 ㉠의 기술을 보면 영조본의 논조가 강하다. 영조본은 고변이 무함임을 강조하는 데서 나아가, 실상을 밝히지 못한

채 공훈을 인정해준 일이 타당하지 않다는 점을 강조했다.

정조본의 ㉯는 목호룡의 무고가 있은 뒤 3년 동안 옥사가 계속되었음을 서술했고, ㉰에서는 역모에 연루된 사람들을 일일이 기술했다. 영조가 즉위할 때까지 옥사가 그치지 않았다는 사실 및 이 옥사를 전후로 60여 명이 체포되어 끌려갔지만 생존자가 10명도 채 안 되었다는 서술은 『경종수정실록』이라 가능한 기록일 것이다.

목호룡의 무고로 조정은 참혹한 추국에 휘말렸고, 특히 노론 인사들은 대거 목숨을 잃었다. 조태구·최석항의 차자에 따라 김창집과 이이명도 경종 2년(1722) 4월 23일에 사사되었다. 5월 3일 서종태徐宗泰의 아들로 옥사를 온건히 처리하려 했던 서명균徐命均은 안악 군수로 강등되었다. 정조본에서는 "오직 서명균만이 조문명趙文命·송인명宋寅明·박사수朴師洙와 함께 그 속에 참여하지 않았으므로 '완소緩少'(온건한 소론)라고 호칭하였다. 박상검이 권한을 도둑질하여 태학생 윤지술을 살해하자 서명균이 상소하여 극력 구제하였는데, 이는 훌륭한 청의淸議였다. 영조 3년(1727)에 조문명·송인명이 국정의 요직에 앉게 되자 비로소 노소老少와 남북南北의 당인들을 조정하여 아울러 기용하였는데, 이를 탕평蕩平이라고 일컬었다."[34]라며 그를 기렸다.

8월 19일에는 최석항이 입대하여 이건명을 죽이라고 청했고, 경종이 이를 받아들였다. 결국 이건명은 유배지 나로도에서 참수당했다. 네 명의 노론 대신 중 이건명이 특히 참혹하게 죽은 까닭은, 그가 청나라에서 왕세제 고명誥命을 받아왔기 때문에 최석항이 그 일에 분노하여 마치 개인적인 원수를 갚듯이 했던 데서 말미암았을 것이라고 정조본 편찬자들은 보았다.[35] 10월

---

34 『경종수정실록』, 2년 5월 3일(정해).

35 『경종수정실록』, 2년 8월 19일(임신).

29일에는 위리안치했던 조태채를 진도에서 사사했다.[36]

경종은 9월 19일 교문教文을 발표하고, 21일 종묘에 역적을 토벌한 사실을 고했다. 정조본의 9월 21일 두 번째 기사에는 영조 1년(1725)에 다시 논의된 신축년(1721)의 김일경 무고와 임인년(1722)의 목호룡 무고에 의한 옥안에 대해 매우 상세히 실어놓았다. 신임사화가 벌어진 지 딱 1갑자 뒤에 사충사四忠祠(노론 4대신을 제사하던 사당)에 치제致祭하라는 정조의 명도 기술했다. 죽은 이들은 이미 시신조차 흙이 되었겠지만 역사에는 다음과 같은 사론으로 남았다.

②-D 정조본》경종 2년 9월 21일(계묘)

신은 삼가 살펴보건대, 임인년(경종 2년, 1722) 흉악한 자들의 죄를 어떻게 이루 다 주살할 수 있겠는가? …… 이광좌가 영조에게 아뢴 것을 가지고 보더라도 그때 옥사를 다스리던 여러 사람들이 제 마음대로 살리기도 하고 죽이기도 했다는 것을 따라서 알 수 있으니, 아! 원통하고 분하도다.

금상 5년 신축년(정조 5년, 1781)에 원릉元陵(영조와 정순왕후의 능)에 거둥하여 사충사四忠祠에 치제하라고 명하고, 김성행金省行에게 한 자급을 추증하게 하였으며, 특별히 서덕수徐德修에게 집의執義를 증직하게 하였다. 하교하기를 "태세太歲가 신축辛丑이 든 이해에 선대왕께서 잠저에서 들어가 저위儲位를 계승하였는데, 이제 구력舊曆이 되돌아왔으나 나 소자는 잊지 못하고 사모하는 마음을 펼 수 있는 데가 없다. …… 아! 성대하도다. 당시에 충헌공 김창집, 충민공 이건명, 충문공 이이명, 충익공 조태채 같은 이들이 힘을 합하여 익대하다가 나라를 위하여 순사하였으니, 그 정충精忠과 대절

---

36 『경종실록』, 2년 10월 29일(신사).

제5부_『경종실록』의 편찬과 수정 | 477

大節이 지금에 이르기까지 사람들의 이목에 찬란하게 빛나고 있다. 이것이 이른바 천지에 세워놓아도 사리에 어긋나지 않고 귀신에게 질정해도 의심이 없어 영원히 천하 만세에 할 말이 있다는 것이 아니겠는가? 불행하게도 당시에 효경梟獍같이 사나운 무리들이 대대적인 무옥을 일으켜 이에 참화를 꾸며내었으니, 아! 천하에 어찌 이런 일이 있을 수 있겠는가? ······." 하였다.

3. 복권과 출향의 갈림길

마지막으로 또 하나의 민감했던 사안에 대한 역사 기록을 다루어보겠다. 송시열이 조광조와 함께 배향되던 도봉서원에서 출향된 사안이다. 송시열은 인조 이후 정치사·사상사의 중심인물이다. 그의 행적은 몸이 세상을 뜬 뒤에도 살아 있을 때만큼이나 쟁점이 되었다. 조선 문명사의 '문제적 인물'인 셈이다. 관련 기록을 검토하기에 앞서 이 사안의 전조가 되었던 사례를 살펴보도록 하자. 대표적인 사례가 권상하權尙夏의 졸기이다.

③-A 경종 1년 9월 2일(경인)

영조본》

판중추부사 권상하가 청풍의 시골집에서 졸하였다. 부음이 들리니 상이 애도의 윤음을 내리고 담당 관청으로 하여금 예장하게 하였다. 관판棺板과 제수祭需도 지급하게 하고 본도로 하여금 3년에 한하여 그대로 월름月廩을 지급하도록 하였다. 권상하는 어려서부터 명유인 송시열·송준길의 문하에 출입하였는데, 풍모가 아름답고 언론이 좋아 성균관에 유학할 때부터 이름이 있었다. 송시열이 윤증과 서로 절교하자 문인 중에 후사를 부탁할 만한 사람이 없었기에 (권상하를) 급히 인정하였다. 송시열이 별세할 때는 매우 은근한 부탁을 받았다. 갑술년(숙종 20년, 1694) 이후 문도들이 더욱 추중하였고 조정에서도 유현儒賢으로 대접하였으며, 여러 번 징초徵招에 응하여 마침내 대배大拜(영의정)에까지 이르렀다.

그러나 권상하는 학문이 정밀하지도 깊지도 못하고, 주워 모아 외고 말하는 것이 송시열이 남긴 견해뿐이어서 김창협金昌協 형제가 매우 경멸하였다. 숙종이 온천에 거둥할 때 권상하는 좌찬성으로 조정에 나왔는데, 임금에게 말한 바가 성학을 권면하거나 치도를 도울 만한 것이 없었고 송시열이 항상 말했던 '천지간에는 오직 직直 자 한 글자만이 있을 뿐이다.'와 '대의를 위하여 치욕을 씻어야 한다.'는 것뿐이어서 사람들이 듣고 비웃었다.

정조본》

판중추부사 문순공文純公 권상하가 졸하였다. 권상하의 자는 치도致道인데, 학문이 확고하고 중후하였으며 배우고 익히기를 부지런히 하고 독실하게 하였다. 권상하는 송시열에게서 배웠는데, 송시열이 매우 존중하여 그가 거처하는 집에 써주기를 '한수재寒水齋'라 하였다. 송시열이 초산(전라도 정읍)에서 화를 입었을 때 세도를 권상하에게 부탁하고, 이어서 옷과 책을 그에게 물려주었는데, 옷은 바로 주자가 지은 야복野服(평상에 입는 옷)을 모방해서 만든 것이었으며, 책은 바로 이이가 손수 쓴 『경연일기』 초본으로, 김장생이 송시열에게 전해준 것이다.

처음에 송시열이 일찍이 장식張栻의 우제사虞帝祠의 의리[37]에 따라 명나

---

37 송나라 장식이 계림군桂林郡의 지주사知州使를 지내면서 순임금을 모신 우제사虞帝祠

라 신종의 사당을 세우려고 하였으나 미처 이루지 못하였는데, 권상하가 청주의 화양동에 건립하고 '만동묘萬東廟'라 이름한 뒤 사변四籩·사두四豆로 신종과 의종 두 황제를 제사하였다. 갑신년(숙종 30년, 1704)에 이르러 숙종의 태세太歲가 군탄涒灘(십이지十二支의 '신申')이라 하여 황조皇朝의 옛 은혜에 감격해 단선壇墠(제사단)을 설치하고 제사 지내려 하여 비밀히 권상하를 찾아 물으니, 권상하가 적극 찬동하여 드디어 대보단大報壇을 쌓았다. 정유년(숙종 43년, 1717)에 숙종이 온천에 거둥하자 권상하가 비로소 소명을 받아 행궁에 들어와 뵈었다가, 환궁할 때 권상하도 산으로 돌아가고 다시 벼슬길에 나아가지 않았는데, 이때에 이르러 졸하니 나이가 81세였다. 뒤에 시호를 '문순'으로 내렸다. 문인으로는 이간李柬과 한원진韓元震이 가장 이름이 알려졌다.

영조본 편찬자들은 권상하의 학문이 깊지 못하고 외우는 수준이며 심지어 그가 말하는 바는 송시열이 남긴 견해뿐이어서 김창협(김창집의 아우) 형제가 경멸했다고까지 폄하했다. 그러나 김창협의 아버지인 김수항金壽恒과 송시열의 학문적·정치적 관계로 미루어[38] 신뢰하기 어려운 혹평이다. 게다가 김수항의 양조부인 청음淸陰 김상헌金尙憲도 송시열은 물론 송시열의 아버지 송갑조宋甲祚와 광해군대부터 서인 청론을 대변했고, 후금이 침략해오자 두 사람 모두 척화론斥和論의 중심에 서 있었다.[39]

를 세우고 제사를 드리자, 주자가 「정강부우제묘비靜江府虞帝廟碑」를 지어 이를 칭송했다. 『회암집晦庵集』 권88.

38 오항녕, 「文谷 金壽恒과 己巳士禍」, 『한국인물사연구』 25, 2016.

39 오항녕, 「17세기 전반 서인산림의 사상—金長生·金尙憲을 중심으로」, 『역사와 현실』 8, 1992.

정조본은 권상하에 대한 영조본의 평가에 동의하지 않는 것이 분명하다. 숙종 15년(1689) 기사환국으로 귀양살이를 하던 송시열이 전라도 정읍의 초산에서 후명後命(사약을 내리는 일)을 받을 때 권상하에게 의발衣鉢을 전수했다는 것이며, 만동묘와 대보단을 쌓아 조선 중화주의를 이끈 이가 권상하라는 사실을 강조한다. 경종 1년(1721) 9월 권상하의 죽음을 두고 이렇게 판단이 갈렸다.

또 다음 기록을 보자. 이 기사는 예상을 뒤엎는 데 묘미가 있다.

③-B 정조본》 경종 2년 6월 11일(갑자)

수찬修撰 이세덕李世德이 상소하기를 "근년 이래 악인이 요직에 앉아 있고 간신들이 함께 악행을 저지르면서 신의 죽은 스승인 신臣 윤증尹拯 부자의 죄상을 날조한 것이 지극히 흉악하고 공교하며 패려하기 짝이 없었습니다. …… 송시열이 신의 스승의 아비인 고 유신儒臣 윤선거尹宣擧에게 무욕誣辱을 가하기를 '부노俘奴라'느니 '잔인한 사람이라'느니 '물가에 가서 물어보라'느니 '윤휴尹鑴보다 먼저 법에 의거하여 복주되어야 한다'느니 하면서 추악하게 비난한 것은 사람으로서 전혀 도리가 없는 말들이었습니다. …… 이른바 의서擬書라는 것은 오로지 학술의 정밀성을 논하고 사제간의 충고를 극진히 하려는 데서 나온 것이니, 이야말로 신의 스승의 고심이요 정성인 것입니다. 어찌 조금이나마 잘못되었거나 어긋난 말이 있겠습니까? 그런데도 송시열은 본원本源이 드러날까 두려워하여 '이는 원한을 갚으려는 것이라' 하고, '이는 절교를 고한 것이라'고 하면서 시비를 전도시켜 하고 싶은 대로 하였으며, 흉패한 말이 갈수록 더욱 이상해졌습니다. …… 이것이 온 나라의 사림들이 지금까지도 강개한 마음으로 슬피 울면서 원한을 품고 있는 이유입니다. ……" 하였다.

③-B 기사는 이세덕이 윤선거·윤증 부자를 복권시켜달라는 내용의 상
소인데, 내용으로 보아 영조본에 실렸을 법한 기사이지만 영조본에는 나오
지 않고 오히려 정조본에만 수록되어 있다. 7월 2일에는 유생 황욱黃롶 등이
같은 내용의 상소를 올렸다. 흥미롭게도 이 역시 영조본에는 7월 4일 날짜에
간단히 상소했다는 사실만 기재한 데 비해,[40] 상소 원문 전체는 정조본에만
실려 있다.[41]

신임사화의 와중인 경종 2년(1722) 8월 7일, 마침내 윤선거·윤증의 관작
을 회복시키고 시호를 내렸다.[42] 같은 날 정조본에는 "선대왕의 엄중한 병신
년(숙종 42년, 1716) 처분은 사문斯文을 위한 일일 뿐만 아니라 실은 세도의 청
탁淸濁에 관계되는 것인데, 흉당凶黨이 장황하게 변명하여 결국 뒤집고 고치
고야 말았으니 참으로 기탄없는 짓이라고 하겠다."라고 비교적 짧은 사론을
남겼다. 이렇게 한쪽이 양지가 되면, 이제 음지가 되는 곳도 있을 터이다.

③-C 영조본》 경종 3년 3월 13일(임진)

㉮ 성균관 유생 김범갑金范甲 등이 상소하였다. 그 대략에 이르기를 "도봉
서원은 곧 선정 신先正臣 조광조의 신주를 모신 곳인데 병자년(숙종 22년,
1696)에 송시열을 함께 향사하였으니, 어찌 식자들이 놀라 탄식하고 사림
이 답답해할 바가 아니겠습니까? 아! 춘추대의란 송시열이 세상을 속이는
칼자루였습니다. 효종께서는 실효를 구하셨는데 송시열은 헛소리로 응하
였고, 효종께서는 성의로 대우하셨는데 송시열은 거짓으로 이용하였습니

---

40 『경종실록』, 2년 7월 4일(정해).
41 『경종수정실록』, 2년 7월 2일(을유).
42 『경종실록』, 2년 8월 7일(경신).

다. …… 현종께서 사위嗣位하신 초년에 이르러서는 영안永安의 조서詔書를
받지 아니하였다는 이유로 나아가기 어려운 사단이라며 핑계를 대더니, 경
신년(숙종 6년, 1680)에 재기하던 날에 이르러서는 다시 일언반구도 대의大義
에 대해서는 언급한 일이 없었으니, 어찌하여 그 앞뒤가 한결같이 이처럼
상반되는지 모르겠습니다. 더구나 그가 찬술한 고 상신相臣 김류金瑬의 묘
명에는 주화主和 하나를 종묘사직을 위한 계책으로 인정하였습니다. 여기
에 이르러 그가 평생토록 고집한 바의 대의가 그의 헛된 명성과 더불어 무
용지물이 되고 말았으니, 진실을 가장하여 허위를 파는 모습이 도처에서
탄로되었다고 할 만합니다. ……" 하였다.

㉯ …… 우의정 최석항도 또한 (송시열의 원향院享을) 그대로 두는 것은 부당
하다고 하니, 상이 그대로 따랐다.

　도봉서원에 병향한 것은 공공의 의논에서 나온 것이 아니었으니, 좋아
하지 않는 자들이 그들 나름대로 문제를 삼는 것은 본래 있음직한 일이다.
그러나 김범갑 등이 틈을 타 비난을 가하면서 심지어 신축년(경종 1년, 1721)
의 화를 불러일으키게 했다고 말하였으니, 이것이 과연 참된 시비이겠는
가? 사향祀享의 중대한 전례는 이미 선조의 처분을 거친 것인데, 한 예관의
가벼운 요청으로 하루아침에 폐지하였으니, 매우 본말이 전도된 일이다.

정조본》

신이 삼가 살펴보건대, 흉당은 숙종의 병신년(숙종 42년, 1717) 처분에 불만
을 품고 기필코 송 문정宋文正(송시열)에게 원한을 갚으려 하였고, 도봉서원
에서 출향시키는 데서 극도에 이르렀다. 김범갑과 최탁崔鐸의 소장은 모두
가 날조해낸 흉패한 말인데도 담당 관청과 비변사가 한목소리로 찬성하였
기 때문에 그때의 사관이 '비난을 가하였다', '본말이 전도되었다' 한 것인
데, 그 또한 공의公議를 밖으로 내보이려는 뜻에서 나왔을 것이다.

③-C 영조본의 ㉮ 기사는 조광조와 함께 병향되어 있는 송시열을 도봉서원에서 출향시키기를 청하는 상소이다. 성균관 유생이 올린 그 글은 송시열이 효종에게 진언한 춘추대의가 허구라는 말에서 출발한다. '영안의 조서'란 촉한의 선주先主 유비劉備가 임종할 때 승상 제갈량諸葛亮을 영안궁으로 불러서 나랏일을 부탁한 조서이다. 즉, 송시열이 현종에게서 그와 같은 명을 받지 않았다는 이유로 조정에 나오지 않은 일을 규탄한 것이다.

영조본의 ㉯에서 '사향祀享의 중대한 전례는 이미 선조의 처분을 거친 것'이라는 말은 숙종의 병신처분으로 송시열을 도봉서원에 배향하게 되었다는 말이며, 그럼에도 불구하고 너무 쉽게 출향시키는 것이 타당한 일인지 되물으면서 비판하고 있다. 정조본도 이 사론을 그대로 전재하면서 동의했다.(위 정조본의 사론에 앞서 영조본의 ㉯와 똑같은 사론이 나오지만, 겹치는 내용이기에 생략했다.) 이런 점에서 보면, 『경종실록』과 『경종수정실록』은 각각 사태와 사안에 대한 입장을 달리하면서도, 신임사화가 혹독한 무함이며 도봉서원에서 송시열을 출향시킨 일이 과도한 조치라는 데는 인식을 같이했음을 알 수 있다.

기존 연구에서는 『경종실록』을 통해 드러난 정치 의리를 두고, 첫째, 노론은 경종에게 불충했으며 잘못 처신했고, 둘째, 소론 과격파는 지나친 토역에 몰두하다가 영조에게 불충했으며, 셋째, 경종에서 영조로 이어지는 계승은 정당하고, 넷째, 소론 온건파는 경종뿐 아니라 영조에게도 충성하고 영조를 보호했다고 정리했다.[43] 이는 지금까지 『경종수정실록』과 비교했을 때 대체로 타당한 견해라고 생각한다.

이상에서 조선 후기에 있었던 네 차례의 실록 수정 중 마지막인 『경종실

---

43 허태용, 「『景宗實錄』을 통해서 본 少論의 정치 義理 검토」, 『민족문화연구』 60, 2013.

록』의 수정, 즉 정조 초반에 편찬된 『경종수정실록』을 원본 기사와 비교해가면서 살펴보았다.

『경종실록』에서 수정의 대상이 되었던 주요 사건은 경종 1년(1721) 왕세제 건저와 청정, 노론 4대신에 대한 김일경의 참소, 이듬해 목호룡의 고변과 노론 4대신의 죽음, 윤선거·윤증 부자의 복권과 송시열의 도봉서원 출향 등이다.

『경종실록』과 『경종수정실록』의 편찬자들은 왕세제 건저와 청정에 상호 인식 차를 보이면서도 그 사태가 신임사화로 연결되어 노론 4대신의 죽음에 이르게 되었다는 점에 대해서는 공통된 인식을 갖고 있었다. 또한 김일경의 참소와 목호룡의 고변에 대해 『경종실록』은 김일경·박상검과 안팎으로 서로 호응하며 만든 무옥誣獄이라는 견해를 견지했는데, 이는 『경종수정실록』과 일치하는 관점이었다. 신임사화가 무옥이라는 데 공론이 있었고, 양측 모두 이에 동의했음을 알 수 있다.

송시열을 조광조와 병향하던 도봉서원에서 출향한 일에 대해서도 『경종실록』의 사론과 『경종수정실록』의 사론 모두, 과도한 조치로서 시비가 정확하지 않았다고 비판했다. 실록의 수정에서 흔히 나타나는 대립적 견해와 다른 양상이었다. 이는 신임사화에 대해 무옥이라는 인식 공유가 선행되었기 때문에 가능했을 것이다. 크게 보면 역사 기록에 반영된 탕평蕩平의 흔적이라고 짐작해본다.

역사는 역사의 몫이 있나니

　여전히 핵심적인 질문은 이러하다. 춘추필법春秋筆法의 직필直筆은 단순히 숨김없이 사실대로 쓰는 것일까? 아는 대로, 사실대로 기록하는 것이 역사의 직필일까? 사람들이 서로 다르게 알고 있는 사실이 있을 때, 그로부터 비롯된 갈등을 부추기는 방향으로 풀지, 아니면 양쪽이 그럭저럭 양해할 수 있는 방향으로 풀지, 이 난제 상황에서 역사학자가 상처가 적은 방향을 선택한다면 그것은 직필에 위배되는가? 질문이 남았음에도 불구하고, 필자로서는 서로 다른 기억을 함께 양해하며 풀 수 있으리라는, 서로 둘러앉아 해결할 수 있으리라는 기대 속에서 이 책을 썼다.

　거듭 강조하지만, 역사 기록, 특히 당대사 기록에는 긴장이 내재한다. 쓴 사람과 보는 사람이 다를 때 더욱 그러하다. 조선실록의 기초 사료인 사초를 보호하기 위한 논의는 바로 그 때문에 생겼다. 세종을 거쳐 문종대에 조선 나름의 실록 편찬 원칙이 확립되었다. 그렇지만 이후 민수閔粹의 사옥史獄이 발생하는 등 사초 실명제가 정착되기까지는 시간이 걸렸다. 그 뒤 연산군대 일어난 무오사화와 명종대 을사사화는 '士禍'이면서 '史禍'이기도 했다. 다행인 점은 제도의 안정과 관례의 정착은 사화의 가능성을 최소화했다. 조선 후기에도 『광해군일기』 수정 시도를 계기로 실록의 변개와 누설 논란이 이어졌지만, 이를 둘러싼 논의와 처분은 앞서 확립된 사초·실록 보호의 원칙을 넘어서지 않았다. 여기까지가 이 책의 제1부 내용이다.

제2부에서 제5부까지는 『선조실록』을 필두로 조선 후기의 네 차례 실록 수정·개수를 하나씩 살펴보았다. 먼저, 제2부는 『선조수정실록』이 인조반정 이후 편찬되었으니 서인 중심의 시각으로 편향되지 않았을까, 『선조수정실록』을 편찬한 뒤에 왜 기존의 『선조실록』은 그대로 남겨두었을까, 이러한 의문에 답하는 논의였다. 『선조실록』의 수정 과정에서 벌어진 논쟁은 실록 편찬과 관련된 연원이 깊은 논제가 다시 고개를 내밀었고, 또 이후 실록 수정의 기준으로 작용했다. 인조대 수정 작업을 총괄하고 주도한 인물인 이식李植의 『택당집澤堂集』 간여본刊餘本에서 『선조실록』의 수정에 이용된 참고자료와 범례에 대한 몇 가지 정보를 얻었다.

제3부에서는 『현종실록』의 편찬과 개수를 다루었다. 개수改修란 아예 다시 편찬한다는 기조의 수정이었다. 당초 『현종실록』의 개수로 시작했기 때문에 22권에서 28권으로 권질도 6권이 늘었고, 인물과 사건에 대한 기사도 내용이 많아졌다. 역시 중요한 것은 인물에 대한 평가이다. 남인이 편찬한 『현종실록』에서 송시열宋時烈이나 송준길宋浚吉을 부정적으로 평가하리라는 것은 충분히 예측할 수 있는 일이었다. 『현종개수실록』은 『현종실록』을 개수했다지만 실제로는 보완했을 뿐이고, 수정은 주로 사안이나 인물에 대한 평가에서 이루어졌다. 즉, 사실 자체를 수정하는 일은 개수본에서 일어나지 않았다. 물론 이 문제는 각각 '기억의 범위'를 어떻게 이해하는가에 달려 있기 때문에 별도로 더 고구해야 할 주제이다.

제4부에서는 『숙종실록』과 『숙종실록보궐정오』에 대해 다루었다. 영조 3

년(1727) 9월에 『숙종실록』 편찬이 끝나고 인쇄를 마쳤으나 바로 두 달 전인 7월에 정미환국이 발생하여 노론의 정호鄭澔·민진원閔鎭遠 등 100여 명이 파면되고, 소론의 이광좌李光佐·조태억趙泰億 등이 정권을 잡는 상황이 일어났다. 이들은 정권을 잡은 뒤 실록에 고의로 사실을 왜곡한 데가 많다면서 『숙종실록보궐정오』를 편찬했고, 이를 『숙종실록』의 각 권 말미에 첨부했다. '보궐정오補闕正誤'의 출발은 근원적으로 인간의 기억을 둘러싼 투쟁이며, 정치 상황의 변화, 즉 환국換局은 구체적 계기였다.

제5부에서는 『경종실록』의 편찬과 수정을 다루었다. 조선 후기에 있었던 네 차례의 실록 수정 중 마지막에 해당한다. 『경종실록』과 『경종수정실록』은 각기 몇몇 사태와 사안에 대해 입장을 달리하면서도 신임사화가 혹독한 무함이며 송시열을 도봉서원에서 출향한 일은 과도한 조치라는 데 인식을 같이했다. 이는 『선조실록』, 『현종실록』, 『숙종실록』의 수정 과정에서 원본과 대립적인 관점을 드러냈던 양상과는 분명 달랐다. 아마도 영조 원년(1725)에 노·소론 모두 신임사화를 무옥誣獄이라고 공통적으로 인식한 경험이 선행되었기 때문에 가능했을 것이다. 이러한 역사 기술은 역사 기록에 반영된 탕평의 흔적이 아닐까 추측해본다.

이 책에서 학파(정파)가 서로 다른 사람들이 편찬한 실록을 비교하면서 살펴보았기 때문에, 네 차례 수정·개수된 실록이 마치 원본과 완전히 다른 것처럼 오해를 할 수도 있을지 모르겠다. 이 오해에서 한 걸음 더 나가면 '역시 역사는 보기 나름'이라는 오류로 이어질 수도 있다. 강조하거니와, 역사는 보기 나름이 결코 아니다. 정말 역사가 보기 나름이라면 역사학자는 그 많은 사료와 씨름할 이유도 없고, 또 역사학이 경험주의 학문으로 불릴 이유도 없을 것이다.

그래서 필자는, 사람마다 관점이 다르다는 사실은 역사 공부의 끝이나 결론이 아니라 처음이자 출발이라고 강조한 바 있다.[1] 각자의 관점이 다를 수밖에 없으므로 저마다 삶의 경험을 서로 얘기하고, 그러면서 이해의 폭을 넓히고 깊이를 더해간다. 관점의 차이가 여전히 남더라도, 그런 과정을 거치기 때문에 '아, 저 사람은 저래서 나와 다르게 생각하는구나' 하고 이해할 수 있게 된다.

이 책을 통해 두 가지를 확인하고 강조하고자 한다. 첫째, 실록을 수정·개수했다고 하더라도 생각보다 그 차이가 크지 않다는 점이다. 본문에서는 서로 다른 기사를 추출하여 비교하는 방법을 택했기 때문에 차이가 두드러져 보였을 수 있다. 그러나 전체적으로 보면 대부분의 사실은 같고, 일부의 관점과 해석에서 차이가 날 뿐이었다.

둘째, 실록을 편찬했던 사람 또는 수정했던 사람이 어떤 사건을 두고 서로 의심했듯이, 학계의 연구자들 사이에도 의심이 존재함을 인정하자는 것이다. 다만 의심을 인지했을 때, 종종 의심은 자료의 확실성을 압도한다는 사실도 떠올리자는 것이다. 자료가 불확실할 경우에는 의도하든 의도하지 않든 간에 그 의심 및 기억의 편향성을 강화한다. 이때 우리는 의심과 억울함을 해소하고 극복하기보다는 자꾸 되새기면서 자신의 상처를 유지하거나 남의 상처를 덧낸다. 그래서 의심이 생기면 자료(사료)를 보자고 건의하는 것이다.[2]

이제 과제는 서로 다른 관점과 해석을 놓고 사료비판을 수행해야 한다는

---

1 오항녕, 『호모 히스토리쿠스』, 개마고원, 2016, '제3부 2. 사실과 해석' 참고.
2 필자의 또 다른 저서인 『유성룡인가, 정철인가 — 기축옥사의 기억과 당쟁론』(너머북스, 2015)은 기축옥사를 다루면서 역사의 기억을 통해 재생산되었던 상처가 극복될 수 있는 가능성을 탐색했는데, 이 책의 기본적인 문제의식과 맞닿아 있다.

점이다. 아마 검토를 거쳐도 뫼비우스의 띠처럼 제자리로 돌아오게 될지도 모른다. 그러나 여행에서 다시 돌아왔을 때 자신이 늘 살았던 집이 다르게 보이듯이 사료비판 뒤에는 그 관점과 해석의 차이가 다르게 보일 수 있을 것이다.

마지막으로 '저자 서문'(책머리에)에서 언급한 실록 편찬과 실록의 수정·개수가 던지는 묵직한 주제를 다시 한 번 강조하고자 한다. 역사와 정치의 영역과 경계, 그리고 그것이 사회에 기여하는 방향으로 기능하기 위한 조건은 무엇인가 하는 주제이다.

역사와 정치는 뒤섞일 수 있다. 실록처럼 나라의 사업으로 조정에서 편찬하는 역사는 두말할 것도 없다. 조정에서는 정치 세력마다 서로의 사상과 가치를 관철하기 위해 이해관계를 다투고, 거기서 정국은 갈등과 조화를 넘나든다. 실록의 수정이나 개수는 통상 정치 세력 사이의 갈등 한복판에서 이루어졌다.

실록을 수정·개수하면서 당연히 앞서 편찬된 실록과 달라진 부분이 있다. 기사를 보완할 수도 있고, 사론을 수정할 수도 있다. 특히 사론은 어떤 행위나 인물에 대한 평가이기 때문에 종종 상반된 견해를 보이기도 한다. 그런데 넘지 않는 선이 있었다. 정치권력의 우위를 앞세워 역사가 사회에서 가져야 할 기능과 역할, 가치를 훼손하지 않는 원칙, 그것은 수정 대상이 된 실록을 폐기하지 않고 함께 남긴다는 원칙이었다.

이리하여 정치 세력이 대립하는 와중에도 조선 사람들, 그리고 조선 문명은 역사를 온전히 지켜낼 수 있었다. 이제 질문이 남았다. 한국 사회에서 그 정도의 격조와 원칙을 만들기 위해 무엇을 어떻게 해야 하는가?

참고문헌

찾아보기

참고문헌

참고자료

『조선왕조실록朝鮮王朝實錄』, 국사편찬위원회 영인본.

민족문화추진회·세종대왕기념사업회 옮김, 『국역 조선왕조실록』.

(웹) 조선왕조실록 http://sillok.history.go.kr/main/main.do

(웹) 승정원일기 http://sjw.history.go.kr/main.do

실록청의궤實錄廳儀軌, 장서각·규장각 소장본.

『일성록』, 규장각 원문자료 검색.

『치평요람治平要覽』, 아세아문화사 영인본.

『한원고사翰苑故事』, 규장각본(규5122-3A).

한국고전번역원, 『한국문집총간』, 한국고전종합DB.

범조우范祖禹, 『당감唐鑑』, 사고전서본.

사마광司馬光, 『자치통감資治通鑑』, 중화서국 표점본.

유지기劉知幾 지음, 오항녕 옮김, 『사통史通』, 역사비평사, 2012.

주자朱子, 『자치통감강목資治通鑑綱目』(사정전훈의思政殿訓義), 보경문화사 영인본.

호삼성胡三省, 『통감석문변오通鑑釋文辨誤』, 사고전서본.

참고논저

강문식, 「의궤儀軌를 통해 본 영조실록의 편찬 체계」, 『조선시대사학보』 54, 2010.

강문식, 「조선왕조실록 연구의 현황」, 『조선시대사학보』 74, 2015.

강문식, 「조선왕조실록 연구의 통설 재검토」, 『규장각』 49, 2016.

고병익, 「『史通』과 歷史批評의 理論」, 閔斗基 편, 『中國의 歷史認識(下)』, 창작과비평사, 1985.

고병익, 「東亞諸國에서의 實錄의 編纂」, 1994.(『東아시아文化史論考』, 서울대학교 출판부, 1997년에 재수록).

김경수, 『朝鮮時代의 史官硏究』, 국학자료원, 1998.

김경수,「조선 후기 이담명의「注書日記」에 대한 연구」,『한국사학사학보』12, 2005.

명경일,「조선 후기 事變假注書日記의 사료적 가치」,『규장각』49, 2016.

박대길,『조선시대 史庫制度 연구』, 경인문화사, 2014.

배현숙,『朝鮮實錄 硏究序說』, 태일사, 2002.

송기중 외,『조선왕조실록』서울대학교 출판부, 2005.

신병주,「'오대산본'『조선왕조실록』의 간행과 보관」,『역사와 현실』61, 2006.

신병주,「실록청의궤實錄廳儀軌의 편찬과 제작 물자에 관한 연구―『영종대왕실록청의궤英宗大王實錄廳儀軌』를 중심으로」,『조선시대사학보』48, 2009.

신병주,「朝鮮王朝實錄의 奉安儀式과 관리」,『한국사연구』115, 2001.

신석호,「實錄編纂事業」,『한국사』11, 국사편찬위원회, 1974.

신석호,「朝鮮王朝實錄의 編纂과 保管」,『史叢』5, 1960.

오항녕,『역주 선조실록수정청의궤』, 일지사, 2004.

오항녕,『조선초기 성리학과 역사학』, 고려대학교 민족문화연구원, 2007.

오항녕 옮김,『국역 영종대왕실록청의궤英宗大王實錄廳儀軌』, 한국고전번역원, 2007.

오항녕,『韓國史官制度成立史』, 일지사, 2009.

오항녕,「『경종실록』의 편찬과 수정修正」,『민족문화』42, 2013.

오항녕,「『현종실록』의 편찬과 개수改修」,『한국사학사학보』29, 2014.

이근호,「英祖代『承政院日記』改修過程의 검토」,『조선시대사학보』31, 2004.

이상태,「忠州史庫의 沿革과 管理」,『史庫址調査報告書』, 국사편찬위원회. 1986.

이성무,『조선왕조실록 어떤 책인가』, 동방미디어, 1998.

이재욱,『李朝實錄攷』, 정음사, 1947.

정구복,『韓國中世史學史(Ⅰ)』, 집문당, 1999.

정구복,『韓國中世史學史(Ⅱ)』, 경인문화사, 2002.

정재훈·오항녕 외,『4대 사고 및 조선왕조도서 보존관리 연구보고서』, 문화재청, 2013.

차용걸,「朝鮮王朝實錄의 編纂態度와 史官의 歷史意識」,『韓國史論』6, 1979.

차장섭,「史官을 통해본 朝鮮前期 士林派」,『慶北史學』8, 1985.

차장섭,「朝鮮前期의 史官―職制 및 政治的 役割」,『慶北史學』6, 1983.

한우근,「朝鮮前期 史官과 實錄編纂에 관한 연구」,『震檀學報』66, 1988.

허태용,「『景宗實錄』을 통해서 본 少論의 정치 義理 검토」,『민족문화연구』60, 2013.

今西龍,「李朝の實錄に就て」,『藝文』5卷 8·9輯, 1914.

末松保和,「李朝實錄考略」(1958),『靑丘史草』, 東京: 笠井出版社, 1969.

丸龜金作,「朝鮮の春秋館と李朝實錄の撰修に就いて」,『史學雜誌』54編 10·11, 1943.

찾아보기

일러두기

* 왕대별 실록 중 『선조실록』·『선조수정실록』, 『현종실록』·『현종개수실록』, 『숙종실록』·『숙종실록보궐정오』, 『경종실록』·『경종수정실록』은 색인어에서 제외했다. 이 책의 제2부~제5부에 집중적으로 다루기 때문이다.
* 위와 같은 이유로, '광해본'(『선조실록』)·'효종본'(『선조수정실록』), '정사본'(『현종실록』), '개수본'(『현종개수실록』), '정미본'(『숙종실록』), '보궐본'(『숙종실록보궐정오』), '영조본'(『경종실록』), '정조본'(『경종수정실록』)도 색인어에서 제외했다.
* 각주의 전거로 인용한 왕대별 실록은 색인어에서 제외했다.
* 국왕의 경우, 재위년을 가리킬 때는 색인어에서 뺐다. 예컨대 '태종 9년'은 '태종'의 찾아보기에 넣지 않았다.

ㄱ

『가례원류家禮源流』 422, 423, 424, 425, 426, 427
가장사초 44, 45, 53
『간여본刊餘本』(『택당집澤堂集』 간여본) 103, 149, 150, 154, 170, 487
갑술환국 92, 94, 389, 413, 419, 420
갑인예송 76, 77, 80, 85, 87, 191, 192, 193, 194, 197, 307, 354, 393, 397, 398
강목체 264
개수改修 8, 17, 18, 28, 38, 58, 59, 78, 98, 99, 103, 126, 138, 186, 187, 188, 189, 190, 193, 198, 203, 205, 208, 210, 211, 212, 213, 214, 215, 216, 219, 220, 221, 222, 224, 225, 226, 227, 228, 229, 230, 254, 334, 354, 355, 358, 360, 361, 369, 371, 374, 375, 376, 377, 378, 379, 380, 432, 433, 436, 459, 487, 488, 489, 490

건저建儲 439, 461, 464, 465, 466, 467, 485
겸임사관 61, 224
경신대기근 280
경신대출척 17, 189, 193, 395, 397, 408
경신환국 77, 78, 80, 85, 206, 211, 272, 343, 355, 389, 410
『경연일기』 150, 151, 160, 479
경종 358, 360, 362, 366, 367, 368, 370, 389, 421, 436, 439, 441, 442, 450, 464, 465, 466, 467, 468, 470, 472, 476, 477, 484
계유정난 13, 45
계축옥사 71, 72, 73, 82, 84, 85, 104, 108, 115, 119, 180
계해반정('인조반정' 포함) 16, 68, 70, 71, 74, 80, 99, 100, 101, 104, 113, 118, 121, 129, 133, 147, 180, 181, 487
『고려사』 28, 29, 105
관료제 25, 51

관장사초 44

광해군 16, 70, 71, 72, 73, 74, 78, 79, 80, 81, 82, 84, 98, 100, 104, 108, 113, 114, 115, 118, 119, 121, 122, 123, 127, 128, 147, 180, 186, 206, 250, 253, 326, 327, 344, 386, 389, 396, 397, 454, 480

『광해군일기』 16, 23, 66, 67, 68, 69, 70, 77, 78, 79, 80, 81, 82, 83, 85, 87, 93, 95, 121, 122, 123, 124, 129, 139, 140, 181, 212, 487

『국조보감』 223

군역 312, 313

권대운權大運 78, 88, 89, 90, 204, 209, 211, 214, 274, 301, 302, 343

권상하權尙夏 424, 425, 478, 479, 480, 481

권시權諰 268, 307, 328, 346, 348, 352, 353, 354, 389, 397, 428

권점제圈點制 51, 455

기년복朞年服 75, 76, 191, 192, 197, 306, 307, 397

기묘사화 12, 59, 60

기사관記事官 34, 35, 44, 45, 369

기사환국 86, 94, 412, 413, 418, 420, 481

기억 8, 9, 11, 12, 14, 16, 81, 85, 95, 162, 186, 356, 395, 432, 436, 486, 487, 488, 489

기자헌奇自獻 83, 84, 107, 119, 127, 171, 174, 175, 176, 177, 178, 179

기전체 28, 242

기축옥사 73, 103, 160, 161, 162, 164, 166, 167, 174, 176, 178, 180, 182, 489

기해독대 182, 235, 430

기해예송 75, 191, 192, 306, 310, 312, 397

기호 남인 74, 76, 79, 343

김만중金萬重 196, 197, 203, 211, 220, 223, 237, 474

김상헌金尙憲 176, 179, 180, 236, 480

김석주金錫冑 76, 77, 192, 193, 194, 201, 203, 205, 206, 211, 213, 216, 217, 218, 219, 220, 223, 227, 302, 395, 401, 406, 407, 408, 409, 410

김성일金誠一 62, 63, 64, 65, 152, 153

김수항金壽恒 86, 140, 197, 207, 208, 212, 213, 216, 217, 218, 219, 220, 223, 224, 225, 226, 227, 233, 262, 270, 283, 293, 294, 339, 355, 403, 404, 409, 410, 411, 412, 419, 420, 480

김우명金佑明 76, 77, 192, 193, 205, 229

김육金堉 194, 229, 311, 318, 319, 320, 337

김일경金一鏡 367, 381, 430, 436, 439, 450, 467, 470, 471, 472, 473, 475, 477, 485

김일손金馹孫 13, 51

김자점金自點 244, 250, 253, 289, 290, 335, 337, 338

김종직金宗直 13, 51, 380

김좌명金佐明 270, 311, 312, 341, 351, 408

김창집金昌集 362, 367, 368, 427, 428, 430, 436, 461, 462, 463, 464, 465, 466, 467, 468, 469, 470, 471, 472, 475, 476, 477, 480

ㄴ

남구만南九萬 93, 271, 275, 318, 320, 325, 396, 410, 411, 413, 414, 415, 416, 422, 430, 431

남노성南老星 251, 253, 255, 274

남인 17, 72, 73, 74, 76, 77, 79, 80, 85, 87,

93, 94, 115, 161, 164, 173, 174, 175,
176, 177, 178, 179, 180, 182, 189, 192,
193, 194, 197, 203, 205, 206, 207, 208,
212, 273, 306, 343, 354, 355, 389, 393,
395, 397, 410, 412, 473, 487

내수사 287, 325, 326, 327

노론 18, 360, 361, 367, 369, 370, 379,
381, 395, 410, 411, 412, 413, 421, 422,
431, 432, 439, 443, 447, 470, 476, 484,
488

노론 4대신 367, 381, 430, 439, 450, 455,
470, 477, 485

노산군 13, 121, 123, 400, 451

ㄷ

단종 12, 123, 451

단종복위운동(상왕복위운동) 13, 123

『단종실록』(『노산군일기』) 123, 451, 452

『당감唐鑑』 30

당대사當代史 14, 15, 22, 23, 24, 25, 26, 27,
28, 29, 31, 32, 33, 36, 37, 39, 40, 41,
49, 50, 51, 52, 53, 54, 55, 58, 65, 123,
124, 135, 148, 157, 180, 486

대공설大功說 76, 192

대동법 187, 305, 314, 316, 318, 319, 320,
321, 322, 323, 324

대북大北 16, 70, 74, 80, 81, 98, 104, 174,
175, 176, 177, 179, 180, 181, 343, 386,
389, 397, 444, 445

도봉서원 439, 478, 482, 483, 484, 485,
488

동서분당 103, 160, 161, 180, 182

두거설杜擧說 428, 429

ㅁ

『명의록明義錄』 452, 453, 454, 455, 457

명종 23, 55, 56, 58, 64, 65, 486

『명종실록』 57

목호룡睦虎龍 367, 381, 430, 436, 439, 467,
470, 473, 474, 475, 476, 477, 485

무결성無缺性 98

무오사화 12, 13, 23, 48, 50, 51, 52, 53,
54, 90, 380, 446, 486

『무정보감武定寶鑑』 55, 56

문묘종사 74, 182, 235, 286

문종 22, 486

민수閔粹 23, 44, 45, 46, 47, 48, 49, 51, 52,
486

민암閔黯 89, 91, 208, 412, 413, 415, 416

민점閔點 195, 201, 203, 204, 209, 211, 213

민정중閔鼎重 84, 208, 212, 213, 216, 217,
219, 221, 268, 277, 331, 350, 351, 389,
390, 392, 393, 394, 395, 404, 410, 411

민진원閔鎭遠 361, 363, 370, 374, 442, 443,
464, 465, 472, 488

민형남閔馨男 250, 253

ㅂ

범조우范祖禹 30, 125, 214, 215, 385, 459,
492

범충范沖 125, 126, 143, 144, 147, 214, 459

『변무록辨誣錄』 147

병신처분 389, 422, 423, 424, 427, 428,
429, 484

병자호란 118, 124, 182, 353, 400, 422

보궐정오補闕正誤 18, 356, 359, 361, 371,

377, 380, 381, 382, 385, 386, 387, 388,
398, 412, 432, 433, 436, 488

봉림대군 73, 91

북인 70, 71, 72, 73, 74, 76, 77, 79, 80, 81,
119, 164, 167, 175, 178, 206, 343, 397

ㅅ

사론史論 16, 18, 57, 63, 65, 78, 83, 85, 99,
103, 125, 146, 150, 156, 157, 158, 159,
169, 170, 173, 176, 177, 178, 179, 180,
181, 182, 204, 230, 235, 241, 249, 267,
271, 286, 287, 288, 289, 290, 292, 293,
294, 295, 297, 309, 310, 313, 320, 329,
330, 332, 333, 334, 335, 336, 337, 339,
341, 343, 349, 352, 355, 358, 383, 395,
398, 401, 403, 404, 408, 411, 412, 421,
425, 426, 430, 431, 433, 436, 439, 443,
447, 465, 466, 470, 472, 477, 482, 484,
485, 490

사료비판 10, 102, 103, 183, 489, 490

사마광司馬光 126, 131, 134, 135, 383, 425

사초 13, 15, 22, 23, 29, 30, 31, 32, 33, 34,
36, 37, 40, 41, 42, 43, 44, 45, 46, 47,
48, 49, 51, 52, 54, 55, 58, 59, 61, 65,
67, 78, 90, 98, 104, 105, 107, 108, 109,
110, 123, 137, 141, 148, 157, 164, 199,
220, 221, 228, 231, 236, 258, 365, 385,
386, 387, 401, 441, 443, 444, 445, 446,
447, 458, 486, 487

사초 실명제 23, 43, 48, 486

사평 57, 83, 177, 182, 230, 242, 288, 332,
333, 358, 411, 412, 421, 433, 436

사화士禍 12, 13, 23, 50, 51, 76, 186, 307,

311, 348, 397, 398, 419, 486

사화史禍 8, 9, 13, 15, 22, 23, 25, 26, 50,
51, 54, 55, 56, 57, 58, 65, 94, 486, 487

산림 177, 334, 339, 353, 391, 392

삼년복 75, 191, 306, 308, 309, 310, 312

삼변三變 469, 470

삼복三福 77, 81, 193, 194, 205, 207, 208,
272, 395

서인 17, 72, 73, 75, 76, 80, 86, 92, 94,
115, 132, 134, 161, 164, 167, 173, 174,
175, 176, 177, 178, 179, 180, 182, 191,
192, 194, 196, 202, 206, 207, 236, 272,
306, 337, 338, 339, 341, 342, 397, 398,
410, 412, 480, 487

『석담일기石潭日記』 150, 151, 182

선조 13, 62, 99, 101, 105, 106, 107, 109,
116, 118, 119, 120, 124, 127, 138, 141,
147, 149, 150, 160, 163, 168, 169, 171,
175, 177, 206, 296, 326, 385

성종 13, 166

『성종실록』 13, 445

세조 13, 44, 45, 49, 51, 123

『세조실록』 43, 44, 123

세종 16, 22, 37, 38, 39, 42, 43, 90, 100,
446, 486

『세종실록』 48, 190, 445

세초 69, 116, 117, 141, 142, 146, 148,
157, 204, 220, 221, 226, 228, 231, 233,
385, 386, 387, 444, 445, 446, 447, 450,
460

소론 18, 86, 94, 358, 360, 361, 366, 370,
381, 388, 391, 395, 397, 398, 408, 410,
411, 412, 413, 416, 421, 422, 430, 432,
436, 439, 443, 447, 470, 476, 484, 488

소북小北 84, 175, 179

소현세자 92, 229, 244, 289, 290

손홍적孫弘績 57, 58

송 고종 125, 126, 214, 369

송시열宋時烈 75, 76, 77, 79, 80, 82, 84, 86,
　　87, 182, 191, 192, 193, 206, 231, 232,
　　233, 234, 235, 236, 245, 246, 247, 251,
　　252, 253, 256, 257, 268, 271, 272, 291,
　　292, 293, 305, 306, 307, 308, 309, 310,
　　314, 319, 320, 328, 329, 330, 331, 332,
　　334, 335, 337, 342, 343, 346, 349, 350,
　　353, 354, 355, 389, 390, 391, 392, 393,
　　394, 395, 396, 397, 399, 400, 401, 402,
　　403, 404, 405, 406, 409, 410, 411, 412,
　　419, 425, 426, 429, 430, 439, 478, 479,
　　480, 481, 482, 483, 484, 485, 487, 488

송인명宋寅明 372, 374, 375, 376, 377, 381,
　　382, 383, 384, 386, 442, 451, 476

송준길宋浚吉 140, 190, 191, 193, 243, 245,
　　246, 247, 248, 249, 251, 252, 256, 257,
　　292, 295, 296, 297, 303, 304, 305, 306,
　　328, 332, 333, 334, 335, 337, 353, 354,
　　355, 389, 429, 478, 487

수사강령修史綱領 148, 149, 150, 151, 152,
　　153, 156, 157, 160

숙종 16, 18, 76, 77, 79, 81, 87, 89, 90, 91,
　　92, 94, 95, 186, 189, 190, 192, 193,
　　194, 197, 202, 203, 205, 206, 207, 211,
　　212, 216, 221, 224, 225, 360, 366, 375,
　　388, 389, 394, 398, 399, 405, 410, 413,
　　416, 419, 420, 422, 423, 426, 427, 428,
　　429, 430, 432, 449, 463, 466, 471, 472,
　　479, 480, 483, 484

『승정원일기』 15, 56, 105, 148, 149, 217,

　　218, 219, 221, 225, 231, 232, 233, 254,
　　255, 256, 257, 258, 275, 301, 302, 330,
　　332, 355, 366, 385, 386, 440, 453, 492

시정기 52, 53, 55, 56, 57, 58, 59, 62, 64,
　　65, 67, 78, 122, 141, 200, 201, 204,
　　209, 220, 221, 230, 231, 232, 233, 258,
　　365, 366, 368, 370, 371, 373, 385, 386,
　　387, 440, 441, 442, 444, 450, 460

신개申槩 30, 37, 38

신모설臣母說 75, 191

신사처분 449

신숙주申叔舟 45, 47

신임사화 358, 368, 380, 381, 421, 427,
　　431, 436, 437, 447, 450, 452, 455, 465,
　　467, 470, 475, 477, 482, 484, 485, 488

신임옥사 18, 360, 367, 439

신흠申欽 104, 112, 113, 119, 150, 151,
　　177, 180, 242

실록개수청 220, 221, 222, 223, 224, 225,
　　226

『실록등초實錄謄抄』 138, 147, 149, 150,
　　151

실록산절청 441, 442

실록찬수범례 17, 187, 190, 218, 230, 231,
　　236, 241, 253, 258, 259, 264, 274, 275,
　　276, 279, 282, 283, 286, 297, 304, 361,
　　362, 366

실록청 51, 52, 54, 65, 109, 110, 111, 113,
　　114, 115, 116, 121, 136, 137, 174, 190,
　　194, 197, 198, 199, 201, 202, 203, 204,
　　210, 219, 224, 225, 238, 362, 364, 365,
　　366, 367, 368, 370, 371, 374, 381, 440,
　　441, 442, 444, 448, 449, 455, 456, 457,
　　458

실록청의궤 368, 459, 460
심장려설深長慮說 413, 421
심택현沈宅賢 363, 440, 441, 442

◉ ㅇ

안명세安名世 23, 55, 57, 58, 63, 64, 65
야사 136, 137, 154, 155, 157, 168
양성지梁誠之 45, 46
연산군 13, 23, 50, 51, 52, 53, 54, 90, 121,
　　123, 380, 445, 446
『연산군일기』 54, 123
영남 남인 72, 73, 74, 76, 343
영조 51, 358, 366, 368, 370, 371, 373,
　　374, 377, 381, 382, 383, 384, 385, 386,
　　387, 395, 398, 436, 438, 439, 440, 441,
　　445, 446, 449, 450, 452, 453, 454, 455,
　　458, 460, 463, 464, 465, 467, 470, 474,
　　476, 477, 484
『영조실록』 19, 444, 455, 456, 457, 458,
　　459, 460
영창대군 82, 108, 113, 172
예문관 33, 34, 35, 36, 43, 46, 53, 55, 58,
　　60, 61, 199, 223, 444, 455, 457
예송禮訟 75, 76, 77, 78, 186, 188, 190,
　　191, 193, 210, 245, 253, 305, 306, 310,
　　311, 312, 344, 348, 395, 397
예종 43, 45, 48, 49, 51, 52, 54
『예종실록』 47
완론緩論 443
완소緩少 476
왕안석王安石 78, 125, 126, 210, 211, 214,
　　215, 216, 425
원두표元斗杓 255, 293, 294, 307, 328, 335,

　　336, 337, 338, 339, 355
유성룡柳成龍 72, 73, 145, 150, 151, 152,
　　160, 163, 165, 166, 167, 171, 172, 173,
　　174, 175, 177, 180, 182, 273
유영경柳永慶 83, 84, 127, 128, 179
유자광柳子光 54, 93, 380, 427
유지기劉知幾 24, 25, 26, 27
윤사흔尹士昕 45, 46
윤선거尹宣擧 151, 389, 390, 391, 394, 399,
　　400, 401, 405, 423, 424, 425, 427, 428,
　　430, 439, 481, 482, 485
윤선도尹善道 72, 73, 75, 76, 78, 186, 210,
　　245, 247, 252, 263, 264, 298, 299, 306,
　　307, 308, 309, 310, 311, 312, 328, 332,
　　337, 338, 344, 345, 346, 347, 348, 349,
　　352, 353, 354, 397, 398
윤순尹淳 363, 367, 368, 371, 372, 373,
　　374, 381, 382, 383, 384, 386, 387, 444,
　　445
윤의제尹義濟 79, 80, 81, 82, 83, 84, 85, 86,
　　87, 88, 90, 92, 93, 94
윤증尹拯 391, 395, 397, 398, 399, 400,
　　401, 405, 406, 417, 418, 419, 420, 421,
　　422, 423, 424, 425, 426, 429, 430, 439,
　　479, 481, 482, 485
윤휴尹鑴 72, 75, 77, 79, 80, 81, 84, 85, 86,
　　87, 88, 189, 191, 193, 194, 205, 206,
　　207, 208, 211, 212, 236, 307, 343, 346,
　　348, 349, 350, 351, 389, 390, 391, 392,
　　393, 394, 395, 396, 397, 405, 406, 408,
　　411, 426, 481
을사사화 12, 23, 55, 56, 57, 58, 59, 486
응행사목應行事目 140, 198, 199, 220, 364,
　　365, 441, 442, 455

의리론義理論 413, 416, 421, 422

의병 99, 163, 164, 168, 169, 180

이건명李健命 367, 431, 436, 455, 465, 472, 475, 476, 477

이경석李景奭 235, 268, 271, 283, 294, 304

이괄李适의 난 67, 118, 121, 149

이광좌李光佐 361, 363, 368, 374, 375, 376, 377, 381, 382, 383, 384, 385, 386, 388, 428, 433, 443, 444, 446, 472, 477, 488

이극돈李克墩 13, 51, 54, 55

이단상李端相 251, 252, 253, 283, 351, 390

이단하李端夏 77, 192, 220, 222, 223, 225, 226, 262

이덕형李德馨 71, 152, 171, 175, 180

이민적李敏迪 247, 248, 265, 269

이수광李睟光 67, 71, 72, 104, 119, 122, 129

이수인李壽仁 249, 253

이순신李舜臣 99, 169

이식李植 72, 90, 99, 103, 112, 124, 125, 127, 132, 133, 134, 135, 136, 137, 138, 139, 141, 143, 144, 146, 147, 149, 150, 151, 154, 164, 166, 170, 181, 212, 222, 487

이이李珥 74, 75, 150, 151, 152, 153, 160, 161, 167, 181, 182, 235, 244, 284, 285, 286, 296, 389, 420, 479

이이명李頤命 223, 367, 410, 422, 429, 430, 431, 432, 436, 466, 468, 471, 472, 474, 476, 477

이이첨李爾瞻 70, 71, 73, 78, 82, 83, 84, 85, 104, 108, 113, 119, 122, 127, 128, 134, 164, 170, 171, 172, 174, 175, 176, 179, 180, 252, 253, 344, 345, 346

이인좌李麟佐의 난(무신란戊申亂) 387, 439, 443

이정구李廷龜 72, 104, 111, 112, 113, 115, 119, 146, 147, 148, 149, 152, 177, 180, 252

이항복李恒福 71, 104, 112, 113, 119, 150, 151, 152, 162, 171, 176, 178, 180

이행李行 29, 30, 31, 36, 42

이황李滉 59, 60, 61, 62, 63, 64, 65, 74, 75, 150, 151, 152, 160, 171, 174, 181, 182, 245, 296

이휘지李徽之 455, 458

인조 68, 69, 72, 77, 78, 79, 86, 103, 104, 113, 120, 121, 123, 129, 133, 135, 137, 139, 161, 181, 182, 191, 193, 194, 197, 209, 212, 222, 229, 244, 271, 279, 292, 318, 335, 346, 454, 478, 487

『인조실록』 87, 90, 91, 92, 94, 95, 125, 139, 198

인피引避 249, 255, 256, 257, 264, 299, 300, 301, 304

『일성록日省錄』 455

임진왜란 98, 103, 105, 107, 113, 114, 116, 120, 150, 160, 162, 167, 168, 169, 171, 175, 180

자의대비 75, 76, 191, 192, 306, 307

자천제自薦制 50, 51, 53, 60, 454, 455

『자치통감資治通鑑』 134, 135, 373, 382, 383

『자치통감강목資治通鑑綱目』 127, 132, 144, 373, 374, 383

장돈章惇 79, 126, 127, 214, 459

장희빈('희빈 장씨' 포함) 389, 412, 413, 420, 421, 422, 449

적상산사고 81

전임사관 447

정면鄭勔 78, 79, 208, 210, 211, 212

정묘호란 67, 69, 118, 122, 182

정미사화 13, 55

정미환국 18, 358, 361, 370, 371, 388, 439, 443, 488

정오正誤 18, 359, 362, 373, 374, 378, 382, 384, 386, 388, 398, 401, 403, 411, 433

정유독대 422, 432, 466

정인홍鄭仁弘 70, 74, 127, 128, 134, 168, 174, 176, 177, 179

정조 19, 436, 438, 452, 453, 454, 455, 456, 457, 458, 459, 485

『정종실록』 34, 37, 38, 100

정철鄭澈 160, 161, 162, 165, 166, 167, 173, 174, 175, 176, 177, 178, 182, 379

정초본正草本 67, 69, 78, 82, 83, 84, 122, 129, 204, 449

정태화鄭太和 75, 191, 231, 232, 255, 288, 289, 294, 295, 320, 321, 322, 323, 337

조경趙絅 78, 139, 210, 246, 247, 283, 308, 328, 351, 352, 353, 396, 397

조복양趙復陽 263, 264, 277, 283, 293, 294, 299, 300, 302, 303, 304, 327, 328, 335, 339, 340, 341, 342, 355

「조의제문弔義帝文」 13, 51, 380

조태억趙泰億 361, 368, 488

조태채趙泰采 367, 422, 431, 436, 464, 471, 472, 477

졸곡卒哭 105, 109, 123, 190, 216, 222, 370, 452

졸기卒記 83, 159, 160, 200, 241, 242, 243, 247, 248, 249, 250, 251, 253, 293, 312, 335, 336, 338, 340, 353, 355, 389, 396, 403, 408, 413, 433, 462, 478

주묵사朱墨史 17, 59, 99, 125, 126, 127, 143, 144, 145, 146, 147, 148, 173, 183, 211, 214, 358, 443, 459

주자朱子 74, 127, 131, 132, 391, 423, 479, 480

중종 54, 55, 326

중종반정 53, 54, 123

중초본中草本 67, 69, 78, 82, 83, 84, 105, 121, 122, 129, 423

직필直筆 27, 41, 42, 43, 47, 49, 52, 62, 486

진휼 257, 265, 279, 280, 281, 312, 334, 339, 341

차일암遮日巖 204, 460

차장자설次長子說 75, 191

참외관 33, 34, 35, 36, 43

참최복斬衰服 75

채변蔡卞 125, 126, 127, 213, 214, 215, 216, 369, 459

채유후蔡裕後 125, 144, 283

청남清南 77, 80, 194, 206, 393

청론清論 160, 312, 337, 338, 346, 393, 409, 480

청류清流 407, 408, 409, 410, 412

청정聽政 367, 422, 429, 430, 432, 439, 467, 468, 469, 470, 485

체이부정體而不正　75, 191

체찰부　80, 81, 85, 205, 206, 208, 343

최견崔蠲　31

최명길崔鳴吉　134, 135, 136, 137, 151, 181, 422

춘추관　17, 35, 38, 42, 43, 44, 48, 49, 52, 55, 56, 58, 61, 62, 88, 90, 91, 105, 107, 108, 109, 111, 121, 123, 130, 131, 137, 138, 141, 149, 189, 190, 204, 212, 216, 226, 386, 387, 442, 447, 450, 452, 457, 458

춘추필법春秋筆法　486

『치평요람治平要覽』　39, 492

탁남濁南　77, 80, 81, 206, 393

탕평蕩平　437, 476, 485, 488

태백산사고　455

태조　29, 30, 31, 32, 33, 34, 35, 38, 39, 41, 42, 116, 272, 443

『태조실록』　16, 33, 34, 35, 36, 37, 38, 39, 100

태종　22, 25, 29, 30, 33, 34, 35, 36, 37, 64

『태종실록』　37, 38, 39, 42, 100

『택당집澤堂集』　101, 103, 125, 487

ㅍ

편년체　18, 28, 157, 242, 264, 360

폐모론廢母論　71, 72, 73, 80, 81, 84, 133, 147, 180, 346

포쇄　81, 82, 85, 86, 87, 88, 91, 92, 450, 455

ㅎ

하륜河崙　33, 34, 35

한림翰林　59, 60, 198, 234, 365, 385, 386, 387, 444, 447, 458

한명회韓明澮　44, 45, 47, 49

한준겸韓浚謙　145, 171, 175, 179

허견許堅　85, 86, 206, 208, 396

허목許穆　75, 77, 79, 80, 140, 191, 194, 206, 209, 211, 236, 306, 310, 338, 348, 349, 389, 393, 395, 396, 397, 406, 408, 411

허적許積　77, 78, 80, 81, 85, 189, 190, 193, 194, 197, 203, 204, 205, 206, 207, 208, 211, 213, 215, 234, 235, 240, 245, 257, 287, 294, 302, 328, 341, 342, 343, 393, 395, 396, 407

현종　17, 76, 77, 78, 189, 190, 191, 192, 193, 194, 205, 209, 210, 211, 229, 233, 255, 272, 292, 297, 307, 312, 319, 320, 350, 463, 483, 484

호구　201, 276, 279, 281

홍윤성洪允成　45, 46

홍치중洪致中　364, 440, 441, 472

효종　75, 84, 87, 94, 139, 140, 149, 161, 182, 186, 189, 191, 193, 194, 197, 211, 212, 216, 229, 233, 234, 235, 236, 248, 252, 272, 283, 284, 285, 289, 290, 292, 296, 306, 307, 310, 319, 320, 328, 330, 333, 337, 338, 346, 347, 353, 389, 391, 392, 393, 395, 396, 428, 430, 463, 482, 484

『효종실록』　87, 90, 94, 95, 198, 285

회니시비懷尼是非　395